兰州大学哲学社会科学文库

Philosophy and Social Sciences Library of Lanzhou University

《清实录》

甘青史料辑录

卷一

武沐 主编

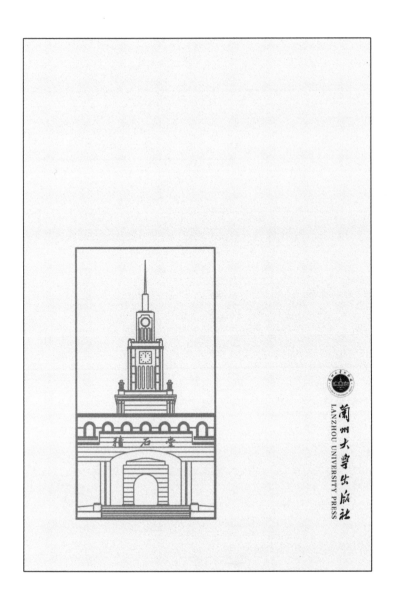

积石堂

兰州大学出版社

LANZHOU UNIVERSITY PRESS

图书在版编目（CIP）数据

《清实录》甘青史料辑录 ：六卷 / 武沐主编. --
兰州 ： 兰州大学出版社，2024.7
ISBN 978-7-311-06604-8

Ⅰ．①清⋯ Ⅱ．①武⋯ Ⅲ．①甘肃－地方史－史料－
清代②青海－地方史－史料－清代 Ⅳ．①K294

中国国家版本馆CIP数据核字(2024)第023754号

责任编辑　李丽　宋婷
封面设计　张友乾

书　　名　《清实录》甘青史料辑录(卷一)
作　　者　武沐　主编
出版发行　兰州大学出版社　（地址：兰州市天水南路222号　730000）
电　　话　0931-8912613(总编办公室)　0931-8617156(营销中心)
网　　址　http://press.lzu.edu.cn
电子信箱　press@lzu.edu.cn
印　　刷　北京联兴盛业印刷股份有限公司
开　　本　787 mm×1092 mm　1/16
总 印 张　187.5(插页12)
总 字 数　2965千
版　　次　2024年7月第1版
印　　次　2024年7月第1次印刷
书　　号　ISBN 978-7-311-06604-8
定　　价　988.00元(全六卷)

（图书若有破损、缺页、掉页，可随时与本社联系）

出版说明

  党的二十大报告提出的"加快构建中国特色哲学社会科学学科体系、学术体系、话语体系，培育壮大哲学社会科学人才队伍"的重要精神，为我国高校哲学社会科学事业发展提供了根本遵循，为高校育人育才提供了重要指引。高校作为哲学社会科学"五路大军"中的重要力量，承载着立德树人、培根铸魂的职责。高校哲学社会科学要践行育人使命，培养堪当民族复兴重任的时代新人；要承担时代责任，回答中国之问、世界之问、人民之问、时代之问。

  作为教育部直属的"双一流"建设高校，兰州大学勇担时代重任，秉承"为天地立心，为生民立命，为往圣继绝学，为万世开太平"的志向和传统，为了在兰州大学营造浓厚的"兴文"学术氛围，从而为"新文科"建设和"双一流"建设助力，启动了开放性的文化建设项目"兰州大学哲学社会科学文库"（简称"文库"）。"文库"以打造兰州大学高端学术品牌、反映兰州大学哲学社会科学研究前沿、体现兰州大学相关学科领域学术实力、传承兰州大学优良学术传统为目标，以集中推出反映新时代中国特色社会主义理论和实践创新成果、发挥兰州大学哲学社会科学优秀成果和优秀人才的示范引领作用为关键，以推进学科体系、学术体系、话语体系建设和创新为主旨，以鼓励兰大学者创作出反映哲学社会科学研究前沿水平的高质量创新成果为导向，兰州大学组织哲学社会科学各学科领域专家评审后，先期遴选出10种政治方向正确、学术价值厚重、聚焦学科前沿的思想性、科学性、原创性强的学术成果结集为"兰州大学哲学社会科学文库"第一辑出版。

  "士不可以不弘毅，任重而道远。"兰州大学出版社以弘扬学术风范为己任，肩负文化强国建设的光荣使命，按照"统一设计、统一标识、统一版式、形成系列"的总体要求，以极其严谨细致的态度，力图为读者奉献出系列学术价值厚重、学科特色突出、研究水平领先的精品学术著作，进而展示兰大学人严谨求实、守正创新的治学态度和"自强不息、独树一帜"的精神风貌，使之成为具有中国特色、兰大风格、兰大气派的哲学社会科学学术高地和思想交流平台，为兰州大学"新文科"建设和"双一流"建设，繁荣我国哲学社会科学建设和人才培养贡献出版力量。

兰州大学出版社

二〇二三年十月

前　言

　　《清实录》，即《大清历朝实录》，是清王朝官修的编年体史料长编，也是清代的一部档案史料选编。全书六十册，共四千四百八十四卷（含全局总目、序、凡例、目录、清实录表、修纂官等五十一卷）。其中，《满洲实录》八卷、《太祖实录》十卷、《太宗实录》六十五卷、《世祖实录》一百四十四卷、《圣祖实录》三百卷、《世宗实录》一百五十九卷、《高宗实录》一千五百卷、《仁宗实录》三百七十四卷、《宣宗实录》四百七十六卷、《文宗实录》三百五十六卷、《穆宗实录》三百七十四卷、《德宗实录》五百九十七卷，以及《宣统政纪》七十卷。全书用编年体体例记载了有清一代近三百年的用人行政和朝章国故，是清朝历代皇帝统治时期的大事纪，几乎囊括了清代所有的政治、经济、军事、外交、文化、民族等方面的史料，不仅是研究有清一代历史以及各地区地方史的原始史料宝库和必须凭借的重要文献，也是研究清代各种专题史的珍贵资料。

　　但是，近六千万字的《清实录》，实在太大了，从中寻找出研究者所需的史料对于研究者而言近乎大海捞针，不仅费时费力，而且枯燥苦恼。虽然说现在已有电子版的《清实录》，还可以凭借关键词搜索，较以往方便了许多，但这并不意味着不再需要各省史料的辑录，仍然有方方面面的不便之处困扰着研究者。

　　近几十年间，在学者们的不懈努力下，大部分省、市、自治区《清实录》的史料辑录以及部分专题史料辑录工作已陆续完成。相较兄弟省份，甘肃、青海两省的此项工作略显拖后。

　　我一直从事中国少数民族历史研究与教学工作，对于明清时期的西北地方史亦有广泛研究。本书也是我在长期的教学与研究中一点一滴地积累而成的。月耗岁歼，不焦不争，历经十余载的辛勤，终于杀青付梓，欲将与读者见面，可喜可贺！

　　《〈清实录〉甘青史料辑录》收录了《清实录》中关于清代甘肃省中今甘肃、青海两省的史料，并用简化字加以校勘、标点，比较各本不同，去伪存真，还原史料的本来面目，反映清代今甘肃省、青海省的历史全貌。如果本书能够为甘肃省、青海省乃至西北地区清代政治、经济、军事、外交、文化、民族乃至科技、灾异等方面的研究以及清史研究起到积极的推动作用，本人的劳苦将瞬间烟消云散。

　　在《〈清实录〉甘青史料辑录》出版之际，首先要感谢兰州大学的鼎力支持。兰州大学设立的哲学社会科学文库资助了一大批极具学术性和影响力的书籍出版，这大大推动了兰州大学社会科学与人文科学的研究工作，本书有幸列于其中，真诚希望这项工作越搞越大、越搞越好。本书的出版离不开兰州大学出版社的关怀，正是因为各位编辑的细心校勘、不辞辛劳地加紧工作，才使得《〈清实录〉甘青史料辑录》的出版进度变得如此迅捷，效率之快、质量之高远远超乎我的预期，在此谨表诚挚谢意。最后，还要感谢我的夫人，在学生们都放假回家的情况下，没有她夙兴夜寐地协助，在极短的时间里要完成百余万字的文言文校对工作真是想都不敢想。

武　沐

2024 年 2 月 11 日于书斋

凡　例

一、本书根据1985年中华书局影印出版的《清实录》（全称《大清历朝实录》）辑录而成。

二、本书严格按照《清实录》编年体体例辑录，只在皇帝年号后的圆括号"（　）"内注明相对应的公元纪年，并对所辑录文字进行标点。

三、每条辑录原文后，随即在末尾的圆括号"（　）"内用阿拉伯数字注明该条出于某皇帝实录的某卷、某页，以备翻检核对。

四、对《清实录》中原有问题，我们遵循疑者存疑、异者存异的原则。如影印版的底本为手抄本，对一些明显讹误，我们根据相关资料进行了订正；某些情况下，为尊重原版资料，部分讹误，保留该字，在其后括注了正确的字；有些手抄字，现无此字，解决办法为录入一个同手抄字最为近似的字。

五、在不损害资料完整性的前提下，我们对所辑录资料的少数无关文字进行了删略，以省略号"……"标出。

六、为排版和阅读方便，我们将《清实录》中的繁体字均改为规范的简体字。唯遇有歧义的字，仍用繁体字、异体字。

七、本书之人名、地名，原则上都改用简体字，只对极少数容易引起混淆的，酌情采用繁体字。

总 目

卷一 [一至四五五]

　　太宗文皇帝实录　　一至三

　　世祖顺治皇帝实录　　四至六四

　　圣祖康熙皇帝实录　　六五至二八七

　　世宗雍正皇帝实录　　二八八至四五五

卷二 [四五七至一〇二〇]

　　清高宗乾隆皇帝实录（上）　　四五七至一〇二〇

卷三 [一〇二一至一六二八]

　　清高宗乾隆皇帝实录（下）　　一〇二一至一四六五

　　仁宗嘉庆皇帝实录　　一四六六至一六二八

卷四 [一六二九至一九七八]

　　宣宗道光皇帝实录　　一六二九至一八九六

　　文宗咸丰皇帝实录　　一八九七至一九七八

卷五 [一九七九至二六五七]

　　穆宗同治皇帝实录　　一九七九至二六五七

卷六 [二六五九至二九六九]

　　德宗光绪皇帝实录　　二六五九至二九三一

　　溥仪宣统政纪　　二九三二至二九六九

目 录 _{卷一}

太宗文皇帝实录 ··· 一至三

世祖顺治皇帝实录 ··· 四至六四

圣祖康熙皇帝实录 ·· 六五至二八七

　　《清康熙实录(一)》 ···································· 六五

　　《清康熙实录(二)》 ···································· 一三〇

　　《清康熙实录(三)》 ···································· 一九八

世宗雍正皇帝实录 ·· 二八八至四五五

　　《清雍正实录(一)》 ···································· 二八八

　　《清雍正实录(二)》 ···································· 三七六

太宗文皇帝实录

崇德七年（1642年）十月己亥

图白忒部落达赖喇嘛遣伊拉古克三胡土克图、戴青绰尔济等至盛京。上亲率诸王、贝勒、大臣出怀远门迎之，还至马馆前。上率众拜天行三跪九叩头礼，毕，进马馆。上御座，伊拉古克三胡土克图等朝见，上起迎。伊拉古克三胡土克图等以达赖喇嘛书进上。上立受之，遇以优礼。上升御榻坐，设二座于榻右，命两喇嘛坐。其同来徒众行三跪九叩头礼，次与喇嘛同来之厄鲁特部落使臣及其从役行三跪九叩头礼。于是，命古式安布宣读达赖喇嘛及图白忒部落藏巴汗来书，赐茶。喇嘛等诵经一遍方饮。设大宴宴之。伊拉古克三胡土克图及同来喇嘛等各献驼、马、番菩提数珠、黑狐皮、绒单、绒褐、花毯、茶叶、狐腋裘、狼皮等物，酌纳之。

（卷62　858页）

崇德八年（1643年）正月丙申

召和硕亲王以下梅勒章京以上及伊拉古克三胡土克图、戴青绰尔济等众喇嘛……赐宴于笃恭殿。

（卷64　878页）

崇德八年（1643年）五月丁酉

先是，图白忒部落达赖喇嘛遣伊拉古克三胡土克图及厄鲁特部落戴青绰尔济等至。赐大宴于崇政殿，仍命八旗诸王贝勒各具宴，每五日一宴之，凡八阅月。至是遣还。赐伊拉古克三胡土克图喇嘛及偕来喇嘛等银器、缎朝衣等物有差。又赐厄鲁特部落和尼图巴克式、阿巴赖达赖、都喇尔和硕齐下额尔德尼、巴图鲁奇尔三下土尔噶图、阿巴赖山津等朝衣帽、靴等物。上率诸王、贝勒等送至演武场，设大宴饯之。复以鞍马、银壶等物赐伊拉古克三胡土克图喇嘛，仍命和硕睿亲王多尔衮，多罗武英郡王阿济格，辅国公硕托、满达海率梅勒章京参政以上各官，送至永定桥。复设宴饯之。遣察干格隆、巴喇衮噶尔格隆、喇克巴格隆、诺木齐格隆、诺莫干格隆、萨木谭格隆、衮格垂尔札尔格隆等，同伊拉古克三胡土克图喇嘛前往达赖喇嘛、班禅胡土克图、红帽喇嘛噶尔玛、昂邦萨斯下、济东胡土克图、鲁克巴胡土克图、达克龙胡土克图、臧霸汗、顾实汗处，致书各一函。

与达赖喇嘛书曰："大清国宽温仁圣皇帝致书于大持金刚达赖喇嘛，今承喇嘛有拯济众生之念，欲兴扶佛法，遣使通书，朕心甚悦。兹特恭候安吉。凡所欲言，俱令察干格隆、巴喇衮噶尔格隆、喇克巴格隆、诺木齐格隆、诺莫干格隆、萨木谭格隆、衮格垂尔札尔格隆等口悉。外附奉金碗一、银盆二、银茶桶三、玛瑙杯一、水晶杯二、玉杯六、玉壶一、鋄金甲二、玲珑撒袋二、雕鞍二、金镶玉带一、镀金银袋一、玲珑刀二、锦缎四，特以侑缄。"

又与班禅胡土克图书一、书词与附送礼物同。

又与噶尔玛书曰："大清国宽温仁圣皇帝致书于红帽喇嘛噶尔玛，朕思自古帝王创业垂统，每令佛法流传，未尝断绝。今将敦礼高僧，以普济群生，故遣察干格隆、巴喇衮噶尔格隆、喇克巴格隆、诺木齐格隆、诺莫干格隆、萨木谭格隆、衮格垂尔札尔格隆等前往，凡所欲言，俱令口悉。附奉银茶桶二、银盆二、玛瑙杯一、水晶杯二、玉杯五、玉壶一、鋄金甲一、镀金甲一、玲珑撒袋二、雕鞍二、金镶玉带一、镀金银带一、玲珑刀二、锦缎二，特以侑缄。"

又与昂邦萨斯下书曰："大清国宽温仁圣皇帝致书于昂邦萨斯下，朕思自古帝王创业垂统，每令佛法流传，未尝断绝。今将敦礼高僧，兴扶释教，以普济群生，故遣察干格隆、巴喇衮噶尔格隆、喇克巴格隆、诺木齐格隆、诺莫干格隆、萨木谭格隆、衮格垂尔札尔格隆等前往，凡所欲言，具令口悉。附奉银盆一、银茶桶一、玛瑙杯一、水晶杯一、玉杯三、玉壶一、鋄金甲一、玲珑撒袋一、雕鞍一、金镶玉带一、玲珑刀一、锦缎一，特以侑缄。"

又与济东胡土克图书一，鲁克巴胡土克图书一，达克龙胡土克图书一，书词与附送礼物俱同。又敕谕臧霸汗曰："大清国宽温仁圣皇帝谕臧霸汗，尔书云，佛法裨益我国，遣使致书。近闻尔为厄鲁特部落顾实贝勒所败，未详其实，因遣一函相询。自此以后，修好勿绝。凡尔应用之物，自当饷遗。今赐银一百两，锦缎三匹。"

又与顾实汗书曰："大清国宽温仁圣皇帝致书于顾实汗，朕闻有违道悖法而行者，尔已惩创之矣。朕思自古圣王致治，佛法未尝断绝，今欲与图白忒部落敦礼高僧，故遣使与伊拉古克三胡土克图偕行，不分服色红黄，随处咨访，以宏佛教，以护国祚。尔其知之。附具甲胄全副，特以侑缄。"

（卷64 887页）

世祖顺治皇帝实录

崇德八年（1643年）九月戊申

厄鲁特部落顾实汗遣使奏言："达赖喇嘛功德甚大，请延至京师，令其讽诵经文以资福佑。"许之。

（卷2　35页）

顺治元年（1644年）十二月己巳

谕刑部都察院曰："自流贼作乱以来，民间每将杀掳叛乱不赦等罪纷纷互告，以致民心不定。今特再行赦宥，凡伪官投诚归顺及明朝降贼官员并土寇为乱今能改过自新者，一并蠲除前罪，咸与赦免，如有才堪驱策，不妨因人器使。直隶、山东、山西、河南、陕西等处已顺官民，自顺治元年五月初二日以前，罪犯无论大小，悉赦除之。有仍以赦前事相告者，即以其罪罪之。初二日以后不在赦例。其官民通贷，虽在初二以前，仍准取偿外。南直、陕西、湖广、四川、河南、浙江、江西、福建、广东、广西、云南、贵州等处未经归顺人民，所犯罪恶一并赦免。倘投顺以后或犯罪恶，依律究治。"

（卷12　115页）

顺治二年（1645年）四月辛酉

升保定巡抚王文奎为兵部右侍郎兼都察院右副都御史总督陕西三边军务。调天津巡抚雷兴以原衔巡抚陕西。

擢山西雁平道参政焦安民为都察院右副都御史，巡抚宁夏，直隶易州道佥事黄图安为都察院右佥都御史，巡抚甘肃。

（卷15　134页）

陕西庄浪道参议吴一元为山西布政使司参议，分守河东道。

（卷15　135页）

顺治二年（1645年）四月癸亥

调柳沟总兵官刘芳名仍以都督同知管陕西宁夏总兵官事。升署总兵官刘有实为都督佥事管陕西甘肃总兵官事。副将尤可望为都督佥事管陕西汉羌总兵官事。副将王珽仍为右都督管陕西延绥总兵官事。章京何世元为都督佥事管陕西固原总兵官事。起原任牛录章京范苏为都督佥事管陕西临洮总兵官事。

（卷15　135页）

顺治二年（1645年）四月丁卯

颁恩诏于陕西等处曰："周弘大赉，天下归心，汉约三章，秦民咸悦。流贼李自成弑君虐民，多行悖逆，神人共怒，自速诛亡。知朕诞膺天命，抚定中华，尚敢窃据秦川，抗阻声教。朕悯念斯民受其荼毒，救饥救溺，久切恫瘝，爰整貔貅，穷搜巢穴。豫亲王移南伐之众直捣崤、函，英亲王秉西征之旅济自绥德，莫不追奔逐北，斩馘获俘。百二山河，定于俄顷。实赖我太祖太宗之纯嘏，借叔父摄政王之弼辅，致予眇躬，克扬大烈。缅惟全秦黎庶，莫匪嘉师。向因郡盗纵横，迄无宁宇，频年捍御，既竭脂膏，一日染污，重遭汤火。虽贼以此始，必以此终。要其受祸久而痛，痛深未有过于秦人者矣。朕执言吊伐，本为除残，既受归诚，宜矜诖误。是用特施浩荡，咸与维新，所有陕西地方合行恩例，开列于后：一、自顺治二年二月初一日昧爽以前，陕西通省地方官吏军民人等有犯，无论大小，已发觉、未发觉，已结正、未结正并文武伪官等罪，咸赦除之。有以赦前事相讼告者即以其罪罪之。其隐匿在官及民间人口牲畜财物者，许自首免罪，各还原主，如被人告发不在赦例。一、官吏贪赃最为民害。自本年二月初一日以后，该省抚、按、司、道、各府、州、县、镇、协、营、路、军、卫等官并书吏、班皂、通事、拨什库、粮长、十季、夜不收等役，但有贪贿枉法，剥削小民者，俱治以死罪。一、地方初定，亟需抚辑绸缪。应设督、抚、镇将等官以资弹压。会城根本之地，应留满洲重臣、重兵镇守，其延、宁、甘、固四镇实在兵马应行文清核，以便裁定经制。潼关、商雒及楚、蜀冲要地，应酌量置兵控扼。著吏、户、兵三部作速确议具奏。一、陕西通省地亩钱粮自顺治二年正月为始，止征正额，凡加派辽饷、新饷、练饷、召买等项悉行蠲免，其大兵经过地方仍免见粮一半。归顺地方不系大兵经过者三分免一。西安等府、州、县遭寇焚掠独惨，应听抚按官察明，顺治二年钱粮应全免者全免，应半征者半征。一、陕西起存拖欠夏税、秋粮、马草、人丁、盐钞、民屯、牧地及内供茜草本折钱粮未经征收，逋欠在民者，自顺治二年正月以前尽行蠲免。一、大兵初入陕西境内，该地方文武官绅倡先慕义，杀贼有功，以城池归顺者，该部通行察叙具奏定夺。一、秦中山林隐逸之士有怀才抱德堪为时用及武略出众，胆力过人者，抚按据实举荐，该部复核，征聘来京，以便擢用。一、该省地方前朝文武进士、举人仍听该部核用。一、该省地方前朝建言降谪诸臣果系持论公平，有裨治理者，吏部具奏召用，其横被诬害公论称冤，曾经荐举不系贪酷犯赃者并与昭雪叙用，一应为民者准复冠带，闲住者准致仕。一、该地方军民年七十以上者许一丁侍养，免其杂派差徭。八十以上者给与绢一匹、绵一斤、米一石、肉十斤。九十以上者倍之。有德行著闻，为乡里所敬者著给与冠带荣身。一、各运司向来加增新饷及杂项加派等银，前次恩诏已尽行蠲免，止照旧额按引征收。秦省盐法事宜准一体遵行。本年额课仍三分免二。一、该省落地税银照例禁止。一、有司征收钱粮止取正数，不许分外侵渔秤头火耗，违者治以重罪。一、前朝秦、肃、庆、韩、瑞等各府宗藩，有倡先投顺者优给养赡，其一切藩封、荒芜田宅听彼处抚按官察明汇报。一、民间贸易资本虽在赦前，应还应取者照旧还取。一、该省生员乡试、举人会试俱照直隶及各省事例一体遵行。各学廪增、附生员仍旧肄业，俱照例优免，其有被闯贼威逼，曾受伪职者，尽行赦宥。生员归学，举人准赴京会试。一、秦民自遭兵革，不知晦朔，礼部速颁新历，使百姓遵行。一、该省各府、州、县、卫学廪生准照恩例，每学贡二名。一、历代帝王陵寝在秦中者，有司照例以时致祭，及名臣贤士坟墓俱严禁奸民掘毁。一、该省各学贫生听地方官核实申文，该提学官于所在学田内动支钱粮酌量赈给。一、军民人等有昔被流寇要挟，今愿改弦易辙，倾心归化，于所在衙门投有降文及甘结可据者，概从赦宥。一、凡讹言妖术煽惑平民聚众烧香，伪造符契集兵仗，其傅头会首怙恶不悛者自当严缉正法，胁从人等果能改邪归正，解散力农，前罪免究，如执迷不悟被人告发者不赦。一、该省肃州地方嘉峪关外西域三十八国部落之长投诚归顺者，抚按官察实具奏，以便照例封赏。一、西番都指挥、宣慰、招讨等司，万户、千户等官，旧例应于洮、河、西宁等处各茶马司通贸易者，准照旧贸易。原有官职者许至京朝见，授职一切政治悉因其俗。一、乌思藏番僧应从陕西入贡者，该布政司察号果赍有印信番本咨文，准照旧例入贡。一、四川、湖广皆切近陕西，今蜀有献寇，楚有老回回等寇，及郧阳、德安、荆州、襄阳等处流孽未靖，土寇尚繁，有能倡先投顺者，文武官员仍与委任其带领兵马，及以城池来归者，仍量功大小，升擢赏赍。军民人等一体恩养。一、凡军兵行伍之中隐匿无主财物因而犯罪者尽行赦免。一、营路将领及侨寓等官，有乘寇乱扰攘私带在官兵丁马匹回家者，准将原兵、原马照数交官，前事免其追论。一、各州县土寇有乘机窃发，贼首已经就擒，胁从归农复业及胁从共擒寇首赴所在官司连名自首者，前罪并赦勿论。一、边方兵马投顺仍愿在伍效用者，各清查实在数目，准与造册酌用。一、秦中久为寇穴，无知愚民多被诱惑，恐大兵不及到之地尚有余孽遁迹，果能投诚归降，前罪俱准赦免，如负固不服，地方官民能率众擒捕者量功奖赏，但不许株连诬告，自干重典。一、逃散良民故业或被贼党势豪乘乱霸占，以致还乡良弱，资生无策，有能省改前非一一归还本主者，无论贼党势豪概从赦宥，违者仍以党寇重治。一该省额解工部四司料银、匠价银、弓箭撒袋折色银两、盔甲腰刀本色钱粮，自顺治二年二月为始，从前逋欠在民者尽与蠲免，以苏民困。自本年二月以后应征钱粮俱归户部，其顺治二年额数准照户部丁地钱粮事例，照分数一体蠲免。一、秦省解官、解户领解钱粮侵盗与被贼寇劫失者，自顺治二年二月以前咸与豁免。一、陕西应差巡按御史、都察院速行题用。一、地方初定，有司未及铨除，抚按当亟行察核。一切为贼迫胁，情出于不得已者，无论有司及乡绅举贡俱著量才题委，俟事平酌定，但不得滥及匪人。一、陕中在今日抚恤为救民第一义，抚按不得听从有司，滥准词状，戕害穷民，果有奸恶不法，大者题请，小者抚按拿问，依律惩处。一切纸赎折罚严行禁革。务令州县官一意课农，仍于岁终察其荒熟多寡，以分殿最。一、衙蠹向为民害，乘此寇乱之后更易为奸，抚按严行所属，不许有司偏听积猾蒙蔽，致百姓汤火之后复被残害，如本官不行禁饬，致有前项不法者，抚按访出，官役一并治罪。一、抚按旧习迎送往来、交际馈遗实为可恨，以后除文移会稿外不许交相馈送，况纸赎既革，俸禄之外便是贪赃，抚按为朝廷法吏，当先为倡率，勿自遗戚。

一、抚按承差向来滥用多至百十余人，今各院止许用二十人，以便赍奏，除紧急重大文移外不得擅差承差，扰累驿递，违者重处。一、越诉诬告屡经严禁。该省人民初出汤火，宜息讼务农。凡户婚田产小事止就有司归结，人命劫盗重大事情方赴抚按告理。倘奸棍讼师诱隐愚民入京越诉，察出一并反坐。于戏，慰苗民于清问鳏寡有辞，恢汤网而克宽。云霓在望，式谐群志，以迓天休。拯溺救焚，原不私于西土。承流向化，期遍喻于多方。布告臣民，咸宜知悉。"

（卷15　135页）

顺治二年（1645年）四月甲戌

改刑部左侍郎孟乔芳为兵部右侍郎兼都察院右副都御史，总督陕西三边军务。

（卷15　139页）

顺治二年（1645年）五月乙酉

以故明陕西西宁道刘允为陕西按察使司按察使。御史白士麟为陕西布政使司参议，关内道。给事中史应聘为陕西布政使司参议，潼关道。西安府同知宋之杰为陕西按察使司佥事，肃州道。商州知州常道立为陕西按察使司佥事，分守关西道。莱阳知县沈加显为陕西按察使司佥事，河西道。长子知县袁生芝为陕西按察使司佥事，商雒道。举人杨声华为陕西按察使司佥事，宁夏道。石岳为陕西按察使司佥事，分巡关西道。

（卷16　142页）

顺治二年（1645年）五月丁亥

升……汾州府知府杨振龙为陕西按察使司副使，关南道。大同府知府桂继攀为陕西按察使司副使，洮岷兵备道。卫辉府知府吕鸣夏为陕西按察使司副使，固原兵备道。永平府知府冯如京为陕西按察使司副使，榆林西路兵备道。通州道参议蒋三捷为陕西按察使司副使，抚治西宁道。平阳府知府张尚为陕西按察使司副使，河东兵粮道。礼部主事彭三益为陕西布政使司参议，陇西道。刑部员外郎张奇柱为陕西布政使司参议，河西道。兵部郎中胡全才为陕西布政使司参议，汉羌兵备道。工部员外郎聂一心为陕西布政使司参议，靖路兵备道。刑部员外郎苏名世为陕西按察使司佥事，分巡西宁道。兵部主事赵渔为陕西按察使司佥事，督粮道。兵部主事徐养元为陕西按察使司佥事，兵备道。礼部主事吴闻诗为陕西按察使司佥事，关内道。兵部员外郎边大顺为陕西按察使司佥事，庄浪兵备道。户部员外郎罗壤为陕西按察使司佥事，分守西宁道……兵部主事刘世杰为陕西按察使司佥事，陇右道。户部主事王昌允为陕西按察使司佥事，临巩兵备道。

（卷16　143页）

顺治二年（1645年）五月己亥

开陕西鼓铸，从总督孟乔芳请也。

（卷16　145页）

顺治二年（1645年）六月壬子

升密云道佥事夏扬名为陕西布政使司参议兼佥事，临巩兵备道。

（卷17　148页）

以故明洮岷副将赵之璧为宁夏花马池副将。将才孙应举为游击管宁夏平罗副将事。

（卷17　149页）

顺治二年（1645年）六月丁卯

以故明柳沟副将毛镶为甘肃凉州副将。宣府副将张世耀为西宁副将。

（卷17　152页）

顺治二年（1645年）六月癸酉

以故明宣府副将侯永宁为洮岷副将。

（卷17　153页）

顺治二年（1645年）六月庚辰

户部议复河东巡盐御史刘今尹疏请："将原食淮盐之汝宁归两淮巡盐御史管理。原食西和漳县盐之临洮、巩昌归甘肃巡按兼管。"从之。

（卷17　157页）

顺治二年（1645年）闰六月庚寅

陕西总督孟乔芳以秦属有司仍袭故明陋习，每一官莅任辄有铺设，其费多至一二千两不等，请行严禁以苏民困。得旨："地方官贪婪不悛，深可痛恨。一切铺设银两宜严行禁革，倘仍前滥取害民，该督、抚、按纠劾究治，毋得姑息。"

（卷18　160页）

顺治二年（1645年）闰六月丁酉

陕西巡按黄昌允以决囚日期奏闻，得旨："以后重辟如奉就彼处决之。旨该巡按御史即同地方官遵行如奉，监候再审之。旨地方官毋得轻决，著法司察往例先期汇奏，转行各巡按御史会同监司等官从公研审，情真罪当者报部复奏，候旨处决。其事有冤抑情可矜疑者，径自奏闻。"

（卷18　163页）

顺治二年（1645年）闰六月乙巳

命陕西乡试于十月举行。

（卷18　164页）

顺治二年（1645年）闰六月戊申

陕西总督孟乔芳奏报回回国天方国表贺平定燕京，来贡玉石等物。命察收贡物，仍谕督臣将贡使安顿馆驿，加意抚恤，以称朝廷柔远至意。

（卷18　165页）

顺治二年（1645年）七月戊午

陕西总督孟乔芳疏言："秦省兵制，部议已定，自应恪守，但四川献贼尚在肆逆，则兴安、汉中一带实为冲要，非驻重兵恐不足以资防御而张挞伐。况投顺各官，各带有军丁，其愿务农并老弱不堪者，谕令归业。其余原非耕田安分之辈，收之则为兵，解之复为盗。臣深切隐忧，故权陆镇之重轻，总计设兵一十万五千之数，内步兵七万名，马兵三万五千名，俟川省平定之后，逃亡不补，即可渐减矣。"下部议奏。

（卷19　168页）

顺治二年（1645年）七月癸酉

户部奏言："陕西地方旧例，召商茶以易番马，故向有诏谕金牌勘合之制备查。故明诏谕，通接西番关隘处所，拨官军巡守，如有将私茶出境，即拿解赴官治罪。又一款，凡番僧夹带奸人并私茶违禁等物，许沿途官司盘检，茶货入官，伴送夹带人送官问罪。若番僧所到之处，该衙门不即应付，纵容收买茶货及私受馈送，增改关文者，听巡按御史察究。又一款，进贡番僧，该赏食茶，颁给勘合，行令四川布政司拨发有茶之仓照数支放，不许于湖广等处收买私茶，违者尽数入官，仍将伴送人员通把依律问罪。此诏谕勘合之旧例，所当晓谕遵行者也。若金牌一项，系明初事例，至永乐十四年已经停止。今我朝号令一新，各番慕义朝宗，驰贡上驷，云锦还来。金牌似不必用，但以茶易马，务须酌量价值，两得其平，无失柔远之义。"从之。

（卷19　172页）

顺治二年（1645年）九月戊午

甘肃巡抚魏琯疏："荐故明刑科给事中郭充，驿传道齐之宸。"章下所司。

（卷20　181页）

顺治二年（1645年）十月戊申

原任陕西河西道孔闻谤奏言："臣家宗子衍圣公孔允植已率四氏子孙告之祖庙，俱遵令剃发。讫但念先圣为典礼之宗，颜、曾、孟三大贤并起而羽翼之。其定礼之大者莫要于冠服。先圣之章甫缝掖，子孙世世守之，是以自汉暨明，制度虽各有损益，独臣家服制，三千年来未之有改。今一旦变更，恐于皇上崇儒重道之典有未备也。应否蓄发以复先世衣冠统，惟圣裁。"得旨："剃发严旨，违者无赦。孔闻谤疏求蓄发，已犯不赦之条，姑念圣裔，免死。况孔子圣之时，似此违制，有玷伊祖时中之道。著革职永不叙用。"

（卷21　185页）

顺治二年（1645年）十二月壬辰

厄鲁特部落顾实汗子多尔济达赖巴图鲁台吉来请安，贡马匹、氆氇，并奏顷闻天使同伊拉古克三胡土克图，已从释迦牟尼佛庙西行，与我国汗议和好礼。彼处议定，则臣等无不奉命。

（卷22　193页）

顺治二年（1645年）十二月甲辰

以故明副将潘云腾为陕西甘肃镇西协副将。

（卷22　196页）

顺治三年（1646年）正月壬申

巡视茶马御史廖攀龙疏言："茶马，旧额一万一千八十八匹。自故明崇祯三年增解二千匹。所增马匹究竟年年虚额，无济军需。请永行蠲免。"部复从之。

（卷23　201页）

顺治三年（1646年）二月甲申

甘肃巡抚黄图安疏言："自逆闯流毒中原，横蹂三秦，滔天恶焰，莫不望风而靡。惟故明甘镇官吏矢心勠力，誓守不降。及力尽城破，巡抚林日瑞、总兵马爌慷慨激烈，白刃自甘。同知蓝台从容就义，骂贼而亡。副将郭天吉、都司万峘剖心受刚，颜色如生。游击哈维新、张际，都司姚世儒、高登科、姜弘基，守备郭雄峙英烈自刎，杀身报国。临洮副将欧阳滚携家属至甘，值城失守，阖门自焚。他如在籍原任肃州道刘佳贞，通判陈嘉绩，知县段自宏、陆一桂等愤骂逆贼，至死不绝口。总兵王汝金、赵宦、罗俊杰，副将刘国柱、刘国栋，参将哈俊，游击李汝璋、赵用彬、任汝威、吕承宫、张应举、杨威，都守官曹尔谦、赵宗祀、景桂芳、陈一魁、贺图麟、王嘉官、萧荣华、蔡俊，五卫世职指挥、千百户郑世爵、傅弘祚、毛国泰、赵应魁、汪世爵等，各率家丁，血战陨命。庠生吴伯延、童士楷，义民梁进德等，节妇董氏等俱亡身尽节，义不受辱。祈分别褒奖，庶忠节不致沉泯。"章下所司。

（卷24　204页）

顺治三年（1646年）三月乙卯

升山西河东道参议吴一元为陕西按察使司副使，固原兵备道。直隶广平府知府张凤梧为陕西按察使司副使，分守关西道。山西左卫道佥事耿应衡为陕西布政使司右参议，分巡河西道。

定西大将军何洛会等奏报："擒斩黑水峪贼首孙守法、胡向宸等及其从贼二千余人，阵获骡马无算。"报闻。

厄鲁特部落多尔济达赖巴图鲁、喀尔喀部落买达里胡土克图等来贡驼马。俱宴赍如例。

（卷25　210页）

顺治三年（1646年）三月己卯

甘肃总兵官刘有实疏报："番夷歪喇台吉等求粮挟赏，狡犯无常。请议剿抚，以弭边衅。"下部议。

（卷25　214页）

顺治三年（1646年）三月甲申

吏部题豫王、英王委官册内，开故明陕西关西道伪授甘肃巡抚周伯达仍委原官。

（卷25 214页）

顺治三年（1646年）五月庚戌

遣陕西道监察御史许弘祚巡按甘肃。

（卷26 219页）

顺治三年（1646年）五月辛亥

陕西庄浪雨雹伤禾。

（卷26 219页）

顺治三年（1646年）五月甲子

礼部奏言："伏查旧例，吐鲁番国进贡来使于京师置买器物额数，每人茶五十斤，磁碗碟五十双，铜锡壶瓶五执，各色纱罗及缎共十五匹，绢三十匹，青白布三十匹，夏布三十匹，棉花三十斤，花毯二条，纸马并各色纸张共三百张，各色颜料五斤，糖果姜每样三十斤，药材三十斤，乌梅三十斤，黑白矾共十斤，照此定例置买。其龙凤黄紫各色之物及鞍辔弓箭刀不许置买。其应买诸物兵马司差役同通事监视，买卖两从其便。如盗买违禁之物，一经该员查出，买者、卖者并监视人役一并治罪。会同馆许开市五日。自京起程后，牛、羊、犁、铧、铁锅至临洮府兰州与本处军民交易，亦买卖各从其便，仍行监视。护送官兵加意谨防，送至关上。其至兰州交易者，亦不许买熟铁及各项兵器。"令照旧例交易。

（卷26 221页）

顺治三年（1646年）五月丁卯

户部奏言："甘镇以茶易马例有定所，今各番来请中马，当以见在茶笓仍于开市处所互市，不容滥入边内，别生事端。"报可。

（卷26 221页）

顺治三年（1646年）六月己亥

升陕西西安府知府崔允升为本省按察使司副使，分巡陇西道。

（卷26 225页）

顺治三年（1646年）七月乙巳

以……山西宁武关副将刘良臣为都督同知，充陕西甘肃总兵官。

（卷27　226页）

顺治三年（1646年）七月戊辰

甘肃巡抚黄图安疏请终养，下吏部议："以西陲多事，图安借端规卸，革职永不叙用。"从之。

（卷27　229页）

顺治三年（1646年）七月戊戌

前遣往达赖喇嘛之察罕喇嘛还。达赖喇嘛、厄鲁特顾实汗等遣班第达喇嘛、达尔汉喇嘛等同来上表请安，献金佛、念珠、氆氇绒、甲胄、马匹等物，以甲胄、弓矢、撒袋、大刀、鞍辔、银器、缎匹、皮张等物赏答之。

（卷27　233页）

顺治三年（1646年）七月己亥

初大学士范文程、祁充格、宁完我以甘肃巡抚黄图安呈请终养，人子至情，吏部不宜遽议罢斥，拟为申奏。值斋期未果，白于辅政郑亲王济尔哈朗，王令姑待之。后摄政王以文程等擅自关白辅政王，下法司勘问。法司议俱削职并籍没家产以闻。以文程等委任有年，姑释其罪。谕令勉效厥职，以赎前愆。

（卷27　233页）

顺治三年（1646年）九月壬子

定远大将军和硕肃亲王豪格等奏报："臣率大军于三月二十六日抵西安，闻寇在邠州，遣尚书星讷等分兵往剿。贼闻风溃遁，追斩千余级。伪副将宋大杰、贺洪器，参将齐勋、张国栋等率马步三百余人降。又闻庆阳一带为贼所据，遣固山额真杜雷分兵往剿，攻克其寨，斩贼渠石二等。又遣固山额真巴颜墨尔根、侍卫李国翰悉率汉军兵同副将王平等扑灭延安一带诸寇。五月十六日，贼首刘文炳、康千总、郭天星、张破脸等率马步贼兵三千余拒敌。我师击之，斩杀甚众，获马、骡百十二匹。闻贼渠贺珍在汉中府，二只虎、孙守法在兴安州，武大定、高如砺、蒋登雷、石国玺、王可成等在徽州、阶州。大军于五月初五日自西安起行，分遣多罗贝勒尼堪、固山贝子吞齐喀昂邦、章京鳌拜巴图鲁、固山额真觉罗巴哈纳等率兵由栈道向汉中兴安进发。十六日，多罗贝勒尼堪等擒贼哨卒，讯知贺珍尚围汉中。以马步贼兵二千据守鸡头关，随遣巴哈纳、吴赖等分兵一半，由山中僻径以往。贝勒尼堪等于十八日抵鸡头关，贼马步兵二千迎拒，击歼之。及抵汉中，贺珍尚未知觉。我兵疾蹑其营，贼溃而逃，追斩无算。获珍原领印信并马、骡八百余匹。五月二十五日，闻珍遁居西乡县，遣鳌拜、马喇希等分兵往击，追及楚湖，败之，获马、骡三百余匹。闻贼渠二只虎、孙守法等破兴安，贝勒尼堪等自汉中至汉阴，二只虎闻风遁入四川。孙守法已奔岳科寨。巴颜、李国翰等击败延安一带贼兵，尾至张果老崖。贼入山寨，我军掘壕围之。使人来报，因遣守西安府图赖率满洲绿旗兵往代巴颜、李国翰守张果老崖。七月十六日夜，潜攻克之。擒斩贼渠康千总，获马、骡二百九十三匹。臣率兵一半向秦州进发。二十二日，分遣固山贝子满达海、辅国公哈尔楚浑、蒙古固山额真准塔巴图鲁等率兵搜剿贼党武大定、高如砺、石国玺、蒋登雷、王可臣等，伪参将石国玺及都司守备等官五十二人率马步贼兵七百名降。贼首高如砺率马步贼兵迎拒，尚书星讷败走之，获马、骡一百四十三匹。满达海等抵三台山围之。臣于六月十二日亦至，周视三台山壁立坚固，未可以攻，令四面掘壕围之。高如砺奔往蒋登雷、王可臣所，率伪游击都司守备等官五十七人、马步贼兵二千三百名降。武大定下伪游击周克德遣其子来降，言我兵由彼所守小路可登。于是令降将石国玺、蒋登雷、王可臣率其卒七百居前，护军统领哈宁噶等率满洲兵六百继后。八月初七夜，夺其东门，贼各滚崖而下。我军据壕遮杀万余，获马、骡千六百匹。"

（卷28　235页）

顺治三年（1646年）九月戊寅

达赖喇嘛及厄鲁特部落顾实汗遣使表贡方物，宴赉如例。

（卷28　237页）

顺治三年（1646年）十月己亥

免陕西延绥、庄浪本年雹、蝗灾伤额赋。

（卷28　239页）

顺治四年（1647年）正月戊辰

户部奏言："巡视陕西茶马，应遣汉军官一员，通蒙古语满官一员，谙习通事一员，笔帖式一员。"从之。

（卷30　248页）

顺治四年（1647年）三月戊申

升……关西道临洮府知府朱受祜为本省按察使司副使，关南道。

（卷31　254页）

顺治四年（1647年）三月己未

以署甘肃巡抚周伯达为都察院右佥都御史，巡抚江宁。

（卷31　255页）

顺治四年（1647年）三月乙亥

升陕西西宁道副使蒋三捷为本省苑马侍卿，兼按察使司佥事，专理马政。

（卷31　257页）

顺治四年（1647年）三月丙戌

陕西临巩总兵官范苏卒。

（卷31　259页）

顺治四年（1647年）三月辛卯

陕西巡按赵端疏报："庆属地方向缘贺珍等诸渠倡逆，各处望风响应，焚掠之祸，几无虚日。今户部侍郎屠赖率兵剿杀逆寇三千余名，招抚各堡并获妇女、牲畜、甲胄、弓矢、枪炮等物。地方渐臻宁谧。"下部察叙。

（卷31　260页）

顺治四年（1647年）三月丁酉

甘肃巡抚张尚坐题报本内称皇叔父遗摄政王三字，革职拟罪。

（卷31　261页）

顺治四年（1647年）五月癸卯

甘肃巡抚张尚奏言："凉州上古城堡旧有小矿。历朝开采以资本地赏赉之需，后因闯逆肆乱，遂尔封闭。今复开采。四阅月来计获税银三百余两，成效足稽。仍请敕部酌议定额，以充军饷。"得旨："开采重务，未经奏闻何得擅自举行？张尚著议处，其奏内事情该部酌议。"

（卷32 262页）

顺治四年（1647年）五月壬子

陕西平庆总兵官臧延龄坐妄奏营兵缺马，革职。

（卷32 263页）

顺治四年（1647年）五月壬戌

故明河西道参议段复兴，当癸未冬，闯贼临城，知复兴廉介，诱降不从。城陷，复兴先积薪于楼，令妻、妾、子、女自缢，纵火焚之。惟母石氏，复兴不忍其死，拜辞而去。母亦登楼赴火。复兴即手刃数贼，自刎而死。太常寺少卿麻僖闻流寇入关，即率地方士民死守，及贼薄城下，僖身先登陴，尽出家资以犒士民。城陷被执，不屈死。亲族子弟五十余人俱从死。故明陕西参议齐之宸妻刘氏，当闯贼围长安，之宸登城拒守。刘氏谓其子妇谢氏、孙妇李氏曰："吾家素以诗礼传家，倘此身为贼所污，何以见先人于地下？"李氏即自缢。刘氏喜曰："孙妇得死所矣。"遂与谢氏投缳死。西安府韩杰妻张氏，守节三十余年，值寇变，即同子妇周氏相继投井。陕西巡按赵端上其事。下所司知之。

（卷32 264页）

顺治四年（1647年）五月丙寅

以甲喇章京李茂为都督佥事，充镇守固原总兵官。牛录章京王允久为都督佥事，充镇守临洮总兵官。

（卷32 265页）

顺治四年（1647年）六月丙子

以山西鴈平道佥事卢震阳为陕西布政使司参政兼按察使司佥事，潼关道。陕西关内道参议白士麟为湖广按察使司副使兼布政使司参议，督粮道。山东驿传道佥事朱国寿为陕西布政使司参议，督粮道。陕西西宁道佥事苏名世为本省布政使司参议兼按察使司佥事，靖远兵备道。刑部郎中范芝为陕西按察使司佥事，庄浪兵备道。宋炳为陕西按察使司佥事，肃州兵备道。

（卷32 267页）

顺治四年（1647年）六月壬午

升河南汝州知州余应魁为陕西按察使司佥事兼布政使司参议，分守关内道。直隶定州知州张鹏翼为陕西按察使司佥事兼布政使司参议，分守西宁道。

（卷32　268页）

顺治四年（1647年）七月丁巳

升……陕西洮岷道副使桂继攀为本省布政使司参政兼按察使司佥事，分巡靖远道。

（卷33　272页）

顺治四年（1647年）七月丙寅

降补湖广武昌道副使屠奏疏为陕西布政使司参议兼按察使司佥事，分巡洮岷道。

（卷33　274页）

顺治四年（1647年）八月己巳

赠殉难陕西商洛道佥事袁生芝为光禄寺卿。兴安州知州曲良贵为本省布政使司参议。各荫一子入监读书。州判侯嘉允为陕西都司经历。石泉县主簿胡孟遴为陕西临洮卫经历。

（卷34　274页）

顺治四年（1647年）八月辛巳

升……陕西临巩兵备道参议夏扬名为湖广按察使司副使兼布政使司参议，分守下湖南道。

（卷34　276页）

顺治四年（1647年）八月壬午

甘肃巡抚张尚坐擅开矿税，降一级调用。

（卷34　276页）

顺治四年（1647年）八月乙酉

升湖广安陆府知府李絮飞为陕西按察使司副使，临巩兵备道。

（卷34　276页）

顺治四年（1647年）八月辛卯

升江南按察使张文衡为都察院右佥都御史，巡抚甘肃赞理军务。

（卷34　276页）

顺治四年（1647年）九月辛亥

增设陕西古浪守备一员，兵一百名。黑松、张义堡、上古城、炭山堡、高古城、西把截等六处防守官各一员，兵各一百名。

（卷34　278页）

顺治四年（1647年）九月癸丑

裁陕西肃州参将，以所领兵一千二百名隶西协副将。余兵五百三十名分拨新城、嘉峪关等各堡。

（卷34　278页）

顺治四年（1647年）九月丙辰

巡视茶马御史廖攀龙、西宁道蒋三捷坐私给蒙古人官茶，革职。

（卷34　278页）

顺治四年（1647年）九月己未

陕西总督孟乔芳疏报："擒获贼首贺宏器。"命斩之。

（卷34　278页）

顺治四年（1647年）九月甲子

升山西河东道参议于之士为陕西按察使司副使，分巡陇西道。

（卷34　279页）

顺治四年（1647年）九月丙寅

升山东督粮道副使宋炳奎为陕西苑马寺卿兼按察使司佥事，专理马政。

（卷34　279页）

顺治四年（1647年）十月丙戌

升直隶天津道副使黄纪为陕西布政使司参政，靖远兵备道。

（卷34　282页）

顺治四年（1647年）十一月丁巳

赐厄鲁特部落喇木占霸胡土克图、单储特霸达尔汉绰尔济、喀尔喀部落扎萨克图汗下额尔克温布及土谢图汗下杜尔伯等宴。

喇布扎木绰尔济上表请达赖喇嘛，并贡马。厄鲁特部落鄂济尔图台吉贡马，俱宴赉如例。

（卷35　285页）

顺治五年（1648年）正月甲辰

降补甘肃巡抚张尚为山东布政使司参议，济宁道。

（卷36　291页）

顺治五年（1648年）二月丙戌

甘肃巡按王世功奏言："喇嘛同海彝纳贡入西宁城，需索廪料，凌辱职官，横夺财物、妇女。嗣后入贡请额定彝目人数，余众驻关外，酌给口粮以安边境。"下所司察议。

（卷36　294页）

顺治五年（1648年）三月辛亥

甘肃巡按许弘祚坐私馈固山贝子满达海骆驼、帐房，革职。满达海坐以应得之罪，追馈物入官。

（卷37　302页）

顺治五年（1648年）四月戊辰

免陕西渭源、金县、兰州卫本年雹灾地亩额赋。

（卷38　305页）

顺治五年（1648年）四月癸巳

升宣府抚标中军参将董昆为洮岷副将。四川提标中军副将侯大捷为陕西固原副将。

（卷38　307页）

顺治五年（1648年）闰四月戊戌

陕西总督孟乔芳奏报："凉州叛回结连兰州回党，寇巩昌，遣副将赵光瑞击之。游击杨相等由巩昌夹攻，斩贼百余。副将马宁等又冲杀七十余里，杀回贼三千余众，悉溃。"下所司知之。

（卷38　307页）

顺治五年（1648年）闰四月辛丑

升陕西河西道佥事沈加显为本省布政使司参议，分守西宁道。

（卷38　307页）

顺治五年（1648年）闰四月辛亥

升山西阳和道参议李嘉彦为陕西按察使司副使兼布政使司参议，分守河西道。

（卷38　308页）

顺治五年（1648年）闰四月癸卯

授陕西庄浪土司祈廷谏、鲁安为指挥使。西宁土司李天俞为指挥同知。

（卷38　308页）

顺治五年（1648年）闰四月壬子

陕西总督孟乔芳疏报："副将马宁、刘友元，游击张勇，破回贼于临洮内官营，斩获甚众。"报闻。

（卷38　308页）

顺治五年（1648年）闰四月癸亥

陕西甘固司饷主事吕绍栻受叛回伪临巩道职，被获，伏诛。

命固山贝子吞齐为平西大将军，同固山额真宗室韩岱统领官兵及调外藩蒙古兵讨陕西叛回。赐之敕曰："兹以陕西边塞，回贼背乱，荼毒甘凉，罪恶滔盈，亟应诛剿。特命尔吞齐充平西大将军，统兵前征。一切机宜与韩岱等同心协谋而行。毋谓自知，不听人言。毋谓兵强，轻视逆寇。仍严侦探，毋致疏虞。抗拒不顺者戮之，不得已而后降者杀无赦。被贼迫胁，大军一到即来迎降者悉行赦宥。有能杀贼、擒贼归正者，仍分别升赏。总以安民为首务，须严禁兵将，申明纪律，凡归顺良民不得擅取一物。务体朕定乱救民至意。其行间将领功罪，察实纪明汇奏，如系小过，当即处分。至于护军校、拨什库以下除死罪外，其余无论大小过犯，俱与诸将商酌径行处分。尔受兹重任，宜益殚忠猷，用张挞伐，立奏荡平，以安黎庶。钦哉。"

（卷38　308页）

顺治五年（1648年）五月戊辰

陕西总督孟乔芳疏报："官兵大破叛回于巩昌、临洮、兰州等处城邑俱复。"报闻。

（卷38　309页）

顺治五年（1648年）五月辛未

陕西总督孟乔芳疏报："逆回拥立伪延长王朱识镣，煽惑人心。游击张勇击败之于马家坪。识镣就擒。"命斩之。

（卷38　309页）

顺治五年（1648年）五月辛巳

厄鲁特部落顾实汗遣使贡方物，宴赉如例。

（卷38　309页）

顺治五年（1648年）五月己丑

升……陕西平凉府知府宗灏为本省按察使司副使，宁夏兵备道。

（卷38　310页）

顺治五年（1648年）五月壬辰

赠殉难陕西固原游击李变龙、周存德、马应熊、魏尚忠为参将，守备赵文光、董师吉为都司，予祭如例，各录用其子弟一人。

（卷38　310页）

顺治五年（1648年）六月甲午

免陕西西安、延安、平凉、临洮、庆阳、汉中等府属州县顺治四年雹灾额赋。

（卷39　311页）

顺治五年（1648年）六月癸卯

升河南左布政使周文叶为都察院右副都御史，巡抚甘肃赞理事务。

（卷39　312页）

顺治五年（1648年）六月甲辰

陕西总督孟乔芳疏报："侍郎额塞等大破逆回于兰州，斩获甚众，其党悉平。"报闻。

（卷39　313页）

顺治五年（1648年）六月丙辰

升陕西临洮府知府刘国桢为本省按察使司副使兼布政使司参议，分守关西道。

（卷39　313页）

顺治五年（1648年）六月壬戌

上御太和殿，受厄鲁特部落贡使土布新等，朝赐宴。

诏援剿叛回蒙古军出边各回部落。

（卷39　313页）

顺治五年（1648年）七月壬申

遣陕西道监察御史石维昆巡按甘肃。

（卷39　313页）

顺治五年（1648年）八月乙巳

升山西河东道参政王显祚为陕西按察使司按察使，管右布政使事。陕西庆阳府知府李日芳为本省按察使司副使，分巡西宁道。湖广下江防道佥事范鸣珂为陕西布政使司参议，西宁道。上湖南道佥事李懋祖为陕西布政使司参议兼按察使司佥事，临巩兵备道。陕西关内道佥事冯士标为本省布政使司参议兼按察使司佥事，庄浪兵备道。

（卷40　318页）

顺治五年（1648年）八月庚辰

升山东右布政使苏弘祖为陕西布政使司左布政使。……陕西固原道副使吴一元为浙江布政使司参政兼按察使司佥事，分巡温处道。……湖广荆西道参议石凤台为陕西按察使司副使兼布政使司参议，分守关西道。山西大同左卫道参议李起龙为陕西按察使司副使，洮岷兵备道。

（卷40　322页）

顺治五年（1648年）八月丙戌

升陕西潼关道参政卢震阳为山东布政使司右布政使。……陕西西安府知府王希舜为本省按察使司副使，分巡河西道。……大同府知府孔思周为陕西按察使司副使，固原兵备道。

（卷40　323页）

顺治六年（1649年）二月庚戌

陕西总督孟乔芳奏报："官兵平甘州叛回。"下所司察叙。

（卷42　341页）

顺治六年（1649年）三月甲子

改兰州营参将为副将。

（卷43　343页）

顺治六年（1649年）三月乙亥

陕西总督孟乔芳疏报："甘凉逆回米喇印、丁国栋乘调兵征川，倡谋作乱，变起仓卒。甘肃巡抚张文衡，西宁道副使林维造，参议张鹏翼，甘肃总兵官刘良臣，凉州副将毛镔，肃州副将藩云腾，游击黄得成，金印都司王之俊，守备胡大年、李廷试、李承泽、陈九功俱被执殉难。庄浪参将翟大有赴敌战殁，凉州同知徐自砺、参将蒋国泰从逆受职。"下部察议。

（卷43　345页）

顺治六年（1649年）四月己亥

原任陇西道参议彭三益为湖广布政使司参议兼按察使司金事，分巡上荆南道。

（卷43　347页）

顺治六年（1649年）五月丁丑

裁直隶河间、永平，江南苏州、松江，山东兖州、东昌，浙江湖州，陕西巩昌、西宁、肃州同知十员。

（卷44　352页）

顺治六年（1649年）五月庚辰

罢陕西额供羔羊、白狼等皮，从巡抚黄尔性请也。

（卷44　353页）

顺治六年（1649年）五月壬午

升……山东提学道金事吴臣辅为陕西布政使司参议兼按察使司金事，临巩兵备道。

（卷44　353页）

顺治六年（1649年）六月辛丑

山西提学道金事孙启贤为陕西布政使司参议兼按察使司金事，西宁道。补原任参议朱国诏为陕西按察使司副使，肃州兵备道。

（卷44　355页）

顺治六年（1649年）七月戊辰

陕西肃州道佥事宋炳坐失守城池，革职。

（卷45　359页）

顺治六年（1649年）七月甲戌

陕西巡抚卢传疏报："剿平澄城、永寿、泾州各路土贼并获牛马器械无算。"章下兵部。

（卷45　359页）

顺治六年（1649年）八月己亥

赠殉难甘肃巡抚右佥都御史张文衡为都察院右副都御史。西宁道副使林维造为光禄寺卿。西宁道佥事张鹏翼为光禄寺少卿……各荫一子入监读书。

（卷45　361页）

顺治六年（1649年）九月甲申

升署总兵张勇为都督佥事，充镇守甘肃总兵官。

（卷46　369页）

顺治六年（1649年）十月壬辰

谕厄鲁特部落奉事佛法诺门汗曰："本朝于旧好之国，初不愿加兵，若当交好时而乐事干戈，诚不能默然处此。今喀尔喀方以信使通好，乃遣人诱我苏尼特部落腾机思反叛，挟之而去。及我师追腾机思时，土谢图汗丹津喇嘛硕雷汗无故出兵，两次拒敌。惟天降罚，使之败衄。二楚虎尔又无故侵我巴林，杀人掠畜。俄木布额尔德尼又无故加兵于我，及闻我出师始还。巴尔布冰图又来侵我土默特部落，杀其人民，劫马二千匹。此辈每起兵端，朕能默然处之耶。朕前此遣使尔诺门汗云，我虽老，我诸子兵卒尚未老也。凡有征讨，我当以兵助之。朕非因兵力单弱求援于尔，因尔有前言，故使尔闻之。今尔若践前言，出兵相助，誓不误期，可以定议报我。如不欲出兵，亦定议来报。"

以破回逆及招降西宁城功，赐厄鲁特部落峨木布车臣戴青为土谢图巴图鲁戴青。和罗木席额尔得尼戴青为巴图鲁额尔得尼戴青。墨尔根济农为卓礼克图巴图鲁济农。

（卷46　369页）

顺治六年（1649年）十一月丙辰

赠故临巩兵备道李絮飞光禄寺卿，临洮府同知徐养奇、岷州同知杜懋哲陕西按察使司副使，兰州知州赵翀陕西布政使司参议，渭源县知县李渭陕西按察使司佥事，仍各荫一子入监读书。兰州儒学训导白旗国子监学录，旌其回变殉难也。

（卷46　372页）

顺治六年（1649年）十一月丙寅

免陕西岷州本年份雹灾租税。

（卷46　372页）

顺治六年（1649年）十一月庚辰

予故甘肃巡抚张文衡、分巡西宁道林维造、分守西宁道张鹏翼、绍兴府知府张憸、会稽县知县官抚涣祭葬如例。

（卷46　373页）

顺治六年（1649年）十一月辛巳

达赖喇嘛遣噶布初西喇布，厄鲁特部落顾实汗遣墨尔根和硕齐等来朝贡，赐喇嘛银器、雕鞍、文革；顾实汗甲胄、腰刀、雕鞍、银器、彩币、文革、玛瑙、尊爵；赏噶布初西喇布、墨尔根和硕齐等甲胄、弓矢、刀、鞍、银器、纻丝等物有差。

（卷46　373页）

顺治六年（1649年）十二月丁亥

甘州平川等堡，蝗。庄浪，水。西宁，冰雹，伤禾稼。

（卷46　373页）

顺治六年（1649年）十二月丁酉

甘肃巡抚周文叶奏报："回孽丁国栋、黑承印等盘踞肃城。总兵张勇、副将马宁分兵夹攻，擒国栋、承印，斩首五千余级。肃州平。"

（卷46　374页）

顺治七年（1650年）二月乙酉

谕户、兵二部："自今以后喀尔喀、厄鲁特从边外前来，凡章京以下，披甲兵以上，若无驼只马匹，有愿买者每一次止准买一匹。有违例多买者，所买之马入官，问以应得之罪。若有自己不买包揽他人，顶己名买者，二人俱问应得之罪，所买之马入官。每旗选章京二员，监视买卖。即令此二章京于各旗牛录及拨什库将买马人姓名汇造清册，一本送户部照验，一本自收备察。卖马处所执册呼名放入，不许强占预记，违者章京照职罚银。兵丁照例鞭责。一应贩子买卖人及不系披甲者，概不许买。喀尔喀、厄鲁特驼马犯者，鞭一百，驼马入官。居庸关以内一应官吏军民人等，俱不许沿途迎买，著差官役搜察，如有被获者即缚解至京，以贼律问罪。所差官役如有私买及通同纵买者，亦按贼律问罪。著严行晓谕。"

（卷47　378页）

顺治七年（1650年）三月乙卯

以平回贼功加总督陕西三边兵部左侍郎孟乔芳为兵部尚书。

（卷48　382页）

顺治七年（1650年）三月乙卯

升……礼部郎中于明宝为陕西按察使司金事，临巩兵备道。

（卷48　382页）

顺治七年（1650年）三月辛未

赠甘肃阵亡参将翟大有为都督金事。

（卷48　383页）

顺治七年（1650年）三月己卯

湖广巡抚迟日益、江宁巡抚土国宝、甘肃巡抚周文叶、山西巡抚刘弘遇、操江巡抚李日芃，俱仍以都察院右副都御史加兵部右侍郎。

（卷48　385页）

顺治七年（1650年）四月己丑

升……山东运使夏日严为陕西布政使司参政，分守关南道。河南汝南道副使刘三元为陕西布政使司参政兼按察使司金事，分巡河西道。……河南提学道金事李震成为陕西布政使司参议，分守关西道。……陕西关西道副使汪光绪为本省苑马寺卿兼按察使司金事，专理马政。

（卷48　386页）

顺治七年（1650年）四月乙未

厄鲁特部落鄂齐尔图台吉、喀尔喀部落索那穆等贡马匹等物，宴赉如例。

遣侍卫舒尔虎纳克等往谕厄鲁特部落台吉鄂齐尔图曰："览奏虽僻处遐荒，力能则相几相助，不能则遣使通好，如此甚善。朕自统一天下，凡有征讨，从无穷兵黩武、滥及无辜之举，若无故犯顺亦不姑贷。曩与察哈尔原无衅隙，乃擅执吾使，且欲阻我伐明，否则助明为难。朕所以斩其来使，兴师致讨，破其家国，俘其妻孥，至于察哈尔所属之苏尼特腾机思前乘兵乱，遁附喀尔喀硕雷，后亦慕义来归。我与硕雷并无夙衅，何乃阴教久附之苏尼特叛而遁走？朕仍不欲加兵于喀尔喀，止遣师追剿苏尼特。喀尔喀土谢图汗、硕雷汗反率众拒战，致干上天谴怒，使彼败衄。如朕果欲征讨喀尔喀，乘其败北之际，死者死，窜者窜，师已压境，何不长驱而直取乎？只因喀尔喀不时蠢动，土谢图、硕雷抗师迎敌，二楚虎儿扰我巴林，俄木布额尔德尼、巴尔布冰图率众犯顺，闻我发师始行遁去。巴尔布冰图又驰入土默特杀人，掳掠人马，故与喀尔喀禁绝往来。后以讷门汗言喀尔喀扎萨克图汗、土谢图汗、俄木布额尔德尼等会同遣使输诚，朕遂遣使同往谕之。饬彼还二楚虎儿所掠巴林牲畜，赎俄木布额尔德尼巴尔布冰图侵犯之罪及巴尔布冰图擅入土默特杀掠之罪，并还所掠人畜。令其部落之长及贝勒、贝子誓告天地，然后罢兵息战，永通和好。违则必行征讨。尔等既已效顺，倘朕再征喀尔喀，尔不得与之通好。尔其思之。"

（卷48　387页）

顺治七年（1650年）四月辛丑

陕西总督孟乔芳疏言："甘州回贼乘调兵下川之隙，遂行作乱，戕杀抚镇道将。臣督兵驰剿，斩米喇印于水泉，丁国栋等城破就擒，正法传示。诸城次第俱复。"报闻。

（卷48　388页）

顺治七年（1650年）四月丙午

以原任副将毛贵为河道督标中军副将，札委副将刘有源为署都督佥事，管凉州副将事。卜爱为参将，管西宁副将事。汉中参将齐升为肃州副将。

（卷48　388页）

顺治七年（1650年）五月甲寅

降陕西巡抚黄尔性、甘肃巡按石维昆各二级。陕西巡按卢传一级。俱调外用。以大计造册舛错故也。

（卷49　390页）

顺治七年（1650年）七月癸丑

裁……真定巡捕抽分、江南江宁开通厂宝源局鼓铸、马政、船政、苏州水利、扬州造船、淮安造船、河南开封河捕、陕西西安管粮、临洮监饷、庆阳盐课、湖广武昌肇陈口缉盗等同知共十三员。

（卷49　393页）

顺治七年（1650年）七月辛未

免陕西西宁各堡寨五年份雹灾额赋。

（卷49　395页）

顺治七年（1650年）九月己巳

喀尔喀、厄鲁特、乌斯藏等部落巴郎和罗齐达尔汗囊素盆挫坚挫等来朝贡，宴赉如例。

（卷50　398页）

顺治七年（1650年）九月丁丑

厄鲁特部落干布胡土克图等遣使贡马，宴赉如例。

（卷50　399页）

顺治七年（1650年）十月己亥

户部议复巡视茶马御史吴达疏言："陕西茶引明季系茶马御史自行印发，故引有大小之分，又有大引官商平分，小引纳税三分入官，七分给商之例。今引从部发，应俱照大引例官商平分以为中马之用。"报可。

（卷50　400页）

顺治七年（1650年）十月甲辰

升陕西陇右道佥事李永昌为四川布政使司参议兼按察使司佥事，建昌兵备道。

（卷50　401页）

顺治七年（1650年）十一月甲寅

免陕西甘肃等处六年份蝗、水、雹灾额赋。

（卷51　403页）

顺治七年（1650年）十一月乙卯

厄鲁特部落巴图鲁贝勒等贡驼马，宴赉如例。

（卷51　403页）

顺治七年（1650年）十一月丁卯

厄鲁特部落噶木布胡土克图等贡驼马、貂皮，宴赉如例。

（卷51　403页）

顺治七年（1650年）十一月癸酉

厄鲁特部落舒虎儿戴青等贡马，宴赉如例。

（卷51　404页）

顺治七年（1650年）十二月乙酉

升……山东驿传道金事刘宗舜为陕西布政使司参议，分守陇右道。

（卷51　404页）

顺治八年（1651年）正月戊午

谕户部："各处织造所以供朝廷服御赏赍之用，势不可废。但江宁、苏州、杭州三处织造已有专设官员管理，又差满洲官并乌林人役催督，不但往来糜费钱粮，抑且骚扰驿递。朕心深为不忍。嗣后著停止差催，止令专管官员照发去式样敬谨织造，解京应用。陕西亦织造绒褐妆蟒，朕思陕西用饷甚多，本省钱粮不敷，每拨别省协济。此织造绒褐妆蟒殊属无用，亦著停止。节省冗费以完兵饷。既于国计有益，且免沿途驿递夫役转送之苦。至陕西买办皮张之处，亦属烦扰，著一并停止。尔部速行传谕，以昭朕恤兵爱民至意。"

（卷52　409页）

顺治八年（1651年）正月乙丑

达赖喇嘛班禅胡土克图、顾实汗各遣使上表问安。

（卷52　411页）

顺治八年（1651年）二月己丑

叙征陕西甘州功，升一等阿达哈哈番兼一拖沙喇哈番谭布为三等阿思哈尼哈番，二等阿达哈哈番厄塞、孟乔芳为一等阿达哈哈番，三等阿达哈哈番、岳诺巴图鲁、彭自得、王盛宗为二等阿达哈哈番。拜他喇布勒哈番兼一拖沙喇哈番、张亮为三等阿达哈哈番。加拜他喇布勒哈番达赉、裴登宽、一拖沙喇哈番。授拖沙喇哈番达自瑞为拜他喇布勒哈番白身范思孔、邵登科、杜敏、富达礼为拖沙喇哈番。以登城功授白身奇努、科诺和为拜他喇布勒哈番，赐号巴图鲁。

（卷 53　420 页）

顺治八年（1651 年）闰二月己酉

赠陕西甘镇殉难总兵官都督同知刘良臣为右都督，副将潘云腾、毛镔为都督金事。

（卷 54　425 页）

顺治八年（1651 年）闰二月己未

陕西河州弘化、显庆二寺僧旦巴查穆苏、诺尔卜查穆苏等贡方物，宴赉如例。仍敕以后喇嘛不许进贡佛像、铜塔及番犬。

（卷 54　428 页）

顺治八年（1651 年）闰二月辛未

厄鲁特部落昆都伦吴巴什等贡黑狐、马匹等物，宴赉如例。

（卷 54　431 页）

顺治八年（1651 年）闰二月丁丑

谕兵部："……又陕西叛将王元、马德戕杀抚臣，议扶庆王之孙，招摇惑众。因而故明各王等多被诛戮，朕甚悯焉。今朕亲理万机、代天子民，务期四海万姓咸得其所。岂独故明子姓不在函育之中乎？自今以后，凡各直省有故明亲王、郡王流落地方者，该督抚察其投诚实情，有无功次，并将伊家口起送来京，分别畜养。其自镇国将军以下不必起送，各照原籍编氓乐业，令其一体输税当差。尔明宗姓亦宜悔祸革心，偕游化日，勿犯王章。仰体朝廷爱惜生全之意。如不信朕言，犹怀疑畏，惑于奸宄，构生事端，则国宪具存，朕虽欲赦之，弗能也。尔部即行传谕。"

（卷 54　433 页）

定厄鲁特喀尔喀贡使赏例。厄鲁特贡使一等者，上号蟒缎一，帽缎、彭缎各一，毛青布二十四，银茶桶一，重三十两。随从五人各彭缎一、毛青布八，次等者补缎一、彭缎一、毛青布十六。随从三人各彭缎一、毛青布八。小台吉及塔布囊各官来使各彭缎一、毛青布八。随从一人各毛青布四。喀尔喀汗下贡使一等者，三号蟒缎一，帽缎、彭缎各一，毛青布二十四。随从二人各毛青布六，次等者补缎、彭缎各一，毛青布十六。随从一人毛青布六。三等者彭缎一、毛青布八。随从一人毛青布四。

（卷54　434页）

顺治八年（1651年）三月乙未

达赖喇嘛、顾实汗各遣使贡方物，宴赉如例。

（卷55　439页）

顺治八年（1651年）三月丙申

复设庆阳盐课同知。

（卷55　440页）

顺治八年（1651年）三月癸卯

复镇羌游击鲁典世袭指挥佥事职。

（卷55　441页）

顺治八年（1651年）五月辛卯

以太祖配天恩诏叙投诚官员功各授世职……汝宁都司朱国强，兴安游击盛家保、杨九明、常永盛，南赣参将孔国治、都司贾鲸、副将董大用，兰州副将王平，肃州副将齐胜，南赣镇标副将贾雄、邵武，副将张承恩，原任浙江抚标参将徐天福，广东随征参将乔增迁，兴安游击白守荣，苏州总兵官王璟，原任山海总兵官朱万寿，胶州总兵官海时，行食提督俸曹顺性为拜他喇布勒哈番；九江总兵官杨捷、金华总兵官马进宝、原任通州总兵官鲁宗孔、真定总兵官鲁国男、保宁总兵官严自明、原任天津总兵官苏屏翰、饶州副将穆生辉、浙江总督中军副将张国勋、河南游击裴应扬、河州游击曹希冬、广东副将卜世龙、广东随征参将何九成、荆州都司刘进忠、苏松游击苏升、原任荆州都司吕养蛟辰、镇参将张鹏、宁夏游击陈惟新、兴安都司徐勇胜、广东随征都司郭乘虎、原任兴安都司任敏、井坪路参将白贺朝为拖沙喇哈番。

（卷57 450页）

顺治八年（1651年）五月乙巳

陕西总督孟乔芳疏参分守陇右道李永昌贪婪劣迹，命革职提问。

（卷57 452页）

顺治八年（1651年）七月乙卯

遣监察御史李敬巡按湖南，郝浴巡按四川，王荃可巡按广西，薛陈伟巡按宣大，何承都巡按甘肃。

（卷58 459页）

顺治八年（1651年）八月丁巳

兵部题叙恢复陕西临洮、凉州、甘肃等处剿杀叛回有功官员。副将马宁加署都督同知，外委副将赵光瑞，参将韩自隆，游击姚宠，都司金书李世耀、刘国玉，守备狄应魁、石进才等俱准实授。从之。

（卷59 465页）

顺治八年（1651年）九月戊寅

以御史曹叶卜为陕西按察使司佥事、宁夏道王显为湖广按察使司佥事……井陉道陕西庄浪参议冯士标为四川按察使司副使。

（卷60 473页）

顺治八年（1651年）九月壬午

赐平西王吴三桂金册金印。册曰："……顺治元年十月十三日，授以册印，封为平西王，子孙世袭罔替。后领兵在陕西阶州地方诛伪秦王朱生福、伪定远侯赵荣贵并贼七千有余，获伪定远侯印一颗，伪总兵印十颗。"

（卷60 474页）

顺治八年（1651年）十月乙丑

调陕西按察使司按察使王显祚为福建按察使，升山东副使天津道徐永祯为山西布政使司参政督粮道，陕西西安府知府孟继昌为浙江按察使司副使驿传道，河南开封府知府丁时升为陕西按察使司副使关内道，湖广德安府知府李慎修为陕西按察使司副使庄浪道。

（卷61 480页）

顺治九年（1652年）正月癸酉

班禅胡土克图第巴、厄鲁特部落顾实汗等以劝导达赖喇嘛来朝，奉表奏闻，并贡方物。

（卷62 484页）

顺治九年（1652年）正月己卯

甘肃巡按何承都疏言："屯田盐法从来表里相济，以实军饷。昔年淮浙官商于各边仓口上纳本色盐粮，给引发卖，此即盐为饷之法也。盐商艰于转运，就边开屯，输纳国课，此即盐为屯之法也。自此法坏于折色，而商始不开屯，屯废而饷乏矣。今宜敕部议，仍复各商给引开中之法，以裕军储，以纾民困。"下所司议。

（卷62 484页）

顺治九年（1652年）正月乙酉

补原任通州总兵官署都督佥事鲁宗孔以原衔充陕西临巩总兵官。

（卷62 486页）

顺治九年（1652年）四月甲子

升广信参将康时升为江西袁州府副将，庄浪参将褚云龙为陕西阶州副将。

（卷64 504页）

顺治九年（1652年）四月己巳

复原任甘肃巡抚黄图安职。初图安疏请终养，睿王以其规避夺职。至是，大学士范文程等奏请起用，故复之。

升……陕西临洮府知府程之璿为河南按察使司副使大名道。……湖广督粮道佥事李发藻为陕西布政使司参政西宁道。

（卷64 505页）

顺治九年（1652年）五月乙亥

厄鲁特部落顾实汗遣坤都伦、吴拔石贡驼马，宴赉如例。

（卷65 507页）

顺治九年（1652年）六月丙午

吏部议复陕西总督孟乔芳疏言："直省各府推官应俱用进士，不足乃以举人间补，其从前贡生考定推官者改选知县。"从之。

（卷65 509页）

顺治九年（1652年）六月己酉

陕西洮州卫大冰雹伤禾。

（卷65 510页）

顺治九年（1652年）七月癸酉

陕西庄浪红城堡冰雹伤禾。

（卷66 514页）

顺治九年（1652年）八月甲寅

加陕西总督兵部尚书孟乔芳太子太保，以久任边疆，著有劳绩故也。

（卷67 522页）

顺治九年（1652年）八月壬戌

升……陕西靖远道佥事刘景云为本省布政使司参议，关南道。

（卷67 522页）

顺治九年（1652年）十月庚申

补原任山西岢岚道副使楼希昊为陕西按察使司副使，靖远道。

（卷69 546页）

顺治九年（1652年）十二月癸丑

陕西总督孟乔芳疏报："番僧阁左巴令真入贡方物，应换给敕书。"章下所司。

（卷70 554页）

顺治十年（1653年）正月癸酉

免陕西庄浪、红城堡及洮州卫雹灾额赋有差。

（卷71 561页）

顺治十年（1653年）二月癸亥

补服阕原任陕西临巩道吴臣辅为湖广布政使司右参议，下湖南道。

升……直隶永平府知府朱衣助为陕西按察使司副使，庄浪道……广东道监察御史李嵩阳为陕西布政使司右参议，陇右道。湖广按察使司副使郧襄道苏宗贵为陕西苑马寺卿兼按察使司佥事。

（卷72 574页）

顺治十年（1653年）三月戊寅

旌表节妇，陕西会宁县民米世发妻李氏、靖远卫民来好学妻王氏，俱给银建坊如例。

（卷73　578页）

顺治十年（1653年）三月己卯

宴入贡兼换敕印，陕西庄浪宝安寺住持喇嘛颜错巴零真等于礼部。

（卷73　578页）

顺治十年（1653年）三月壬午

厄鲁特部落顾实汗遣旦巴温布等贡马及方物，宴赉如例。

（卷73　579页）

顺治十年（1653年）四月丁巳

封厄鲁特部落顾实汗为遵行文义敏慧顾实汗，赐之金册金印文，用满汉蒙古字。册文曰："帝王经纶大业，务安劝庶邦，使德教加于四海。庶邦君长能度势审时，归诚向化，朝廷必加旌异以示怀柔。尔厄鲁特部落顾实汗尊德乐善，秉义行仁，惠泽克敷，被于一境，殚乃精诚，倾心恭顺。朕甚嘉焉。兹以金册印封为遵行文义敏慧顾实汗。尔尚益矢忠诚，广宣声教，作朕屏辅。辑乃封圻。如此则带砺山河，永膺嘉祉。钦哉。"印文曰"遵行文义敏慧顾实汗印"。其册印即付伴送达赖喇嘛之侍卫喇嘛内大臣囊努克、修世岱等赉往。

（卷74　586页）

顺治十年（1653年）五月壬申

裁陕西安东中护卫、镇羌守御所、河南禹州守御所。

（卷75　589页）

顺治十年（1653年）五月辛未

厄鲁特部落顾实汗下诺穆齐台吉等贡驼马等物，宴赉如例。

（卷75　589页）

顺治十年（1653年）五月壬申

升……四川提学道参议陈卓为陕西按察使司副使，临巩道。四川布政使司参议管左布政事王原膴为陕西按察使司副使，榆林中路道……山西阳和左卫道佥事吕逢春为陕西布政使司参议，关内道……礼部郎中张笃行为陕西按察使司佥事，关内道……保安州知州董克念为陕西按察使司佥事，关西道……转户科给事中李生芳为陕西布政使司参议，西宁道。

（卷75 590页）

顺治十年（1653年）五月癸未

升陕西固原州知州郭之培为本省按察使司佥事，平凤临巩兴屯道。

（卷75 595页）

顺治十年（1653年）六月乙卯

补原任陕西西宁道副使白龙升为江西按察使司副使，岭北道。

（卷76 599页）

顺治十年（1653年）六月丙辰

升湖广右布政使黄纪为陕西布政使司左布政使……陕西榆林道参政白本质为山东按察使司按察使。陕西陇西道副使于之士为本省苑马寺卿，专理马政。

（卷76 599页）

顺治十年（1653年）八月壬辰

升……福建邵武府知府崔升为陕西按察使司副使，西宁道。

（卷77 613页）

顺治十年（1653年）九月庚子

巡抚甘肃兵部右侍郎周文叶引疾乞休，不允。

（卷78 615页）

顺治十年（1653年）九月壬寅

宴缴换敕印进贡方物瞿昙等九寺国师公葛丹净等及端严寺住持喇嘛三旦屯住等于礼部。

（卷78 616页）

顺治十年（1653年）九月辛亥

命灌顶净觉弘济大国师公葛丹净、灌顶广济弘善国师杂习桓卓尔等俱仍旧号，改给敕印图书。仍颁谕西宁等处官吏军民人等毋得侵扰。

（卷78 616页）

顺治十年（1653年）十月己巳

赐陕西瞿昙等九寺番僧公葛丹净等表里衣物有差。

提调甘肃学政事务归并分守西宁道办理。

（卷78　617页）

顺治十年（1653年）十一月丙申

川陕总督孟乔芳引疾乞休，温旨慰留之。

升……陕西督粮道副使董应征为山西布政使司右参政，冀宁道。陕西巩昌府知府员尽忠为山东按察使司副使，驿传道。

（卷79　620页）

顺治十年（1653年）十一月己酉

川陕总督孟乔芳疏报："西宁孙家寨回民勾连海夷据寨作叛，副将狄应魁等率兵击之。生擒逆党祁敖、牙固子等，扫其巢穴。"下所司叙恤。

（卷79　623页）

顺治十年（1653年）十二月乙丑

河南开归总兵官高第、陕西临巩总兵官鲁宗孔俱引疾乞休，允之。

（卷79　625页）

顺治十年（1653年）十二月戊寅

升……甘肃副将齐升为署都督佥事，充镇守陕西临巩总兵官。

（卷79　626页）

顺治十年（1653年）十二月癸未

总督陕西四川兵部尚书孟乔芳引疾请代，上念其勤劳素著，命加少保，驰驿回京调理。

（卷79　627页）

顺治十一年（1654年）正月壬辰

总督陕西太子太保兵部尚书兼都察院右副都御史孟乔芳卒。

（卷80　628页）

顺治十一年（1654年）正月壬寅

上幸内院，谕陈名夏、吕宫曰："朕前闻总督孟乔芳病故，深用轸恻，不禁泪下。乔芳与朕宁有姻戚哉，但以其为国忠勤效力故也。比年以来，朕之眷顾汉官，视满官有加。夫满官自太祖太宗时，宣力从征，出百死方得至是。朕之优待汉官者，岂以其有功而然，盖期其既受朕恩，必尽忠图报耳。今观汉官之图报主恩者何竟无一人耶。"陈名夏奏曰："君之爱臣，犹父母之爱子，臣之不能承顺乎君，犹子之不能承顺乎父母也。臣等岂无报效之心，即有此心，皇上或无由洞悉耳。"上曰："数年来徒廑朕怀，曾无愉快应升之人得升，不思图报，犹可不应升者，越次简用。全不思报，反谓己才所致。"陈名夏奏曰："皇上厚恩，无不思报，但臣等才庸识浅，致有错失，为难必耳。"上曰："错失何妨，与其才高而不思报国，不如才庸而思报国之为愈也。倘明知而不思报效，擅敢乱行，事发，决不轻贷。彼时毋得怨朕。自贻伊戚耳。"

（卷80 629页）

顺治十一年（1654年）正月乙巳

升……陕西西宁道副使李日芳为浙江按察使司按察使。陕西洮岷兵备道副使李起龙为本省布政使司参政，督粮道。

（卷80 630页）

顺治十一年（1654年）二月己丑

升参将麻允扬为陕西肃州副将。副将管参将事黄世杰以署都督佥事，管紫荆关副将事。

（卷81 639页）

顺治十一年（1654年）二月丙戌

厄鲁特部落阿巴赖诺颜等遣使贡驼马，宴赉如例。

（卷81 639页）

顺治十一年（1654年）三月乙巳

升陕西固原道副使孔思周为浙江布政使司参政，督粮道。陕西肃州道副使朱国诏为山西布政使司参政，督粮道……直隶保定府知府胡延年为陕西按察使司副使，洮岷兵备道。补原任山西口北道副使王化淳为陕西按察使司副使，分巡西宁道。

（卷82 645页）

顺治十一年（1654年）四月甲戌

升……岭西道参议周公轼为陕西按察使司副使，肃州兵备道。河南大梁道参议张懋勋为陕西按察使司副使，固原兵备道。

（卷83　651页）

顺治十一年（1654年）五月庚子

赠故川陕总督少保兼太子太保兵部尚书孟乔芳为太保，荫一子入监读书。

（卷83　654页）

顺治十一年（1654年）五月甲辰

免陕西平凉卫十年份雹灾额赋。

（卷83　654页）

顺治十一年（1654年）五月乙巳

升……山西河东道参议严正矩为陕西按察使司副使，靖远道。

（卷83　654页）

顺治十一年（1654年）六月丙寅

陕西西安、延安、平凉、庆阳、巩昌、汉中府属地震，倾倒城垣、楼垛、堤坝、庐舍，压死兵民三万一千余人及牛马牲畜无算。

（卷84　658页）

顺治十一年（1654年）六月戊寅

厄鲁特部落诺门汗谢赐金册印及赏赉恩，表贡方物。

（卷84　661页）

顺治十一年（1654年）七月壬辰

免陕西秦州朝邑、安定二县本年份水灾额赋。

（卷85　668页）

顺治十一年（1654年）七月壬寅

遣官祭故少保兼太子太保川陕总督孟乔芳。

（卷85　669页）

顺治十一年（1654年）七月戊申

免陕西镇原、广宁本年份雹灾额赋。

（卷85　669页）

顺治十一年（1654年）八月辛酉

免陕西真宁县十年份雹灾额赋。

（卷85　672页）

顺治十一年（1654年）九月己丑

免陕西西安、平凉、凤翔等府属十年份雹灾额赋。

（卷86　676页）

顺治十一年（1654年）九月丁未

遣官存问达赖喇嘛、顾实汗、班禅胡土克图，赐以嵌绿松石珊瑚金茶筒及玉瓶、缎匹等物。

（卷86　678页）

顺治十一年（1654年）十月壬戌

达赖喇嘛、厄鲁特部落顾实汗等遣使贡方物，宴赏如例。

（卷86　680页）

顺治十一年（1654年）十月癸酉

调临巩总兵官齐升以都督金事充镇守兴安总兵官。

（卷86　680页）

顺治十一年（1654年）十月丁丑

升陕西凉州副将刘友元为都督金事，充镇守临巩总兵官。

（卷86　681页）

顺治十一年（1654年）十月癸未

厄鲁特部落遣使贡马，宴赍如例。

（卷86　682页）

顺治十一年（1654年）十一月庚戌

升……陕西督粮道参政李起龙为山西按察使司按察使……陕西西宁道副使王化淳为江南布政使司参政，分守江宁道……陕西西宁道参议李生芳为山东按察使司副使，怀来道。

（卷87　685页）

顺治十一年（1654年）十二月戊午

升……直隶大名道副使程之璠为陕西布政使司参政，督粮道……直隶广平府知府牟廷选为陕西按察使司副使，分巡西宁道……补裁缺御史苏铣为陕西布政使司参议，分守西宁道。

（卷87　686页）

顺治十一年（1654年）十二月己巳

厄鲁特部落额尔德尼达云绰尔济等遣使贡驼马，宴赉如例。

（卷87　687页）

顺治十二年（1655年）二月己巳

免陕西平凉、汉阴二县，十一年份雹灾额赋。

（卷89　703页）

顺治十二年（1655年）三月丙申

裁陕西西安左卫右所，右卫中所，中卫、岷州卫前后二所，潼关卫、洮州卫左、前、后三所，平凉卫、庆阳卫、靖远卫左、右、中、后四所，固原卫、河州卫右、中、前、后四所，秦州卫后所，兰州卫左、右、后三所，临洮卫右、中、后三所，汉中卫右所及河东所，以甘州中护卫归并兰州卫。

（卷90　707页）

顺治十二年（1655年）三月庚子

厄鲁特部落杜喇尔浑津台吉具表，贡驼马。

（卷90　711页）

顺治十二年（1655年）三月辛亥

厄鲁特部落杜喇尔浑津阿里录克三拖因等贡驼马，宴赉如例。

（卷91　712页）

顺治十二年（1655年）三月癸丑

厄鲁特部落阿巴赖诺颜等贡马，宴赏如例。

（卷91　712页）

顺治十二年（1655年）四月戊午

陕西麟游县大雨雪，连夜阴霜，杀菽麦殆尽。

（卷91　713页）

顺治十二年（1655年）四月己未

升广东参议陈赞为陕西按察使司副使，肃州兵备道……补原任参议吴臣辅为陕西布政使司参议，分守陇右道。

（卷91 713页）

顺治十二年（1655年）四月乙丑

升甘肃镇标游击孙加印为凉州副将。

（卷91 714页）

顺治十二年（1655年）五月戊子

免陕西延、平、庆、巩、汉等府属州县地震压死兵民本年份丁徭额赋。

（卷91 717页）

顺治十二年（1655年）五月庚寅

升随征陕西兰州副将王平为署都督佥事，充湖广右路总兵官。

（卷91 717页）

顺治十二年（1655年）五月戊申

陕西宁远县冰雹伤稼。

（卷91 720页）

顺治十二年（1655年）六月甲寅

河南道监察御史聂介巡按甘肃。

（卷92 721页）

顺治十二年（1655年）六月丙寅

厄鲁特部落鄂齐尔图台吉奉表、贡马。

（卷92 722页）

顺治十二年（1655年）六月己巳

以……广东南雄府知府郑龙光为陕西按察使司副使，西宁兵备道。

（卷92 723页）

顺治十二年（1655年）七月甲申

厄鲁特部落阿巴赖诺颜、噶尔丹霸俱上表贡驼马。

（卷92 724页）

顺治十二年（1655年）七月丙午

升……陕西庄浪道副使朱衣助为河南布政使司参政，分守河南道。

（卷92 728页）

顺治十二年（1655年）八月甲戌

升……陕西关西道参政胡文叶为山东按察使司按察使。关内道副使周天裔为浙江布政使司参政，督粮道。临巩道副使阵卓为湖广布政使司参政，分守岳州道。山西河东道参议班琏为陕西按察使司副使，庄浪兵备道。

（卷93　731页）

顺治十二年（1655年）九月癸巳

升……江南池太道副使吴允谦为陕西布政使司参政，分守关西道。陕西汉中府知府毛一麟为本省按察使司副使，临巩兵备道。河南怀庆府知府王添贵为陕西按察使司副使，分巡关内兵备道……陕西道御史薛陈伟为山西布政使司参议，分守河东道。

（卷93　733页）

顺治十二年（1655年）九月戊申

免陕西巩昌府两当、宁远二县本年份雹灾额赋。

（卷93　735页）

顺治十二年（1655年）十月己未

免陕西甘州、肃州、凉州、西宁本年份雹灾额赋。

（卷94　738页）

顺治十二年（1655年）十一月戊申

裁……庆阳府永盈仓、兴武仓、常济仓、清水营仓、横城堡仓、饶阳水堡仓、石涝池堡仓、三山堡仓，环县环庆仓、清平仓、山城仓、常裕仓，金县一条城仓，巩昌府丰赡仓，秦州广益仓，靖鲁卫哈思吉堡仓、干盐池堡仓，洮州仓、岷州仓、红城子仓场、行都司广盈库大使各一员……庆阳卫甜水堡仓、兰州广积仓、会宁县广定仓、甘肃仓、靖鲁卫广盈仓副使各一员……庆阳卫定边守御所、都司靖远卫、凤翔固原卫、平远镇戎、甘州郡牧所各守御所吏目各一员。都司司狱一员。宁夏卫、庄浪卫知事各一员。

（卷95　748页）

顺治十二年（1655年）十二月辛亥

陕西巩昌府知府刘芳声条陈地方事宜四款："一、革科派花红；一、禁私借钱粮；一、恤驿递困苦；一、复孤贫旧粮。"下所司议。

（卷96　750页）

顺治十二年（1655年）十二月乙亥

达赖喇嘛请给其使照验印信，自西宁至京师，支给驿马供应。下所司议。

（卷96　754页）

顺治十三年（1656年）正月癸未

谕理藩院："闻厄鲁特顾实汗病故，念其归顺我国，克尽忠诚，常来贡献，深为可嘉，宜予祭典，以酬其忠。应行事例尔院会同礼部察议具奏。"

（卷97　756页）

顺治十三年（1656年）正月乙酉

调陕西临巩总兵官刘友元仍以都督佥事管甘肃等处地方总兵官事。

（卷97　756页）

顺治十三年（1656年）正月己丑

厄鲁特部落巴图鲁台吉等贡貂皮、马匹，宴赉如例。

（卷97　757页）

顺治十三年（1656年）二月乙卯

补原任四川永宁总兵官左都督柏永馥充镇守陕西临巩总兵官。

（卷98　759页）

顺治十三年（1656年）二月丁巳

厄鲁特部落达赖吴巴什台吉、讷穆齐台吉等进贡马匹、黑狐皮等物，赏赉如例。

（卷98　760页）

顺治十三年（1656年）二月乙亥

赐厄鲁特部落贡使卓礼克图鄂穆布等宴。

（卷98　763页）

顺治十三年（1656年）二月丙子

升……陕西靖远道副使严正矩为江西布政使司参政，分守岭北道。陕西固原道副使张懋勋为江南布政使司参政，苏松督粮道。兵部郎中杨春茂为陕西按察使司副使，分巡西宁道。工部郎中须兆祉为陕西按察使司副使，肃州兵备道。

（卷98　765页）

顺治十三年（1656年）二月己卯

甘肃巡抚周文叶考满加右都御史，荫一子入监读书。

升……山西汾州营参将李正芳为陕西庆阳东协副将。

（卷98　766页）

顺治十三年（1656年）三月丙戌

遣精奇尼哈番阿喇纳等往祭厄鲁特部落顾实汗，仍赐赙。

（卷99　769页）

顺治十三年（1656年）三月己丑

厄鲁特部落阿巴赖诺颜、察罕台吉、马赖台吉等贡驼马等物，宴赉如例。

（卷99　769页）

顺治十三年（1656年）三月癸巳

调宣大总督兵部左侍郎兼都察院右副都御史马之先为兵部尚书兼都察院右副都御史，总督陕西三边、四川等处军务，仍令赴京陛见。

（卷99　769页）

顺治十三年（1656年）三月乙未

厄鲁特部落什虎尔戴青等贡驼马等物，宴赉如例。

升……湖广上湖南道参议万全为陕西按察使司副使，靖远兵粮道。

（卷99　770页）

顺治十三年（1656年）三月丁酉

裁洮州、岷州、庄浪、山丹四卫经历。

（卷99　770页）

顺治十三年（1656年）三月戊申

陕西巡抚陈极新疏报："节妇泾阳生员茹尚选妻王氏，年二十二，夫死，事姑尽孝，教子成名。苦节三十八年……烈妇陇西生员赵之英妻王氏、安定监牧丁王二妻金氏，夫死，俱自经柩前。孝子秦安县生员吴珆，母病告天请以身代，母殁后，继母四易，俱推诚底豫……"疏下礼部。

（卷99　772页）

顺治十三年（1656年）四月乙卯

厄鲁特部落额尔德尼台吉、喀尔喀部落土谢图汗等各遣使贡驼马，宴赉如例。

（卷100　773页）

顺治十三年（1656年）四月己巳

旌表陕西节妇，泾阳县生员茹尚选妻王氏、洋县生员李迥知妻王氏、安塞县生员马应龙妻高氏；烈妇，陇西县生员赵之英妻王氏、安定监牧丁王二妻金氏。各给银建坊如例。

（卷100　776页）

顺治十三年（1656年）五月丁酉

陕西靖远卫雨雹伤麦。

（卷101　780页）

顺治十三年（1656年）闰五月辛亥

甘肃岷州、洮州二卫雨雹。

（卷101　782页）

顺治十三年（1656年）六月乙未

陕西总督马之先陛辞。谕曰："以尔索望堪任斯职，故行特简。尔受事后，务实心供职，兴利除害。陕西乃天下咽喉要地，尔须较前任孟乔芳倍加勤慎，方克有济，毋使天下谓朕不知人也。"谕毕，赐鞍马、朝服、朝帽。

（卷102　791页）

顺治十三年（1656年）七月乙卯

先是，甘肃巡抚周文叶久病，按臣聂铪以闻。至是，谕吏部："周文叶久任岩疆，夙称勤慎。既年老多病，著加兵部尚书，解任回京，以便调理。"

（卷102　795页）

顺治十三年（1656年）七月戊午

升河南左布政使佟延年为都察院右副都御史巡抚甘肃，赞理军务。

（卷102　795页）

顺治十三年（1656年）七月丙寅

裁陕西万安、清平二监录事，平凉、安国镇、郿现、花家庄、高家凹、神林堡六所大使。

（卷102　795页）

顺治十三年（1656年）八月丁丑

厄鲁特部落顾实汗属下色稜诺颜、喀尔喀部落土谢图汗属下丹津喇嘛等贡驼马等物，宴赍如例。

（卷103　798页）

顺治十三年（1656年）八月癸未

裁……陕西山丹卫永丰仓、庄浪茶马司大使……陕西镇番卫常盈仓副使……陕西高台守御所吏目……陕西凉州卫、广西桂林中卫知事各一员。

（卷103　799页）

顺治十三年（1656年）八月乙酉

陕西清水县大雨雹，伤禾稼。

（卷103　799页）

顺治十三年（1656年）八月壬辰

谕厄鲁特部落巴图鲁台吉、土谢图巴图鲁戴青等曰："分疆别界，各有定制，是以上不陵下，下不侵上，古帝王统御之常经也。朕怀抚恤远人之意，正欲共跻斯世于隆平，乃数年来，尔等频犯内地，劫夺马牛，拒敌官兵，率领番彝威协抢掠。该地方督抚巡按奏报二十余次，经部臣屡行遣官晓谕，尔终不悛。朕体天地好生之心，宥兹小过，尔反违定制，昏迷不恭。今特遣兵部右侍郎石图、理藩院启心郎萧格前往甘州、西宁等处审问，聚集公所。或尔等亲至其地，或遣所属官员与地方官对质，如蒙古劫夺是实，即当按数赔偿，如系地方官诬诳，罪有所归，非尔等之咎。倘番夷在故明时原属蒙古纳贡者，即归蒙古管辖，如为故明所属者，理应隶入中国为民，与蒙古又何与焉。其汉人、蒙古所定居址，与贸易隘口，详加察核，照旧分定耕牧，毋得越境混扰，则有以副朕抚绥之心，而尔等亦享无疆之休矣。"

（卷103　800页）

顺治十三年（1656年）八月己亥

免陕西靖远、洮岷等卫本年份雹灾额赋。

（卷103　802页）

顺治十三年（1656年）八月辛丑

裁江南驿盐道、陕西狄道县县丞，临洮、巩昌府学训导，清水县盘领关、礼县板桥山、阶州七防关巡检，河州和政、长宁驿丞各一员。

（卷103　802页）

顺治十三年（1656年）十月丙子

原任巡抚甘肃兵部右侍郎兼都察院右副都御史加兵部尚书周文叶卒。

（卷104　808页）

顺治十三年（1656年）十一月辛亥

升……陕西督粮道参政程之璇为福建按察使司按察使……陕西陇西道佥事宋琬为山东按察使司副使，永平道。

（卷104　812页）

顺治十三年（1656年）十一月戊午

免陕西清水县凤翔守御千总所本年份雹灾额赋。

（卷104　813页）

顺治十三年（1656年）十二月甲午

降山西右布政使董应征为陕西按察使司佥事，分巡陇西道。

（卷105　818页）

顺治十四年（1657年）二月戊子

升……河南兴屯道佥事胡士梅为陕西按察使司副使，分巡洮岷道。

（卷107　839页）

顺治十四年（1657年）二月己丑

陕西巡按聂玠疏报节妇："西宁卫生员郭荣祖妻邹氏，年二十七，夫亡，孀居五十余年，抚孤成立……巩昌府吏邢世耀妻张氏，年三十一，夫亡，痛哭三昼夜，自缢而死。俱请照例旌表。"疏下礼部。

（卷107　840页）

顺治十四年（1657年）二月乙未

降补原任陕西西宁道副使牟廷选为山东布政使司参议，分守济南道。

（卷107　841页）

顺治十四年（1657年）三月乙巳

旌表节妇陕西泾州生员李沇妻于氏、同官县生员习完初妻王氏，各给银建坊如例。

（卷108　843页）

顺治十四年（1657年）三月戊午

升陕西庄浪道副使班琏为江西布政使司参政，分守湖西道。临巩道副使毛一麟为山东布政使司参政，青登莱道。

（卷108　849页）

顺治十四年（1657年）三月甲子

赠巡抚甘肃兵部尚书周文叶太子少保。

（卷108　850页）

顺治十四年（1657年）三月乙丑

旌表节妇："陕西西宁卫生员郭荣祖妻邹氏、徽州民张才远妻杜氏烈妇；伏羌县儒童任济民妻郭氏、巩昌府吏邢世辉妻张氏，各给银建坊如例。"

（卷108　850页）

顺治十四年（1657年）三月己巳

升陕西关内道副使王添贵为江南布政使司参政，苏松督粮道。陇右道参议吴臣辅为本省按察使司副使，庄浪兵备道。西安府知府祁彦为本省按察使司副使，临巩兵备道。

（卷108　851页）

顺治十四年（1657年）四月丙子

厄鲁特部落敖齐尔图台吉子伊拉古克三班第大胡土克图等贡驼马，宴赍如例。

（卷109　852页）

顺治十四年（1657年）四月丁丑

升河南府知府宁之凤为陕西按察使司副使，分巡关内道。补外转左给事中王纪为陕西布政使司参议，分守陇右道。

（卷109 853页）

顺治十四年（1657年）四月庚辰

厄鲁特部落绰克图台吉等贡马，宴赉如例。

（卷109 853页）

顺治十四年（1657年）四月辛巳

谕外藩王、贝勒、贝子、公曰："尔等勿以喀尔喀、厄鲁特归降，遂弛武备。宜遵定例，春秋二次查验器械，照常习射。至盗贼窃发，皆该管之人懈弛所致。各扎萨克王、贝勒、贝子、公等下各有固山额真、梅勒章京、甲喇章京、牛录章京、十家长，若严禁查处，盗贼何由而起？此后宜严行诫饬，勿致懈怠。又蒙古台吉俱分别等级，优免人丁，其余人丁，三丁之内派甲一副，乃披甲人等以其身非台吉属人，遂行藐视，不知各台吉皆率领本国来归，乃有功之人。其令优免人丁者，一则分别贵贱，一则恐披甲之人出兵则台吉无人以供使令。自今以后，披甲藐视本主即于扎萨克王贝勒等处告理，查其虚实治罪。至编审人丁，勿得欺隐，如有举首欺隐者，即于审丁之年具告，倘迟至二、三年具告，则不及比之幼丁，必已长成，虽告不准。"

（卷109 854页）

顺治十四年（1657年）四月壬子

厄鲁特部落巴图鲁台吉以赐赙上表谢恩，贡珊瑚数珠、白氆氇并以西宁以东无驿站食物，使臣往来维艰为请，命理藩院议。

（卷109 858页）

顺治十四年（1657年）四月丙寅

予故巡抚甘肃兵部尚书周文叶祭四次，谥僖敬。

（卷109 859页）

顺治十四年（1657年）六月丁酉

直隶深州知州韩志道为陕西按察使司副使，庄浪兵备道。

（卷110 862页）

顺治十四年（1657年）七月丙寅

厄鲁特部落达赖乌把什台吉使臣额尔克等及喀尔喀部落额尔德尼章征诺

颜使臣查穆苏班第等来贡，宴赉如例。

（卷110 866页）

顺治十四年（1657年）八月癸未

升……陕西西宁道佥事曹叶卜为本省布政使司参议，分守关南道。

（卷111 869页）

顺治十四年（1657年）八月戊申

升陕西按察使袁一相为山东布政使司右布政使。陕西督粮道参政李棠馥为四川按察使司按察使。浙江宁绍台道参议朱虚为陕西按察使司副使，肃州兵备道。

补外转工科都给事中郭亮为陕西按察使司副使，西宁道。

（卷111 872页）

顺治十四年（1657年）八月甲子

服阕原任陕西陇右道参议李嵩阳为浙江布政使司参议，分守温处道。

（卷111 874页）

顺治十五年（1658年）正月癸丑

升……湖广下荆南道副使阎廷谟为苑马寺卿兼陕西按察使司佥事。陕西西宁道参议苏铣为本省按察使司副使，固原兵备道。

（卷114 892页）

顺治十五年（1658年）二月戊辰

升陕西分守关内道参议宋杞为本省按察使司副使，分巡洮岷道。

（卷115 896页）

顺治十五年（1658年）二月己巳

厄鲁特部落阿巴赖诺颜等贡马，宴赉如例。

（卷115 896页）

顺治十五年（1658年）二月壬申

升……陕西巩昌府知府刘芳声为广西按察使司副使，分巡桂林兵备道。湖广上江道佥事戴玑为陕西布政使司参议，分守西宁道。

（卷115 896页）

顺治十五年（1658年）二月乙未

升陕西延绥西协定边副将张惟一为署都督同知，管西协靖远副将事。

（卷115　899页）

顺治十五年（1658年）三月壬子

厄鲁特部落车臣台吉下车臣俄木布等贡马，宴赉如例。

（卷115　901页）

顺治十五年（1658年）三月甲申

厄鲁特部落鄂齐尔图台吉、下浑图尔额尔克台吉等贡马，宴赉如例。

（卷116　905页）

顺治十五年（1658年）五月癸卯

原任江西兴屯道副使翟凤翥为陕西按察使司按察使……户部郎中纪咸亨为陕西按察使司金事，分巡陇西道。

（卷117　910页）

顺治十五年（1658年）五月乙丑

升……湖广宝庆府知府张惟养为陕西按察使司副使，肃州兵备道。

（卷117　916页）

顺治十五年（1658年）六月辛巳

厄鲁特部落阿巴赖诺颜遣使车臣护卫等贡马，宴赏如例。

（卷118　918页）

顺治十五年（1658年）九月丙申

裁陕西巩昌府陇右巡道员缺。

（卷120　931页）

顺治十五年（1658年）九月戊午

升……陕西肃州道副使张惟养为贵州按察使司副使，管按察使事。

（卷120　933页）

顺治十五年（1658年）十月癸酉

升……直隶真定府知府佟彭年为陕西按察使司副使，肃州兵备道。

（卷121　935页）

顺治十五年（1658年）十月戊寅

补……外转翰林院检讨叶先登为陕西布政使司参议，分守西宁道。

命临巩总兵官移驻西宁，西宁副将移驻巩昌，兰州副将移驻河州，河州游击移驻兰州。从兵部侍郎石图请也。

（卷121　936页）

顺治十五年（1658年）十月己丑

遣……山西道监察御史石维昆巡按陕西……张吉午巡按甘肃。

（卷121　937页）

顺治十五年（1658年）十一月癸丑

陕西巡按金鼎疏报："节妇，靖远卫民赵率伦妻王氏，适赵六年，夫故，守节六十九年，抚孤有成。烈妇，秦州民阎皋妻韦氏，年十六，夫故，氏痛不自胜，已而叹曰：'古有节烈，芳名不朽，我虽不如古人，愿与夫同逝。'遂绝食死。烈女，西宁卫民贾洪基女，许字周琦，及笄，琦故。女矢志勿贰，悲号数日，自缢于室。孝子，金县生员朱祚长，甫三岁，失怙，时祖父亦早丧，祖母张氏抚教之。明季遭土贼李虓之乱，贼缚张氏，以刃劫之。祚长趋向贼言曰：'吾家世贫，财无所有，祖母年老，不堪当此，愿以身代。'贼遂烙祚长肤几焦。一贼见而怜之曰：'自攻城克堡以来，阅人多矣，未见如此纯孝也。'释之而去。俱请照例旌表。"下所司知之。

（卷121　941页）

顺治十五年（1658年）十二月癸亥

裁……陕西商州州判一员，郿县县丞一员，西安左、前、后三卫，兰州卫经历各一员，庆阳府知事一员，秦岭、武关、柴家关、十八盘、富水堡、丰阳关、竹林关、华池、石窑故关、大寨、香泉河桥巡检各一员，常济库、咸阳县递运所，灵台县瓦亭递运所，兰泉递运所，广积仓大使各一员，固原州仓副使一员，平凉府司狱一员，驿马关、灵祐驿、灵武驿、曲子驿驿丞各一员。

（卷122　943页）

顺治十五年（1658年）十二月乙丑

敕谕厄鲁特车臣台吉等曰："帝王抚有四海，画土分疆，谨防关隘，所以严中外，安远人也。朕素以怀柔为心，欲与尔等共享升平。凡属小过，绝不苛求，乃迩年以来该督、抚、按屡奏尔等侵犯内地，攘夺牛马，抗拒官军，迫胁番人，故特遣兵部右侍郎石图、理藩院启心郎鼐格等，勘明其事。据奏云，尔等入边，因向番人取贡，并无他故，然擅行内地，辄肆攘夺，尔等之咎，在所难辞。朕兹以宽大，贷尔前愆，所夺之物仍令赔补外。但朕抚绥中外，本无异视，而疆圉出入自有大防，不容逾犯。今后边内番人原系纳贡于尔者，仍听尔属，尔等向属番取贡，当酌定人数，路由正口。先委头目禀明守口各官，方行入边取贡。毋得不委头目，不由正口，零星阑入。至贸易处所，原有酌定市口，着从西宁地方镇海堡、北川二口，洪水一口出入，不得任意往来取道他处。尔其恪遵约束，慎守疆圉，副朕怀柔至意。如或不悛，仍前妄行阑入，是尔等有负宽恩，自取罪戾。国宪具在，朕不能私，尔其慎之。"

（卷122 944页）

顺治十五年（1658年）十二月己巳

升河南河北道参议张藩为陕西按察使司副使，潼关道。山东兖州府同知佟养巨为陕西按察使司副使，庄浪兵备道。

（卷122 944页）

顺治十五年（1658年）十二月戊寅

赠殉难陕西秦安县知县周盛时为本省按察使司佥事，荫一子入监读书。

（卷122 945页）

顺治十五年（1658年）十二月壬午

裁……陕西西安府乾州、华阴、兴平、高陵、鄠县、醴泉、武功、同州、澄城、潼关卫、耀州，咸阳邠州、淳化、三水、蓝田、商州、鄜州，平凉府华亭镇、原灵台、平凉，庆阳府宁州、麟游、汧阳、郿县、沔县、宁羌州、文县、洵阳县，岷州卫、靖远卫儒学训导各一员。

（卷122 946页）

顺治十六年（1659年）正月甲寅

旌表节妇，陕西靖远卫民赵率伦妻王氏。烈妇，秦州儒士阎皋妻韦氏。烈女，西宁卫民贾洪基女贾氏。顺孙，金县民朱柞长。各给银建坊如例。

（卷123 953页）

顺治十六年（1659年）二月癸酉

予殉难陕西秦安县知县周盛时祭一次，造坟安葬。

（卷123　955页）

顺治十六年（1659年）闰三月丙子

喀尔喀部落土谢图汗、车臣汗，厄鲁特部落阿布赖诺颜达赖、吴巴什诺颜等遣使贡马匹、方物，宴赉如例。

（卷125　967页）

顺治十六年（1659年）闰三月丁丑

裁陕西甘州屯操都司，并前卫于左卫、后卫于中卫。

（卷125　967页）

顺治十六年（1659年）闰三月戊子

裁陕西西安左、右、中、前、后、汉中、宁羌、兰州、河州、临洮、巩昌、秦州等卫，阶州、文县、礼店、环县、凤翔、沔县、兴安等所。

（卷125　968页）

顺治十六年（1659年）闰三月壬寅

补……陕西西宁道参议李发藻为广西布政使司参议，分守左江道。……裁缺陕西陇西道金事纪咸亨为广西按察使司金事，分巡桂林道……陕西靖远道副使万全为本省布政使司参政，分守关西道。关内道副使宁之凤为浙江布政使司参政，分守金衢道。西宁道副使郭亮为湖广布政使司参政，分守上荆南道……江西湖东道金事罗森为陕西布政使司参议，督粮道……陕西陇右道参议王纪为江南按察使司副使，分巡苏松道……山西口北道参议安世鼎为陕西按察使司副使，分巡西宁道……浙江宁绍道参议李登第为陕西按察使司副使，分巡榆林东路道……山西河东道参议冯嘉会为陕西按察使司副使，分巡潼关道。陕西关内道参议郭四维为本省按察使司副使，分巡庄浪道……福建福州府知府李雨沾为陕西按察使司副使，分巡肃州道。

（卷125　970页）

顺治十六年（1659年）闰三月癸丑

升陕西汉羌道副使崔之瑛为山西布政使司参政，分守口北道……阳和道副使郭一鄂为陕西布政使司参政，分守关内道……陕西临巩道副使祁彦为浙江布政使司参政，分守温处道……浙江嘉湖道金事史燨为陕西布政使司参议，分守陇右道。陕西河西道参议张元璘为湖广按察使司副使，分巡武昌道……广东岭东道参议相有度为陕西按察使司副使，分巡关内道……贵州新镇道参议董奎武为陕西按察使司副使，分巡西宁道。刑部郎中韩玙为山西按察使司金事，分巡易州道。刘元运为陕西按察使司金事，分巡靖远道。

（卷125　972页）

顺治十六年（1659年）五月丙寅

升……广东巡海道副使范承祖为陕西布政使司参政，分守河西道。陕西固原道副使苏铣为广东布政使司参政，分守岭东道。洮岷道副使宋杞为福建布政使司参政，分守建南道……陕西西宁道参议叶先登为山西按察使司副使，分巡冀南道。

（卷126　976页）

顺治十六年（1659年）五月壬申

降补原任江南右布政使王无咎为陕西布政使司参政，分守西宁道。

（卷126　977页）

顺治十六年（1659年）五月壬午

补……陕西肃州道裁缺副使佟彭年为山东按察使司副使，分巡武德道。

（卷126　978页）

顺治十六年（1659年）七月甲子

降补原任江南苏松道副使张基远为陕西按察使司金事，分巡临巩道。

（卷127　982页）

顺治十六年（1659年）八月庚寅

升陕西河州副将萧鸣祚为都督金事，管广西浔梧副将事。巩昌副将许占魁为都督金事，管紫荆关副将事，副将管延安营。参将事高必昌为署都督金事，管湖广洞庭湖水师副将事。参将管庆阳营副将事。李正芳为陕西宁夏花马池副将。

（卷127　986页）

顺治十六年（1659年）八月辛亥

补服阕江南安庐道金事刘澍为陕西按察使司金事，分巡洮岷道。

（卷127　991页）

顺治十六年（1659年）十一月丙子

升……汾州参将郭虎为陕西靖远副将。

（卷130　1006页）

顺治十六年（1659年）十一月甲申

升……陕西庆阳府知府杨藻凤为湖广按察使司副使，俱提调学政。

（卷130　1007页）

顺治十六年（1659年）十二月乙巳

升都督金事管陕西、甘肃西协副将事高宗为署都督同知，充镇守四川永宁等处总兵官。

（卷130　1008页）

顺治十七年（1660年）正月己卯

裁陕西凤翔府广积仓，临洮府广储仓、河州仓，陇西县北关所、甸子川锦布峪递运所、安定县好地掌所、会宁县翟家嘴大使各一员；安定县广富仓副使一员；三原县建忠、渭南县丰原、华州华山、华阴县潼津、耀州顺义、同官县漆水、乾州威胜、武功县邰城、永寿县永安、邠州新平、长武县宜禄、平凉县高平、固原州永宁、泾州安定、静宁州泾阳、隆德县隆城、安化县弘化、宁州彭原、岐山县岐周、扶风县凤泉、宝鸡县陈仓、陇西县通远、安定县延寿、会宁县保宁等驿。

（卷131　1014页）

顺治十七年（1660年）正月辛巳

免陕西洮州卫十六年份水灾额赋。

（卷131　1015页）

顺治十七年（1660年）正月壬午

补原任陕西庄浪道副使佟养巨为山西按察使司副使，冀南道……降补原任陕西庄浪道副使韩志道为江西布政使司参议，湖东道。

（卷131　1016页）

顺治十七年（1660年）二月甲辰

升……副将管湖广宜章参将事唐文耀仍以副将管陕西、甘肃西协、肃州副将事。

（卷132 1022页）

顺治十七年（1660年）二月壬子

降补刑部左侍郎钟鼎为陕西布政使司参政，分守陇右道。太常寺卿盛复选为陕西布政使司参议，分守商雒道。

（卷132 1023页）

顺治十七年（1660年）三月丙辰

降甘肃总兵官刘友元职三级，照旧管事，以镇番营兵噪变故也。

（卷133 1025页）

顺治十七年（1660年）三月庚午

升……直隶井陉道副使张肇升为陕西布政使司参政，分守西宁道。

（卷133 1029页）

顺治十七年（1660年）四月戊子

升陕西右布政使周天裔为山东布政使司左布政使……陕西庄浪道副使郭四维为本省布政使司参政，分守河西道。

（卷134 1034页）

顺治十七年（1660年）四月丁酉

吏科都给事中孙光祀参奏："……陕西巡抚张自德，婪暴之状，人人传之。裔介任宪臣之长，廉访督抚按贤否，是其专责。而坚为庇护，不以上闻。揣裔介之心，反复不得其解。今乃闻其为同乡同年洮岷道金事刘澍曾私托自德俾为照管，因此箝口不言，且云意欲纠参，但因私书在其手中，是以不敢。由此推之，其以前巡方之贪赃坏法，挂弹章者，不一而足。裔介皆扶同隐讳，曲事弥缝，情面相牵。想多此类，源不清则流不洁。其何以表率僚属，掌握风宪乎？且裔介曾经具疏请禁私托，以防墙壁之官，奈何自言而自蹈之。若特遣飞骑，向自德立追私书，则情弊自见。裔介位高技捷，号名党类，以此人皆惧之。臣愚拙性成，不敢委蛇随时，是以罔恤后患，冒险上陈。伏惟皇上干断施行。"得旨："这所参魏裔介溺职负恩，及庇护张自德，为刘澍私书嘱托，不敢纠参等情，著魏裔介据实回奏，若直吐实情，其罪尚轻，如隐讳支饰，欺罔之罪愈重矣。"

（卷 134　1037 页）

顺治十七年（1660年）四月壬寅

　　都察院左都御史魏裔介遵旨回奏："臣以菲才，蒙皇上不次擢用，处非其位，溺职已久。今科臣孙光祀指参，蒙皇上不即严谴，令臣回奏，敢不据实直陈。臣虽少有疏章，备经御览，俱属琐细，无当大务臣之庸也。虽历有纠参，止据疏章，未能摘发隐弊，闻见不广，有忝言职，臣之劣也。臣每遇会议亦未尝不直陈所见，但公事须众论佥同，非臣所得独专何敢诡随。臣虽至愚不肖，亦知畏法，自惜身家，凡馈送夤缘者，臣每告诫巡城官严行缉拿，况挟索巡方人岂不知此何等事，而可以诬臣耶。臣之参劾在衙门内，查看揭帖确求实据，所参苏弘祖、李之粹二臣，亦于近事中得之未尝稽迟，岂有明知不职之抚按，而臣不以入告耶。臣亦自尽其管窥之见耳，无所裨益则学识浅陋之故也，其责臣不参张自德，臣一人闻见有限，甄别虑有漏网，故上拾遗之疏。今又有参疏在御前，臣于自德有何庇护，自德在京之日，颇能矫饰虚名，致冒廷推。臣亦不料其不肖到此。昨岁十二月内，新补洮岷道刘澍曾来见臣，云数年守制居山野中，不知世事。乞寄一字与张巡抚，臣辞以不敢作字。澍曰，久病之身原无他望，但边方未谙，亦须上司提诲。臣与自德书内，但言新任之官，当教诲之勉作循吏，此外别无他情。乃臣一时愚昧，染于旧习，悔恨无及。臣亦曾向人言之若别有情弊，岂不自为隐讳，此系实情，不敢一字巧饰，以蹈欺罔之罪。总之臣虽有报主之心，而实非大受之才，蹉跎岁月，振刷无能，溺职负恩，罪戾何辞。至于谴责之重轻，总属天恩之高厚矣。"得旨："魏裔介既吐实情，姑从宽免究。刘澍营求私书，张自德受书不举，俱著革职。差员役提解来京，究拟具奏。"

（卷 134　1038 页）

顺治十七年（1660年）四月己酉

　　升……陕西西宁道参政王无咎为太常寺少卿。

（卷 134　1040 页）

顺治十七年（1660年）四月壬子

厄鲁特部落鄂齐里汗、达赖喇嘛班禅胡土克图各遣使表贡方物，宴赉如例。

（卷134 1040页）

顺治十七年（1660年）五月戊辰

升……陕西西路道副使娄应奎为浙江布政使司参政，分守督粮道。直隶口北道参议吴允谦为陕西按察使司副使，分巡洮岷道。

（卷135 1043页）

顺治十七年（1660年）五月己巳

遣福建道监察御史傅世舟巡按甘肃。

（卷135 1043页）

顺治十七年（1660年）六月乙未

升……陕西汉羌参将杨守奇为湖广常德副将。陕西河州署副将沈伟为署都督佥事，管广西柳庆副将事。

（卷136 1054页）

顺治十七年（1660年）六月庚子

升……广西思恩府知府高向极为陕西按察使司副使，分巡西宁兵粮道。广西柳州府知府苏霖为陕西按察使司副使，分巡庄浪兵备道

（卷137 1057页）

顺治十七年（1660年）七月甲寅

兵部议复甘肃巡抚佟延年疏："言黑城堡距洪水市口虽三十里，番房往来交易最称险要，向设防守一员兵九十名。地险兵单不足弹压，应将甘肃镇标后营游击守备、千把总官八员，兵八百名移驻黑城。其黑城堡守备并守兵一百四十名内拨一百二十名移驻高古城。合本堡兵八十名，共二百名，以资防御。至西把截堡，系番房出没要口，仅设防守一员，守兵八十名，亦不足恃。应将上古城堡守备一员并守兵八十名内拨二十名，及黑城剩兵二十名俱移驻西把，截合本堡兵共一百二十名，其上古城止留守兵六十名，更委防守一员，以资固守。"从之。

（卷138 1063页）

顺治十七年（1660年）七月己巳

升……广东南韶道副使佟国祯为陕西布政使司参政兼按察使司副使，分巡西路兵备道……陕西宁夏道副使陈子达为四川布政使司参政兼按察使司副使，分巡威茂兵备道……湖广湖北提学道佥事狄敬为陕西布政使司参议，管按察使司副使事，分巡潼关道……陕西固原道佥事陈上年为山西布政使司参议，管按察使司副使事，分巡鴈平道。陕西临巩道佥事张基远为福建布政使司参议，管按察使司副使事，分巡清军驿传道。陕西西安府知府胡朝宾为广西按察使司副使，分巡府江兵备道。

（卷138　1066页）

顺治十七年（1660年）八月庚寅

刑部奏言："革职洮岷道刘澍乞魏裔介书送与张自德事实。应照官吏曲法嘱托公事律，杖赎革职，永不叙用。"从之。

（卷139　1073页）

顺治十七年（1660年）八月戊戌

升……直隶天津道副使李嵩阳为陕西按察使司副使，宁夏道。陕西关内道副使相有度为河南布政使司参政，通蓟兵备道……陕西关西道佥事武全文为陕西布政使司参议，固原道……浙江杭州府知府张文德为陕西按察使司副使，宁巩道。

（卷139　1075页）

顺治十七年（1660年）九月丙寅

升……陕西靖远道佥事刘元运为广东布政使司参议，分巡海北道。江南徽州府知府蔺一元为陕西按察使司副使，分巡关内兵备道。户部郎中范发愚为陕西按察使司佥事，分巡关西道。

（卷140　1081页）

顺治十七年（1660年）十月戊戌

补服阕原任广西副使秦仁管为陕西按察使司副使，分巡靖远兵粮道。

（卷141　1087页）

顺治十七年（1660年）十月己亥

升乐平副将戴成功为都督佥事，管肃州副将事。

（卷141　1087页）

顺治十七年（1660年）十一月辛未

升……陕西河西道副使许瑶为四川布政使司参政，分守川北道……陕西汉羌道副使曹士琦为云南布政使司参政，分守安普道……陕西西宁道副使董奎武为广西布政使司参政兼按察使司副使，分巡苍梧道。陕西东路道副使李登第为湖广布政使司参政兼按察使司副使，分巡下江防道……贵州都清道佥事张道澄为陕西布政使司参议，管按察使司副使事，分巡清军驿传道。

（卷142　1095页）

顺治十七年（1660年）十一月庚辰

移甘州巡抚驻扎凉州，允陕西巡按张吉午请也。

（卷142　1097页）

顺治十七年（1660年）十二月壬午

升……陕西庆阳署副将王可就为浙江杭州城守副将。

（卷143　1098页）

顺治十七年（1660年）十二月丙申

升……浙江杭严道副使秦鈦为陕西布政使司参政，分巡榆林东路兵备道。直隶怀来道副使李荣宗为陕西布政使司参政，分巡河西道。直隶井陉道副使法若真为陕西布政使司参政，分巡汉羌兵备道。广东海北道参议鲍开茂为陕西按察使司副使，分巡西宁道。

（卷143　1101页）

顺治十八年（1661年）六月癸巳

吏部题巡按已经停差。其地方事务俱交巡抚管理。今议定巡抚荐举额数：……陕西巡抚应荐方面官四员、有司佐贰官共七员、教官六员。甘肃巡抚应荐方面官一员、有司佐贰教官共二员。延绥巡抚应荐方面官一员、有司佐贰官共二员、教官一员。宁夏巡抚应荐方面官一员、有司佐贰教官共二员。……著为例。从之。

（卷3　71页）

顺治十八年（1661年）十月戊申

升甘肃巡抚佟延年为贵州总督。

（卷5　91页）

顺治十八年（1661年）十月乙丑

以内国史院学士刘斗为甘肃巡抚。

（卷5　93页）

顺治十八年（1661年）十一月戊子

免陕西伏羌县本年份雹灾额赋。

（卷5　96页）

顺治十八年（1661年）十一月癸卯

甘肃巡抚佟延年乞休，命仍赴新任。

（卷5　97页）

圣祖康熙皇帝实录

《清康熙实录（一）》

康熙二年（1663年）正月己丑

升参领孙思克为陕西甘肃总兵官。

（卷8　133页）

康熙二年（1663年）五月壬辰

吏部议复甘肃巡抚刘斗疏言："洮岷道缺，奉裁归并陇右道兼理。查洮岷所属州县卫所俱距巩昌府八九百里，深山穷谷，奸宄易生，应请仍留洮岷道弹压。靖远道所辖县卫距府不远，事务无多，应请裁并陇右道兼理。应如所请。"从之。

（卷9　148页）

康熙二年（1663年）六月己酉

裁甘肃苑马寺卿一员、主簿一员、监正七员。

（卷9　150页）

康熙二年（1663年）六月壬戌

谕兵部："提督张勇前镇守甘肃地方，威名素著，属番詟服，著以提督职衔调回甘肃镇守。其陕西提督王一正所辖地方应与张勇作何分管。"尔部议奏。

（卷9　151页）

康熙二年（1663年）七月壬午

免陕西礼县康熙元年份水灾额赋。

（卷9　152页）

康熙二年（1663年）八月丙申

厄鲁特鄂齐尔汗遣使进贡。赏赉如例。

（卷9　153页）

康熙二年（1663年）九月乙亥

免甘肃庄浪卫、宁夏、宁州本年份雹灾额赋有差。

（卷10　157页）

康熙二年（1663年）九月己卯

甘肃巡抚刘斗疏言："靖远道已裁并陇右道兼理，请将临巩道改为临洮道，专辖临洮府，狄、河、兰、金、渭五州县。洮岷道专辖阶、文、成、漳四州县，洮岷二卫，西固一所。至陇右道专管陇、宁、伏、秦、清、醴、西、徽、两、安、会、通、秦十三州县，靖远一卫。各道既不管军，职衔内兵备二字均应删去。"部议："如所请。"从之。

（卷10　158页）

康熙二年（1663年）十月甲子

礼部议复陕西总督白如梅疏报："当哈尔佛僧进贡，查会典并无当哈尔佛僧进贡之例，但倾心向化，应准其进贡。"从之。

（卷10　161页）

康熙二年（1663年）十一月庚寅

陕西西宁临巩总兵官柏永馥进黄鹦鹉，却之。

（卷10　163页）

康熙三年（1664年）正月丁亥

改陕西靖远卫为靖远县，裁同知、守备、千总、经历四缺。设知县、典史、二员。

（卷11　169页）

康熙三年（1664年）正月戊子

免陕西临、巩二府未完练饷银两。

（卷11　169页）

康熙三年（1664年）二月甲午

免陕西秦州康熙元年份水灾额赋十之三。

（卷11　170页）

康熙三年（1664年）二月癸丑

添设甘肃按察使司按察使员缺，命统辖平、庆、临、巩四府，驻扎巩昌府。

（卷11　173页）

康熙三年（1664年）三月乙亥

升四川威茂道陈子达为陕西按察使司按察使。直隶口北道潘超先为甘肃按察使司按察使。

（卷11　175页）

康熙三年（1664年）四月丁未

免陕西礼县康熙元年份水灾额赋十之三。

（卷11　178页）

康熙三年（1664年）六月己亥

移陕西阶州平落驿于小川铺，改为小川驿。

（卷12　186页）

康熙三年（1664年）闰六月癸亥

加甘肃提督张勇太子太保。

（卷12　188页）

康熙三年（1664年）闰六月庚辰

兵部题，议政王等会议："陕西总督标兵五千名准留三千，应裁二千名。除中、左、右、三营照旧，其前后二营相应裁去。查云南提督张勇调回甘肃镇守，先经奉旨提督张勇到秦之日添设官兵。甘肃提标下应设兵四千名，立中、左、右、前、后五营，即将新裁督标兵二千名添入提标，并提督张勇云南带来兵一千五百名，尚少兵五百名。俟张勇到任之日募补足额。至督标所裁营官即改为提标前、后二营营官，其中军官、左右二营官亦应俟张勇会同督臣查补。"从之。

（卷12　189页）

康熙三年（1664年）七月壬寅

礼部议："陕西临巩学政向系守道兼摄，今该道事繁，请归并西安学道。"从之。

（卷12　193页）

康熙三年（1664年）十月庚午

免陕西西宁卫本年份水灾额赋。

（卷13 199页）

康熙三年（1664年）十月丙戌

升陕西西宁总兵官柏永馥为陕西提督。

（卷13 200页）

康熙三年（1664年）十一月甲辰

升贵州提标中军参将王可臣为陕西西宁总兵官。参领桑峨为陕西宁夏总兵官。

（卷13 202页）

康熙三年（1664年）十二月丁酉

免陕西河州所属地方本年份水灾额赋有差。

（卷13 204页）

康熙四年（1665年）二月丁卯

达赖喇嘛、厄鲁特鄂齐尔汗遣使进贡，赏赉如例。

（卷14 212页）

康熙四年（1665年）三月己酉

陕西西宁东鄂尔胡土克图等进贡，特颁恩赏。

（卷14 222页）

康熙四年（1665年）九月甲申

免陕西肃州卫所属地方本年份旱灾额赋。

（卷16 242页）

康熙四年（1665年）九月丙申

免陕西庄浪所属黑城子地方本年份雹灾额赋。

（卷16 244页）

康熙四年（1665年）九月己亥

免陕西临洮卫地方本年份雹灾额赋。

（卷16 244页）

康熙四年（1665年）九月壬寅

免陕西河州梨子里地方本年份水灾额赋。

（卷16　244页）

康熙四年（1665年）九月壬子

免陕西兰州本年份旱灾额赋有差。

（卷16　247页）

康熙四年（1665年）十月癸亥

免陕西狄道县本年份水灾额赋有差。

（卷17　248页）

康熙四年（1665年）十一月癸巳

免陕西河州卫本年份水灾额赋有差。

（卷17　252页）

康熙四年（1665年）十二月丙寅

免陕西镇原等三州县本年份雹灾额赋有差。

（卷17　255页）

康熙五年（1666年）五月庚子

厄鲁特僧厄台吉遣使进贡，赏赉如例。

（卷19　271页）

康熙五年（1666年）五月壬寅

岷州卫法藏等六寺喇嘛桑节落旦等贡马，赏赉如例。

（卷19　271页）

康熙五年（1666年）十月庚戌

吏部议："陕西定羌庙地方土贼抗拒官兵，伤毙甚多。总督白如梅隐讳不报，应革职。"得旨："白如梅著留太子少保，革去总督。"

（卷20　281页）

康熙六年（1667年）三月乙酉

免陕西兰州康熙五年份雹灾额赋十之三。

（卷21　296页）

康熙六年（1667年）四月辛未

免陕西镇原县康熙五年份雹灾额赋。

（卷21　301页）

康熙六年（1667年）五月丙午

免陕西会宁等六县本年份雹灾额赋有差。

（卷22　305页）

康熙六年（1667年）六月戊戌

免陕西泾州本年份雹灾额赋有差。

（卷22　312页）

康熙六年（1667年）七月壬申

免甘肃所属宁州、安化等四州县康熙五年份霜灾额赋有差。

（卷23　324页）

康熙六年（1667年）八月辛丑

山西、陕西总督卢崇峻疏报："甘肃提督张勇等咨称，边内住牧番众部落尽数迁移出口，承顺德化，戢志归巢。"下部知之。

（卷23　327页）

康熙六年（1667年）九月甲子

户部议复甘肃巡抚刘斗疏言："积贮米石，恐年久浥烂，请变价另籴新谷以备赈济。"得旨："依议，但旧谷变价，另籴新谷，恐地方官借端扰民，令该抚晓谕申饬，如有此等情弊，即行参奏。"

（卷24　330页）

康熙六年（1667年）十月丙申

山西、陕西总督卢崇峻疏言："向因墨尔根等部落恋牧内地，且有逃番蛮敬，口称各头目欲于八月进兵。臣即亲赴庄浪以防意外。随据总兵官孙思克报称，游牧番人俱搬出原处住牧。又有上年差往西藏之喇嘛回称达赖喇嘛遵旨传各台吉申饬，不许生事。各台吉俱遵奉朝廷敕谕，真心向化，遣人赍认罪。马牛羊千只随喇嘛来进。据此，西番归诚已实，满汉官兵应请撤回。"从之。

（卷24　333页）

康熙六年（1667年）十一月甲子

厄鲁特僧厄台吉遣使进贡，赏赉如例。

（卷24　339页）

康熙六年（1667年）十二月乙亥

先是，山西、陕西总督卢崇峻丁继祖母忧，以应承重请。时因料理边防，移驻庄浪，暂令在任守制。至是，以庄浪事平，疏请终制。从之。

（卷24　341页）

康熙六年（1667年）十二月甲申

免湖广通城等七州县，陕西平凉、兰州等十二州、县、卫、所本年份旱灾额赋有差。

（卷24　341页）

康熙七年（1668年）二月庚午

甘肃巡抚刘斗疏言："平、庆、临、巩四府属，去岁夏旱秋涝，人民饥馑，请赐赈济。"得旨："平凉等四府人民饥馑至极，殊为可悯。著该督抚择贤能官员验赈，务令穷黎得沾实惠。"

（卷25　349页）

康熙七年（1668年）二月丙戌

免陕西宁州、华亭等四州县及庆阳卫康熙六年份雹灾额赋有差。

（卷25　350页）

康熙七年（1668年）三月己未

户部议复甘肃巡抚刘斗请赈恤西宁等处一疏。得旨："西宁等处，人民饥馑已极，深为可悯。尔部拟出廉能官二员，作速遣去，会同地方官，不拘何项就近钱粮，酌量动支分赈，务令饥民得所。"

（卷25　352页）

康熙七年（1668年）三月辛酉

以甘肃宁州、安化等五州县及庆阳卫康熙六年份民遭疾疫，将丁银豁除，并免地亩额赋一年。

（卷25　353页）

康熙七年（1668年）五月丁未

升陕西陇右道张文德为贵州按察使司按察使。

（卷26 358页）

康熙七年（1668年）六月庚辰

甘肃巡抚刘斗疏请免庄浪等五县旱灾额赋。得旨："庄浪等五县百姓饥馑，已遣官赈救。该抚既称饥民难办额赋，今年钱粮著即蠲免。"

（卷26 362页）

康熙七年（1668年）七月戊戌

户部题："陕西庄浪等五县本年钱粮已恩准全蠲，但恐有已征在官而地方官重征等弊，应请饬禁。"得旨："是。免征钱粮，速于该地方出示晓谕。有已征在官者，留抵下年正额，如地方官将已征钱粮不行留抵重征者，该督抚指名题参。"

（卷26 365页）

康熙七年（1668年）八月甲申

陕西合水县休致知县龚荪以欠民粮四分以上，罚追银八百两。产绝，至鬻子以偿，仍未完纳。甘肃巡抚刘斗以闻。得旨："龚荪因未完钱粮，罚追银两，产绝穷迫，以致鬻子，殊为可悯。令该地方官赎还之，其未完银两，悉与豁免。"

（卷26 369页）

康熙八年（1669年）二月壬申

山西、陕西总督莫洛，甘肃巡抚刘斗疏请免平凉、临洮、巩昌三府属各州、县、卫积欠银七万八千三百余两，粮一十六万三千余石。部议以拖欠钱粮，他省多有，若行蠲免，兵饷有缺，不准行。得旨："平凉、临洮、巩昌三府所属地方，屡被灾荒，较他省不同。著照该督抚所请，将旧欠钱粮俱免追征。不为例。"

（卷28 388页）

康熙八年（1669年）五月乙巳

厄鲁特楚虎尔吴巴锡台吉遣使进贡，赏赉如例。

（卷29 396页）

康熙八年（1669年）十月辛酉

厄鲁特鄂齐尔汗故。遣官致祭。

（卷31　421页）

康熙八年（1669年）十月丁亥

山西、陕西总督莫洛疏言："提督张勇病废宜罢。"得旨："张勇久任边疆，著有劳绩，著仍留原任。"

（卷31　423页）

康熙八年（1669年）十月己亥

甘肃巡抚刘斗、提督张勇、陕西提督柏永馥会疏保留革职总督莫洛。又西安百姓赵琏等叩阍奏称总督莫洛、巡抚白清额居官清正，万民爱戴，乞留原任，以慰舆情。得旨："原任山西、陕西总督莫洛，陕西巡抚白清额，已经甄别处分，本当不复任用。近据甘肃巡抚刘斗等合词奏称，莫洛有益地方，兵民数千哀求代题留任。又据百姓赵琏等奏称，莫洛、白清额实心实政，老稚感悦，保奏留任。朕思简用督抚，原欲绥辑地方，爱养百姓。今莫洛等既为地方爱戴，特顺舆情，免其处分。莫洛、白清额俱著复还原官留任。以后著殚心供职以副朕宽宥任用之意。达尔布著改为山西巡抚。马雄镇著候缺另用。"

（卷31　424页）

康熙八年（1669年）十二月庚申

厄鲁特僧厄台吉遣使进贡，赏赉如例。

（卷31　426页）

康熙八年（1669年）十二月庚午

令甘肃藩臬二司由巩昌移驻兰州。临洮道由兰州移驻临洮。陇右道由秦州移驻巩昌。

（卷31　426页）

康熙九年（1670年）三月乙丑

命洮、岷鲁班等七寺番僧止进贡马匹、青木香，余物停止。

（卷32　436页）

康熙九年（1670年）四月乙巳

以都察院左副都御史鄂善为陕西巡抚。升甘肃巡抚刘斗为福建总督。

（卷33　443页）

康熙九年（1670年）六月庚子

兵部题甘肃巡抚花善："奉有著令管兵之旨，应将甘肃、宁夏、西宁等处官兵令巡抚花善统辖。又康熙八年九月内议政王等会议，无总督省份，若有军需急务，提督总兵官仍会同巡抚行。至副将以下武职官员，若有贪酷殃民侵饷之款，亦令巡抚题参。今应将副将以下武职听该抚节制，仍会同总督提督行。"从之。

（卷33　449页）

康熙九年（1670年）十二月辛丑

户部议复甘肃巡抚花善疏言："宁州地处边鄙，土田瘠薄而科赋独重。近因岁歉，民逃地荒。请将本州钱粮照真宁县一例征收。其逃荒地丁悉与豁免。应如所请。"从之。

（卷34　468页）

康熙十年（1671年）六月己酉

升甘肃布政使罗森为四川巡抚。

（卷36　486页）

康熙十年（1671年）七月己未

升陕西洮岷道副使高翼辰为湖广按察使司按察使。

（卷36　487页）

康熙十年（1671年）十月壬午

免陕西甘州左、右二卫及山丹卫本年份水灾额赋有差。

（卷37　494页）

康熙十一年（1672年）五月丁未

旌表陕西靖远卫烈妇马海妻杨氏，给银建坊如例。

（卷39　517页）

康熙十一年（1672年）五月甲寅

升陕西陇右道李兴元为云南按察使司按察使。

（卷39　517页）

康熙十一年（1672年）六月辛丑

升……甘肃按察使成额为甘肃布政使司布政使。刑部郎中伊图为甘肃按察使司按察使。

（卷39 522页）

康熙十一年（1672年）十月癸丑

厄鲁特达赖汗遣使进贡，赏赉如例。

（卷40 537页）

康熙十一年（1672年）十二月己未

厄鲁特噶尔丹台吉遣使进贡，赏赉如例。

（卷40 542页）

康熙十二年（1673年）正月丙申

上御太和殿视朝，文武升转各官谢恩。次厄鲁特进贡，使臣等行礼。

（卷44 547页）

康熙十二年（1673年）六月癸卯

厄鲁特鄂齐尔图车臣汗遣使进贡，赏赉如例。

（卷42 562页）

康熙十二年（1673年）十月辛酉

上御太和殿视朝，文武升转各官谢恩。次喀尔喀、厄鲁特进贡使臣等行礼。

（卷44 578页）

康熙十二年（1673年）十一月戊辰

升陕西西宁总兵官王可臣为湖广提督。

（卷44 580页）

康熙十二年（1673年）十二月丙午

升四川夔州副将陈福为陕西宁夏总兵官。陕西甘肃永固城副将王进宝为陕西西宁总兵官。

（卷44 584页）

康熙十二年（1673年）十二月壬戌

谕陕西总督哈占，提督张勇、王辅臣等："逆贼吴三桂倘有伪札伪书，潜行煽惑，当晓谕官兵百姓，令其举首上闻。尔等皆朕擢任股肱之臣，捍御边境，绥辑军民，惟尔等是赖。其悉知朕意。"

（卷44　588页）

康熙十三年（1674年）二月戊午

甘肃提督张勇以病乞休，慰留之。

（卷46　604页）

康熙十三年（1674年）二月辛酉

谕吏部、兵部："陕西边陲要地，西控番回，南通巴蜀，幅员辽阔，素号岩疆。兹逆贼吴三桂煽乱滇黔，四川从逆。秦省地处邻封，恐有奸徒摇惑以致人心不宁，虽有督抚提镇等官各尽乃职，但军务繁重，必须专遣大臣，假以便宜，相机行事，方可绥靖中外，保固边疆。刑部尚书莫洛前任秦督，深得军民之心，谙晓地方情形。兹特授为经略，率领满兵驻扎西安府，会同将军总督而行。巡抚提镇以下悉听节制，兵马粮饷悉听调发。一切应行事宜不从中制。文武各官听便选用。吏、兵二部不得掣肘。邻省用兵当应援者酌量策应，如有军机，将军总督领兵而行。俟湖广、四川地方底定，即命还朝。应兼职衔及应给敕印。尔二部会同速议具奏。寻允部议，加莫洛武英殿大学士仍以刑部尚书管兵部尚书事，兼都察院右副都御史。赐之敕印，经略陕西。"

（卷46　605页）

康熙十三年（1674年）三月庚午

甘肃提督张勇举首逆党吴之茂逆书，并执来使，上嘉之，命从优议叙。

（卷46　607页）

康熙十三年（1674年）三月辛巳

厄鲁特噶尔丹台吉遣使进贡，赏赉如例。

（卷46　608页）

康熙十三年（1674年）四月己亥

上御太和殿视朝，文武升转各官谢恩。次厄鲁特、喀尔喀进贡使臣等行礼。

（卷47　611页）

康熙十三年（1674年）六月辛亥

命陕西道府以下官员听经略莫洛题补。

（卷48　628页）

康熙十三年（1674年）七月丁卯

谕甘肃提督张勇："秦省边陲重地，恐奸宄窃发。尔乃封疆大臣，朕所简任。可率所部总兵等官固守地方，有为乱者严行缉治，以副朕倚任股肱之意。"

（卷48　632页）

康熙十三年（1674年）七月壬申

差往达赖喇嘛处员外郎拉笃祜、喇嘛丹巴德穆齐还奏云："臣等奉命行至西宁，厄鲁特墨尔根台吉拦阻云：'前达赖喇嘛往京时，我班禅差人问达赖喇嘛安，中国以为额外遣使，不令行走，故我今亦拦阻。'臣等答云：'达赖喇嘛有此语乎？'明日决意前行。次日起行前往，墨尔根台吉亦无从拦阻。至青海地方所住达赖绰尔济，遂遣乡导送往至达赖喇嘛处。达赖喇嘛俯伏接旨。向臣等云：'我闻吴三桂反叛，心甚忧闷，今接敕书，得闻圣躬万安，不胜忻慰。我本喇嘛，惟当诵经祝佑圣躬康豫，威灵远播，国祚绵长。吴三桂指日殄灭，其扬打木、结打木二城，原系我三噶尔麻之地，今为吴三桂所夺，我即遣兵攻据。若吴三桂势穷而来，我当执而送之。若闻彼不出边境，东西逃窜，即时进兵擒拿。'臣等云：'喇嘛既欲相助，当勿吝大举。'喇嘛云：'闻大国兵马，皆给粮草。我兵前进，粮草不继，人饥马瘦，何能深入。'臣等云：'当此吴三桂反叛之时，若将国家山、陕良民抢夺，非为相助，反生衅也。'达赖喇嘛云：'我亦当诫谕我兵，不令妄行。天使回奏，皇上作何调遣，即谕来使，令其速归。我即遵旨奉行。'"奏毕，上曰："拉笃祜等所行殊为可嘉。著吏部议叙，丹巴德穆齐著赐名加赏。"

（卷48　633页）

康熙十三年（1674年）八月丁未

厄鲁特鄂齐尔图车臣汗等遣使进贡，赏赉如例。

（卷49　642页）

康熙十三年（1674年）八月甲寅

免……陕西庄浪卫本年份雹灾额赋十之三。

（卷49　643页）

康熙十三年（1674年）九月丙寅

添设陕西通省驿传道员缺，驻扎西安。

（卷49　645页）

康熙十三年（1674年）九月丙戌

上御太和殿视朝，文武升转各官谢恩。次厄鲁特、喀尔喀使臣等行礼。

（卷50　650页）

康熙十四年（1675年）正月甲戌

上御太和殿视朝，文武升转各官谢恩。次朝鲜国使臣、鄂罗斯、喀尔喀、厄鲁特进贡使臣行礼。

（卷52　678页）

康熙十四年（1675年）正月丁丑

先是，上谕议政王大臣等："兰州近边要地，应速遣兵驻守。今保宁大兵已回西安，达礼善巴图鲁兵亦将至西安，其将西安见在兵每佐领下拨四五名以上，令将军阿密达、副都统鄂克济哈夸代率赴兰州，剿御逆贼并防阶州、文县诸处。令鄂克济哈夸代参赞阿密达军务。"寻大将军贝勒董额奏："兰州固宜遣兵防守，但保宁还卒铠甲未备，达礼善巴图鲁兵兼程而来，恐难骤遣。西安所恃以御贼者，赖有调来汝宁河南兵。今将此兵发往，倘王辅臣由陈仓诸路断我栈道，自秦州、平凉一时来逼，深为可虞。"上复谕曰："今据报，逆贼已逼兰州，若不遣兵速援，贼将猖獗。临巩被陷，三边一摇，势难猝定。兰州距秦州不远，我兵若往兰州，则秦州便可袭取，而平凉诸贼亦可首尾夹攻。阿密达等以文到之日，即速赴兰州，保固三边。倘逆贼中道阻截，即攻取平凉或夺路前赴兰州，其相机以行。贝勒等速备马匹器械给保宁回兵。其达礼善巴图鲁之兵亦给与马匹，以备剿御。"

（卷52　680页）

康熙十四年（1675年）正月丙戌

谕定西大将军多罗贝勒董额等："陕西重地，栈道关系尤急。沔县、秦州乃通汉中要路。前此川陕用兵，颇失机宜。今栈道若何据守，沔县、秦州若何保固，俾逆贼不得侵犯以保障全陕，贝勒参赞大臣与总督会议，务期万全。"

（卷52　682页）

康熙十四年（1675年）二月甲午

振武将军坤巴图鲁侍卫疏言："凤县贼拆毁偏桥，设兵守险，所运之粮不得入。守凤县夸兰大嵩祝等以粮竭突围而出。又同知张亢古来自秦州，称王辅臣部下王好文等率兵截断栈道。"上谕："前贝勒董额等至西安，不即随经略取道秦州，乃由栈道进，托言马瘠，竟驻汉中，致宁羌告变。王辅臣回秦州时又不追蹑剿杀，急回汉中及保宁兵旋，仅留将军席卜臣等守汉中。亲统大兵辄回西安，知栈道险要，不多设兵防守致狡寇阻截，俾广元朝天等处复为贼据，皆董额等退缩迟延所致，理应解职，但正值临敌，仍令董额统兵往定平凉、秦州诸处，勿仍前逗留有误军机。此行令贝子温齐、公绰克托、将军阿密达、署前锋统领穆占辅之。如应分兵，阿密达、穆占给与将军印为将军。坤巴图鲁侍卫帅兵开栈道，以进汉中。鄂善、哈占量留官兵守西安，就近有警即行剿灭。"寻董额奏："将军阿密达、署副都统鄂克济哈、副都统觉罗夸代等将各处所调官兵与京城西安兵共拨每佐领五名，二月十四日率往平凉。臣与固山贝子温齐、辅国公绰克托、署前锋统领穆占、署副都统达礼善巴图鲁、副都统希福、蒙古都统赫业、护军统领胡礼布等将回自保宁之兵及达礼善巴图鲁所领兵亦凑每佐领五名之数，本月十九日率往秦州。又拨满兵防守潼关，所余兵合每佐领三名及鄂善所带蒙古兵四百余名付哈占、鄂善、副都统穆舒浑等守西安。"

（卷53　685页）

康熙十四年（1675年）二月乙巳

陕西总督哈占疏言："二月初五日贼犯兰州，抚标官兵通贼倡乱，城陷。巡抚花善等奔凉州。"上谕："大将军贝勒董额、将军阿密达等统领大兵分路速进，恢复秦州、平凉，扫除逆贼，以定三边。总督哈占、周有德、鄂善，巡抚杭爱、张德地等协守西安等处。速移会将军席卜臣等坚守汉中，相机进剿，并密檄提督张勇、总兵官孙思克、陈福、王进宝等整兵固守汛地，前来夹攻。"

（卷53　688页）

康熙十四年（1675年）二月戊午

先是，谕兵部："陕西情形迩来如何，镇守潼关满兵系谁统领，兵数几何，保宁失散前锋护军曾否抵汉中，尔部速檄哈占一一具奏。"至是哈占遵旨复奏："保宁回来失散前锋护军绝无踪迹，将军阿密达等于本月十四日进兵平凉，闻贼将犯泾州，约计平凉贼众四千余，能战止千人，余皆平民被贼胁制者。今贝勒董额等于本月十九日进兵秦州。又闻吴三桂以银二十万两付叛臣巴三纲，散给王辅臣及经略标兵，以诱引之。夸兰大、拜音查、莽奕禄以兵五百守潼关。署副都统阿尔瑚以兵五百守宝鸡。副都统颜布帅兵五百前往凤县，因栈道已为贼据，与将军坤巴图鲁侍卫亦暂驻宝鸡。至三水、淳化、白水、蒲城、韩城诸县土寇蜂起，掠劫乡村，虽亦分我兵势，然渠魁既殄，小丑自当瓦解，无足虑者。至臣请令蒙古兵由宁夏进驻固原，虽指称进攻平凉、兰州，实疑宁夏延绥官兵也。今下马关、靖远营官兵，心怀叵测，俟侦探确实再奏。"疏入，报闻。

（卷53　689页）

康熙十四年（1675年）三月庚申

扬威将军阿密达疏报："二月二十七日副都统鄂克济哈等率领官兵败贼于泾州城南，擒斩伪总兵卫民誉等，遂复泾州。"得旨："嘉奖。"下部议叙。

（卷53　691页）

康熙十四年（1675年）三月庚午

定西大将军多罗贝勒董额疏报："臣等于二月二十八日统兵至凤翔府之陇州，离陇州四十余里地方有逆贼伪总兵高鼎等聚众四千在关山河岸，立营拒守。遂同署前锋统领穆占、西安将军佛尼勒、副都统达礼善巴图鲁分布八旗官兵，令骁骑兵丁俱各步行以为前队，前锋兵丁及护军兵丁俱为后队。又预拨都统赫业就近应援，遂整阵前进，自巳至午接战，贼尚未退。都统赫业援兵助战，合力冲击，贼遂败遁。当阵斩杀甚多，因复乘胜追北，已将关山关恢复。"下部议叙。

（卷53　692页）

康熙十四年（167）三月辛未

调太原兵援陕西泾州，以阿密达平凉失利也。

（卷53　692页）

康熙十四年（1675年）三月丁丑

上谕兵部："三边经调缺额官兵及标员宜更置者，听提督张勇募补。河西兵饷著总督哈占、巡抚杭爱俟道路少通，速行拨解。其奏报由边外鄂尔多斯地方设站传递。今大将军贝勒董额等已围秦州，将军阿密达已进取平凉，其令提督张勇、巡抚花善、总兵官王进宝等速取兰州。会贝勒等协力夹剿，以定临巩等处。授甘肃提督张勇为靖逆将军。命加甘肃总兵官孙思克左都督。西宁总兵官王进宝都督同知，事平之日，俱以提督先用。"

逆贼王辅臣遣贼陷定边城。上谕兵部："定边系三边咽喉要地，其令总督哈占、总兵官许占魁速发官兵赴宁夏，同总兵官陈福并力进取。"

谕兵部："宁夏总兵官陈福效力岩疆，劳绩素著。屡次举首逆札，克笃忠贞，且其妻子家属见在川中。逆贼挟诱全无顾恋，矢志不移，深为可嘉。著以见兼职衔升补陕西提督，仍暂驻宁夏管总兵官事，俟平凉地方平定之后即赴该管地方料理提督事务。陈福之弟守备陈奇、妻子家口亦陷贼中，深为可悯。著从优以参将升用。尔部即遵谕行。"

（卷53 693页）

康熙十四年（1675年）三月丙戌

甘肃提督张勇疏报："西宁总兵官王进宝于二月二十三日用革袋结筏渡河，大破贼众于新城地方，逆贼王辅臣下伪游击李廷玉等就擒。乞敕陕督迅发大兵以为恢复平、巩之计。"下部议行。

陕西总督哈占疏报："庆阳贼攻邠州梁家堡，固原总兵官朱衣客击却之，斩伪参将吴进忠等。"下部议叙。

（卷53 694页）

康熙十四年（1675年）四月乙未

逆贼王辅臣遣人持吴三桂伪札印授靖逆将军张勇，张勇斩其使以闻。又西宁总兵官王进宝出首王辅臣逆书。上嘉之，封张勇靖逆侯，授王进宝一等阿思哈尼哈番。

（卷54 700页）

康熙十四年（1675年）四月丙申

先是，命西安将军佛尼勒率兵开栈道进汉中。至是陕西总督哈占疏报："仙逸关有贼三千余，夸兰大嵩祝等兵不满四百，难以防御。又平、陇之间亦有贼三千余窃踞华亭。"上谕："仙逸关系通大兵要路，将军佛尼勒亲统官兵剿灭诸贼。或令副都统德业立、颜布领兵赴剿。其酌量速行。"

（卷54　700页）

康熙十四年（1675年）四月癸丑

甘肃巡抚花善疏报："三月二十三日，西宁总兵官王进宝帅师克临洮府。甘肃总兵官孙思克收复靖远卫。"得旨："嘉奖。"下部议叙。

陕西提督张勇疏报："西宁总兵官王进宝恢复金县、安定县。"得旨："嘉奖。"下部议叙。

（卷54　703页）

康熙十四年（1675年）四月庚寅

宁夏总兵官陈福疏报："叛贼盘踞定边、花马二城，出犯兴武营，游击熊虎等击败之，斩伪游击雷普等。"下部议叙。

甘肃巡抚花善疏报："西宁总兵官王进宝兵抵兰州，逆贼出犯，王进宝击败之。"下部议叙。

（卷54　697页）

康熙十四年（1675年）四月甲寅

定西大将军多罗贝勒董额等疏奏："逆贼万余自四川来援秦州，屯于南山。臣等剿御内外贼寇，兵力单薄，已令副都统颜布率兵六百守陇州，副都统德业立率兵六百守仙逸关，将军佛尼勒率每佐领下兵一名速来军前。请再将西安官兵酌量调发。"上谕兵部："贝勒董额等围困秦州，所关最重。倘秦州可虑，西安亦且难保。今佛尼勒虽已调至，而兵力尚单，除荆州调往每佐领下兵一名外，或西安兵或附近汛兵，令总督哈占、鄂善等速拨五百名赴秦州，并令总督周有德亦率所部兵星驰前来，同贝勒等会剿贼寇。俟击败川贼后贝勒等即酌分官兵赴援汉中。"寻又谕："汉中地属紧要，不必俟下秦州即应发兵赴援。今令将军鄂泰率驻防太原盛京兵前往西安。至日总督哈占等以西安兵内马肥者，并酌分陇州、宝鸡兵俱付副都统德业立率往汉中。其鄂泰建威将军印留与署副都统吴丹代署。如吴丹与平逆将军毕力克图军合则用毕力克图印，吴丹为参赞。更自京师发每佐领下骁骑一名，令署副都统一人率赴太原。"

（卷54　703页）

康熙十四年（1675年）四月乙卯

甘肃巡抚花善等疏报："边外蒙古前犯洪崖堡，今又乘我兵进剿河东，乃拆毁关隘，袭执官吏，与官兵会战，永固城副将陈达战没。"上命甘肃总兵官孙思克加意防边，如蒙古仍行肆害，即率兵剿御。仍遣使往谕达赖台吉约束部落，毋为边患。会达赖喇嘛使至并予敕使转谕达赖台吉。敕曰："皇帝敕谕达赖喇嘛，吴三桂初叛，朕谕喇嘛大兵分路进讨，若吴三桂势蹙投降，喇嘛其即执送。续览喇嘛奏云，吴三桂背主负国，人皆恶之，不来则已，来则缚之以献。吴三桂曾取结打木、扬打木二城，今已发兵攻取，防守沿边，若欲征兵深入，惟候诏旨。又言达赖台吉故居土伯特，今遣居青海，令其有事则相援，无事则钤辖其部属。朕思自太宗文皇帝、世祖章皇帝至今，遣使往来，恩礼无间，喇嘛崇尚信义，必如所奏而行。故遂以达赖台吉等进兵滇、蜀之故，晓谕两省。及达赖台吉辞以松潘路险，未进四川。喇嘛又奏言，蒙古兵力虽强，难以进边，纵得城池，恐其贪据。且西南地热，风土不宜，若吴三桂力穷，乞免其死罪，万一鸱张莫若裂土罢兵。吴三桂乃明时微弁，父死流贼，摇尾乞降，世祖章皇帝优擢封王，其子尚公主。朕又宠加亲王，所受恩典不但越绝朝臣，盖自古所罕有。吴三桂负此殊恩，构衅残民，天人共愤。朕乃天下人民之主，岂容裂土罢兵，但果悔罪来归，亦当待以不死。今将军张勇等奏，达赖台吉诸部落入边侵掠，彼以王辅臣倡乱，内地亦皆骚动故也。今西陲晏然，内地无事，已下敕禁谕达赖喇嘛，宜恪守前言，令其统辖部属毋得生事扰民。"

（卷54　704页）

康熙十四年（1675年）五月甲子

陕西总督哈占疏报："庆阳逆寇攻入三水县，知县林逢泰并印信俱被劫。防守把总赵英同四川督标随征都司张虎臣率领民兵击败贼寇，救回县令、印信，保全仓库人民。"下部议叙。

（卷55　709页）

康熙十四年（1675 年）五月甲戌

都统海尔图疏言："臣抵西安，闻自荆州来之兵及贝勒催办弓矢之护卫俱为贼阻，暂驻陇州仙逸关等处，若不灭此贼恐红衣炮不能前进。乞添发满兵二千剿灭关贼，疏通道路。"上谕："秦州需炮甚急，若俟发禁兵恐稽时日。今都统海尔图、总督周有德、参领达尔泰等兵合计已足二千，其即合军以平关贼。速运红衣炮前往秦州。"嗣海尔图等至仙逸关与贼相持。上复谕兵部："欲平陕西诸寇，必先取秦州，欲取秦州，必须大炮。今海尔图等率兵护送红衣炮与贼相持于仙逸关，恐诸将各自将兵互相推诿，致误军机。其令周有德、海尔图为统领，前赴贝勒军。"

陕西总督哈占疏报："庆阳贼众突围长武县城，欲劫运送泾州粮米。游击许靖国等督率兵民保全城池。适固原总兵官朱衣客、副都统觉罗夸代统兵救援。满汉大兵前后截杀，逆贼大败。生擒伪副将南文炳。"下部议叙。

（卷 55　710 页）

康熙十四年（1675 年）五月癸未

四川总督周有德疏言："参领达尔泰兵见阻关山，请将遣往栈道满汉官兵全调前来协力灭贼，以便运炮至秦州。"上谕："大将军贝勒等兵在秦州路梗日久，应先灭关山盘踞之贼，以开道路。其令遣往栈道副都统德业立率所部兵速往关山，会同颜布、达尔泰、海尔图兵并力灭贼，开道运炮军前。"

（卷 55　713 页）

康熙十四年（1675 年）五月甲申

靖逆将军甘肃提督侯张勇等疏报："逆贼伪总兵潘瑀、伪副将曾文耀窃据洮、河二州，番人乘隙肆掠。臣等兵至河州，曾文耀先遁。又遣土官杨朝梁攻洮州，潘瑀败走，恢复洮州、河州二城。番人詟服归巢。"得旨："嘉奖。"下部议叙。

（卷 55　714 页）

康熙十四年（1675 年）五月丁亥

陕西总督哈占疏报："固原镇标游击赵元辅等率兵赴宁州，屡败逆贼于东河滩、焦家坑等处。参将杨宗道率兵败贼于甘泉。又凤县逆孽勾引川贼侵犯宝鸡县之盘棋宫、天王村，满汉官兵疾趋扑剿，逆贼大败，斩伪都司李玉国等，擒伪总兵刘偶三。"下部议叙。

（卷55　714页）

康熙十四年（1675年）闰五月戊子

谕兵部："秦省岩疆重地，军务方殷。靖逆将军侯张勇忠勤懋著，谋略优长，久镇西陲，奠安疆宇。近复躬履行间，殚心筹划，屡败贼众，恢复城池，志期歼灭贼渠，底定秦陇，朕甚嘉之。凡用兵筹饷，一切机宜必须专其责任而后可以整饬军纪，齐一众心以牧荡平之绩。所属地方总兵官有故违节制不听调遣者，许即指参。副将以下有临阵退缩杀良冒功者，听以军法从事。其文官自道员以下倘有迟误紧急军需者，会同巡抚据实题参。务令克专壮猷，早奏肤功，以副朕委任重意。"

（卷55　714页）

康熙十四年（1675年）闰五月庚寅

陕西提督陈福疏报："逆贼朱龙大肆猖獗，臣于三月二十日自宁夏统兵驻扎灵武，遣官兵恢复惠安、韦州、安定三堡。至兴武营，会合蒙古索诺慕贝勒下各台吉兵马围困花马池，遣兵前赴定边擒斩伪参将等，杀败贼众。"下部议叙。

（卷55　715页）

康熙十四年（1675年）闰五月辛卯

甘肃巡抚花善等疏报："我兵围攻兰州，贼领马步兵千余出东门，西宁总兵王进宝、按察使伊图等奋勇鏖战，自辰至午，进东门瓮城，阵斩伪参将，大败贼兵。"下部议叙。

（卷55　715页）

康熙十四年（1675年）闰五月壬辰

上御太和殿视朝。文武升转各官谢恩，次厄鲁特进贡使臣等行礼。

（卷55　715页）

吏部题："靖逆将军甘肃提督侯张勇出首逆贼吴三桂伪札，今又恢复河州、洮州，为国效力，克尽忠诚。应将伊子一品官荫生张云翼从优以大四品京堂用。"从之。

康熙十四年（1675年）闰五月甲午

谕户部、兵部："将军张勇、总兵官王进宝、孙思克、提督陈福、标下官兵及进宁夏蒙古兵，效力边疆，劳绩可嘉。应发银遣官，由边外运至军前赏赍，示朕优恤之意。其兵饷俟路通速给。"

康熙十四年（1675年）闰五月丙申

予陕西阵亡西宁镇标右营守备赠署都司金书王相祭葬如例。

康熙十四年（1675年）闰五月壬寅

升甘肃按察使伊图为甘肃布政使司布政使。

康熙十四年（1675年）闰五月壬子

靖逆将军甘肃提督侯张勇等疏报："逆贼死据兰城，自知势危狂突。西宁总兵王进宝等率兵分路堵战，贼遂大败入城，俘斩甚众。游击丁显俊、千总钱中科奋不顾身，致被炮箭伤亡。"得旨："在事有功人员事平议叙。游击丁显俊等作何恩恤，著议奏。"寻部议："丁显俊赠游击，给恤银，荫子弟一人以守备用。钱中科给恤银荫子弟一人以卫千总用。俱照例予祭葬。"从之。

康熙十四年（1675年）六月辛未

定西大将军多罗贝勒董额疏报："臣于三月初四日抵秦州，围其城。四月二十日贼万余自四川平凉来援。又贼八千余自城内突出，我兵分道迎击，大败之。嗣屡战屡捷。总兵官孙思克又奉调自巩昌率兵来会，贼惊惧。伪总兵陈万策率兵民出降，贼将巴三刚等遁走。闰五月三十日复秦州，其四川、平凉来援贼兵溃遁，臣等即遣振武将军佛尼勒、内大臣坤巴图鲁、总兵官孙思克追剿于礼县、西和等处，屡战大败之，并复礼县、清水、伏羌、西和等县。"得旨："嘉奖。"下部议叙。

康熙十四年（1675年）六月丙子

靖逆将军甘肃提督侯张勇等疏报："自逆贼叛变以来，土官杨朝梁及子杨威矢忠报国，率本部土兵并各族土官赵弘元、昝承福等勠力助战，于阶州、巩昌、临洮、岷州屡败贼寇，功绩最著。"下部议叙。

（卷56　725页）

康熙十四年（1675年）六月己卯

四川总督周有德疏报："本月十八日关山贼遁。"上谕："汉中要地应速发援兵。今秦州关山既复，著大将军贝勒董额酌拨每佐领下兵一名或二名，令大臣一人率往应援席卜臣等兵，其贝勒等兵或约将军阿密达兵夹攻平凉，或先剿川贼，速议以闻。"寻董额奏："拨兵一千五百名付将军佛尼勒同副都统德业立、拉布忠等开栈道以援汉中。令副都统翁爱率西安兵同绿旗兵守陇州仙逸关诸处。都统海尔图等运红衣炮至平凉。"

（卷56　725页）

康熙十四年（1675年）六月庚辰

升吏部郎中舒淑布为甘肃按察使司按察使，刑部郎中库尔喀为陕西按察使司按察使。

（卷56　726页）

康熙十四年（1675年）六月壬午

靖逆将军甘肃提督侯张勇等疏报："臣等围困巩昌，逆贼王辅臣遣伪副将任国治等领兵三千由巩昌东门潜入城内。伪总兵陈科、郑元经等率贼六千四门分出，直冲我营。臣等即率副将刘宣圣等奋勇剿杀，断绝归路，斩贼甚多，生擒四百七十余人。游击张大选追贼逼城，炮伤殒命。"下部议叙。

（卷56　726页）

康熙十四年（1675年）七月丁亥

扬威将军阿密达疏言："逆贼王辅臣亲领精锐及秦州逃寇毕集平凉，而庆阳群盗依山结垒。臣以孤军前进恐未易奏功。乞敕大将军贝勒董额等酌量留兵，驻守秦州，余兵尽会平凉。并命提督陈福及鄂尔多斯兵急取定边、固原以遏贼庆阳之援。臣率在泾兵出白水，由平凉东面进取，庶易为力。"得旨："兵贵神速，机不可失。平凉逆贼闻大兵克取秦州，正在惊扰，我兵宜乘胜长驱攻取平凉。将军阿密达逗留不前殊属非宜。前已添兵，近总督周有德又运送红衣炮。尔等当即进取平凉，如势有未便可速移会大将军贝勒等会商作何夹剿，并著提督陈福速取定边、固原。将军毕力克图等急定延安，移师平凉会剿。"

（卷56　726页）

康熙十四年（1675年）七月庚寅

敕谕王辅臣："吴三桂为逆，人心惊扰，怀疑瞻顾者多。惟尔知守臣节，出首逆书，遣子王继贞入奏。朕甚嘉之。是用锡尔世职，官尔子卿贰以励忠悃。后经略莫洛率师进蜀，调遣失宜，变生仓卒，尔被逼胁，陷于叛乱。朕闻之未忍加诛，即遣尔子往谕。盖谓尔封疆旧臣，屡受国恩，自当悔祸来归。不意尔反生疑畏，窃踞如故，殊负朕至诚恻怛之怀。近大将军率诸将已破秦州，蜀寇相率败遁。平逆将军又取延安，兰州、巩昌以次底定。大兵云集，平凉灭在旦夕，但平凉兵民皆朕赤子，克城之日必多杀戮。以尔之故而驱民于锋镝，朕甚不忍。今复敕尔自新，若果输诚而来，岂惟洗涤前非兼可勉图后效。尔标下官兵及地方文武吏民诸当坐者，概行宽宥，并赦拘留祝表正之罪。朕为百姓主，务期保全以靖民生。慎勿怙督，自干天讨，负此殊恩，虽悔曷及。尔其钦哉。"

（卷56　727页）

康熙十四年（1675年）七月癸卯

西宁总兵官王进宝疏报："逆贼踞兰州以来，官兵环营攻之，屡经败北，粮运路绝，造木筏百余将渡河以遁。臣沿河设兵邀击，知贼计穷力竭，随遣官宣谕招抚。伪总兵赵士升及原任布政使成额于六月二十七日率伪官百余员、兵丁五千余名以城降。安插本城居民万余，恢复兰州。"得旨："嘉奖。"下部议叙。

（卷56　729页）

康熙十四年（1675年）七月甲辰

谕定西大将军多罗贝勒董额等："国家仰荷天眷，秦州、巩昌、兰州等处渐次恢复，朕甚嘉悦。此系保宁还施之兵，间关跋涉、勉力效命所致。须不时存念，恤其劳苦，非紧要必节其劳，无大过则宽其罚。且尔等将兵在外，事情经练颇多，必能同寅协恭，折衷而行，断不徇一己之利。但相隔辽远，意虑所及不得不为告诫。秦地实为形胜要区，今张勇等将军提督总兵及投诚兵众云屯一处。将军张勇劳绩甚多，恐贝勒等藐忽视之，生彼愤懑。时厪朕怀，贝勒等既效勤劳，底定秦省，务期克奏全功，以慰朕望。"

安西将军穆占疏报："臣奉定西大将军贝勒董额令赴援巩昌，即同总兵官孙思克于六月二十五日抵巩昌。遣投诚官陈万策、谢辉等入城晓谕。伪总兵陈科等率众出降，缴送伪札册籍，计马步兵四千九百余名、民兵五千六百余人，安插居民十三万五千有奇。恢复郡城。"得旨："嘉奖。"下部议叙。

（卷56　729页）

康熙十四年（1675年）七月丙午

上以叛逆王辅臣再疏陈奏，有皇上念及兵民，概从赦宥，但如何安抚，天语未及。在事兵将未免瞻顾等语。特谕诸将曰："前颁赦谕，炳若日星。且秦州等处投诚官兵已安插得所。逆贼王辅臣岂不知之。若果归顺当遣伊子王继贞或标员赍奏，乃概不遣发。而本内词语又复骄倨，明系借端推诿，希冀缓兵。著将军侯张勇速赴秦州，会同大将军贝勒董额等酌量留兵防守秦、巩等处，速行进取平凉。提督陈福速取固原，夹攻平凉。将军毕力克图统领官兵速往会将军阿密达军前。都统海尔图等速运红衣炮赴平凉，仍固守陇州，断贼后路。"

（卷56　730页）

康熙十四年（1675年）七月癸丑

靖逆将军侯张勇疏言："彝情叵测，久蓄侵犯内地之心。今闻大草滩帷幕满野，麾逐不去，实因臣奉命东征，乘虚窥伺。乞许臣回驻庄浪以便兼辖。"得旨："秦州、巩昌、兰州诸处虽次第恢复，而底定全陕惟在速取平凉。逆贼王辅臣一日不灭，则秦省百姓一日不安。将军侯张勇应同大将军贝勒董额等会商速定平凉，不宜回驻庄浪。如彝人果显然作恶扰害边民，即令总兵官孙思克回甘州防御。"

（卷56　732页）

康熙十四年（1675年）八月丁巳

授陕西提督三等阿达哈哈番陈福为三等阿思哈尼哈番，以出首逆贼王屏藩逆书故也。

（卷57　733页）

康熙十四年（1675年）八月己未

　　陕西总督哈占疏言："兴安叛兵已与蜀寇合，攻陷旧县关，将逼西安。南山群盗又分出各口。乞敕大将军多罗贝勒董额、将军毕力克图等速发兵应援。"见驻河南副都统龚图亦乞遣至。上切责之曰："始王辅臣叛，朕以兰州要地关系三边，令哈占发兵镇守。哈占称西安要地不便分兵，致兰州诸处沦陷，三边摇动。继哈占复以西安要地屡疏请兵，因将荆州大兵陆续调赴西安，遂致荆州彝陵兵力单弱。又延安为诸路要冲，曾命鄂善、周有德等驻守。哈占又诳奏鄂善等兵少，留之西安，致延安陷没。哈占封疆大臣，每当议事不一体筹度，但于己身所在，常欲重兵自卫，不求速定地方，贻误非小。今又称叛兵与蜀寇合，欲分诸将军兵悉赴西安，是哈占但知有西安，置他处于度外矣。且蜀寇何能便与兴安叛兵合，即至西安不过因诸将齐赴平凉，故为声扬，欲乱我军心，分我兵势耳。诸将当益急攻平凉，勿得稍缓。王辅臣未灭，西安潼关亦宜增兵剿御。近理藩院郎中胡什巴调蒙古兵赴太原，将军吴丹可率所部兵速赴潼关与根特鄂尔博什等协守。又蒙古鄂尔多斯、土默特兵见驻榆林，著理藩院员外郎拉笃祜率此二部兵速赴西安。若鄂尔多斯兵必不可行，即留与总兵官许占魁等驻防榆林。"

（卷57　734页）

康熙十四年（1675年）八月乙亥

　　陕西提督陈福乞解提督重任，专管宁夏总兵事务。慰留之。予巩昌阵亡游击张大选祭葬如例。

（卷57　736页）

康熙十四年（1675年）九月丙戌

　　靖逆将军甘肃提督侯张勇疏报："甘肃总兵孙思克率领官兵进剿平凉，于红寺儿地方大败贼众，生擒伪守备等。获伪札、器械、马匹等项，恢复静宁州。"得旨："嘉奖。"下部议叙。

（卷57　738页）

康熙十四年（1675年）九月戊子

定西大将军多罗贝勒董额疏言："王辅臣启臣云：'前疏未奉圣旨，乞颁赦午门，仍遣威望大臣受降。'窃谓皇上既屡降敕谕，招抚王辅臣，乞更颁谕，开示本末。"上谕："前屡降谕旨，王辅臣果悔罪来降，当宥其前罪。顷秦州诸处官兵来降，悉赦其罪，王辅臣安有不知。且先遣祝表正尚未归，岂宜复遣大臣。彼乞降，诈也。特缓我师为苟延日月计耳。尔等急宜攻取平凉。若王辅臣投诚免其诛戮，再行请旨。慎毋因其诈言以误攻取之机。若不投诚，尔等以朕恩赦王辅臣而彼不悔祸归顺之意布告官吏军民，使知举兵诛乱之故。"

（卷57　738页）

康熙十四年（1675年）九月壬寅

定西大将军多罗贝勒董额疏言："王辅臣报书，言彼所遣官王起凤赴省已逾两月，尚未遣还，故士卒皆怀疑畏。乞皇上再赦王辅臣并所属官兵之罪，仍令驻守平凉，遣王起凤还，则彼无不倾心来归。今大兵仅足围平凉，不能坚密。倘贼势穷突围，难保王辅臣不脱去也。"疏入，上责之曰："逆贼王辅臣诱我缓兵，其计显然。贝勒董额不速率兵剿灭，反请宽宥其罪。若免王辅臣罪，仍令驻守平凉。假使川贼侵秦州、兴安贼逼西安，我兵势必分路进剿。当此之时，贝勒董额能保其不乘隙复叛耶。今大兵云集，已困孤城，乃云贼势穷突围，难保其不脱去，盖恐王辅臣他日溃遁，故设此词，预为之地耳。若王辅臣果难围困剿灭，何以贝勒董额不与贝子、公、参赞诸臣合词以请。观此，独贝勒董额一意专主招降也。贝子、公、参赞诸臣皆朕所倚任，若灼见城不可围，寇不可灭，何以不将情事陈奏。诸凡惟贝勒董额退缩之意是从。至今不攻取城池尚复何待。行军重事岂徒付之贝勒一人耶。贝勒、贝子、公、参赞诸臣等速行围城，务期剿灭逆贼。王起凤著遣还平凉。"

（卷57　741页）

康熙十四年（1675年）九月癸卯

靖逆将军甘肃提督侯张勇疏报："逆贼王辅臣叛乱，随征官胁从者多负固抗拒我兵。惟副将高鼎于我兵围巩昌时，先遣人通信。今复率众夺门来投军前。"得旨："嘉奖。"下部议叙。

（卷57　742页）

康熙十四年（1675年）十月庚申

陕西总督哈占疏报："贼党王屏藩等犯秦州。"敕陕西诸将固守要地。

（卷57　744页）

康熙十四年（1675年）十月壬申

陕西提督陈福疏报："九月二十三日，平凉贼奄至固原，固原贼亦自城内突出，齐犯我军。遣副将太必图率兵击之。方与贼战，中卫副将贾从哲忽退，游击张元经亦率兵走。于是众军惊扰，太必图遂没于阵。臣与副将来塔等于二十八日回至灵州。"上命即于军中斩贾从哲、张元经以徇。又谕曰："固原贼众，城守甚坚。今川贼又入平凉，应速遣兵剿御。鄂尔多斯兵已遣回，不便复调。调驻大同兵及神木、归化城兵，令副都统恰塔、员外郎拉笃祜领之。或由延安或由定边速赴固原。此兵既到，陈福即率本标兵或先定固原或会大将军贝勒，先取平凉，与恰塔、拉笃祜酌行。大同兵既往固原，令郎中胡什巴分太原蒙古兵五百名，赴大同驻守。"

（卷57　746页）

康熙十四年（1675年）十月甲戌

谕兵部："顷大将军贝勒董额等报，兴安贼众犯商州大峪口，川贼谭弘救平凉，皆因王辅臣未灭，我兵俱集平凉，故诸贼乘隙侵犯，欲分我兵力以援王辅臣。今董额等官兵至平凉日久，自宜作速攻取。设使平凉未破而四川与兴安之贼俱至，大兵往来路阻。后虽恢复平凉，亦复何益。若平凉破，王辅臣灭，则贼应援之念绝，而窥伺商州之计亦沮，陕西可无虞矣。由平凉南山俯视城中甚悉，若据南山放红衣炮，城中贼众自不能支。董额等速夺南山以取平凉可也。"寻陕西总督哈占疏报："庆阳贼已就抚，逆贼王辅臣遣党周养民率兵围困庆阳，复陷。"上复谕议政王大臣等曰："贝勒董额等到平凉日久，兵力不少。惟有高坐，不即攻取，以致逆贼王辅臣分兵救固原，今又遣兵援庆阳。董额及参赞诸臣不邀击贼众，贼任意四出，若罔闻知。平凉贼势既分，又不乘虚攻取，伊等拥大兵于平凉，所司何事。及今不取，更待何日也。若仍顿师不进，必致我兵渐疲，粮储空耗，贼益窥伺间隙，蹂躏地方，甚属未便。董额等其公同筹划，速取平凉，剿除逆贼。"

（卷57　746页）

康熙十四年（1675年）十月丁丑

陕西总督哈占疏报："庆阳一郡官兵士民，先虽被胁从逆，今原任知府王文绅、守备路调鼎等经臣招抚，即率众献城归顺，并擒伪总兵南一元等，安插士民三万余人。"下部议叙。

（卷57　747页）

康熙十四年（1675年）十一月乙酉

先是，上谕靖逆将军甘肃提督侯张勇曰："陕西重地，凡平定地方，扫除贼寇，惟尔是赖。今大将军贝勒董额虽攻围平凉，而逆贼王辅臣婴城死守，恐稽时日。又川贼已过昌宁驿，来援平凉。我兵若不速灭王辅臣，则陕西不能即定。尔量留官兵守巩昌，亲自率兵赴董额军前，协力进取平凉。若巩昌必不可离，多发标兵往平凉以助攻战，并宜设策截川贼来援之路。"至是张勇疏言："逆贼吴之茂率众进屯单家河等处，臣若赴平凉，恐贼乘虚直犯。臣断不可远离巩昌。且官军皆已分遣诸处，臣兵单实无可发。"上令议政王大臣等集议。寻王大臣等议："应如张勇所奏，著固守巩昌、秦州等处，相机剿御。"从之。

改陕西固原道为整饬平庆道，驻扎平凉府，管理驿盐事务。

（卷58　748页）

康熙十四年（1675年）十一月丁亥

都统海尔图以运炮屯夫俱逃，请发枪手步军四百名、绵甲人八百名防护。又以炮手熟练者少，请于八旗满洲汉军内择素习者遣发赴军。大将军多罗贝勒董额以闻。上切责之曰："贝勒董额等帅兵抵平凉，为日已久，不速灭贼平定地方。及命其用炮攻平凉，海尔图又托故具启，迁延时日。董额等并不议可行与否，但据启以奏，殊为不合。前送红衣炮，拨汉军每佐领二名，海尔图谓不足，又添拨一名。及海尔图去时，借口沿途养马，不即速行。至关山又请兵二千，欲靖贼寇。复如所请添发而究不能开通关山。今令用红衣炮急取平凉。海尔图复请自京师发枪手、绵甲人，耽延时日，有误军机。殊负任使。著解参赞之任，董额等仍遵前旨，速定平凉。"

（卷58　748页）

康熙十四年（1675年）十一月己亥

上御太和殿视朝，文武升转各官谢恩，次喀尔喀、厄鲁特进贡使臣等行礼。

（卷58　751页）

康熙十四年（1675年）十一月辛丑

靖逆将军甘肃提督侯张勇等疏报："西宁镇臣王进宝出首吴逆伪文、伪书。"得旨："逆贼吴三桂差人投递伪文、伪书，镇臣王进宝即行举首。忠贞可嘉。"下部议叙。

（卷58　752页）

康熙十四年（1675年）十二月戊午

上御太和殿视朝，文武升转各官谢恩，次喀尔喀、达赖喇嘛、厄鲁特进贡使臣等行礼。

定西大将军多罗贝勒董额疏言："官兵攻平凉，克取第一关厢。去城三里许，对南山屯营。欲前进薄城，因沟深地险难以下垒。城未能速下。"上谕："逆贼久踞平凉，皆因有粮可恃，若断其饷道则贼自穷困。平凉西北通固原要路，大将军贝勒等宜速断截，以困毙之。"

（卷58　755页）

康熙十四年（1675年）十二月丁丑

先是，上谕议政王大臣等曰："秦省要区叛贼王辅臣亟宜剿灭。著提督陈福整顿标兵，或并力克取固原，或会同大将军贝勒董额等进攻平凉，令同副都统恰塔商酌以行。"至是陈福奏："固原有贼万余，若舍此竟趋平凉恐固原贼出，断我粮道。应俟贼势少衰，进逼固原。量留官兵围困其城。臣乃率兵赴平凉，方无后虑。"上谕："陈福身在地方，熟悉贼形，著如所请，速取固原，以遏贼势。"

（卷58　759页）

康熙十四年（1675年）十二月癸未

陕西临巩总兵官王进宝、振武将军佛尼勒、靖逆将军侯张勇等疏报："会剿逆寇于西河县，三战三败之，斩获甚众。"下部议叙。

（卷58　760页）

康熙十五年（1676年）正月丁亥

理藩院员外拉笃祜疏报："康熙十四年十二月二十二日，宁夏提标兵变。提督陈福遇害。"上谕："宁夏三边要地，所关綦重。可令将军侯张勇、巡抚花善即速会议。如巩昌无虞，分一人赴宁夏慰谕官军，其副都统恰塔所领兵及员外郎拉笃祜所领土默特兵应驻防灵州、定边等处。陈福被害之由著总督哈占、巡抚杭爱察实具奏。"

谕兵部："提督陈福已为乱兵所害。秦省提督职任重大，宜得贤能，以资弹压。西宁总兵官王进宝，忠诚克殚，劳绩素著，著授为陕西提督，暂驻秦州，仍兼理西宁总兵官事。其宁夏总兵官员缺，听将军侯张勇、巡抚花善遴补。"

（卷59　762页）

康熙十五年（1676年）正月辛卯

陕西总督哈占等疏言："宁夏系两河重地，兵变之后人心皇皇，亟宜补授提督统理诸军。"得旨："王进宝已授陕西提督。其宁夏总兵官已命张勇等遴选。至秦省不能即定，皆由平凉未下，王辅臣未灭之故。目前攻取平凉最为紧要，陈福既被害，大将军贝勒董额与将军侯张勇、总督哈占等宜相机公议，速定平凉，断贼饷道，绥靖地方。"

（卷59　763页）

康熙十五年（1676年）正月丙申

靖逆将军甘肃提督侯张勇疏言："天津总兵官赵良栋向随臣征剿，著有功绩，精明历练，才略过人，臣所深悉。请调补宁夏总兵官，敕由边路兼程速赴。"得旨："宁夏要地，职任宜重。其总兵员缺，著改为提督，即以赵良栋升补。令其兼程速赴。提督陈福为国捐躯，忠诚显著。陈福弟涿州参将陈奇即著超补天津总兵官。"

（卷59　766页）

康熙十五年（1676年）正月戊申

谕大将军多罗贝勒董额等："今将军侯张勇请赴宁夏。秦州诸处兵力甚单，大将军贝勒董额、将军席卜臣、总督哈占等视地方缓急，将西安近地之兵应撤者速行撤回，发往秦陇，听将军佛尼勒、提督王进宝等酌量调遣，以裨战守。"

（卷59　768页）

康熙十五年（1676年）二月辛酉

旌表烈妇，陕西会宁县典史汪玉虹妻陈氏以骂贼不辱，投井身殁。给银建坊并令立碑于墓。

（卷59　770页）

康熙十五年（1676年）二月壬戌

谕兵部："大将军贝勒董额等屯兵平凉日久，贼寇尚未剿灭，城池尚未恢复。夫秦省不能即定，川贼尚在窥伺者，皆由王辅臣未剿灭，平凉未克取故也。其以都统大学士图海为抚远大将军，率每佐领护军二名亟赴陕西，总辖全省满汉大兵，断贼饷道，剿灭平固逆孽，速靖地方。大将军抵平凉时，尽收各将军敕印。遇有分遣酌量给付，其贝勒董额以下悉听大将军节制。"

（卷59　771页）

康熙十五年（1676年）二月甲子

甘肃巡抚花善疏报："逆贼吴之茂自四川出犯，逾风水岭，渐逼巩昌。"上命将军侯张勇速自宁夏还巩昌剿御。

（卷59　771页）

康熙十五年（1676年）二月戊辰

定西大将军多罗贝勒董额疏言："驻扎平凉官兵已分遣副都统希福率之，调守陇州诸处。平凉兵力单薄请旨酌增。"上命增派每佐领骁骑一名付大将军图海率往。抵河南日，大将军另调河南兵赴平凉。即留此所带之兵驻守河南。寻又令大将军图海选河南抚镇标下鸟枪手二百人并查西安出征物故人等厮役，令披甲领赴平凉。

（卷59　772页）

康熙十五年（1676年）二月癸酉

厄鲁特噶尔丹台吉遣使进贡，赏赉如例。

（卷59　774页）

康熙十五年（1676年）二月乙亥

谕陕西诸将士："我国家自创业以来，克敌攻城必主帅奋勇先登，军士效死勠力，方能速建肤功。今闻尔等凡与敌遇，率皆乘间伺隙，观望不前，但令士卒前驱冲突。其督抚亦多坐失事机，故致劳师匮饷。因命都统大学士图海为抚远大将军前往平凉总统诸军。尔等痛改前愆，殚心图效。若仍蹈往辙，一经大将军指名劾奏，必置重典。至兵士行间劳苦，朕已悉闻，尔等众兵宜体朕豢养之恩，益奋勇效力。果建功勋不吝爵赏。尔等勉之。"

谕平凉满汉军士："尔等年来各处征剿，为国效力之处朕悉闻知。今围攻平凉，屡次冲锋陷阵，奋勇杀贼。严冬掘壕，远道樵采，备历艰苦。朕心深为悯恻。兹命抚远大将军太子太傅都统大学士图海统率禁旅往讨逆贼。虽目前国用殷繁，念尔等勠力行间，勤劳已久。特发帑金五万赏至军前，普加恩赐，以昭朕优恤之意。尔等同心协力，益励忠义，速剪贼寇，朕不吝复加优赏。尔等勉之。"

（卷59　775页）

康熙十五年（1676年）二月丁丑

上御太和殿视朝。文武升转各官谢恩，次厄鲁特、喀尔喀进贡使臣等行礼。

（卷59　776页）

康熙十五年（1676年）二月戊寅

上御太和殿，卤簿全设。命大学士索额图、学士沙赖捧敕印授进剿陕西平凉等处抚远大将军都统大学士图海。图海率随征官弁等行礼。又命礼部侍郎额星格、兵部侍郎吴努春等送至郊外。赐茶毕，图海率师起行。

（卷59　776页）

康熙十五年（1676年）二月辛巳

赠陕西殉难波罗营副将张国彦太子太保。给拜他喇布勒哈番世职，予祭葬，其妻许氏同日殉难，赠一品夫人。

定西大将军多罗贝勒董额疏报："闻逆贼声言将断关山道。臣拟遣兵往守，但见在之兵甚少难以分发。至于巩昌，虽有副都统翁爱率兵前赴，而贼益逼近，势甚可虞。"上谕："关山险要之地，将军席卜臣、总督哈占宜相地方缓急，调各隘官兵守关山。将军侯张勇兼程速回，同将军佛尼勒等堵剿出犯秦巩之贼。自后一切军机，大将军董额等一面奏闻，一面具报大将军图海知之。"

（卷59　777页）

康熙十五年（1676年）二月壬午

陕西提督王进宝等疏言："贼薄秦州，屯踞北山，阻断临巩之路。秦州之兵无从觅饷，且兵力单弱，战守皆难。"上谕："大将军贝勒董额及将军席卜臣、佛尼勒，都统赫业，总督哈占，巡抚杭爱、花善，提督王进宝等，逆贼来犯秦巩，如何堵剿，大兵粮饷如何挽运不绝，著公同商酌以行。至席卜臣既遣夸兰大聂勒库率兵三百赴陇州，陇州所有副都统希福亦宜酌量分兵，应援秦州。"

（卷59　777页）

康熙十五年（1676年）三月甲申

上谕："护军统领杰殷于抵陕西时，可同将军佛尼勒、提督王进宝、都统赫业等会商战守机宜，以通巩昌要路。平凉兵势既分，则图海未到之先，贝勒董额宜加意警备。至关山系秦州门户，希福等当固守其地，若逆贼断我饷道，亟剿御之。"

（卷60　778页）

康熙十五年（1676年）三月丙戌

陕西提督王进宝疏报："臣于二月二十五日会同振武将军佛尼勒等进兵剿北山逆贼。贼渠吴之茂率众迎敌，大败之，生擒伪总兵徐大仁，阵斩伪总兵四员、伪参游等二百余员，杀获无算。"下部从优议叙。

（卷60　778页）

康熙十五年（1676年）三月己丑

振武将军佛尼勒疏报："臣等遣发官兵断贼粮道。至罗家堡、盐关等处地方遇贼运送粮草，击败之。阵斩伪官兵弁甚众，兼获贼饷、马匹、器械等物。"下部议叙。

（卷60　779页）

康熙十五年（1676年）三月甲辰

副都统恰塔疏报："平凉贼伪总兵陈甲等以步骑一万五千余人犯灵州，臣统官兵击却之。"下部议叙。

（卷60　782页）

康熙十五年（1676年）三月庚戌

振武将军佛尼勒等疏报："平凉伪总兵李国良率贼八千余由靖宁来援秦州。"上命佛尼勒同靖逆侯张勇、巡抚花善等商酌调度，剿灭秦州援贼，恢复靖宁。

（卷60　783页）

康熙十五年（1676年）三月辛亥

镇西将军都统席卜臣疏报："副都统鄂泰等败贼于宝鸡县之红崖堡。"下部议叙。

（卷60　783页）

康熙十五年（1676年）四月癸亥

靖逆将军甘肃提督侯张勇疏报："臣会同护军统领杰殷遣发官兵，败贼于宁远县之马鸟镇。"下部议叙。

（卷60　785页）

康熙十五年（1676年）四月戊辰

加靖逆侯张勇少保仍兼太子太保，以叙恢复洮、河二州功也。

振武将军佛尼勒疏报："官兵败贼于清水县阳平里等处地方，屡次战捷。"下部议叙。

（卷60　785页）

康熙十五年（1676年）四月辛巳

靖逆将军甘肃提督侯张勇疏报："四月十六日贼众万余直犯通渭县。城守官以兵单逃避山寨。臣等闻警即与护军统领杰殷自伏羌进发，与抚标游击岳镇邦等合兵援剿。行至十八盘坡遇贼全队。我兵分作两翼，冲锋直前击败之。我兵乘胜夺门，复通渭县城。贼四散奔逸，追斩贼首七百余级，获骆驼、马匹、器械无算。见在会将军佛尼勒、提督王进宝商酌迅发秦兵，扑剿务尽。"得旨："嘉奖。"下部议叙。

（卷60　787页）

康熙十五年（1676年）六月壬子

抚远大将军都统大学士图海疏报："臣统兵抵平凉，大败贼于平凉城下，即遣札授参议道周昌入城招王辅臣。王辅臣随遣其副将谢天恩乞降。"上命颁敕诏抚慰之。

（卷61　792页）

康熙十五年（1676年）六月丙辰

上御太和殿视朝，文武升转各官谢恩，次厄鲁特进贡使臣等行礼。

（卷61　793页）

康熙十五年（1676年）六月丁巳

靖逆将军甘肃提督侯张勇同镶红旗蒙古都统赫业疏报："五月二十四日进兵乐门。臣等遍察地形贼势，贼扎营十一座，相为联络。其南、北山梁二营占踞险阻，欲以围困我师。臣等公议，安营于山梁中间以分贼势，并分满兵为二：一攻贼南营，一堵截援兵。提标兵亦分为二：一攻贼北营，一堵截援兵。令每兵各觅草一束以填贼营壕堑。正安营间有二营逆贼齐出，都统赫业率满兵与南营逆贼对敌，臣率标兵与北营逆贼对敌。各奋力扑剿，逆贼败奔入营。巳刻，伪汪总兵从北路，伪李将军从南路率兵救援。满汉兵各分路堵截之，冲战数阵，枪炮齐发，贼遂败北，不能进援，而山上南、北二营逆贼见有援兵，死守营墙。我兵鏖战六阵，用所带草束填壕，满汉官兵当先用命，扑进南、北二营。贼兵大溃，阵斩伪总兵等并贼众千余级，获帐房、器械无算。"得旨："嘉奖。"下部议叙。

（卷61　793页）

靖逆将军甘肃提督侯张勇疏报："逆贼侵犯宁远，游击刘廷栋等奋勇堵御，击败贼众。"下部议叙。

（卷61　794页）

康熙十五年（1676年）六月乙丑

靖逆将军甘肃提督侯张勇疏报："逆贼王辅臣势穷，希引川逆为援，逞犯通渭县。提督王进宝率领官兵亲行指挥，分路进剿，击败贼众，招降伪官。恢复静宁州城。"得旨："嘉奖。"下部议叙。

（卷61　795页）

康熙十五年（1676年）六月戊寅

抚远大将军都统大学士图海奏言："臣接奉赦诏，于本月初六日复令周昌赍诏入城。次日，王辅臣遣伪布政使龚荣遇等率士民诣军门献军民册，又遣其子王继桢及伪总兵蔡元等缴所受吴逆伪敕二纸、伪平远大将军印、陕西东路总管将军印各一颗及诸伪札。臣见王辅臣尚怀疑惧，于十三日复遣周昌并臣侄前锋侍卫保定前往，温言开谕。王辅臣于十五日即至臣营，叩头谢恩。遂入城剃发，率众来降。固原伪巡抚陈彭、庆阳伪总兵周扬名、下峪关伪总兵王好问、关山伪副将孔印雄及云南土司总兵陆道清等各率所属官兵相继来降。"上谕："大将军图海恭承简命，秉钺临边，即宣布恩威剿抚并用。平凉一带旬月绥平。具见筹划周详，布置神速，克副委用，立奏肤功。朕心深为嘉悦。著从优议叙，有功人员一并议叙具奏。王辅臣既感戴国恩，悔罪投诚，著复其原官，加太子太保，擢靖寇将军，立功赎罪。部下官弁照衔给札，兵民酌量安插。"

图海又奏："差去招抚王辅臣之周昌乃七品录用职官，随振武将军吴丹来在潼关。臣知其人才能，带至平凉军前。臣与参赞军务诸臣会商，欲遣周昌前往招抚，而周昌欣然应命，并无难色，遂给以参议道衔。临行之时，周昌诉伊父亡时，母孙氏剜目破面，触棺尽节而死，未蒙旌表。今情愿为国捐躯，表扬母氏。语毕，遂冒矢石，挺身入城，将皇上浩荡之恩与招抚之意尽行宣布。往来数次，实获成功。伏乞皇上俯念周昌为母舍身之孝，为国忘躯之忠，敕谕该部旌表周昌之母，优加恩恤以酬周昌之功。则人知鼓励，远近咸服矣。"得旨："周昌之母孙氏著遣官致祭，给银建坊旌表。"

图海又奏："臣等遵旨到秦，见流民满野，不但陷贼地方不得耕种，即未被兵之百姓，因转运大兵粮草亦困苦至极。乞特加轸恤；凡民间拖欠之钱粮并解运汉中被劫粮石脚价一并免追；其陷贼不得耕种之钱粮祈敕部酌议，暂行蠲免以息残喘，俟少有起色，再行催征。庶人兴乐生之心，再沾升平之福。"得旨："议政王大臣会同议奏。"寻议政王大臣等议："行文该督抚，查明被兵各州县钱粮额数及旧欠追征数目一并蠲免。"从之。

（卷61　796页）

康熙十五年（1676年）六月己卯

抚远大将军都统大学士图海奏："平凉投诚猓苗官兵求回原籍。"上谕："猓苗官兵若留内地，恐伊等父母妻子或被逆贼残害。其官员各加一级，兵丁酌量赏赉，俱发回原籍，并晓谕令招抚从贼人民，倘立有功绩，准与优叙。"

（卷61　797页）

康熙十五年（1676年）七月辛巳

靖逆将军甘肃提督侯张勇疏报："川逆盘踞乐门，臣因兵单约提督王进宝统兵会剿。王进宝于六月十九日率师至乐门。安营未定，贼潜来劫营。官兵环绕冲击，逆贼大溃，死者不计其数，生擒伪总兵、游击、都司、守备等官，即于军中斩之。"下部议叙。

（卷62　799页）

康熙十五年（1676年）七月壬辰

宁夏提督赵良栋疏言："臣按问谋害原任提督陈福者，参将熊虎等四人实为首恶。见在拨兵拘禁。伏候敕旨。"上谕："吴逆叛背以来，潜布伪书，煽惑人心。原任提督陈福妻子虽在四川，毫无瞻顾，笃志忠贞，剿御贼寇，恢复城池，功绩茂著。及率兵进剿固原，中途遇害。前因变出仓猝，不能救护之兵弁，俱释不问。其倡谋为乱，手刃主将者国法难宽。今既察明熊虎等四人实系首恶，即行正法，以惩奸宄。其余兵弁各守汛地，毋得牵连。嗣后如再有首告者，即以其罪罪之。其遍谕宁夏提标官兵知悉。"

靖逆将军甘肃提督侯张勇疏报："逆贼伪将军李良柱侵犯岷州。臣遣发兵弁于梨川地方击败之。"下部议叙。

（卷62　800页）

康熙十五年（1676年）七月戊申

抚远大将军都统大学士图海疏报："秦州乐门等处逆贼横行。振武将军佛尼勒、提督张勇、王进宝等统满汉官兵会剿，贼不能支，伪将军吴之茂于六月二十六日率众宵遁。我兵追剿之，败贼于牡丹园，复败贼于西和县北山，斩获无算。吴之茂仅以十余骑越山而遁。"下部议叙。

（卷62　802页）

康熙十五年（1676年）八月乙卯

靖逆将军甘肃提督侯张勇疏言："番人滚布窥我兵调征河东，乘隙入内地收掠番族人畜。"上谕："番人潜入内地，著将军侯张勇严饬甘、凉沿边将弁，加意防守。"

（卷62　803页）

康熙十五年（1676年）八月壬戌

吏部议复陕西总督哈占疏言："平凉、固原等处地方已经恢复，州县佐贰、驿丞大使需员甚多。请将考定吏员等发往补用。应如所请。"从之。

（卷62　805页）

康熙十五年（1676年）八月己巳

抚远大将军都统大学士图海疏言："陕西提督原驻平凉。固原与平凉密迩，且为秦省形胜之区，应令王进宝移驻固原，即兼管固镇事务。其西宁为边陲重地，距固原甚远，难于遥制。固原总兵官朱衣客向在西宁，熟谙形势，调驻西宁殊有裨于地方。又庆阳一郡，幅员辽阔，素为贼薮。当此反侧初安，亟需弹压，宜令随征总兵官陈奇谟暂镇庆阳，安辑人心。"从之。

（卷62　806页）

康熙十五年（1676年）八月丙子

谕吏部、兵部："抚远大将军都统大学士图海器识老成，才猷练达，赞襄机务，宣力累朝。以文武之长才，兼忠爱之至性，劳绩茂著，倚毗良殷。前察哈尔布尔尼背恩反叛，命图海为副将军帅兵征剿。运筹决胜，克振军威，未及一月，捷功立奏。逆贼歼灭，疆圉敉宁。近以平凉阻兵日久，屡命剿抚罔有成效。特简图海为大将军统率大军，节制各路。果尔谋略渊深，调度得宜，军锋所至，一战克捷，更能体朕好生之心，宣布恩威，开诚招抚，遂使平凉、庆阳、固原等处文武官员兵民倾心向化，悔罪归诚。生灵免于涂炭，边境赖以保安。数日之间关陇悉定，皆由筹划周详，布置神速，剿抚并用，克建肤功。图海以心膂大臣膺秉钺重寄，实心为国，克副倚任，朕心深为嘉悦。于军功议叙外应从优加恩封三等公，以示朕眷注忠勤，酬答勋庸至意。"

谕兵部："自逆贼煽乱以来，奸徒附和，侵扰地方。关陇以西疆域辽阔，大兵一时未集，人心不无动摇。靖逆将军侯张勇、提督王进宝、总兵官孙思克一闻兰州之变，即率兵星驰渡河剿御，收复城邑，条奏机宜，举发伪札，缉获奸谍，绥定边陲，厥功甚大。及大兵攻取平凉，专任靖逆侯张勇等镇守秦巩，复殚心筹划，调度合宜。剿御川贼，屡奏捷音，纾朕西顾之忧，功尤茂著。伊等皆宿将重臣，矢志报国，同心协力，展布谋猷，兼以训练士卒，忠义素孚，故能身先行阵所向克捷。其所属将卒亦皆效力，共建功绩。朕甚嘉之。于军功议叙之外应从优加恩，以示朕奖励忠贞，酬答勋劳至意。张勇著加为一等侯，袭十次。王进宝加一等阿思哈尼哈番，袭八次，授为奋威将军，仍兼管平凉等处提督事务。孙思克升为一等阿达哈哈番，凉州提督。"

（卷62　807页）

康熙十五年（1676年）九月甲申

靖逆将军甘肃提督侯张勇疏报："大兵于八月初三日进取阶州，伪总兵陈友功等献城降。"得旨："嘉奖。"下部议叙。

（卷63　810页）

康熙十五年（1676年）九月丙午

先是，抚远大将军都统大学士公图海请暂停进取汉中之役，分兵防守诸隘。复遣一军进剿湖广。上谕："图海多选精锐率赴湖广剿灭逆贼。"至是图海奏："平凉、庆阳虽经底定，而投诚兵心尚未宁帖。汉中、兴安尚未恢复，若带领精兵赴楚，恐不逞之徒，心怀叵测。"得旨："大将军图海著停其前赴湖广，署前锋统领穆占勤劳懋著，著实授都统，佩征南将军印，统率陕西、河南、满汉诸军前赴湖广。见在陕西诸将俱听穆占会同图海拣择，或从荆南渡江，或由彝陵进剿，或赴岳州水陆夹攻。相机行事。"

（卷63　813页）

康熙十五年（1676年）十月壬申

敕谕保宁退回官兵："逆贼吴三桂负恩反叛，发大兵征讨。尔等为国效力，攻取七盘、朝天诸关，大败贼众，直抵保宁。屯驻日久，饷道梗塞，遂尔旋师，未获成功，罪在将帅，与尔等无涉。沿途遇贼，复血战败之。厥后久围秦州，又击败平凉诸贼，招抚王辅臣。尔等被坚执锐二载有余，平定地方，备尝劳苦。朕心深为悯恻。今耿精忠投诚，福建、浙江及陕西以次削平。江西将定，广东贼又败遁。俟往代尔等兵到日，俱速来京。即行议叙。"

（卷64　818页）

康熙十五年（1676年）十二月戊午

抚远大将军都统大学士公图海疏言："平凉、庆阳虽已底定，汉中、兴安尚为贼据。臣等议于来春进讨，应先调绿旗官兵。檄提督孙思克量留兵守凉州，亲统官军来秦州。将军侯张勇遣兵二千亦赴秦州。提督赵良栋量留兵守宁夏，亲统官军来凤翔。将军王进宝遣兵二千亦赴凤翔。俱于明年正月二十日内齐集所约之地。"得旨："调兵征剿，事关重大。令副都统吴丹、员外郎马尔汉等速赴张勇、王进宝、孙思克、赵良栋等军前调遣绿旗官兵，或如大将军公图海所请，或作何调遣将军提督等，谁宜亲往，作何前进。至恢复汉中、兴安时，或驻守其地，或径取四川，逐一公同确议。遣同往章京，驰驿奏闻。"

（卷64　827页）

康熙十五年（1676年）十二月己巳

免陕西泾州本年份雹灾额赋有差。

（卷64　829页）

康熙十六年（1677年）正月庚寅

抚远大将军都统大学士公图海疏言："臣等前调绿旗官兵本拟于二月内进取汉中、兴安。今将军侯张勇等咨称，宜视夏、秋收获丰歉再图进取。但汉中、兴安山峻路险，延至彼时，适遇霪潦，贼守益坚。臣等仍欲调兵及时进取。"得旨："大兵即克复汉中、兴安，须设重兵，重兵一设则运饷维艰，若俟夏、秋进取，又顿兵旷日，虚糜粮糗。今将军穆占方剿吴逆，机不可失。大将军公图海等暂停汉、兴之役。留满洲、蒙古兵一万同绿旗兵防守秦州诸隘。分兵五千遣大臣一人统赴荆州。到日，顺承郡王等量留官兵防守荆州彝陵诸处，乘穆占由岳州长沙进取湖南之时，相机渡江破贼。"

谕兵部："陕西分兵赴荆州，欲令顺承郡王等乘机渡江，平定湖南，恐中途延缓，尔部其檄趣进兵，毋得逗留，贻误军机。"

（卷65　833页）

康熙十六年（1677年）正月癸酉

赠巩昌殉难岷州抚民同知王扎为按察使司副使，予祭，荫一子入监读书。

（卷65　842页）

康熙十六年（1677年）三月乙未

厄鲁特厄尔德尼奔穆台吉等遣使进贡，赏赉如例。

（卷66　847页）

康熙十六年（1677年）四月戊午

抚远大将军都统大学士公图海疏言："臣令驻防秦州、宝鸡官兵进逼礼县、驿门诸处，随移檄声言，大兵分路进剿。今欲亲统重兵深入四川，但恐时多霖雨，输挽艰难，当俟机会，酌量前进。"得旨："今将军穆占协剿长沙，贝勒尚善与将军鄂内水陆攻岳，故逆贼吴三桂亲赴长沙，集诸路贼兵死守湖南。我兵若乘此机，各路进剿，则吴逆指日可灭。计在陕官兵为数甚多，当此逆贼势分之时若不进逼四川，则坐糜粮饷，殄贼无期。大将军公图海，其仍遵前旨，速行进发。"

（卷66　852页）

康熙十六年（1677年）四月辛酉

授平凉提督孙思克三等阿思哈尼哈番世职，叙平凉护山墩杀贼功也。

（卷66　853页）

康熙十六年（1677年）五月甲午

谕大学士索额图，尚书明珠、阿穆瑚琅，内大臣奇塔特曰："厄鲁特鄂齐尔图车臣汗与噶尔丹台吉向俱进贡，今噶尔丹台吉与鄂齐尔图车臣汗内自相残。噶尔丹台吉攻鄂齐尔图车臣汗，以阵获弓矢等物来献，若径收纳，朕心不忍。可止收其常贡之物，以此旨传谕来使。"

（卷67　859页）

康熙十六年（1677年）六月壬申

免陕西平、庆二府用兵各州、县、卫历年额赋有差。

（卷67　865页）

康熙十六年（1677年）七月丙申

改降级留任云南贵州总督鄂善为甘肃巡抚。

（卷68　870页）

康熙十六年（1677年）八月戊午

加靖逆将军侯张勇少傅兼太子太师，以叙梨川杀贼功也。

（卷68　875页）

康熙十六年（1677年）八月己未

上御太和殿视朝，文武升转各官谢恩，次厄鲁特、喀尔喀、进贡使臣等行礼。

（卷68　875页）

康熙十六年（1677年）九月己卯

抚远大将军都统大学士公图海疏报："臣自平凉亲阅秦州、清水、陇州、宝鸡一带隘口，酌拨满汉官兵防守。今据诸路报称副将纪魁元等败贼于五盘山，生擒伪参将等。夸兰大姜都纳等败贼于乔家山，恢复塔什堡。巡抚鄂善率领官兵败贼于塘坊庙。副都统鄂克济哈率领官兵败贼于芭蕉园，并擒斩甚多，获器械不可胜计。"下部议叙。

（卷69　881页）

康熙十六年（1677年）十月甲寅

靖逆将军甘肃提督侯张勇，四川、陕西总督哈占，凉州提督孙思克等会疏言："厄鲁特济农等为噶尔丹所败，逃至沿边，违禁阑入塞内，夺番目马匹及居民牲畜。守汛官兵驱之使出。济农等言：'我等皆鄂齐尔图汗之子侄，穷无所归，故至此。闻噶尔丹复逞兵未已，或来追我，或趋喀尔喀，俱未可知。'臣等窃思噶尔丹乃北厄鲁特之酋长，兵马众多，如果兴兵，即内地亦宜严饬守汛官兵防护，并驱逐济农等出境。"又理藩院疏言："据张家口报称，厄鲁特来使博瑞额叶图等不敢归，言来时鄂齐尔图汗、喀尔喀土谢图汗曾夹攻我台吉，近又闻归化城来贸易人，言喀尔喀色楞达什台吉率三百余人将邀劫我等于汛界。我等得在边塞之内，即如金城之固，请暂居此，俟本地使来同归。"上谕大学士等曰："闻厄鲁特、喀尔喀交恶兴戎，虽虚实未确，朕统御寰区，一切生民皆朕赤子，中外并无异视。厄鲁特、喀尔喀倘因细故交恶，至于散亡，朕心大为不忍。伊等向相和好，贡献本朝，往来不绝；若交恶果实，当遣使评其曲直，以免生民于涂炭。如仰副朕一视同仁之意，仍前和好，相与优游太平，朕大嘉悦焉。但天寒路远，若遣使往回，无饲马驰驿之所，或致有误。今厄鲁特、喀尔喀使至，其令理藩院明白备檄，交发来使传谕之。"

先是，回子诺颜和卓、巴颜白克等以进贡来至边口，自相屠害作乱。上数遣官往察，命檄行噶尔丹台吉："此后入贡遣使，务令有才识。厄鲁特为首，不得仍遣回子，如系厄鲁特方许放入边口。"至是，有回子佟噶尔代等八人冒称贡使，与噶尔丹所遣之西白里达尔汉和硕齐等偕来。理藩院奏请，檄行噶尔丹台吉究处。上曰："厄鲁特贡使往来，若无符验仍复假冒，亦未可定。令檄行噶尔丹将佟噶尔代等用彼例照常治罪。嗣后进贡遣使，务给符验，方准放入。"

（卷69　888页）

康熙十六年（1677年）十一月戊子

上御太和殿视朝，文武升转各官谢恩，次厄鲁特进贡使臣等行礼。

（卷70　896页）

康熙十六年（1677年）十二月丁巳

上御太和殿视朝，文武升转各官谢恩，次厄鲁特进贡使臣等行礼。

（卷70　901页）

康熙十六年（1677年）十二月辛未

靖逆将军侯张勇等疏报："甘、凉近南山一带有西海墨尔根阿喇奈多尔济台吉等，庐帐数千余。肃州境内游牧番人头目有济农布第巴图尔、厄尔德尼和硕齐等，庐帐万余。皆为噶尔丹所败，自西套来奔。"上谕曰："大将军图海身在陕西，其沿边流番或令提督等率兵往逐，或严饬边汛官兵各固守汛地，选干练人员至番人头目处，开诚晓谕，令彼退回。著大将军图海酌量指授而行，毋致生衅。"

（卷70　903页）

康熙十七年（1678年）正月甲申

升陕西凉州提标游击高孟为陕西延绥总兵官。

（卷71　907页）

康熙十七年（1678年）正月甲申

达赖喇嘛、厄鲁特达赖汗等俱遣使进贡，赏赉如例。

（卷71　908页）

康熙十七年（1678年）二月己未

先是，抚远大将军都统大学士公图海疏言："今诸路剿贼之际，亦宜进取汉中、兴安，但臣欲三路进兵，而在秦之兵若留守诸处要害，则仅可进发一路。请自京增遣大兵。"上谕："在陕满兵为数不少，将军侯张勇，将军王进宝、王辅臣，提督孙思克、赵良栋，总兵官高孟部兵尤多，可与张勇等公同详议以闻。"至是，图海等疏言："臣等公议，以将军席卜臣、西安副都统翁爱、陕西巡抚杭爱领兵镇守省城。将军毕力克图、副都统恰塔领兵守陇州、宝鸡、关山诸路。内大臣坤巴图鲁侍卫、副都统马一豹领兵守潼关。甘肃巡抚鄂善领标兵同副都统席第、郎中拉笃祜等领蒙古兵守秦州。将军侯张勇驻庄浪以防边。四川巡抚张得地仍留延安镇守。延绥总兵官高孟统标兵备栈道诸隘贼寇。臣亲率将军佛尼勒，署副都统吴丹、鄂克济哈，都统海尔图，西安副都统木成额，副都统佟世德，将军王进宝、王辅臣，陕西总督哈占以满洲汉军绿旗兵一万三千余人为一路。将军阿密达率护军统领杰殷，副都统觉和托、觉罗夸代，四川总督周有德，副都统吴国桢，署副都统张所养，凉州提督孙思克，汉中总兵官费雅达以满洲汉军绿旗兵一万三千余人为一路。克期前进。提督赵良栋、统标兵继大兵之后镇守西和醴县。"得旨："进剿逆贼，固守秦中，皆大将军公图海、将军侯张勇、将军王进宝等是赖。应作何留兵固守秦地使无他虞，作何进取汉、兴诸处规定四川，图海等协谋熟计，应机而行。"

（卷71　916页）

康熙十七年（1678年）三月丁酉

抚远大将军都统大学士公图海疏言："臣等遣拉笃祜转传上谕，令流番各退归故巢。已遵旨陆续出口，但番情叵测，祈遣重臣一员驻扎兰州以西地方，固守三边。"得旨："将军张勇驻扎边地年久，深知地方情形。著自兰州移驻甘州，固守沿边地方。"

（卷72　926页）

康熙十七年（1678年）闰三月己未

先是，谕兵部："自大草滩至西海道路甚近。此蒙古中情形及其地方朕皆知悉。可令郎中拉笃祜驰驿来京面承密旨。"寻谕大学士等："令拉笃祜赴凉州探厄鲁特台吉噶尔丹信息，不时以报。"至是，拉笃祜来京，请带将军侯张勇标员一人同往凉州。许之。

（卷72　929页）

康熙十七年（1678年）闰三月庚申

兵部理藩院会题抚远大将军图海疏报："厄鲁特噶尔丹将攻西海，厄鲁特若来或入大草滩亦未可定。"又陕西总督哈占移文臣部云："西套厄鲁特台吉等闻噶尔丹有三月内举兵之语，应遣人知会达赖台吉备兵待之。"得旨："噶尔丹兴兵往攻西海，厄鲁特如远从达布素图瀚海而去，则无庸置议；若来至近边，欲经大草滩前往则将军侯张勇、提督孙思克等务须令其坚立信誓，不许骚扰人民。仍整饬我军，严加防护，一面放噶尔丹过，一面奏闻。倘或肆横强欲入边，将军提督等固守地方，一面坚拒奏报。"寻命拉笃祜前赴甘州一带地方侦探消息。

（卷72　930页）

康熙十七年（1678年）四月甲午

先是，吴喇忒镇国公诺门等疏报："闰三月内贼寇数百人闯入边汛，劫杀本旗巴达里察罕、吴尔图三台吉及巴达里台吉之妻，并男妇子女共二十人。又抢掠男妇子女六十余人，马驼二千九百余匹并帐房盔甲等物。"上差员外郎塞冷、恩额森等驰驿往勘。至是，理藩院奏："塞冷等复称厄鲁特四百余人抢掠吴喇忒等，远遁无踪。查鄂齐尔图汗为噶尔丹所败，其属下济农四散奔窜，或系济农等肆行劫掠亦未可定，但未获贼寇实情不便悬拟。应存案，俟发觉定议。"得旨："济农辈窜散人等或又如此劫掠，应檄吴喇忒三旗、鄂尔多斯六旗、扎萨克诺尔布台吉四子部落、扎木扬台吉等遴选精壮军士，不时巡防汛地。其巴达里台吉等见在幼稚，著诺门公收养之。"

（卷73　939页）

康熙十七年（1678年）四月乙未

靖逆将军甘肃提督侯张勇疏报："逆贼吴三桂馈遗达赖台吉等，交相连结，欲图入掠。且逆贼已知松潘、茂州番中有通西宁大路，恐乘间隙侵我茶马之利。"得旨："甘肃提督旧时原驻甘州，后因川贼犯秦州故移驻兰州。今吴逆图扰边境，不可不加固守。令张勇自兰州移镇甘州，著严加提备。仍与大将军公图海等便宜筹划。"

（卷73　940页）

康熙十七年（1678年）五月戊申

升吏部郎中鄂恺为甘肃布政使司布政使。

（卷73　942页）

康熙十七年（1678年）五月壬子

升陕西甘肃提标中军副将刘选胜为江南京口左路水师总兵官。

（卷73　944页）

康熙十七年（1678年）五月甲子

先是，厄鲁特济农遣人至靖逆将军甘肃提督侯张勇所言："我祖顾实汗以来职贡不绝，今为噶尔丹所败，穷迫来此，欲赴西海往会我叔达赖台吉、兄墨尔根台吉。若由边外绕去则行月余，中途数日乏水；如由内地行则限于主上边境，不敢径度。祈准由内地过边。"张勇以由水泉出边，竟日可到墨尔根台吉处，五日可到达赖台吉处。奏请令其由水泉过边。上允之。乃济农逗留月余，复北向游牧，未由水泉过边。至是，济农以布隆吉尔地方见有火光，探闻噶尔丹追迫已近，竟由双井阑入内地。提督孙思克奏请率兵逐之。得旨："将军张勇见赴甘州，即著亲身验看，驱逐济农部落过边赴伊叔兄处所，加意防护，勿使扰民。"寻将军张勇疏报："驱逐济农等出边。"

（卷73　945页）

康熙十七年（1678年）八月庚午

靖逆将军甘肃提督侯张勇疏言："臣与提督孙思克及理事官拉笃祜选择通事，密行远探噶尔丹情形。据回报云有鄂齐尔图汗属下达尔汉哈什罕曾为噶尔丹掳去，今往西海，遇而问之，彼言噶尔丹既杀鄂齐尔图汗，今岁二月内，令其属下兵丁殷实者各备马十匹、驼三只、羊十只，窘乏者马五匹、驼一只、羊五只，自其地起兵，不知何向。臣向闻甘属番人素与僧额输租，僧额殁，属于噶尔丹。臣召其头目永柱等讯之，言噶尔丹居西北金山，距嘉峪关两月程，即古大宛国也。臣闻噶尔丹遣喇嘛万春来召番人头目至河套议事。臣密遣人诱问之，万春言噶尔丹邻近诸番，有从之者，亦有从之而复去者。噶尔丹向有侵西海之意，因人心不一，西海路远，恐一动而本地有事，不敢轻举。臣复遣人至墨尔根台吉所审视之，众皆寂然安居。第番情难以预料，谨疏奏闻。"得旨："噶尔丹虽无起兵声息，应仍檄该将军等不时侦探，加意防守边境。"

（卷76　970页）

康熙十七年（1678年）十一月乙巳

奋威将军平凉提督王进宝疏言："臣子王用予蒙恩授副将职衔，随征效力，又功加署都督同知。父子同在秦中，例应回避，或准入侍禁旅，或赴湖广、江西军前，自备战马，力图报效。"得旨："陕西有事之时，王进宝父子率领官兵剿杀贼寇，保守地方，著有劳绩。今秦省仍属紧要，王用予著留伊父处，同守地方。"

（卷78　992页）

康熙十七年（1678年）十一月壬戌

上御太和殿视朝，文武升转各官谢恩，次厄鲁特进贡使臣等行礼。

（卷78　996页）

康熙十七年（1678年）十二月丁亥

靖逆将军甘肃提督侯张勇疏言："噶尔丹虽有与默得里蒙古结姻之信，但世为仇雠，恐争西海之地。甘肃兵单，而臣且前赴秦巩，倘两相战攻，内地难保无事，肃州当彼往来之冲，宜增兵镇守。"得旨："大将军公图海等身在地方，轻重缓急，是所悉知，应否调总兵官一员暂往镇守肃州，与总督哈占及张勇公议酌行。"

（卷78　999页）

康熙十八年（1679年）正月甲子

予秦州阵亡西安佐领飞黑齐祭葬如例。

（卷79　1007页）

康熙十八年（1679年）二月甲戌

厄鲁特噶尔丹台吉等遣使进贡，赏赉如例。

（卷79　1011页）

康熙十八年（1679年）三月己酉

以陕西平凉、庆阳二府，西和、礼县二县，平、固、庆三卫地方新复，尽免康熙十四年份额赋。

（卷80　1019页）

康熙十八年（1679年）三月丙辰

凉州提督孙思克以病求罢，慰留之。

（卷80　1021页）

康熙十八年（1679年）四月丙寅

遣理藩院郎中额尔塞、员外郎占木巴拉赍敕往谕达赖巴图尔台吉等，去年闰三月，吴喇忒巴达里台吉等男妇子女、马驼盔甲为贼劫掠，兹墨尔根台吉遣人将巴达里台吉之子纳木及其妹送到。讯之，纳木云，去年为厄鲁特厄尔德尼和硕齐劫去，今墨尔根台吉察获送还，诚属可嘉。夫劝善惩恶，国之法也。今闻厄尔德尼和硕齐等在额济内河之地，尔达赖巴图尔台吉、墨尔根台吉，其将厄尔德尼和硕齐等严加治罪。所掠人畜财物照数察还。如此则同修和好，边境生民得安矣。墨尔根台吉察还所掠之人可嘉。事毕之日，应加恩赍。

（卷80　1023页）

康熙十八年（1679年）五月甲寅

直隶各省督抚遵例自陈。得旨："江西巡抚佟国桢著降二级调用。甘肃巡抚鄂善著解任。广东巡抚佟养巨著革职。"

（卷81　1035页）

康熙十八年（1679年）五月己未

凉州提督孙思克疏言："厄鲁特巴图尔济农遣人来见臣云，我台吉率众部落驻肃州边外，有表恭请圣安，恳乞代奏。臣谨以原文奏览。"部议以济农等不往伊叔兄处，仍在近边游牧，殊属不合。所奏应无庸议。得旨："拉笃祜见在甘肃地方，著率领张勇、孙思克标下贤能官员通事亲赴巴图尔济农所，详细察讯。杀掠吴喇忒者实系何人，据实奏闻。其毕马拉吉里第台吉、墨尔根台吉所报之文，并发拉笃祜知之。"

（卷81　1036页）

康熙十八年（1679年）六月己丑

升甘肃按察使舒淑布为陕西布政使司布政使。

（卷81 1041页）

康熙十八年（1679年）七月甲辰

靖逆将军甘肃提督侯张勇疏言："噶尔丹将侵吐鲁番，渐次内移，住居西套。前哨已至哈密，去肃州仅十数日，传闻虽未可尽信，然其情叵测，谨以奏闻。"上命檄知大将军图海。

（卷82 1045页）

康熙十八年（1679年）八月己丑

靖逆将军甘肃提督侯张勇疏言："噶尔丹遣其寨桑莽奈致书于臣，云我向欲通使，因地方有事未暇，今特遣人献马三匹、貂裘一袭。又云西北一带地方皆得之矣，惟西海向系我祖与伊祖同夺取者，今伊等独据之，欲往索取，因系将军所辖之地，不敢轻举。臣念彼远馈，受其裘马，厚赏来使而遣之。前此噶尔丹曾遣人调集甘州南山一带番目赴西套，臣因遴选通事密探噶尔丹年纪性情，并兴兵往侵西海之故。归复云噶尔丹申年所生，年三十六岁，为人凶恶，耽于酒色。去岁举兵欲侵西海，行十一日撤归。今夏又两次出兵，至缠头回子之地而还。见近边诸将军统兵驻扎，不敢轻犯。臣查近者入边行劫皆系噶尔丹击败来奔，贫无所依之人。详视噶尔丹情形尚无兴兵之举，河西地方似可无患。谨将噶尔丹原书一并呈览。"奏入，命檄知大将军图海。

（卷83 1063页）

康熙十八年（1679年）八月庚寅

抚远大将军都统大学士公图海疏言："进取汉中、兴安兵分为四路，臣与将军佛尼勒等由兴安进。总兵官程福亮为后援驻守旧县关诸处。将军毕力克图、提督孙思克等由略阳进。西宁总兵官朱衣客为后援，驻守西河诸处。将军王进宝、汉中总兵官费雅达等由栈道进。延绥总兵官高孟为后援，驻守宝鸡。宁夏提督赵良栋由徽州之巴都山进。臣等于九月初八日四路并发。"疏入，上谕："今将军莽依图等大败逆贼吴世琮，平定粤西，进取云贵。大将军安亲王恢复武冈州枫木岭，击杀贼渠吴国贵。大将军贝勒察尼由常德进取辰州，将军噶尔汉等自郧阳进取兴安，宜乘贼处处败衄、逃遁震动之时，分路扑灭。大将军公图海亟统大兵乘机剿灭汉中诸处贼寇，速定四川。如贼败走，即亟蹑其后，直捣穷追，勿使占踞险要。"

（卷83　1063页）

康熙十八年（1679年）九月戊戌

达赖喇嘛、厄鲁特达赖汗遣使进贡，赏赉如例。

理藩院题："噶尔丹称为博硕克图汗，遣使贡献锁子甲、鸟枪、马、驼、貂皮等物。来使云，达赖喇嘛加噶尔丹台吉以博硕克图汗之号，是以奉贡入告。从前厄鲁特、喀尔喀有奏请敕印来贡者，准其纳贡授以敕印，并加恩赉。从无以擅称汗号者准其纳贡之例，但噶尔丹台吉敬贡方物，特遣使入告。应准其献纳。"从之。

（卷84　1069页）

康熙十八年（1679年）九月庚子

凉州提督孙思克疏言："汉中兴安未便进取。"上谕议政王大臣等："孙思克奏称，贼多步行，逾岭登山，如履平地，小路曲径，贼所稔知。我兵前进恐贼由纡径潜蹑我后，以绝饷道，为害滋甚。朕思秦地绿旗之兵为数甚多，其中步兵不少，且各省绿旗兵向推秦兵精锐，贼能跋涉山岭，我兵豢养有年何独不能。况汉中兴安为秦内地，满汉大兵经行熟悉。何得视同绝域，辄荒诞其辞。凡将帅用兵，前进冲锋，后顾饷道，务详度以合机宜，乃一定之道也。倘以贼间道潜来，断绝饷道为忧，怯懦不前则永无破贼之日矣。又疏言，大将军公图海分满汉兵为四路，虽分贼势，终忧兵单。绿旗兵每人止有一马，且未必皆强壮可用之兵，惟满洲大兵堪任，第为数无多，虽欲另调，又恐秦地三边番彝甚众。当此秋高马肥思逞之候，实无兵可调，不若俟来春二三月间，塞外草尚未生，水泉犹涸之时，多调边兵以资战守，各路进发。朕思秦中满兵不少，绿旗兵较各省更多，今称兵力单弱显属畏缩，惮于进兵。且各省绿旗兵亦止一马，曾无多给，而且越境征剿粤东、粤西、闽楚诸处，今又进定滇、黔。较之平定境内汉兴，劳逸何如耶。向者，凡将军提镇官募兵时，必选精壮，勿使滥收充数，定例严明。今若以秦兵皆非强壮，难以应用则孙思克职任何事。观此则欺蔽之情更显然矣。且有大将军公图海在彼，乃妄议大兵多寡，殊属狂妄。又云，番彝马肥思逞，欲俟来春二三月间草尚未生，水泉犹涸之时进取。设或二三月间，进取之后，四五月间，番彝马肥思逞，将若之何。正值秋成凉爽，各处贼寇大败震惊之余，不速行荡平，反欲于来春青黄不接之时进取，是又何意耶？又奏称秦省大半皆山，地瘠民贫，不产秔稻，所种惟麦豆之属，向有捐纳一事，稍裨用兵，今例已停罢，民受采买之苦，且山路险阻，必资负戴驮运，其雇赁之价数倍于应输之赋。今各路需饷甚多，山径狭隘，挽运维艰。时当初冬，草枯叶落，畜牧无资，欲俟来春调集官兵，务期兵强粮足共图进取者，职此之故。朕思粤东、粤西诸省，山岭亦多，何曾预备粮饷，官兵岂有止食稻米不食他粟之理。至于捐纳，各省俱停，止留粤西事例，以资平滇军需之用。自定秦省数年以来，未曾劳民转运，且汉兴虽多险阻乃陕西内地，非隔省百姓转输可比。今恐挽运累民，至春又谁为转送耶。当逆贼败遁之时，急令进兵者正为早定地方以安百姓耳。采买恐累于民，巡抚杭爱题奏已经改定。今以请开事例，转运维艰为辞，其规避进兵明甚。又疏称八旗出征官兵，今年七月二十八日京师地震，房屋倾坏，压毙人民，闻之各怀内顾之忧。臣所以暂停进取，以回天意。俟人心稍定再议进兵未晚。朕思八旗官兵，世受豢养，朕之加意臣僚士卒尤为渥厚，不特房屋倾圮细故即赴汤蹈火，谊亦难辞。孙思克封疆大臣，凡事不加详察，妄言人情皆动以惑军心，殊失大臣之体。细察孙思克疏内前后情由，惟耽安逸，怯于进兵，列款巧奏。且自秦省有事，孙思克等系封疆大臣俱应按律议处。念同大兵进剿，宥过计功，给以世袭之官加以不次之擢，当捐躯报国，破贼安疆，自请前进效力。乃孙思克身任提督，统辖全师，不思奋力前进，反煽惑满汉，动摇民心，饰辞妄奏，深负朕擢用之恩，情罪殊属可恶。其令翰林学士喇沙里速往严取口供来奏。"寻喇沙里取供还奏。上曰："孙思克理应严察治罪，但今方统兵，与大兵分路进剿。俟事平日再议。"

（卷84　1069页）

康熙十八年（1679年）九月庚申

谕大学士等："厄鲁特部落厄尔德尼和硕齐等抢掠吴喇忒人畜，深为可恶。今噶尔丹正遣使来，可写敕付彼赍往。若收回人众则已，如不收回，当另有处置。即令鄂尔多斯部落图之亦不为难也。"

（卷84 1075页）

康熙十八年（1679年）十月乙丑

湖广巡抚张朝珍、甘肃巡抚巴锡遵谕自陈。吏部察议，俱拟降调。上曰："督抚系封疆大臣，凡有旨下部院察议者，尔等务将其人事迹据实详察。若尔等真见为堪用之人，即应举出奏明。至各省举劾官员亦应据实详察，若有真见为循良者亦即指实奏明。传谕满汉诸臣知之。张朝珍、巴锡俱著留任。"

（卷85 1077页）

康熙十八年（1679年）十月辛未

遣内阁学士禧佛、郎中倭黑赍敕往陕西，谕将军张勇、王进宝、提督赵良栋、孙思克曰："自逆贼吴三桂背恩反叛，遣发大兵，各路征剿，平定疆圉，扑灭贼寇。湖南、广西、福建诸处以次恢复，余贼逃溃，盘踞水陆险隘，冀图抗拒。此等残寇虽无烦速剿，不久自当殄灭。但朕轸念民生，急于拯救，令其得所，故欲扫除余孽，以靖土宇。今贼既败遁负险，无容专恃马兵，若用绿旗步兵之力于灭贼殊为有济。况我绿旗兵较之贼兵甚强，尔等素受国家厚恩，勤力行间，树绩边疆甚多。殚矢忠贞，图报恩眷，朕所悉知。尔等当各率所属绿旗兵平定汉中兴安，恢复四川。宜分几道进兵，作何调度始能恢复，其详议具奏。如尔等尽力报效，恢定汉中四川，朕必不拘成例，优与加恩。尔等官兵前进则满洲大兵亦即相继进剿，接运粮饷，不致匮乏。兹事所系甚为重大，速详加酌定以闻。"又令禧佛等传谕张勇等曰："自古汉人逆乱亦惟以汉兵剿平。彼时岂有满兵助战哉。今逆贼大败，乘此逃散之际理宜速定四川。天下绿旗兵无如陕西强壮，而其数较各省倍众。在陕西大臣官员又皆具有才能，将灭之寇何难剿除。尔等不即平定四川，岂缘尔等名位事权轻欤。倘谓地属险隘，自古以来险隘之地若不攻取，岂有自定之理。作何调度官兵，几路进剿事宜，确议以闻。"

（卷85 1079页）

康熙十八年（1679年）十月壬申

遣橄噶尔丹收捕厄尔德尼和硕齐等。理藩院郎中额尔塞等归，奏曰：

"臣等至达赖巴图尔台吉所，交授敕谕。达赖巴图尔台吉等复称厄尔德尼和硕齐及滚布等原系噶尔丹之叔楚虎尔吴巴锡属下之人，今与野兽同群，远徙游牧，我等不便查议。毛济喇克台吉久居此地，巴图尔济农向曾奏请皇上由内地来至我处。皆无劫掠吴喇忒之事。"上谕理藩院："厄尔德尼和硕齐既系噶尔丹之叔楚虎尔吴巴锡属下之人，应檄噶尔丹将厄尔德尼和硕齐等即行收捕，照伊例治罪。勿使妄行劫掠，并将从前所掠吴喇忒人畜察还，如不能收捕，仍在沿边生事，当另行裁度。尔院即备印文，发噶尔丹两次所遣来使。各驰一文前去，檄到，务令噶尔丹速复。"

（卷85　1080页）

康熙十八年（1679年）十月壬午

靖逆将军甘肃提督侯张勇疏言："时届严冬，坚冰载路，转饷维艰。祈暂止陕西兵进征汉中兴安及进取荆州、常德、衡州、永州、广西诸路兵马。俟明春再行齐发。"上曰："近阅大将军公图海等奏，分兵四路进取汉中兴安，而诸路大将军、将军等各领大兵，相机剿贼，平定疆圉。将军侯张勇所请不准行。"

（卷85　1083页）

康熙十八年（1679年）十月戊子

奋威将军平凉提督王进宝疏报："臣率兵进取四川，与贼战于利桥红花铺诸处，大败之。复凤县、两当县。"得旨："嘉奖。"下部议叙。

（卷85　1086页）

康熙十八年（1679年）十月庚寅

陕西提督赵良栋疏报："臣率领大军由密树关进取徽州，复遣兵于黄渚关以牵贼势。及抵密树关，连战败贼。贼不能支，遂弃徽州遁走。恢复州城。"得旨："嘉奖。"下部议叙。

（卷85　1087页）

康熙十八年（1679年）十一月丙申

奋威将军平凉提督王进宝疏报："十月二十二日进兵武关，三面夹击，阵斩贼千余人，生擒伪总兵罗朝兴等。遂夺其关。"下部议叙。

（卷86　1089页）

康熙十八年（1679年）十一月戊戌

奋威将军平凉提督王进宝疏报："十月二十七日追剿贼众入鸡头关，抵汉中。贼首王屏藩引贼兵自青石关走广元，恢复汉中府。复遣官兵追击，直抵青石关。"得旨："嘉奖。"下部议叙。

（卷86　1089页）

康熙十八年（1679年）十一月庚子

湖广提督徐治都疏请调发抚标官兵及武昌汉阳各营官兵进剿蜀寇。上谕："将军王进宝统率官兵于栈道险峻之地屡败贼寇，直前恢复汉中。逆贼王屏藩所部之贼不及千人，已经败遁。今当逆贼败奔震动之时进定四川最为重要。可如徐治都所请，令巡抚张朝珍调标兵千人并武昌汉阳营兵一千二百人速行遣发，如或稽延治巡抚以贻误军机之罪。倘徐治都迟滞不进亦以贻误军机之罪罪之。"

陕西提督赵良栋疏报："臣帅兵败贼于打火店、王家台，追抵白水江。贼对岸拒守。十月二十五日臣师始渡江追击贼众。过八堵山，斩获甚多。二十七日抵略阳，伪吴将军等弃城遁，恢复略阳。但大将军等三路官兵不知近远，而臣以一旅尾击而前，似已深入。倘少迟延，万一蜀粮得至，贼心一坚，复出守险则再进甚难。"上谕："曩者大将军图海疏言，亲率将军佛尼勒等由兴安路进兵，将军毕力克图、提督孙思克等由略阳路进兵，将军王进宝等由栈道进兵，提督赵良栋由徽州路进兵。今王进宝击败栈道之贼直前恢复汉中。赵良栋击败贼众恢复徽州，直抵略阳。惟图海、毕力克图等两路之师如何击贼，已抵何所，迄今尚未有确报。且毕力克图等未至所指之地，而赵良栋已抵略阳。彼等所行者何事？当此逆贼摇动之时，图海、毕力克图、孙思克等可速统兵剿贼，进定疆圉。各路之兵宜令互通音问。又王进宝、赵良栋等统兵深入，毕力克图、孙思克等应速以兵继其后。倘若迟缓不前，致有隔绝，即以迟误军机之罪罪之。"

（卷86　1090页）

康熙十八年（1679年）十一月甲辰

谕议政王大臣等："将军王进宝副朕超擢显用之意，亲统官兵冒险前进，首先恢复汉中。提督赵良栋亦副朕优擢之意，亲统官兵恢复徽州，随取略阳。彼等皆报朕之恩，实心效力。今乘此破贼之势，即恢复保宁，平定四川，亦有何难。进取汉中各路官兵，王进宝、赵良栋等作何调遣。前取保宁，平定四川可详加定议，知会大将军酌量而行。大将军公图海率领大兵之半屯驻凤翔，防守陕西通省。以护军统领吴丹为将军率大兵之半，继王进宝、赵良栋后，务俾粮饷无或断绝。与总督哈占等会议而行。提督孙思克止率其所部兵驻防原守汛地。湖广提督徐治都速统舟师乘兹胜势沿江直取重庆。将军噶尔汉、总督杨茂勋、提督佟国瑶等已进兴安，迄今尚未奏捷，怯懦已甚。俟恢复兴安之日，噶尔汉等俱撤还原守地方。前所有功绩尽行削去。该部严察议处。噶尔汉、佟国瑶令防守郧阳诸处。杨茂勋率所部官兵速自郧阳启行，由荆门当阳迅至彝陵，与徐治都直从江路而进，奋力平定四川，以赎其罪。"

升陕西按察使麻尔图为陕西布政使司布政使。

（卷86　1092页）

康熙十八年（1679年）十一月乙巳

谕户部、兵部："前据大将军等疏称，王屏藩诸贼于汉中兴安诸处拥众数万，坚守抗拒。以此推之，必广储粮饷为数年之备。今我大兵骤入恢复之地，贼所聚粮，必已多得。当此逆贼军败怀疑，人心涣散之会，削平地方似尚不难。惟蜀路运粮最为重要。宜于所复城池、村落遍访贼积米谷，悉行察收，俾进蜀官兵不误支给，则于国家大事裨益非细。诸将军大臣等俱宜殚心储备，所获汉中诸处钱粮米谷节省支用，副朕灭寇安民至意。嗣后所至之地惟宜以此为急务。尔部即遵谕速行。"

（卷86　1092页）

康熙十八年（1679年）十一月丙午

奋威将军平凉提督王进宝疏报："伪将军杨永祚、伪总兵孙启耀等投诚。"下部知之。

（卷86　1093页）

康熙十八年（1679年）十一月壬子

谕议政王大臣等："今将军王进宝等率领官兵直入汉中诸处。逆贼王屏藩等分道败遁。当此蜀贼震动之际，速由重庆、夔州进兵则恢复蜀省不难。

今湖广船舰已成，前虽有旨令提督徐治都等率舟师溯江而上直取重庆。又令总督杨茂勋速往会徐治都，协力进剿。恐复观望迟延亦未可知。著差郎中苏赫臣赴杨茂勋军前趣兵速赴彝陵，克期前进并令与杨茂勋同行，不时侦探军情以闻。"

（卷86　1094页）

康熙十八年（1679年）十一月甲寅

陕西提督赵良栋疏言："臣攻取略阳，随发兵三路进剿，数次击败贼众，共斩六千余人，恢复阳平关。"上谕议政王大臣等："阳平关逼近宁羌，系入蜀之路。沔县亦与汉中相近。今提督赵良栋恢复徽州，直取略阳阳平关，其意或欲进定四川。倘不及与将军王进宝等共议，乘机径往定蜀，则满洲大兵不可不为后继。兹事最关重大。其檄趣将军吴丹偕总督哈占速统大兵为进定四川官兵后应，运致粮饷，相继不绝。毋使军机有误。"

（卷86　1095页）

康熙十八年（1679年）十二月甲子

抚远大将军都统大学士公图海疏报："十月十五日臣等率大兵至镇安县，探贼在梁河关，分路进剿。令署理西安将军事务佛尼勒等为头队，臣亲率护军统领吴丹等为二队。行至火神崖，伪总兵王遇隆领兵拒战。佛尼勒等满汉官兵奋勇冲杀，渡乾王河夺取梁河关。臣等乘胜追剿，伪将军韩晋卿遁入四川。臣等于十一月初二日至兴安州，伪将军谢四、伪总兵王永世等并伪文武官共三百八十二员、兵丁一万四千三百余名至军前投诚。恢复兴安州、平利、紫阳、石泉、汉阴、洵阳、白河诸县及湖广竹山、竹溪、上津等县。"得旨："嘉奖。"下部议叙。

图海又疏报："平逆将军毕力克图等于十月十四日恢复成县，伪副将王光生率伪游击等官十九员、兵丁三百六十名投诚。参将康调元等于十月二十九日恢复阶州，伪王将军等败走渡白水江。十一月十六日恢复文县，伪洮泯道王文衡率伪文武官迎降。"得旨："嘉奖。"下部议叙。

（卷87　1098页）

康熙十八年（1679年）十二月壬午

陕西提督赵良栋疏言："臣所属兵势单弱，请调兴安一路兵及副将杨三虎兵，简选进定四川。"上谕："平定四川事关重大。其所请调兴安进征之兵及杨三虎兵俱如所题调发。提督赵良栋与将军王进宝分兵两路前进。赵良栋授为勇略将军，给之敕印。不拘陕西通省及各处官兵，凡系王进宝、赵良栋两将军所调，大将军公图海以身任之，速为遣发，务至彼等所指之地，勿致有误。若漫不经意，调遣迟延，恐误进定四川重务。"

　　谕兵部："将军王进宝、赵良栋统兵进定四川，其标下官员各加一级。"

（卷87　1105页）

康熙十八年（1679年）十二月丙戌

　　陕西总督哈占疏言："请将西宁总兵官朱衣客调赴汉中，防守朝天广元诸处。提督孙思克暂驻庄浪防守。"上谕："汉中有将军鄂克济哈驻守。朱衣客或令防守朝天广元，或令进剿四川。令将军王进宝、赵良栋会议酌行。甘肃凉州诸处有靖逆将军侯张勇驻守，足资弹压。其庄浪与凉州、西宁、兰州、临洮邻近，缓急皆可相顾。即如所请，令孙思克官兵暂驻庄浪，防守河东、河西诸处。"

　　建威将军吴丹疏言："总督哈占既驻汉中，请敕西安、甘肃二巡抚速趣运饷至汉中略阳。"上谕："官兵进剿四川，挽运粮饷事最重大。即如所请，令西安、甘肃两巡抚速备粮饷，运至汉中略阳。汉中既有将军鄂克济哈驻守，哈占标下官兵酌量留驻外，其余悉听将军王进宝、赵良栋调用。"

（卷87　1106页）

康熙十九年（1680年）正月甲午

　　勇略将军陕西提督赵良栋疏报："臣率兵从白水坝浮水渡江击贼，大败之，追至青川石峡沟复败其伏兵。龙安府伪总兵姜应熊等降。逆复龙安府。"得旨："嘉奖。"下部议叙。

　　谕兵部："将军王进宝、赵良栋标下绿旗兵，既恢复汉中、略阳诸处，又进定四川，其酌量加恩赏赉。"

（卷88　1108页）

康熙十九年（1680年）正月丁酉

　　勇略将军陕西提督赵良栋疏言："臣往者请于兴安一路官兵分拨四千，今到大安驿止有靖寇将军标兵一千、总督标兵一千，臣不得已选宁夏兵四千五百人、略阳营四百人、阳平营二百人、甘肃抚标四百人、西宁镇标三千五百人共一万一千。帅之，自大安驿同将军王进宝进取四川。"上谕大将军公图海："部文到日即速遣赵良栋所调之兵，不可有误。至兴安一路官兵前奏调发四千，今赵良栋疏言仅得二千，其缺误之故令总督哈占核明以闻。"

（卷88 1109页）

康熙十九年（1680年）正月戊戌

谕议政王大臣等："进取四川以满洲大兵为后应最为要策。宜令将军吴丹继将军王进宝军之后，将军鄂克济哈继将军赵良栋军之后。陕西已有将军张勇、提督孙思克、巡抚杭爱、巴锡等镇守，宜令大将军图海帅师前赴汉中接济进蜀诸军粮饷。鄂克济哈率汉中满兵驰往，合之吴丹官兵均分统率，以为王进宝、赵良栋后继。转饷源源不绝，相随而进。"

（卷88 1109页）

康熙十九年（1680年）正月壬寅

勇略将军陕西提督赵良栋疏报："招抚伪知州蔡廓、伪副将郝俊龙等七员，伪游击知州、知县等官五十七员，兵丁三千三百余名。又生擒贼兵二百六十七名。"下部议叙。

（卷88 1109页）

康熙十九年（1680年）正月甲辰

勇略将军陕西提督赵良栋疏报："伪总兵潘九兰、伪知州田大有等三百一十六员投诚。"下部议叙。

（卷88 1109页）

康熙十九年（1680年）正月乙巳

奋威将军平凉提督王进宝疏报："康熙十八年十二月二十七日，臣率官兵至神宣驿，闻朝天关有贼踞守，臣即饬令官兵奋勇扑剿过关。二十九日驰至广元县分途追击，擒斩贼兵无算，恢复县城。"得旨："嘉奖。"下部议叙。

（卷88 1109页）

康熙十九年（1680年）正月丁未

谕议政王大臣等："将军赵良栋攻克白水坝、青川，招抚龙安，成都指日可复。将军王进宝亦分兵三路于正月初旬进逼保宁。逆贼王屏藩等困迫，必各溃遁。其移檄严饬杨茂勋、徐治都等乘机急取重庆、夔州，剿御逆寇。

如迟延观望，误此事机，严治其罪。"

（卷88　1110页）

康熙十九年（1680年）正月乙卯

勇略将军陕西提督赵良栋疏报："臣率官兵自龙安进剿，追至旧州明月江，贼断桥守江，臣督兵浮水渡江击贼。令总兵官王进才等分两路直取成都，而亲率大兵继进至绵竹。伪劲武将军汪文元迎降。本月十一日至成都二十里铺，伪巡抚张文德等率文武伪官二百余人迎降。遂复成都。"得旨："嘉奖。"下部议叙。

（卷88　1112页）

康熙十九年（1680年）正月丙辰

奋威将军平凉提督王进宝疏报："臣等既复朝天关、广元县，遂分三路趣保宁。去城二十里据孔道而军。是月十三日贼二万余来犯，臣分遣官兵大败之，追剿至锦屏山，破贼四垒，贼退保桥，我兵又击之，夺桥斩关入城。贼渠王屏藩、伪将军陈君极自刭死。生擒伪将军吴之茂、张起龙、伪总兵郭天春等十七员。遂复保宁。"得旨："嘉奖。"下部议叙。

（卷88　1113页）

康熙十九年（1680年）正月丁巳

谕议政王大臣等："览将军吴丹、王进宝等奏，我兵大败逆贼，恢复保宁。伪将军王屏藩缢死。吴之茂、张起龙就擒。将军赵良栋前奏大败逆贼，恢复成都。今正当贼众动摇之际，王进宝、赵良栋宜同心协力，惟期有济大事，剿抚余贼，绥辑地方，商酌而行。作何区划，仍令奏闻。王屏藩等俱系贼帅，其首级并吴之茂、张起龙悉解来京。诸路将军等宜乘此时分路速进。其移檄湖广、广西诸处大将军总督提镇等，咸使知之。"

（卷88　1113页）

康熙十九年（1680年）正月戊午

以勇略将军陕西提督赵良栋为云南贵州总督，加兵部尚书衔，仍兼管将军事务。

（卷88　1113页）

康熙十九年（1680年）正月己未

奋威将军平凉提督王进宝疏言："原任关南道胡升猷被难数载未授伪职。请令四川督抚酌量另用。"上谕："胡升猷人品甚优，身陷贼中者数年，百计逼辱，守节不屈，可嘉。川省现在用兵，应即于其地要缺补用。"

（卷88　1113页）

康熙十九年（1680年）二月辛酉

奋威将军平凉提督王进宝疏报："右路总兵官杨宗道等于正月初四日率兵进取昭化县，大败贼众，恢复县城。随于初六日率兵至剑州，伪彭总兵等望风逃窜。我兵随入城。又初八日苍溪县伪知县王璋等献城投诚，呈缴伪印伪札。"得旨："嘉奖。"下部议叙。

（卷88　1114页）

康熙十九年（1680年）二月甲子

升甘肃布政使鄂恺为陕西巡抚。

厄鲁特厄尔德尼布穆台吉等遣使进贡，赏赉如例。

（卷88　1115页）

康熙十九年（1680年）二月丙寅

奋威将军平凉提督王进宝疏报："臣与将军吴丹遣镇守西安将军佛尼勒、总兵官王朝海等率兵取顺庆。我兵前进沿途招抚盐亭、潼川、中江、南部诸州县，悉下之。正月十八日抵顺庆。伪知府彭天寿等率众迎降。于是蓬州、广安州、合州、西充、岳池、营山、渠县、邻水、仪陇、遂宁、蓬溪诸州县相继悉定。"得旨："嘉奖。"下部议叙。

（卷88　1115页）

康熙十九年（1680年）二月庚辰

升吏部郎中雅思哈为甘肃布政使司布政使。

（卷88　1118页）

康熙十九年（1680年）三月甲午

奋威将军平凉提督王进宝以病辞职，慰留之。

（卷89　1121页）

康熙十九年（1680年）三月丙午

勇略将军陕西提督赵良栋疏辞云南贵州总督。得旨："卿久镇岩疆，劳绩素著，简督云贵，正资料理。著只遵成命，不必控辞。"

（卷89　1124页）

康熙十九年（1680年）四月己卯

奋威将军平凉提督王进宝以疾求罢。命回固原任调理。标下官兵著伊子王用予暂行统领，驻扎保宁。进剿云贵之时，随征前进。

（卷89　1131页）

康熙十九年（1680年）四月庚辰

兵部议复："奋威将军平凉提督王进宝疏言：'见在恢复重庆，所有招抚伪总兵路之嵩、江有仓、伪将军杨来嘉等望风向化，缴有印札，应否议叙。'查恢复重庆系逆贼投顺之后，非系攻克。应无庸议。至其倾心归诚，情有可矜。应行令该将军酌量给札，令其效力。"得旨："路之嵩、江有仓、杨来嘉俱著来京引见酌用。"

（卷89　1131页）

康熙十九年（1680年）五月壬辰

命甘肃巡抚自巩昌移驻兰州。

（卷90　1134页）

康熙十九年（1680年）六月壬戌

上御太和门视朝，文武升转各官谢恩，次厄鲁特、喀尔喀进贡使臣等行礼。

（卷90　1139页）

康熙十九年（1680年）七月乙未

陕西总督哈占疏言："秦饷由略阳阳平运至保宁，应令四川督抚接应至叙州。"又四川督抚杭爱疏言："四川官员，部选者俱未莅任，且民间无船，不能接运。"疏入，得旨："蜀抚既以官少船缺为言，仍令陕西总督哈占、巡抚鄂恺、甘肃巡抚巴锡，即以略阳粮艘运官竟运至叙州，四川督抚速趣空船使回。大兵征剿云贵，需饷至急，既已尅期进取，挽运无过今秋。川、陕督抚自宜殚心筹划，勿误军需。"

（卷91　1145页）

康熙十九年（1680年）七月壬子

靖逆将军甘肃提督侯张勇疏言："将军赵良栋请调凉州镇兵三千赴四川。

今将军王进宝已还固原治疾，请令提督孙思克还兵驻甘肃凉州，镇守河西。臣率本标兵三千往守四川，庶不误进剿。"上谕："秦城乃边疆要地，将军侯张勇毋往四川，仍防守秦中。今进取云南期迫，若调延边之兵，恐致有误。张勇简标兵三千，令贤能官率之速赴四川。"

（卷91 1148页）

康熙十九年（1680年）八月辛未

厄鲁特噶尔丹博硕克图汗遣使进贡，赏赉如例。

（卷91 1152页）

康熙十九年（1680年）十月丁酉

奋威将军平凉提督王进宝疏言："臣标兵除调征湖广外，其余臣子王用予统领进剿。又陕西总督哈占调去二千余名。臣今无兵可统，不得不于臣标带回及留守步兵内，姑为抽选，并于固镇营中量行调拨以足千余之数。更请敕督臣以固镇官兵发还付臣统辖。"得旨："逆贼既侵犯四川，谭弘、彭时亨复叛，保宁最属要地。令将军王进宝速调固原各营官兵兼程驰赴保宁，规定四川。陕西总督哈占两次所调之兵仍令王进宝统领。"

（卷92 1166页）

康熙十九年（1680年）十月己亥

哈占又疏言："略阳为水陆交会，阳平为四川孔道，广元、宁羌又属全省咽喉，俱转饷必由之地。逆贼谭弘等肆行猖獗，此数处官兵不过百余人，难以防御。而部推阳平参将高明霄尚未抵任。请拨兵防守。"得旨："略阳、阳平、宁羌、广元诸处皆粮运所经，且为大兵后路，关系最要。陕西、甘肃巡抚、提督其酌拨官兵，加意防守。阳平参将高明霄速催赴任，如仍迟延，严加议处。"

（卷92 1168页）

康熙十九年（1680年）十月壬子

勇略将军云南、贵州总督赵良栋疏："参西宁总兵官朱衣客率官兵八千往援建昌。于天王庙失利，弃越嶲卫渡河退回。"上命革朱衣客职，拟罪以闻。

（卷93 1172页）

康熙十九年（1680 年）十二月癸巳

以随征总兵官李芳述为陕西西宁总兵官，仍令进剿云南。

（卷 93　1179 页）

康熙十九年（1680 年）十二月庚子

上御太和门视朝，王以下文武大臣官员，谢赐日讲书经解义恩。又文武升转各官谢恩，次喀尔喀、厄鲁特进贡使臣等行礼。

（卷 93　1181 页）

康熙十九年（1680 年）十二月辛丑

叙恢复凤县、两当、武关、汉中、保宁功。授奋威将军左都督一等阿思哈尼哈番又一拖沙喇哈番王进宝为三等精奇尼哈番，准袭十次。陕西固原总兵官右都督王用予为左都督，给一拖沙喇哈番。四川重庆总兵官署都督佥事王朝海为左都督。陕西汉中总兵官署都督佥事费雅达为署都督同知，副将王万祥以下三百七十一员各加衔有差。

（卷 93　1181 页）

康熙二十年（1681 年）正月己巳

上御太和门视朝，文武升转各官谢恩，次厄鲁特进贡使臣等行礼。

（卷 94　1185 页）

康熙二十年（1681 年）正月辛巳

抚远大将军都统大学士公图海疏言："逆贼并力来犯四川叙州诸处，臣请亲率兵赴援。"上谕："大将军公图海既调副都统翁爱率所部官兵自成都往援叙州。总督哈占、总兵官高孟又各率官兵赴叙。图海其仍驻汉中防守秦、蜀。"

（卷 94　1187 页）

康熙二十年（1681 年）二月丁酉

遣都察院左副都御史科尔坤等前往陕西察审宁夏道柏成栋揭甘肃巡抚巴锡贪贿一案。谕之曰："属官讦告上司原无此例。尔等前往务期虚公详审。若巴锡等负朕擢用果有贪秽之迹，可严加议罪。若柏成栋等自知有罪，惧祸诬告，其情可恶，应从重定罪以闻。"

（卷 94　1191 页）

康熙二十年（1681年）二月辛丑

厄鲁特噶尔玛戴青和硕齐等遣使进贡，赏赉如例。

（卷94　1193页）

康熙二十年（1681年）三月丙寅

甘肃巡抚巴锡疏报："庆阳所属地方有贼渠耿飞，借称王，设伪总兵副将等官。"上命大将军公图海、将军侯张勇、提督孙思克等速遣官兵赴剿。

（卷95　1198页）

康熙二十年（1681年）五月癸丑

陕西巡抚鄂恺疏报："庆阳土寇耿飞等投诚。"下部知之。

（卷96　1206页）

康熙二十年（1681年）五月丁卯

上御太和门视朝，文武升转各官谢恩，次厄鲁特、达赖喇嘛进贡使臣等行礼。

（卷96　1209页）

康熙二十年（1681年）五月辛巳

陕西庄浪海德寺喇嘛噶布褚绰斯冏札木苏入贡，赏赉如例。

（卷96　1211页）

康熙二十年（1681年）八月丙午

巴图尔额尔克济农遣使进贡，请罪。疏言："厄鲁特时值大坏，不能存活，特来归命，原无违悖圣主之心。只以窃取牲畜深自悔罪，思欲赔偿。因将他人所掠吴喇忒人口、宁夏马匹竭力凑纳。伏乞圣主鉴怜。"得旨："此案前曾檄谕噶尔丹，未经复奏。著将原由明白开列，再行檄谕。俟复奏到日再议。贡物著察收。"

（卷97　1225页）

康熙二十年（1681年）九月丙寅

靖逆将军甘肃提督侯张勇疏报："蒙古诉称边内番人火其经卷、祠庙，戮其人民，以此举兵犯边。"上谕大学士等曰："朕闻吴三桂反叛时，我边内住牧番人于蒙古多尔济台吉处附从供应。后吴三桂既平，地方安定，番人竟将多尔济台吉祠庙拆毁，经卷焚烧，杀戮蒙古人口。蒙古以此弄兵，若果如此则蒙古之来盖亦有故。应遣官严察，如曲在番人，将番人严惩，曲在蒙古，遣使严加谴责，使边人心服，边衅无可乘矣。可即遣兵部、理藩院司官前往。"

（卷97　1227页）

康熙二十年（1681年）九月丁卯

兵部议复抚远大将军都统大学士公图海疏言："将军王辅臣自汉中来至西安。于八月二十九日病故。其壻薛英等请携骸骨家口往平凉。其标下官兵作何区处。乞敕部定议。查王辅臣所辖官兵原系多事之时添设，今四川、陕西俱已平定，兵宜裁去，其官弁听该督酌量题补。王辅臣骸骨家口应送至京师。"从之。

（卷97　1228页）

康熙二十年（1681年）十月甲午

上御太和门视朝，文武升转各官谢恩，次喀尔喀、厄鲁特、吐鲁番使臣等行礼。

（卷98　1235页）

康熙二十年（1681年）十二月癸巳

裁陕西甘肃靖边卫同知缺。

（卷98　1248页）

《清康熙实录（二）》

康熙二十一年（1682年）二月癸巳

陕西岷州卫圆觉等六寺番僧进贡，宴赍如例。

（卷101　14页）

康熙二十一年（1682年）三月己酉

礼部议："陕西岷州卫圆觉寺番僧厚只即丹子当逆贼变乱之时，纠合土兵，攻取城池，已封弘济光教大国师，再拨给陕西岷州卫属官地五顷，免其纳粮。"从之。

（卷101　16页）

康熙二十一年（1682年）六月己卯

旌表陕西安定县烈妇，岳存虎妻王氏，夫亡自尽。给银建坊如例。

（卷103　36页）

康熙二十一年（1682年）六月乙巳

命奋威将军平凉提督王进宝驰驿来京。兵马事务令伊子王用予暂行带管。

（卷103　40页）

康熙二十一年（1682年）七月戊申

理藩院题："进贡厄鲁特丹津鄂木布来使额尔克等因无噶尔丹博硕克图汗票文，不许进关，令回归化城贸易。"得旨："丹津鄂木布来使如不许进关，恐非柔远之道。著进关贸易。"

（卷103　40页）

康熙二十一年（1682年）七月乙卯

先是，上以三逆荡平，武功肇定。谕大学士觉罗勒德洪、明珠等曰："今天下乂安，应遣大臣使厄鲁特、喀尔喀大加赏赉。俟时和草青举行。"至是，议政王大臣等奏请遣使择吉起行。得旨："厄鲁特噶尔丹博硕克图汗处著内大臣奇塔特、一等侍卫觉罗孙果、阿南达等去。喀尔喀左翼土谢图汗处著领侍卫内大臣伯费扬古、一等台吉额驸阿喇布坦等去。泽卜尊丹巴胡土克图处著大喇嘛垂重格隆去。车臣汗处著散秩大臣博落特、一等台吉吴尔图纳苏图等去。额尔克戴青台吉处著精奇尼哈番副都统班达尔沙、二等台吉额驸诺木齐等去。墨尔根台吉处著内大臣寿世特、副都统杨岱等去。右翼扎萨克图汗处著都统阿密达、二等台吉根都什席布等去。盆楚克台吉处著内大臣觉罗吴默纳、一等塔布囊鄂摩克图等去。厄尔德尼济农处著都统宗室喇克达、二等台吉扎木扬等去。色冷阿海台吉处著一等侍卫拜音察克、一等台吉拉第等去。达尔玛希里台吉处著一等塔布囊鄂齐尔、前锋参领札木素等去。罗卜臧台吉处著一等侍卫多尔济扎卜、二等台吉额林辰等去。各加赏赉。"上召奇塔特、费扬古等谕曰："尔等俱系贵显之臣，凡事须仰副盛典，以正大行之。尔等皆属一体，勿以满洲、蒙古各分彼此，务须同心协和。满洲大臣不谙蒙古语言，凡议事尔台吉塔布囊等译宣于满洲大臣，一同商酌确妥，对答之，勿致失言。尔等所言，伊等所答及一切传闻事件俱备录来奏。至内地蒙古向与喀尔喀互相盗窃，以致盗风大作，如妄行作乱生事者，各自擒拿惩究，盗何自生？盗贼既弭，则牲畜可以散放牧养，牲畜既肥则入冬不瘦，春时孳孕无复可虞，蒙古何至贫困？又加以各置汛哨，遇有妄行作乱之人，即从公究处，则民庶得安其生矣。其以此晓谕之。"奇塔特等奏曰："敕书赏物臣等作何交授？"上曰："我朝威灵德意，天下外国无不知之者。谅厄鲁特、喀尔喀必大加恭敬，然伊等向行之例俱用蒙古礼，今若凡事指授而去，或致相岐，行事反多滞碍。厄鲁特、喀尔喀依彼蒙古之例，大加尊敬则已。"奇塔特等又奏曰："厄鲁特、喀尔喀之汗、贝勒有赴达赖喇嘛或至他处者，则待之乎？"上曰："在旬日半月内归者则待之，如迟则不必待。谁为之首即交为首之人而来。"多尔济扎卜等奏曰："近闻人言，罗卜臧台吉已为扎萨克图汗所执，如其说果真则敕书赏物将如之何？"上曰："尔等可于沿途细加采探，如果被执，尔等即归可也。"多尔济扎卜等又奏曰："罗卜臧设有子弟代袭则敕书赏赉可与之乎？"上曰："不可与也。虽有子弟代袭，须喀尔喀通国保奏，授为扎萨克，准纳九白之贡，始可加以恩赉。"奇塔特等奏曰："理藩院移文令臣等查询定议，收捕厄尔德尼和硕齐、巴图尔额尔克济农等，并给发贡使符验之事，伏请训旨。"上曰："此无庸多议也。厄尔德尼和硕齐等如系噶尔丹属下，即限日收捕；如非彼属下不能收捕，我朝另有裁夺。至给发贡使符验，前已谕檄噶尔丹矣。近见来使有给符验者，亦有不给符验者，何项人等给以符验须询明。至无符验不准放入之例，亦明白晓谕之。尔等行路如马驼等物被小盗偷窃，当优容之，勿令追赔。更须约束随从人等毋使妄行争斗。厄鲁特、喀尔喀有至尔等旅寓者须以礼貌，和蔼接待之。和则可以识其心志。"奇塔特等又奏曰"厄鲁特、喀尔喀如因皇上重加恩赉，有所馈遗，臣等可受之乎？"上曰："受之。"

赐厄鲁特噶尔丹博硕克图汗敕曰："朕惟自古帝王，统驭寓内，遐迩同仁，无分中外，沛恩膏于万方，布声教于四海。其历年久远，诚敬职贡者愈加隆眷，优锡殊恩。尔噶尔丹博硕克图汗自尔父兄，历世相承，虔修礼好，敬贡有年。延及尔身，笃尽悃忱，往来不绝，殊为可嘉。朕久欲加恩赉以示优恤至意，只以机务殷繁是以未逮。兹海寓升平，惠泽宜溥，特遣大臣侍卫官员等赍捧重赏，大沛恩施。尔承此宠锡，当益戴德意，殚心敬顺，以仰副朕柔远同仁、协和万邦之至意。赐喀尔喀汗济农台吉等敕，亦如之。"

（卷103　42页）

康熙二十一年（1682年）八月己卯

奉使侍卫多尔济扎卜台吉额林辰等至张家口外空郭尔鄂波之地，遇厄鲁特噶尔丹贡使萨拉巴图尔，问罗卜臧台吉为喀尔喀扎萨克图汗所执，果有此事否。其同来有布库班第者，系扎萨克图汗之人，对曰："罗卜臧欲与鄂罗斯合谋攻我汗，我汗遣其子率兵万人于今岁二月终旬夜，乘罗卜臧酣寝执之。其属下人俱为俘掳，财物及马驼牛羊俱为我军所获。我曾执纛随行，此目击之事也。"多尔济扎卜等据此奏报。得旨："罗卜臧台吉被执既真，尔等携赏物即回。"

（卷104　48页）

康熙二十一年（1682年）八月乙酉

先是，厄鲁特噶尔丹巴台吉之子鄂齐尔图汗之孙罗卜臧滚布疏称："我祖父向曾往来入贡，后以内乱，往依达赖喇嘛，今幸得稍宁。伏乞皇上俯鉴我等饥渴，抚而恤之，请率所辖居龙头山之地。"理藩院转奏。得旨："此龙头山在边关何处，自边关行几日可到，与内地有关系否，或向系边外无用之地否，著即檄拉笃祜察明原委，作速奏报。"至是，拉笃祜复奏："蒙古称龙头山谓之阿喇克鄂拉，乃甘州城北东大山之脉络，绵衍边境，山之观音山口即边关也，距甘州城三十里，距山丹城三里。其夏口城距山口而建，自夏口城至湿川堡相去五里，山尽为宁远堡。此堡在边外龙头山，与宁远堡相去里许，其间有长宁湖界之。蒙古所谓鄂尔通也。宁远堡有内地人民种植输赋，沿湖有兵民牧养。今诸蒙古俱于龙头山北游牧。罗卜臧滚布之意欲占长宁湖耳。边汛要地，似不宜令不谙法纪之蒙古居住。理藩院、兵部议以罗卜臧滚布所请，应不准行。"从之。

（卷104　50页）

康熙二十一年（1682年）八月己亥

厄鲁特噶尔丹博硕克图汗遣使进贡，赏赍如例。

（卷104　53页）

康熙二十一年（1682年）八月庚子

上御太和门视朝，文武升转各官谢恩，次厄鲁特使臣行礼。

康熙二十一年（1682年）九月乙巳

谕内阁："王进宝、赵良栋当逆贼窃据汉中、四川等处地方，悉力固守。在外领兵诸将咸以恢复为难，因特遣学士禧佛驰往传谕。从来汉将所辖地方猝有变乱即用汉兵戡定，原无待借力于满兵之事。尔等皆封疆大臣，久历戎行，应各率所隶部曲将士相机进取。时赵良栋即首先倡议应行恢复。随允赵良栋议刻期进剿，于是二人协力克取汉中。王进宝自兰州失守，遂率兵乘筏渡河，恢复兰州、巩昌等处，剿御贼寇，所向奏功。及同取汉中之后，二人意见不合，嫌隙渐生，遂尔分路进兵。赵良栋直取成都，王进宝恢复保宁。若成都不下则虽攻保宁未易即拔。若保宁未克则虽下成都难以固守，势必复退。是伊等二人功绩俱著封疆，使能公尔忘私，和衷共济，即统士卒乘胜长驱，则滇、黔贼寇可以计日殄灭，何复迁延岁月，迟至一二年之久耶？且二人既克成都、保宁，贼众胆落，遂悉其精锐入川抗拒，虽中路空虚，大兵得乘机进取沅州、镇远、贵阳等处，而川中贼势复张，已恢之疆土几至再陷，此皆由不能和衷之所致也。二人赋性卤莽，不谙大体，各怀私忿，互相攻讦，屡疏求胜，交图陷害。朕当二人讦奏之初即已洞悉情事，念二人功绩并茂，惟欲保全，绝无深究之意。且一切投诚人员有免其前罪者，有仍加录用者，况似此建功之臣耶。今二人俱至京师，如欲治罪，何难逮问重处。但朕意终以保全为念，特将二人互讦章奏俱行发还，概不究问。其迟于救援，失陷地方，关系军机等事者仍照例察议。此非为二人调解，朕深惟国家大体，务欲保护劳臣，用全终始，故兹申谕，自今以往，其洗心涤虑，各改前愆，消释私嫌，共矢忠荩，以副朕优待功臣至意。且传集议政王大臣九卿詹事科道等官，先行宣示，然后传谕。"

康熙二十一年（1682年）十月戊子

上御太和门视朝，文武升转各官谢恩，次厄鲁特使臣等行礼。

康熙二十二年（1683年）三月戊午

议政王大臣等会议："提督孙思克凡事不加详审，摇惑进剿军心，种种巧饰虚诞具奏应将三等阿思哈尼哈番及提督总兵官尽行革去。"上曰："孙思克身任封疆，不思速灭贼寇，当进兵之际种种造言摇惑军心，妄行入奏，理应从重议处，但闻其颇善养兵，且有微劳，伊所有阿思哈尼哈番及提督衔著革去，仍留总兵任。"

（卷108　99页）

厄鲁特噶尔丹博硕克图汗遣使进贡，赏赉如例。

（卷108　100页）

康熙二十二年（1683年）三月庚申

万寿节，上率诸王、贝勒、贝子、公、内大臣、大学士、侍卫等诣太皇太后皇太后宫，行礼毕，御太和门。王以下、文武各官上表行庆贺礼，次厄鲁特使臣等行礼。停止筵宴。

（卷108　100页）

康熙二十二年（1683年）三月乙丑

升甘肃布政使雅思哈为都察院左副都御史。

（卷108　102页）

康熙二十二年（1683年）四月庚辰

升吏部郎中拔锡为甘肃布政使司布政使。

（卷109　110页）

康熙二十二年（1683年）五月丙午

上御太和门视朝，文武升转各官谢恩，次厄鲁特噶尔玛戴青和硕齐进贡使臣等行礼。

（卷109　114页）

康熙二十二年（1683年）五月丁巳

吏部议复甘肃巡抚巴锡疏言："庆阳府同知一官原司军粮事务，而军粮奉裁已久，毫无责任。地方多盗，请更为捕盗同知。应如所请。"从之。

（卷109　116页）

康熙二十二年（1683年）闰六月癸亥

升陕西临洮道白应科为云南按察使司按察使。

（卷110　125页）

康熙二十二年（1683年）七月甲申

理藩院题："鄂尔多斯贝勒松阿喇布等报称，厄鲁特巴图尔济农于黄河崖驻牧。议遣司官二员谕使归部。"上谕学士等曰："此事朕知其故。初厄鲁特鄂齐尔图汗为噶尔丹博硕克图所杀，其国被夺，其子衮布喇卜坦、其侄巴图尔济农败遁，求达赖喇嘛指授所居之处。达头喇嘛令衮布喇卜坦住居阿喇克山。自此遂居彼地。先是巴图尔济农于我定边界缘边驻牧。曾移文噶尔丹博硕克图，言此乃尔厄鲁特之人，尔若收取则取之，若不收取，我自有处置。噶尔丹复云，且过来年俟后年收之。今闻衮布喇卜坦取喀尔喀土谢图汗之女为妻，两处互相犄角。噶尔丹博硕克图欲以兵向衮布喇卜坦，巴图尔济农则恐喀尔喀土谢图汗蹑其后。欲以兵向喀尔喀则恐衮布喇卜坦等蹑其后。盖断不能收取巴图尔济农者也。且噶尔丹众最贫苦，有一马者即称为富饶。势必内生变乱。此事暂留俟回京再奏。"

（卷111　130页）

康熙二十二年（1683年）七月辛卯

免甘肃靖远卫本年份旱灾额赋有差。

（卷111　131页）

康熙二十二年（1683年）七月戊戌

出使厄鲁特内大臣奇塔特等还奏："臣等于十二月二十八日至噶尔丹所居帷幕。噶尔丹跪受敕书及赏赉诸物。随请皇上起居。臣等答曰：'皇上万安。'既坐，噶尔丹问曰：'闻中国有寇贼，今已平定，信乎？'臣等答曰：'比年曾有寇盗窃发，我皇上仁慈，恐用兵扰民，故渐次收服者有之，剿灭者有之，今已尽皆底定矣。'至正月初九日，臣等召其车臣寨桑吴尔占扎卜，以部发查讯厄尔德尼和硕齐、巴图尔额尔克济农之文，授之。曰：'此项事情先已檄行两次，并无回文，故因我等此来之便令定议。如厄尔德尼和硕齐、巴图尔额尔克济农系尔属下人，当限日收捕，照例治罪，赍罚赎送部。若非尔属下人，或不能收捕，我朝另有裁夺。'车臣寨桑等来复曰：'我汗言前所行两檄，第以为部文，所以未答。既系圣旨，敢不以复。厄尔德尼和硕齐、巴图尔额尔克济农皆我所属。此二人已归达赖喇嘛，我当遣人往召之。倘如命而至，我治其罪；若复他遁则无如彼何也。'臣等令彼约期，期以丑年四月。臣等曰：'厄尔德尼和硕齐等向在边境作乱，但念汝等职贡年久，所以姑待。今约期既远，其间未必不又作乱也。'彼称噶尔丹之言曰：'其间或又作乱，惟上处分。'臣等又问去年七月有称为汝汗之侄丹津鄂木布之使者并无符验，前来进贡。汝处何项人等给之符验；何项人等不给符验。彼复称噶尔丹之言曰：'我遣使请安进贡必有印文。至我属下之人各处贸易，潜至中国，冒称我使亦未可定。自今以后，我若遣使当用印文，开注年月日期。'正月二十七日臣等起行。噶尔丹博硕克图汗遣其额尔克格隆、察汉温卜、卓礼克图温卜、盆楚克等四人贡马四百匹、骆驼六十头、貂皮三百、银鼠五百、猞猁狲皮三张、沙狐皮一百、黄狐皮二十、活雕一只、贴金牛皮五张、厄鲁特鸟枪四杆，随臣等来谢恩。"奇塔特等又疏奏曰："臣等去年十二月初至噶尔丹地方，有归化城都统古睦德所属班达尔善之子巴朗来投臣等告曰：'我于康熙十八年正月自归化城归途，遇厄鲁特所使阿卜都拉额尔克寨桑、同入贡之格楚尔者将我捆缚带至此地。今闻大人至此，特来相投。'臣等召其车臣寨桑等问之。"车臣寨桑来复我汗言："我国一切罪犯从无杀之之例。可罚格楚尔以十五九牲畜。乞诸大人稍候带归。"臣等言："我等奉差颁恩赏而来，并非来取罚赎，不便等候。俟有贡使之便将罚赎附解。"得旨："令议政王大臣等逐一详议。"寻议政王大臣等议："噶尔丹博硕克图汗累代进贡，往来通好。今将赖书赏物照彼蒙古礼接受，恭请圣安。又称嗣后遣使俱给用印符验，填注年月日期。应无庸议。其厄尔德尼和硕齐等事约以丑年四月为期。约期之内如仍复作乱，悉听皇上处分。应俟所期之年再议。携回之巴郎交都统古睦德。其格楚尔应俟照彼国例治罪。将罚赎牲畜解送到日，所司再议。"从之。

（卷111　134页）

康熙二十二年（1683年）八月庚子

上谕大学士等："近观厄鲁特噶尔丹博硕克图来使较前渐多。每一次常至数百人。闻其沿途遇边外游牧蒙古肆行扰害。外国之人若行痛惩，又恐失柔远之意。彼处遣来人员当有定数，不可听其意为多寡。嗣后正使头目酌量数人，令进关口。其余人等或令在张家口外，或在归化城交易。事毕，应即遣回。此事著议政王大臣会同确议具奏。"

（卷111　136页）

康熙二十二年（1683年）八月己酉

免甘肃庄浪所本年份雹灾额赋十之三。

（卷111　138页）

康熙二十二年（1683年）八月甲寅

上御太和门视朝，文武升转各官谢恩，次厄鲁特进贡使臣等行礼。

（卷111　139页）

康熙二十二年（1683年）八月壬戌

免甘肃庆阳卫、安化县本年份旱灾额赋十之三。

（卷111　143页）

康熙二十二年（1683年）九月癸酉

上御太和门视朝，文武升转各官谢恩，次厄鲁特噶尔丹博硕克图使臣等行礼。

（卷112　146页）

康熙二十二年（1683年）九月丁丑

甘肃提督侯张勇以病乞解任。慰留之。

（卷112　148页）

康熙二十二年（1683年）九月戊寅

理藩院复奏："厄鲁特巴图尔额尔克济农移近黄河对岸游牧。请遣官往会松阿喇布等，谕令退回。"得旨："不必遣官，其以此情节檄发拉笃祜晓谕退回。拉笃祜久劳于外，事毕，令来京回奏。"

（卷112　150页）

康熙二十二年（1683年）九月癸未

敕谕厄鲁特噶尔丹："声教既一以来，尔历世相承，虔修职贡，聘问有年。朕嘉尔尽心敬顺，往来不绝，故向来尔处所遣之使不限人数，一概俱准放入边关。前此来使无多，且头目人等善于约束，是以并无妄行作乱者。比年尔处使来或千余人，或数千人，连绵不绝，沿途抢夺塞外蒙古马匹、牲畜。进边之后任意牧放牲畜，践食田禾，捆缚平民，抢掠财物。妄行者甚多。边外蒙古与内地百姓非不能相拒报复，只以凛遵朕之法度耳。朕俯念尔等素行恭顺，不将若辈照内地律例究处，遂至妄行殃民，日以益众。用是限定数目，放入边关。嗣后尔处所遣贡使有印验者限二百名以内准入边关。其余俱令在张家口、归化城等处贸易。其向来不用尔处印验，另行纳贡之厄鲁特噶尔马戴青和硕齐、和硕特之博洛库济台吉、杜尔伯特之阿尔达尔台吉、图尔古特之阿玉奇台吉等，所遣贡使放入边关者亦不许过二百人。尔噶尔丹博硕克图汗尚毋违，朕视四海一家，中外一体至意。敬慎遵行。嗣后遣使必选贤能头目，严行约束。若仍前沿途抢掠，殃民作乱，即依本朝律例，伤人者以伤人之罪罪之。盗劫人财物者以盗劫之罪罪之。特此先行晓谕。尔其知之。"

（卷112　151页）

康熙二十二年（1683年）九月甲申

兵部议复原任四川、陕西总督哈占疏言："潼关、商州、神道岭、金锁关四营向属庆阳协管辖。途路纡远，一切紧急军务必致迟误。请将神道岭等营令潼关营管辖，听固原镇总辖。至富平营分防六县，汛广兵单，将郿县营兵五百名内拨马兵五十名、守兵五十名给富平营防御。应如所请。"从之。

（卷112　151页）

康熙二十二年（1683年）九月丁亥

升甘肃平庆道王业兴为四川按察使司按察使。

（卷112　152页）

康熙二十二年（1683年）十一月乙亥

厄鲁特厄尔德尼布穆台吉等遣使进贡，赏赉如例。

（卷113　163页）

康熙二十二年（1683年）十一月丁亥

升甘肃巡抚巴锡为工部右侍郎。

（卷113　166页）

康熙二十二年（1683年）十二月丁未

升陕西按察使叶穆济为甘肃巡抚。

（卷113　168页）

康熙二十二年（1683年）十二月壬子

上御太和门视朝，文武升转各官谢恩。次厄鲁特进贡，使臣等行礼。

（卷113　169页）

康熙二十二年（1683年）十二月癸丑

议政王大臣等会议："青海地方墨尔根台吉之来使寨桑和硕齐等陈奏，伊车臣鄂木布戴青台吉在时，曾于西宁等处效力有功，恳请黄成尔滩地方游牧。应不准行。"上曰："墨尔根台吉之父虽边疆效力有功，但黄成尔滩乃边内之地，蒙古与民人生计不同，断不可容其游牧边内，以启后日衅端。今止应酌量奖赏，至不宜在内游牧缘由可谕彼知之。"

（卷113　170页）

康熙二十二年（1683年）十二月丙辰

谕户部："陕西西安、甘肃等处，前当大兵征剿之时，转输粮糗，办运刍荛，一应军需取给闾里小民。由陆路供亿，劳费繁多。今既经荡平，朕心时切轸念。康熙二十三年应征地丁各项钱粮，著蠲免三分之一，以昭朕眷念民生劳苦之意……尔部速行该地方官，晓谕小民，务俾各沾实惠，如有司官役借端蒙混，私行重征者，或经参奏，或被告发，将经管各官从重治罪。"

（卷113　171页）

康熙二十三年（1684年）正月丙戌

升陕西西宁、河州副将冯德昌为江南京口右路总兵官。

（卷114　176页）

康熙二十三年（1684年）三月己酉

青海厄鲁特古鲁木西台吉遣使进贡，宴赉如例。

（卷114　181页）

康熙二十三年（1684年）四月癸亥

靖逆将军侯甘肃提督张勇病笃，上命其子大理寺卿张云翼驰驿同御医前往调治。

（卷115　194页）

康熙二十三年（1684年）五月丙子

升陕西甘肃总兵官孙思克为甘肃提督。

（卷115　196页）

康熙二十三年（1684年）五月丁丑

奋威将军平凉提督王进宝以病乞休，上命其子太原总兵官王用予驰驿同御医前往诊视。

（卷115　196页）

康熙二十三年（1684年）五月癸未

调山西太原总兵官王用予为陕西甘肃总兵官。

（卷115　199页）

康熙二十三年（1684年）八月壬子

赠故少傅兼太子太师靖逆将军侯甘肃提督张勇为少师，仍兼太子太师，予祭葬，加祭二次。谥襄壮。

（卷116　210页）

康熙二十三年（1684年）八月丁巳

升……甘肃永昌副将康调元为浙江温州总兵官。

（卷116　211页）

康熙二十三年（1684年）九月乙亥

厄鲁特博硕克图汗噶尔丹遣使古尔班拜等携伙伴三千人入贡。理藩院奏："请遣官验其符信，毋得过二百人，余俱遣回。"上曰："来人浮于定额，著理藩院尚书阿喇尼前往，酌量议遣。"

（卷116　215页）

康熙二十三年（1684年）九月甲申

厄鲁特噶尔丹博硕克图汗遣使进贡，赏赉如例。

（卷116　217页）

康熙二十四年（1685年）四月戊戌

授厄鲁特伊拉古克三胡土克图为归化城掌印扎萨克大喇嘛。

（卷120　266页）

康熙二十四年（1685年）四月甲辰

命奋威将军王进宝率标下官兵由平凉移驻固原。

（卷120　267页）

康熙二十四年（1685年）四月丙午

兵部议复四川陕西总督禧佛疏言："洮州接界诸番，因逆贼变乱之际将守备驻洮，副将驻岷，原为易于调遣。今内地承平已久，边疆为要，宜照旧制，令副将仍驻扎洮州，守备驻扎岷州。应如所请。"从之。

（卷120　267页）

康熙二十四年（1685年）四月戊申

兵部议叙秦州、平凉诸处军功。上谕大学士等曰："朕观所叙穆占、希佛等击秦州内外贼众，议为头等第一功，太过，可改为头等军功。翁爱等击败秦州后营贼众，议为头等军功，可改为二等。及议叙招降伪道员及沙窝击败贼众等案，俱应减等改定。其平凉之贼为我兵击败，王辅臣势穷来归，遂得恢复平凉。今所叙尚轻，头等军功可改为头等第一，二等军功可改为头等，击败护山墩贼众头等军功亦改为头等第一。至盐关诸处贼众败北并不穷追。吴之茂等未曾擒获。佛罗诺等乃称矢尽兵劳，妄供觊幸，情殊可恶。佛罗诺等皆不许请功，其官兵所叙二等军功减为三等。"

（卷120　268页）

康熙二十四年（1685年）七月壬午

厄鲁特博硕克图汗噶尔丹为遣使事复奏："恭闻皇上万安，不胜欣悦。此地叨达赖喇嘛福庇，幸得无恙。蒙檄丹巴来文，贸易之人，入关定限人数。若妄行果实，上谕诚是。但自古以来，四厄鲁特贸易向有旧制，我等未便废也。若仍遵旧制则凡事皆宜矣。"下理藩院议。寻议："康熙二十二年议政会议已有定例。噶尔丹所奏旧制不便废之语应毋庸议。"疏入，报闻。

（卷121　282页）

康熙二十四年（1685年）九月乙丑

厄鲁特噶尔玛戴青和硕齐等遣使进贡，赏赉如例。

（卷122　286页）

康熙二十四年（1685年）九月辛巳

赠故奋威将军陕西提督王进宝太子太保。予祭葬，谥忠勇。

（卷122　291页）

康熙二十四年（1685年）十月甲午

厄鲁特厄尔德尼布穆台吉喀尔喀泽卜尊丹巴胡土克图等遣使进贡，赏赉如例。

（卷122　294页）

康熙二十四年（1685年）十月戊戌

理藩院等衙门题："厄鲁特噶尔丹博硕克图汗下沙里巴图尔台吉来使伊特木根，于北馆中殴死正白旗西图佐领下商人王治民，应论死。上命将伊特木根立决，并传谕厄鲁特，尔等进贡来使，沿途往返，扰害民生，抢掠牲畜，以致边境内外百姓患苦者甚众。朕虽稔知，以尔等远方之人本不谙中国法纪，无知妄行，未遽加罪。屡从宽免。嗣后贡使往来如有攘夺为非者，尔等率领头目并犯法之人皆依中国律令治罪。曾经颁上旨晓谕。今尔进贡头目并不严束傔从，任其扰害。将内地人殴死，干纪甚矣。先以尔等愚昧顽蠢，凡细微夺攘之罪，知而宥之。乃屡邀宽免，频加晓谕，全不钦遵，竟至殴死内地之人。今若不按法抵罪，日后渐益恣肆，大眼争衅，未可定也。用是将殴死人命之伊特木根依律处斩。令尔等识之观之。此后尔等其谨遵成法，严戢从人，毋得肆恶妄行。"

（卷122　295页）

康熙二十四年（1685年）十月壬寅

上御太和门视朝，文武升转各官谢恩，次厄鲁特进贡使臣等行礼。

（卷122　295页）

康熙二十四年（1685年）十一月癸酉

命扎萨克喇嘛垂木珠尔拉木扎木巴、得木齐商南多尔济、副都御史拉笃祜等赍敕往谕达赖喇嘛。敕曰："朕统驭宇内，继绝举废，欲期咸底隆平。厄鲁特噶尔丹博硕克图汗灭鄂齐尔图汗时，罗卜藏滚布阿喇布坦、巴图尔额尔克济农等纷纷离散，来至边境。窜迹于金塔寺、贺兰山等处。乃巴图尔额尔克济农、额尔德尼和硕齐等又以生计窘迫，在鄂尔多斯、毛明安、吴喇忒、宁夏等处妄行劫掠。朕于此时不即发兵剿灭者，乃轸念鄂齐尔图汗历世职贡诚敬奔走，是以宽宥其罪。巴图尔额尔克济农等亦戴朕恩，愿依朕为生。"屡疏奏请敕印。前此朕曾谕厄鲁特噶尔丹博硕克图汗云、巴图尔额尔克济农等如系尔所属，当即收之。不能，朕另有裁度。乃彼约以丑年春为期，如逾期，悉惟上裁。今逾期已数月矣，天下太平。惟伊等兄弟骨肉分离，散处失所。朕心殊为恻然。尔喇嘛素以恻隐之心度此众生。凡厄鲁特诸贝子皆供奉喇嘛、信崇尔法。朕思罗卜臧滚布阿喇布坦、巴图尔额尔克济农，皆鄂齐尔图汗之苗裔也。鄂齐尔图汗于喇嘛为护法久矣。何忍默视其子孙宗族，至于困穷。今朕欲将伊等归并一处，安插于可居之地，以示兴绝举废之至意。尔喇嘛其遣使与朕使臣定期往会，朕于此即遣大臣至所约之地，偕尔使人前往。

（卷123　302页）

康熙二十四年（1685年）十二月辛卯

上御太和门视朝，文武升转各官谢恩，次喀尔喀、厄鲁特进贡使臣等行礼。

（卷123　308页）

康熙二十五年（1686年）正月戊辰

先是理藩院奏："厄鲁特巴图尔额尔克济农携其属七百八十人将至，遣官往迎。"上曰："巴图尔额尔克济农所属亦限以二百人入关，余者留归化城，则见在噶尔丹之贡使可无辞矣。兹当严冬之际，行李牲畜，盗贼可虞。归化城都统古睦德见以年节来觐，可令速回监视。著遣户部理藩院司官各一员前往宣化府，优给供应。"至是，巴图尔额尔克济农至京朝见。筵宴毕，上以御服貂裘赐之。

（卷123　312页）

康熙二十五年（1686年）正月乙亥

厄鲁特巴图尔额尔克济农谢恩入见。上召近前，谕之曰："尔祖顾什汗于太宗文皇帝朝输诚进贡。是时同达赖喇嘛来通款。尔叔鄂齐尔图车臣汗当世祖章皇帝时竭抒忠悃，每年进贡请安。其土产白鹰以时来贡，朕犹及见之。夫贡物何足珍贵，正鉴其诚敬之心耳。及尔等厄鲁特内乱，噶尔丹攻灭鄂齐尔图车臣汗并吞其众，遣使献俘。朕念前此鄂齐尔图车臣汗勉效忠悃，闻其破亡，且加悯恤，何忍受之，因谕来使，却其所献俘获。顷者尔为噶尔丹击败，奔来边境，将沿疆附近居民牲畜等物偷盗侵夺，朕即应正尔犯边之罪，何难遣兵剿除，但念尔昔时颇竭诚款。尔复引罪自首以迫于饥穷，濒死妄行等情奏请，朕即宽宥。今若徙尔于边境内外，不拘何地居之，尔敢不凛遵。特念尔祖顾什汗、尔叔鄂齐尔图车臣汗素效恭谨，故俾尔绝者复继，散者复聚，欲使鄂齐尔图车臣汗之孙罗卜臧滚布阿拉布坦与尔聚处。尔等宜相与辑睦，善自安业。至于尔等聚合与否，在朕本无损益，惟是朕为天下主。凡在函盖，咸欲使之共乐太平。朕兹谕旨，自尔身及尔子孙当世世念之勿替。"

（卷124 313页）

康熙二十五年（1686年）二月己亥

上御太和门视朝，文武升转各官谢恩，次厄鲁特、喀尔喀进贡使臣等行礼。

（卷124 319页）

康熙二十五年（1686年）二月甲寅

裁陕西陇右道、临洮府同知、平凉府通判、布政使司都事、按察使司知事、行都司司狱、平凉府照磨、固原州州同、静宁州州判、宁州州同、庆阳卫经历、巩昌府照磨、三岔驿驿丞、西津驿驿丞、杀贼驿驿丞、摩云驿驿丞等缺。

（卷124 322页）

康熙二十五年（1686年）三月癸亥

陕西布政使傅拉塔、甘肃布政使图尔宸陛辞。谕曰："凡外官赴任时，每自称可保无过。及身至地方未见有为国利民者。每与所奏之言大相违谬。陕西百姓迩来劳苦，尔等宜殚心竭力，为国为民，以副职任。"

（卷125 325页）

康熙二十五年（1686年）四月癸卯

升甘肃布政使图尔宸为陕西巡抚。

（卷125 332页）

康熙二十五年（1686年）闰四月癸酉

以陕西平凉府知府赵济美为广西按察使司副使，提调学政。

（卷126 340页）

康熙二十五年（1686年）五月癸卯

礼部议复甘肃巡抚叶穆济疏言："吐鲁番国地处遐荒。康熙二十一年正月内，蒙皇上轸念远人，停其进贡马匹，止令进玉石、金刚钻等物。今该国王遣使无路火者进贡西马四匹、达马十匹、单峰骆驼二只及鸦虎黑鹰等物。应否令其一并进贡，听候部议。查吐鲁番国既奉谕旨，应遵定例。但抒诚远献，此番应准其入贡。嗣后仍照定例遵行可也。"从之。

（卷126　344页）

康熙二十五年（1686年）七月癸巳

达赖喇嘛遣使奏曰："皇上俯鉴鄂齐尔图汗职贡有年，不忍其后人骨肉分散，靡所止居，恻然垂照，欲巴图尔额尔克济农、罗卜藏滚布阿拉布坦集居一处，特降恩纶，甚盛德也。弟此青海之地，各有分属，若使居天朝境内，又恐厄鲁特或有异言。其阿喇克山之旁亦属狭隘。乞大君矜怜，择水草宽阔处安插一隅。兹已遣车齐克他赖堪布罗卜藏令于十月内至阿喇克山，伏乞遣使往会。"上谕理藩院右侍郎拉笃祐、一等侍卫文达曰："尔等可与达赖喇嘛使者同往，召集巴图尔额尔克济农、罗卜藏滚布阿拉布坦等相度伊等可以游牧之地，指而与之。仍会同提督孙思克将地之界限，令伊标下官弁认记，如巴图尔额尔克济农等因给地安插，欲来谢恩则许之来。达赖喇嘛使人欲来请安亦许之来，否则给以廪饩而遣之。其额尔德尼和硕齐等欲与巴图尔济农等一同游牧亦许之。尔等可与彼定沿边为盗作乱之罚，著为令。前巴图尔额尔克济农来觐时，已自誓不复令属下为非。其罗卜藏滚布阿拉布坦亦须严禁所属。兄弟既已完聚，从此和睦安居。倘再致流亡他往，殊负朕归并眷恤之意。朕所以不惮谆切训谕者，亦以其先世恭顺有年，不欲令其子孙失所也。其一一传谕之。"

（卷127　352页）

康熙二十五年（1686年）九月丁酉

厄鲁特噶尔丹博硕克图汗遣使进贡，赏赉如例。

（卷127　360页）

康熙二十五年（1686年）九月癸卯

理藩院题："厄鲁特土哈尔台吉、噶尔丹台吉等遣使互市。"上曰："厄鲁特部落如噶尔丹等四大台吉应令来京互市。其余小台吉俱于张家口互市。

著为定例。"

（卷127　361页）

康熙二十五年（1686年）九月丙午

上御太和门视朝，文武升转各官谢恩，次厄鲁特使臣等行礼。

（卷127　361页）

康熙二十五年（1686年）十月庚午

免甘肃归德所所属保安堡屯地本年份水灾额赋。

（卷127　364页）

康熙二十五年（1686年）十月丙子

上御太和门视朝，文武升转各官谢恩，次厄鲁特进贡使臣等行礼。

（卷127　365页）

康熙二十五年（1686年）十一月戊子

上率王以下文武大臣、侍卫等诣太皇太后皇太后宫，行冬至庆贺礼，御太和门，王以下、文武各官上表朝贺。次厄鲁特进贡使臣等行礼。

（卷128　367页）

康熙二十五年（1686年）十一月癸巳

理藩院侍郎拉笃祜等疏言："臣等出宁夏阿喇克山阅视地形，得遇巴图尔额尔克济农，约其在东大山北候听宣旨。于九月十二日在嘉峪关外得遇达赖喇嘛使者车齐克他赖堪布，随遣人召罗卜臧滚布阿拉布坦。至，语之故，亦约会于东大山北。"罗卜臧滚布阿拉布坦曰："蒙皇上洪恩，赐我等地方，当即偕诸大人往赴约会之地。但我姊阿奴乃噶尔丹之妻。闻率兵千人，声言往谒达赖喇嘛，从此而过，或中怀诡计袭我亦未可定，不得不整力待之。请即于此地宣旨，可乎？"臣等随同车齐克他赖堪布宣旨讫。罗卜臧滚布阿拉布坦回奏曰："圣上俯念臣祖鄂齐尔图汗，使臣兄弟完聚，给以土地，臣不胜欢忭。即当迁至济农所居，一同游牧。但正值冬月，属下人民散处，使之迁移，贫人牲畜少者难以度冬。请俟来年草青时迁之。"本月二十三日，臣等至东大山北，令巴图尔额尔克济农跪，宣旨毕，臣等又谓巴图尔额尔克济农曰："尔所请喀尔占布尔古忒、空郭尔俄垒、巴颜努鲁、雅布赖、噶尔拜瀚海等地方，给汝游牧外。自宁夏所属玉泉营以西、罗萨喀喇山嘴后至贺兰山阴一带，布尔哈苏台之口，又自西宁所属倭波岭塞口以北奴浑努鲁山后，甘州所属镇番塞口以北沿陶阑泰、萨喇春济、雷浑希里等地西向至厄济纳河，俱以离边六十里为界。随与巴图尔济农属下达尔汉噶卜楚喇嘛波克寨桑及提督孙思克标下游击李本善等，画地为界而记之。臣等又与巴图尔额尔克济农定议罚例：蒙古如杀边内之民，不论几人，俱斩；其妻子、牲畜入官。偷盗民人牲畜者，为首二人绞；仍将妻子、牲畜入官，余者罚以三九牲畜，仍鞭一百。其不为盗而私入边游牧者，台吉则罚以三九牲畜，寨桑等罚以一九牲畜，平人则鞭五十外，仍将所骑马匹入官；其携带家口牲畜入边游牧者，不论几户俱入官。至民人往边外伐木刈草，蒙古有夺其食物者，不论几人将所乘马匹尽行给还民人，仍鞭三十。其属下每犯一次并罚济农五九牲畜。俟罗卜臧滚布阿拉布坦来会之时，将此项情节亦明告于彼。其额尔德尼和硕齐亦须严禁，勿使妄行窃盗。又厄鲁特胡土克图之子噶尔亶多尔济者，亦系鄂齐尔图汗之嫡孙，应令与巴图尔额尔克济农等附牧。"上曰："噶尔亶多尔济既系鄂齐尔图汗之孙，应令其与巴图尔额尔克济农等一同游牧。其拉笃祜等所定地界并严禁盗窃之例，理藩院其移文督抚提镇，通行晓谕。"

（卷128　368页）

康熙二十五年（1686年）十一月丙午

吐鲁番阿布尔木萨、布拍尔、马哈马特、厄敏巴土尔哈西汗疏言："我承苏喇伊满汗之业，所居之地虽广，惟知谨守疆界。然道里云遥，向风殊切。今遣五禄合泽等头目五人谨贡方物，但向进贡头目所带人役甚多。甘州、肃州亦有我土之人居住，因遭贼乱俱各星散。今闻流寓西宁地方，乞将此等人仍令居住甘肃，以便往返行走。臣系青吉思汗后裔，故敢陈情。"得旨："该国进贡方物具见悃诚，余著该部议奏。"寻礼部议复："查西宁地方并无伊国中人，不便令其移居。应无庸议。"从之。

（卷128　371页）

康熙二十六年（1687年）正月癸巳

以上元节赐外藩喀尔喀、科尔沁、翁牛特、扎鲁特、郭尔罗斯、乌朱穆秦、四子部落、土默特、阿霸垓、阿禄科尔沁、敖汉、喀喇沁、鄂尔多斯、杜尔伯特、奈曼、吴喇忒、克西克腾、扎赖特、巴林、厄鲁特诸王、贝勒、贝子、公、台吉等及内大臣、大学士、上三旗都统、副都统、尚书、侍郎、学士、侍卫等宴。

（卷129 379页）

康熙二十六年（1687年）二月戊辰

陕西甘肃总兵官王用予以母老疏请终养。允之。

（卷129 386页）

康熙二十六年（1687年）二月辛未

升甘肃布政使塞楞额为内阁学士兼礼部侍郎。

（卷129 386页）

康熙二十六年（1687年）二月丙子

调宁夏总兵官高孟为凉州总兵官。

（卷129 387页）

康熙二十六年（1687年）三月己丑

升兵部郎中噶迻萨为甘肃布政使司布政使。

（卷129 388页）

康熙二十六年（1687年）三月辛卯

以故奋威将军王进宝子王用予袭二等精奇尼哈番。

（卷129 388页）

康熙二十六年（1687年）四月乙亥

旌表甘肃烈妇，靖远卫陈启尧妻王氏给银建坊如例。

（卷130 395页）

康熙二十六年（1687年）五月己卯

升陕西凉庄道郑端为湖南按察使司按察使。

（卷130 396页）

康熙二十六年（1687年）七月丙午

升工部郎中党爱为甘肃按察使司按察使。

（卷130 405页）

康熙二十六年（1687年）九月乙未

大学士等奏："臣等遵旨查江宁七府、陕西全省应免钱粮共计六百万两有零，亘古以来未有蠲免如此之多者。臣等因其为数太多不敢遽议。"上曰："朕念切民生，即多蠲亦所不惜。尔等拟谕旨来奏。"

（卷131　409页）

康熙二十六年（1687年）九月庚子

喀尔喀土谢图汗戴青墨尔根台吉遣使奏言："噶尔丹书至，我等曾遣使致复，彼意终不释然。且喀尔喀之在厄鲁特处者及厄鲁特之向与喀尔喀通好者，俱言噶尔丹分南北两路来攻，喀尔喀右翼人等除扎萨克图汗及得克得黑戴青台吉之外，余俱言噶尔丹兴兵是实。我界上人等惊惶，屡促出兵，赴彼应敌，是以率兵起行。再去年盟誓时，扎萨克图汗之情形非特尚书阿喇尼见之，他人亦尽知之。彼见今与厄鲁特杜噶尔阿喇布坦台吉一处游牧，视其情状恐属窥伺。为此驰奏。"得旨："著议政王大臣等会议。安亲王素谙蒙古事宜，亦令与议。"寻议复："厄鲁特、喀尔喀俱系本朝职贡之国，应遣敕令其罢兵，同归于好。仍敕达赖喇嘛令其遣使谕令罢兵。其土谢图汗敕书即发来，使布延图寨桑等赍去。噶尔丹敕书即交来使陶赖哈什哈等乘驿赍去。达赖喇嘛处敕书发与喇嘛商南多尔济、郎中布颜图赍去。"上从之。赐噶尔丹敕曰："据喀尔喀土谢图汗奏称，厄鲁特内向游牧，两路来攻我界上人等，屡请赴彼，故出兵迎之等语。朕统御宇内，无分中外，尔厄鲁特、喀尔喀两部落若果互相残害，朕心大不忍焉。曾于康熙十六年檄谕尔等务期共相和好。且尔噶尔丹博硕克图汗累世恭顺，职贡有年，如果举事无不奏闻于朕者。因道路辽远，真伪难明，朕尚未之深信。或不逞之徒两地构煽，亦未可定。尔两部落如果兴兵，必有一方至于败亡。不但重负朕向来一视同仁之至意，群黎之死亡离散，朕心深为悯恻。敕书到日即为息争修好，则尔恭顺之心、朕实嘉之。已敕谕土谢图汗令其罢兵矣。特谕。"又赐土谢图汗及达赖喇嘛敕。略同。

（卷131　409页）

康熙二十六年（1687年）十月己巳

理藩院题："巴图尔额尔克济农移文自请往援土谢图汗，如有奏报紧急大事，旧路甚远，若由鄂尔多斯河水未冻时难渡。宁夏路近又不敢擅行。"

上命满大学士及兵部、理藩院会议。寻议复："已奉上谕，敕令喀尔喀、厄鲁特息兵修好。兹巴图尔额尔克济农请率兵往援之事无庸议。倘有紧急事情，遇冰冻之时经鄂尔多斯，著贝勒松阿喇布派人引路送至京城。若冻消时，从宁夏入口，宁夏总兵官派人引路送出横城口。至鄂尔多斯，贝勒松阿喇布仍派人引路，送至京城。其遣奏紧急重情不许过三四人。若常贡遣使仍照前行。"议入。从之。

（卷131 414页）

康熙二十六年（1687年）十一月乙未

直隶各省提督总兵官以军政自陈。福建海坛总兵官傅魁、山东登州总兵官林宗各降二级调用。陕西凉州总兵官高孟以原品休致。

（卷131 418页）

康熙二十七年（1688年）二月壬戌

厄鲁特杜噶尔台吉等遣使进贡，赏赉如例。

（卷133 445页）

康熙二十七年（1688年）三月庚辰

调甘肃巡抚叶穆济为山西巡抚。

（卷134 450页）

康熙二十七年（1688年）三月甲申

以光禄寺卿伊图为甘肃巡抚。

（卷134 453页）

康熙二十七年（1688年）三月壬寅

甘肃巡抚伊图陛辞。上谕之曰："陕西省宁靖日久，去岁又蠲免钱粮，想民生更为乐业。尔到地方当洁己率属，恪守成例。若多一事纷更则民受一事之累。有甚不便于民者乃可议更。"

（卷134 458页）

康熙二十七年（1688年）四月甲寅

理藩院题："据达赖喇嘛疏称，皇上抚视人民中外一体。闻厄鲁特、喀尔喀两国相残，即遣人赍敕谕和。今遵圣谕，遣卜克冈喇嘛去矣。仍祈皇上睿鉴或再颁敕谕，另遣人前往，令其无致相残。"上乃遣内阁学士拜礼、喇嘛阿齐图绰尔济往谕噶尔丹。

（卷135　461页）

康熙二十七年（1688年）七月壬申

泽卜尊丹巴胡土克图遣使告急，奏曰："去年噶尔丹率兵三万余分道而来，诱我扎萨克图汗等叛去。我土谢图汗领兵追而执之以归。后噶尔丹之弟多尔济扎卜等领兵来掠右翼班第戴青台吉卜图克森、巴尔丹等人畜而去。土谢图汗追杀多尔济扎卜收回人口。噶尔丹又领兵三路而来。土谢图汗及西海罗卜臧滚布领兵前至噶尔丹所驻之地，遇达赖喇嘛使者所遣人宣示皇上谕和之旨，遂退驻楚克独斯诺尔地方。今噶尔丹自杭爱山后，掠取左右翼台吉等，至忒木尔地方。土谢图汗之子噶尔旦台吉与战，大败，仅以身免。又闻丹津温卜等率兵来取厄尔德尼沼之地，其地距我地仅二日程，仰祈速赐救援。"又理藩院题："设站侍郎文达报称喀尔喀人众屯聚于苏尼特汛界之地，内有台吉数人率其属裔来投。守边将弁禁之。彼言我地被兵不得已始进边汛。皇上闻之亦必怜悯，逐之不去。泽卜尊丹巴亦率众来至近边驻扎，距设站之地仅半日程。"上谕领侍卫内大臣舅舅佟国维等曰："见今窘迫来奔之喀尔喀等应否令其出我边汛，或将彼汛哨稍展就伊等所居之地，另为设哨防守。此事关系重大，其令议政王大臣详议。"寻议喀尔喀人等窘迫来奔，不便即令出边。若久留之又恐牧地残毁。姑俟一月以内探得实音，将来奔之喀尔喀作何措置，再行确议。"从之。

（卷136　472页）

康熙二十八年（1689年）四月己卯

遣理藩院尚书阿喇尼、散秩大臣吴巴锡、归化城札萨克大喇嘛阿齐图绰尔济、一等侍卫阿南达使厄鲁特。谕曰："噶尔丹必问及巴图尔额尔克济农之事，尔等但述丑年四月之约，并言达赖喇嘛向亦遣使至西海，及我使者定议，令罗卜臧滚卜阿喇布坦与巴图尔额尔克济农等同居一处，至今尚未同居。且巴图尔额尔克济农虽在我地驻扎，并未受彼归顺，分为旗队。"况厄鲁特、喀尔喀交恶之后，巴图尔额尔克济农请曰："乘此机会欲复我仇。但我兵器已易粟而食。乞赐我等兵器。"亦曾谕而遣之曰："厄鲁特、喀尔喀向俱诚心朝请职贡，朕未尝异视，但欲使两国罢兵安生而已。岂肯给尔兵器，使尔兴戎耶？"其以是答之。将此等案卷俱录之以往。尔等闲论时，当以己意语济尔噶郎寨桑曰："噶尔丹倘不奉诏，则绝尔等每年进贡贸易之路。厄鲁特人众，必大失利矣。"阿喇尼等又奏："噶尔丹有请安进贡贸易等使，欲与臣等偕发。臣等应令其同来。"上是之。赐噶尔丹敕曰："朕统御宇内，率土生民，皆朕赤子。一夫失所，朕心悯焉。虽穷乡异域之民，亦必抚养，俾以安和，各得其所。前闻喀尔喀右翼札萨克内自作乱，兄弟属裔多归左翼。其左翼札萨克兄弟属裔亦有归右翼者。喀尔喀两翼七旗汗、济农、台吉等皆累世职贡，与本朝通好。今彼兄弟互相吞噬，特敕达赖喇嘛约同遣使，谕令和好，共享安乐。达赖喇嘛谓朕垂怜众生同于父母，故遣使与朕所遣使臣等偕往，使七旗喀尔喀会阅，令其兄弟立誓。此乃朕欲喀尔喀汗、济农、台吉等式好无尤，同享安乐之意也。"其后土谢图汗奏至云："闻厄鲁特两路来攻，因而兴兵迎敌。朕念厄鲁特、喀尔喀皆累世职贡不绝，并无异视。若果交恶，有一残毁，朕心殊为不忍。故敕所司传檄于尔。"复谕喀尔喀土谢图汗曰："厄鲁特噶尔丹恭顺职贡有年，果举此大事岂有不奏闻于朕者。或系不逞之徒，从中交构离间。若厄鲁特未动，而尔等先举，则此乱自尔始矣。达赖喇嘛亦遣使与尔解纷。朕又遣阿齐图绰尔济、学士拜里前往。此朕待厄鲁特、喀尔喀一体无异之至意也。乃喀尔喀土谢图汗、泽卜尊丹巴胡土克图等自作弗靖，违旨兴戎，又先发兵杀札萨克图汗及得克得黑墨尔根阿海，又杀尔弟多尔济札卜。是自取灭亡耳。尔因彼先举，遂兴兵破喀尔喀，其过在喀尔喀不在尔也。尔本敬奉佛教之人，虽焚喀尔喀地方庙宇，毁其佛像，朕亦不深责尔。今喀尔喀为尔所败，其汗、济农、台吉等率举国之人前来归朕。朕矜其流离穷困，虽向非属国，而随属国之列，诚心职贡，且追念彼为元之苗裔，穷而来归，即以所属待之。朕统御天下，来归之人若不收抚，谁抚之乎，故受而安插于汛界之外。其穷困人民赈以米粮，而严责其兴戎之罪，复其汗、济农、台吉之号。以车臣汗之子仍袭为汗。朕兴灭继绝之念，非特于喀尔喀已也。诸国有穷迫来归者朕皆一体抚养。不但朕所行如此，即达赖喇嘛养育众生之心亦与朕同。伊若归达赖喇嘛，亦必如是抚之。战争非美事。展转报复将无已时。仇敌愈多亦不能保其常胜。是以朕欲尔等解释前仇，互市交易，安居辑睦，永息战争。特遣使赉旨前来。汝果遵朕谕旨，自今以后，各守疆界，不兴兵戎。既不失辑睦之道，尔两国人民亦免涂炭。朕普恤群生，俯念尔素不违旨，特遣尚书阿喇尼等谕意，又令伊拉古克三胡土克图、商南多尔济等与达赖喇嘛使人同往。"

（卷 140　540 页）

康熙二十八年（1689 年）五月壬戌

陕西提督孙思克疏言："厄鲁特罗卜臧滚布病故。其妻与寨桑等以噶尔亶多尔济系车臣汗嫡孙，乃罗卜臧滚布叔伯之子欲遣人往召，令其统领部落。"得旨："罗卜臧滚布率所属来归，恪守法度，诚心职贡，可遣官致赙。罗卜臧滚布既亡，部落人民无所统属。其弟噶尔亶多尔济召之恐未能即到。闻巴图尔额尔克济农意欲先往。令马迪等传谕巴图尔额尔克济农与之同去。噶尔亶多尔济未到之先，令巴图尔额尔克济农暂为约束人民。俟其到日，仍归本地。毋得以噶尔亶多尔济年幼，欺凌谋占。务期同心一意，共相扶掖。马迪等仍遣人往召噶尔亶多尔济。"

（卷 141　547 页）

康熙二十八年（1689 年）七月庚子

免甘肃泾州本年份雹灾额赋有差。

（卷 141　551 页）

康熙二十八年（1689 年）十月壬午

甘肃巡抚伊图疏报："岷州卫边外生番黄高僧登烛坚错，率番目部落一千三百余人归诚纳款，愿入版图。"下户部知之。

（卷 142　568 页）

康熙二十八年（1689 年）十一月丙辰

吏部等衙门议复都察院左都御史马齐疏言："数年以来，厄鲁特、喀尔喀不睦，互相征战。皇上屡遣大臣谕以温纶，令其罢兵。业已和好，复又背盟。喀尔喀大败来归。皇上复遣大臣通为晓谕。厄鲁特钦奉明命将兵退回。今岁喀尔喀饥馑，又遣大臣往赈，以致厄鲁特、喀尔喀及腹内蒙古倾心归服。此诚亘古之所未有也。臣办事理藩院，见凡所题所理之事止用满洲、蒙古文字，并未兼有汉文。今请于事竣之后兼用汉文注册。庶化服蒙古之功德，昭垂永久。应如所请，添满洲汉军汉字堂主事一员、翻译汉字满洲笔帖式每旗各一员、汉军笔帖式每翼各二员。"从之。

厄鲁特额林臣台吉疏言："臣父楚虎尔吴巴锡乃厄鲁特胡他盖图哈尔呼喇第三子也。楚虎尔吴巴锡生子五人：长子班第为噶尔丹所杀，次子阿南达、三子罗卜臧胡土克图、四子劳章俱殁，五子额林臣，即臣也。臣亲兄班第长子多尔济塞卜腾在噶尔丹所，次子即与巴图尔额尔克济农同居之憨都台吉也。康熙十五年，噶尔丹伐臣父楚虎尔吴巴锡，执之。杀臣亲兄班第，分散臣属裔，监守臣父子。去岁厄鲁特、喀尔喀作乱交战，守臣之人乃臣属下旧人，为所分散者，皆背噶尔丹而向臣。臣得间而携臣子弟台吉十余人、弓箭手五百余人，计一千余口来投皇上。臣父不能得脱，见在噶尔丹所。臣来至巴图尔额尔克济农，额尔德尼和硕齐地方与臣兄子憨都台吉同居，安插何地，作何措置，伏候皇上加恩。"得旨："额林臣台吉为噶尔丹所禁。今逃出归降，其令与憨都台吉等暂且同居。并令约束其下，毋致盗窃生事。"

（卷143　572页）

康熙二十八年（1689年）十二月丙子

厄鲁特噶尔亶多尔济奏言："蒙圣明轸念鄂齐尔图汗，赐罗卜臧滚卜游牧之地。正将迁移，闻喀尔喀、厄鲁特交乱兴戎，因率兵前往，未能全徙。地方远隔，且去年遭遇旱灾，牲畜倒毙，人民困苦，难以迁移。伏乞鉴恤。"得旨："噶尔亶多尔济著授为诺颜，遣达虎前往传旨，并查贫民。"

（卷143　577页）

康熙二十九年（1690年）三月乙未

户部议复河东巡盐御史索礼疏言："陕西省花马小池并临、巩二府盐课，去河东衙门辽远不便征收，请令甘肃抚臣就近管辖征课。应如所请。"从之。

（卷145　595页）

康熙二十九年（1690年）四月癸未

升陕西河州副将王弼为山西大同总兵官。

（卷145　602页）

康熙二十九年（16890年）四月庚寅

命发甘肃靖远卫仓粮赈济靖远卫旱灾饥民。

（卷145　604页）

康熙二十九年（16890年）八月乙亥

免甘肃镇原县本年份雹灾额赋有差。

（卷148　635页）

康熙二十九年（1690年）九月丁酉

免甘肃宁州本年份雹灾额赋有差。

（卷148　640页）

康熙二十九年（1690年）九月甲辰

免甘肃凉州卫古浪所本年份旱灾额赋有差。

（卷148　641页）

康熙二十九年（1690年）十一月甲寅

陕西提督孙思克以衰老求罢，慰留之。

（卷149　653页）

康熙三十年（1691年）三月辛丑

兵部议复甘肃提督孙思克疏言："肃州系边疆要地，请改设总兵官以壮边势。应如所请。肃州设立总兵官一员，增兵二千一十五名，合协标旧兵立中、左、右三营。每营设游击一员，守备一员，千总二员，把总四员。"从之。

（卷150　669页）

康熙三十年（1691年）五月辛亥

升陕西肃州副将潘育龙为肃州总兵官。

（卷151　678页）

康熙三十年（1691年）七月甲申

奉差兵部郎中格什等疏言："臣等至宁夏会同将军尼雅翰等率领西安满兵全军。总兵官一员领绿旗官兵四千往追巴图尔额尔克济农，副都统柏天郁、总兵官冯德昌等率兵出大威口追及巴图尔额尔克济农于阿里浑乌素之地。再三谕令迁移，巴图尔额尔克济农不从，旋即遁去。臣等随报将军，将军分兵为三队追之至西喇布里图。将宿，臣等言当乘夜追及诛之，次日往追则难及矣。将军不听，次日追三十余里，第三日至库克布里图，度不能及，遂率兵还。臣等度巴图尔额尔克济农必西去臣格什，往甘州等处地方。臣二郎保往凉州等处地方，探视巴图尔额尔克济农驻牧之地。"奏入，上命刑部侍郎迈涂前往察审。寻迈涂审取口供具奏，下部议。兵部议复："将军尼雅翰稽迟怯懦，失误军机应革去将军，并拖沙喇哈番不准折赎，鞭一百；副都统柏天郁革去副都统，郎中格什、员外郎二郎保俱革职。总督葛思泰系封疆重臣，部檄到日应即会同将军尼雅翰等速议，使巴图尔额尔克济农不致遁逃，始为称职。乃迟误军机，遣大臣往讯，始云曾谏将军尼雅翰，巧饰具奏，殊为不合。应将葛思泰降二级调用。"得旨："柏天郁、葛思泰俱降五级留任，将军尼雅翰著逮至京监候，绞格什，二郎保革职，尼雅翰等所率往官兵，令总督葛思泰暂辖，驻扎宁夏。"

（卷152　681页）

康熙三十年（1691年）七月己丑

调陕西延绥总兵官冯德昌为宁夏总兵官；凉州总兵官柯彩为延绥总兵官；湖广襄阳总兵官师帝宾为陕西凉州总兵官；福建台湾总兵官王化行为湖广襄阳总兵官。

（卷152　682页）

康熙三十年（1691年）七月戊戌

谕兵部："归化城兵无事，当彻著都统郎谈、副都统硕鼐于在彼大臣内酌带一员，沿边直至宁夏、延绥、西宁往勘大军可行可止之地。至于巴图尔额尔克济农，前者来归给地安插而养之，助喀尔喀往征厄鲁特，竟不为效力，且劫夺喀尔喀之事甚多，灼知其必不能改，故令迁徙居察哈尔之地。奈彼素藏祸心，是以远遁。朕以向加养育，初无困之、杀之之意，欲居何地，惟其所择，但不得扰害边塞地方。可令达虎书此原由，遣人往谕巴图尔额尔克济农，著一并议奏。"寻议："今归化城兵无事应撤，但留在归化城之厄鲁特尚未去，应拨每佐领护军二名、火器营兵四百名，照兵数派官，在归化城周围暂驻。余俱撤回。此所留兵俟头队厄鲁特起程后即回。其调到大同、宣府绿旗官兵亦令各回汛地，暂留大臣伏候上命。应著达虎抄誊敕谕，遣发巴图尔额尔克济农。俟彼作何回复，即令奏报。"得旨："著都统喀岱、李正宗、副都统田象坤、郎化麟留后。将军印交与喀岱。参领诺尔孙达米纳夸塞、苏丹古尔哈著与郎谈偕往，勘视大军可行可止之地，事毕，著郎谈等一二紧要之人乘驿先来入奏。"

（卷152　682页）

康熙三十年（1691年）闰七月丙辰

四川、陕西总督葛思泰疏报："臣差甘肃副将陈祚昌等哨探至昌宁湖，有巴图尔额尔克济农之弟博际遣亲信喇嘛格隆等来言：'素蒙皇恩，不敢背负，今请在昌宁湖牧马。'陈祚昌度其将往西海，借名牧马，缓我军机，随将格隆等监禁。一面报臣及总兵官。甘肃总兵官柯彩调遣游击李士达等领官兵四路进剿，大败蒙古兵，杀五百余人。博际遁走，追蹑百余里，所获牲畜、器械无算，生擒蒙古十五人，并前监禁之格隆、额林臣、索诺木等皆斩之。"下部议叙。

（卷152　684页）

康熙三十年（1691年）闰七月壬午

以甘肃布政使噶迩萨为光禄寺卿。

（卷152　685页）

康熙三十年（1691年）八月乙未

调山西布政使吴赫为甘肃布政使司布政使，升山西按察使能特为山西布政使司布政使，广东雷琼道佟世雍为云南按察使司按察使。

（卷152　686页）

康熙三十年（1691年）十月庚寅

四川、陕西总督葛思泰疏报："前因谢尔素地方番人为盗，擅发弓箭，射死参将朱震等。部议令臣发兵剿杀，随密饬西宁总兵官李芳述酌带官兵驰赴谢尔素地方。八月二十七日在棋子山杀死贼番六百余名，生擒三十名，将为首之华木尔加等审明正法。"下所司知之。

（卷153　691页）

康熙三十年（1691年）十月丁未

先是遣侍读学士达虎等赍敕颁赏策妄阿喇布坦，阿奴等归至嘉峪关外被阿奇罗卜臧等劫去马驼盔甲等物。兵部檄令甘肃提督孙思克发兵征讨，至是孙思克疏言："阿奇罗卜臧经臣遣发官兵征讨，斩杀四百余人，获马驼牛羊千计。"下所司知之。

（卷153　692页）

康熙三十年（1691年）十一月甲子

差往陕西勘灾内阁学士布喀回奏："西安府属咸宁等州、县、卫，凤翔府属郿县等三县，米价腾贵，百姓流移。"上谕户部："陕西西安、凤翔等处年岁不登，民艰粒食，朕心深切轸念。若不大沛恩施，无以遍苏疾苦。其被灾各地方，康熙三十一年额征银米著通行蠲免。又闻甘肃地方秋收丰稔，米价较平。著该督抚会同详议，作何购买转输。速行赈济。务使比屋得沾实惠，不致仳离失所以副朕抚恤灾黎至意。"

（卷153 693页）

康熙三十年（1691年）十一月甲子

以甘肃巡抚伊图为总督，仓场户部侍郎内阁学士布喀为甘肃巡抚。

（卷153 694页）

康熙三十年（1691年）十一月乙丑

免陕西宁州镇原县本年份雹灾额赋有差。

（卷153 694页）

康熙三十一年（1692年）二月乙酉

户部等衙门议复："四川、陕西总督葛思泰请敕甘肃巡抚布喀将所拨宁夏仓粮一十五万石催运以济军需。查此项米石数多难运，应减去五万石。令该督抚照时价折银支给其一十万石。仍令布喀急为催运。又甘肃巡抚布喀称，平凉、庆阳、巩昌采买之米及宁夏拨运之米尚未运完，又有宁庄运送赈济米七万石，百姓转运艰难，有误耕作。请停止所运宁庄米石。应如所奏，另拨山西省库银十万两解交西安，散给饥民。"从之。

（卷154 702页）

康熙三十一年（1692年）二月癸卯

调甘肃巡抚布喀为陕西巡抚，升甘肃布政使吴赫为甘肃巡抚。

（卷154 704页）

康熙三十一年（1692年）三月乙丑

先是，上谕大学士等："顷有喀尔喀杜楞逃来，言彼向在巴图尔额尔克济农之弟博跻所，博跻经我兵掩杀，徒步逃去，至伊巴赖之地遇巴图尔额尔克济农属下祁齐克台吉等，博跻取彼马匹及粮糗，往觅其兄食尽困极，自相窃夺。见在额济内地方。额济内之地距嘉峪关四日程。目下西安大兵正往戍宁夏，可令侍卫阿南达携杜楞至宁夏，会同将军马喇、提督孙思克及总兵官等详议，确探声息。如巴图尔额尔克济农所居果近嘉峪关，二郎保、格什见在彼地，可即遣伊等前往招抚，如抗拒不降，即选发满洲绿旗兵剿除之。"至是，阿南达等疏报："巴图尔额尔克济农降。"上谕议政大臣等曰："览侍卫阿南达等奏报，巴图尔额尔克济农已降，将遣其子来朝，但其人未可深信。或时序不宜，马匹羸瘦不得已而降。令其子来朝往返之际，马匹休息，又复逋逃，亦未可定。将军马喇、提督孙思克既身与相近，目击情形宜乘此机会，共商徙入内地之策，断不可纵使复逸。"寻马喇等疏至："言巴图尔额尔克济农属下人共二千二百余口，绝粮穷困已极，揆其情形必不复逃。"上命理藩院遣官一员至宁夏，令巴图尔额尔克济农少携仆从，乘驿而来。沿途酌拨绿旗兵递送。俟朝见后，遣归。后巴图尔额尔克济农率其子云木春台吉来朝，优赉遣之。

谕大学士等："甘肃提督孙思克久历边地，劳绩素著，著加太子少保，给一拜他喇布勒哈番。"

（卷154　706页）

康熙三十一年（1692年）五月庚戌

升陕西临洮道姜登高为广西按察使司按察使。

（卷155　712页）

康熙三十一年（1692年）五月丙寅

陕西巡抚布喀疏言："挽运宁夏粮十万石至今未到，请敕下甘肃巡抚严催挽运。"得旨："凡积贮米谷总以备应急需支散赈济。西安、凤翔所属被灾朕心深切焦劳，因令将宁夏粮石作速运往。布喀前任甘肃巡抚时，以宁夏道远挽运艰难，欲将长武附近州县之粮运去，自行陈请。随即允行。今经数月乃布喀诈欺愚民，辄称百姓困苦，邀取虚名，总不竭力公事，迁延推诿，竟未运到。顷调伊为西安巡抚，又向西安之民巧示情面，请敕甘肃巡抚速行挽运，以陷人于罪，专事奸巧，希图名誉，耽误委任，稽迟急务莫逾于此。理应即置重典，以为邀虚名误公事者之戒，但伊尚有未完之事，著将布喀革职，戴罪留任。宁夏等处粮石令其俱亲身照数速行运赴西安。至散赈之事，布喀停其管理，总督葛思泰同差往大臣协力赈济。倘布喀仍不作速运到，稍有耽延，定置重典，决不宽宥。该部知道。"

（卷155 712页）

康熙三十一年（1692年）六月癸卯

甘肃提督孙思克疏言："台吉憨都既与巴图尔额尔克济农一同来降，又与罗卜藏额林臣、祁齐克等潜谋逃亡，欲赴策妄阿喇布坦所。随发官兵追剿至库勒图地方，憨都远遁，杀其所属四十余人，擒获男妇马驼等。祁齐克自称台吉同谋逃遁，应正法。阵擒四十三人，随祁齐克之九人亦应正法。其妻子应否解京，所获马驼器械等物应否赏给有功官役，请旨定夺。"下部议。寻议复："祁齐克宜正法。宥其从人妻子解京。其驼马等物赏给有功将士。"得旨："祁齐克著免死，其妻子亦免，解京，令与巴图尔额尔克济农完聚。余如议。"

（卷155 715页）

康熙三十一年（1692年）七月壬戌

先是，伊拉古克三胡土克图请自察罕托灰迁其父吴巴什及弟子，往居松阿喇布贝勒地方，上不许。令迁归化城。寻伊拉古克三以其父病故，奏请安葬。上遣理藩院笔帖式常寿偕往。至是常寿报云："伊拉古克三渡黄河岔逸去。"理藩院以闻。上命大学士等议奏。随议复："伊拉古克三曾授总领喇嘛班第之职，豢养已深，理宜效力图报，而竟逃去，大干法纪。或逃往达赖喇嘛处，或逃往青海处，俱未可定。应檄甘肃提督孙思克详探，如遇彼即行拿解，如抗拒即行剿杀。青海诸台吉亦应遣文谕知。"从之。

（卷155 716页）

康熙三十一年（1692年）八月辛丑

以正黄旗汉军副都统李林隆为陕西固原提督。升西宁总兵官李芳述为贵州提督。

（卷156 719页）

康熙三十一年（1692年）九月戊申

甘肃提督孙思克疏言："员外郎马迪奉旨差往策妄阿喇布坦，臣标下守备高天福、千总马惟恒及兵三十名护行。今据肃州总兵官潘育龙报称，向导蒙古巴素归报马迪等行至哈密地方，距城五六里许驻扎，有噶尔丹属下蒙古五百许杀马迪等，尽劫马驼行李而去。执原任郎中格什、守备高天福、千总马惟恒并受伤，未受伤兵共二十四人到哈密城。据报以闻。"

（卷156　720页）

康熙三十一年（1692年）九月丙辰

调山西大同总兵官王弼为陕西西宁总兵官。

（卷156　720页）

康熙三十一年（1692年）九月丁卯

厄鲁特噶尔丹遣使进贡，赏赉如例。

（卷156　724页）

康熙三十一年（1692年）十月甲辰

调甘肃巡抚吴赫为陕西巡抚，升甘肃布政使严泰为甘肃巡抚，刑部郎中杜喜为甘肃布政使司布政使。

（卷157　728页）

康熙三十一年（1692年）十一月丙寅

甘肃提督孙思克军政自陈。得旨："孙思克简任提督，克副委任。著加授将军，弹压地方以示奖励劳臣之意。"寻授振武将军。

（卷157　729页）

康熙三十二年（1693年）正月丙午

谕大学士等："闻厄鲁特噶尔丹无所得食，困迫已极，仰食于其所属番人。而有来哈密之信，哈密于我边塞相去最近，可发宁夏驻防满兵，令往甘肃提督孙思克处为之预备。孙思克所辖官兵亦当令其整顿预备。此外本省附近地方官兵有宜调发预备者，令孙思克一面调发，一面奏闻。又贝子察汗巴尔之弟班第自青海来时，由大草滩于边内行来，遇伊拉古克三胡土克图亦由边内而往。如此潜行来往，边塞官员何以不复稽察耶？此亦当移檄孙思克，边塞官员令其严加戒饬。尔等会同兵部密议以闻。"

（卷158　735页）

康熙三十二年（1693年）二月戊子

谕大学士伊桑阿、户部尚书马齐等："闻噶尔丹艰于食，穷困已极，来就食于哈密。哈密近在塞下，若不预为设备，乘隙事生其时不及防矣。今虽于甘肃令满洲、绿旗兵预备，而兵力尚单，可自京师每佐领出兵二人，由边外往宁夏就提督孙思克处预备。更拨陕西总督标下火器营兵出二千人、马兵出千人，亦遣往孙思克处令其预备。尔等与议政诸臣会同领侍卫内大臣索额图、郎谈、副都统阿南达议奏。"寻议："京城应拨每佐领下护军二名、枪手护军四百名、骁骑四百名、前锋四百名，由边外至宁夏赴提督孙思克所驻扎。再檄陕西总督佛伦选择本标火器兵二千、骑兵一千，择贤能官领至孙思克所预备，并檄孙思克整饬本标官兵俱遵前旨，不时远探，如有机会勿致失误。"得旨："增兵甚善，应如所议，军中大臣不必多也。领侍卫内大臣郎谈既尝踏勘地方，即授为将军，遣行副都统阿南达曾经周行侦探，亦应派出。既发前锋则前锋统领硕鼐亦应派出。其余大臣官员皆朕所简授，自酌量调用，不得妄请从军。所发皆见备之兵，不可迟久，限三月望内起行。此地备兵亦关紧要。可即拨兵以补所发之缺。寻授郎谈昭武将军印，以将军博霁提督孙思克为参赞右卫护军，统领伯四格管辖护军。"

（卷 158　　739 页）

康熙三十二年（1693年）二月己丑

达赖喇嘛疏言："彭素克格隆、达木奔尔囊素等赍到恩赐，不胜欢忭。上谕之意臣已明晓。屡欲使喀尔喀、厄鲁特修好，而生灵合有灾眚，弗能和协。济隆胡土克图不克尽力，虽有小惩仍求大君宽宥。巴图尔额尔克济农倘许安插于西海，可以保无盗贼，而教之遵行法度。皇上各项差员，遇旧时驻牧之人忽生乱端，皆难辨晰，伏祈鉴宥。蒙遣济隆胡土克图于噶尔丹，谕彼遵誓。但厄鲁特大半附策妄阿喇布坦，虽谕以修好，若厄鲁特不从而生乱端，则西海大小土伯特力有不支。伏祈鉴而察之。至打箭炉等处地方在汉人与土伯特之间，奉皇上敕旨云，土伯特行商者无用，其止之。是以土伯特仍照前行，汉人地方虽有妄为之事，如发蒙古前往，恐不当圣心，是以未经遣发。以上情事俱已口陈于彭素克喇嘛，乞仍前颁赐温谕。"奏至，敕谕达赖喇嘛曰："朕统御宇内，抚绥万邦，好恶不偏。凡出令行政务本公诚以为惩劝。前者济隆胡土克图违旨偾事，已发敕谕尔喇嘛知之。今尔喇嘛疏言济隆胡土克图不能尽力，虽有小惩仍望大君宽宥。向为喀尔喀、厄鲁特之事，尔喇嘛节次遣使，皆不能体尔喇嘛之意。后又遣济隆胡土克图亦不能体尔喇嘛之意，反与噶尔丹偕行杀掠喀尔喀，入汛界劫取牲畜。所行凶悖以致厄鲁特、喀尔喀残破，人多死亡，穷困至极。凡奉使行人不悖旨而成事，则赏以劝之，违旨而败事，则罚以惩之。国家一定之大法也。如或不然则善人何以为劝，恶人何以为惩乎？至巴图尔额尔克济农前以困穷而来归朕，朕优恤之，使居贺兰山，俾得其所。乃忘朕豢养之恩，妄生猜贰，四处奔窜。今穷而复归，朕又宥其前愆安插之矣。并无欲得其利，欲用其力之心也。今尔言巴图尔额尔克济农安插西海，即可以无盗贼，亦可教之遵行法度。尔喇嘛何不即拨人夫，乘便迁巴图尔额尔克济农种类尽至西海安插之乎？尔喇嘛又言皇上各项差员遇旧时驻牧之人忽生乱端，皆难辨晰，伏乞鉴宥。又言厄鲁特大半附策妄阿喇布坦，虽谕以修好，若厄鲁特不从而生乱端，则西海大小土伯特力有不支。伏祈鉴而察之。朕遣使于尔喇嘛，往来不绝途中，无一舛错。尔喇嘛属下人近边而居，历年已久，亦从未尝启衅生事，况策妄阿喇布坦目下并无妄为之事，何所见而悬拟之乎？苟有此等事端，其时自有从公裁度之处。尔喇嘛又奏打箭炉交市之事，殆欲屯戍之意也。今天下太平，并无一事。尔喇嘛与我朝往来通使历有年所，何嫌何疑。尔喇嘛如设立驻防，我内地必量增戍守，中外俱劳。况我内地兵丁，约束甚严，非奉朕旨，何敢私出边境。尔喇嘛但须严禁属下，不使妄行，有何衅之可开。戍兵之设似无用也。特此遣大喇嘛垂喇克格隆根敦、林辰格隆往谕。"

（卷158　740页）

康熙三十二年（1693年）三月庚午

兵部题："宁夏镇标骑兵二千四百、步卒一千六百防守地方，所关甚要。今总兵官冯德昌与将军郎谈等同赴甘州军中，则其标兵当酌量留守，应作何领兵，总兵官印务应畀才能者代理，令与总督、将军、提督商确。"奏闻，得旨："甘州有孙思克兵，可令冯德昌独往，其宁夏镇兵，赵良栋身系旧臣，可暂行管领。"

（卷158　744页）

康熙三十二年（1693年）四月丁亥

谕大学士等："昨日皇子允禔奏，往祭华山，每日行一百七八十里。逼近潼关，连雨三日，泥泞难行，一日止行百里。至陕西见麦田甚好，问总督佛伦，云：'雨水甚调，麦田颇好，故流民回籍者甚多。将播种银两发与州县百姓时，内有两县百姓云田已种完，不用库帑，将银缴回。有自甘肃及秦岭来者，问之，皆云雨水均调，麦田甚好。'向日西安、凤翔饥民，逃窜者众。今虽各回籍，必秋禾有收，方得安业。若秋禾不登，将如之何，朕实忧之，见今畿甸稍旱，著礼部虔诚祈雨。"

（卷159　745页）

康熙三十二年（1693年）六月丙子

甘肃提标守备高天福奉差至哈密地方遇害，赠署都司金书予祭葬，如阵亡例。

（卷159　748页）

康熙三十二年（1693年）六月己亥

旌表甘肃节妇侯天锡妻杜氏，给银建坊如例。

（卷159　749页）

康熙三十二年（1693年）九月己酉

昭武将军郎谈疏言："现擒哈密回子云：'噶尔丹属裔牛羊已尽，捕鱼为生。噶尔丹在乌郎坞耕种。'臣意将马秣肥，来春直临和卜多，索其同哈密国人戕害使臣之土克齐哈什哈、哈尔海达颜额尔克等。彼既起衅当乘机而行，噶尔丹如不迎敌，遁入深林，则穷追之。即不获其身而散其族属，误其农田。大兵回经哈密，杀散噶尔丹供赋之回子，刈其禾苗，毁噶尔丹所恃以为常产者，彼自穷困矣。"奏至，命议政王大臣会议。寻议："前噶尔丹战于乌阑布通，退回之时誓不复扰我边境。近以钦差颁赏员外郎马迪等被害，噶尔丹不及与知，乃其种类所为，已遣使请罪。蒙上宽宥，赐以敕书。目下噶尔丹并无逼近边塞之衅，将军郎谈所奏应无庸议。但檄将军郎谈、孙思克遣才能者，远行侦探，如获噶尔丹实音，具奏请旨。其现擒哈密八人，令将军给以糇粮遣归。"得旨："此事所关甚大，郎谈等身在行间必有所见，进则易于奏功，亦未可定。倘有可乘之便，此机亦不可失。兹军行之期尚早，当遣护军统领苏丹、侍郎席尔达会同总督佛伦往与郎谈、博霁、孙思克等，将可进不可进，与当进当守之事详议回奏。"寻苏丹等往会议："闻噶尔丹有离和卜多之信，且目下噶尔丹人力单薄，马畜鲜少，断不与大兵抗拒。今率兵征剿，粮饷关系重大。噶尔丹游牧为生，无一定之巢穴。所请来春直临和卜多之奏，宜罢之。哈密回子向来纳赋于噶尔丹等蒙古，历有年所，非自今创始也。盖此等蒙古多有纳赋之番人，今以纳赋于噶尔丹之故遽兴兵击散，非所以仰体皇上如天好生之至仁也。既议罢征噶尔丹，则所称杀散哈密回子，刈其禾苗之语当不必议。但将噶尔丹之事付将军孙思克遣绿旗才干人员，不时远探声息。其回子八人禁在甘州、哈密者，乃诸使之通衢也，宜令放归。并将皇上好生至德，大书告示，付此回子等持往，谕其头目。仍给此回子等粮骑。"从之。

（卷160　754页）

康熙三十二年（1693年）九月丙辰

护军统领苏丹等疏言："臣等查甘州、凉州在西北陲，所植之苗惟麦、黍、豌豆而已。甘州所属虽略种稻，而不甚多。大兵在甘州，粮草不足，乞令自京拨驻甘、凉之大兵暂驻宁夏。驻扎兰州之西安兵暂驻兰州。其西安调至督标官兵发回省城。西安官兵既皆在兰州，则西安将军博霁应遣往兰州。"从之。

（卷160　755页）

康熙三十二年（1693年）十月癸未

升甘肃提标副将岳升龙为山东登州总兵官。

（卷160　759页）

康熙三十二年（1693年）十月丁酉

鄂罗斯察汉汗遣使进贡。大学士等将鄂罗斯进贡奏章翻译进呈。上曰："鄂罗斯国人才颇健，但其性偏执，论理亦多胶滞。从古未通中国，其国距京师甚远，然从陆路可直达彼处。自嘉峪关行十一二日至哈密，自哈密行十二三日至吐鲁番，吐鲁番有五种部落。过吐鲁番即鄂罗斯之境，闻其国辽阔有二万余里，汉时张骞曾出使西域，或即彼处地方。明永乐曾经出塞，彼时以为甚远，按其所至之地离此亦不过千余里，史书所载霍去病曾出塞五千里，想或有之。今塞外尚有碑记可考。至外藩朝贡虽属盛事，恐传至后世未必不因此反生事端。总之中国安宁，则外衅不作，故当以培养元气为根本要务耳。"

（卷160　761页）

康熙三十二年（1693年）十一月戊辰

谕大学士等："西安地方今年大丰，西安分戍兰州兵宜撤回西安。设有噶尔丹之警，西安亦近调之不久可到。尔等会同议政王大臣等详议具奏。"寻议："宁夏既有京城大兵驻防，应撤回驻防兰州西安官兵，令将军博霁等率之回西安。"得旨："所有京城大兵于来年草青时亦撤回。余如议。"

（卷161 764页）

康熙三十三年（1694年）正月庚申

振武将军甘肃提督孙思克疏言："蒙古头目博济闻伊兄巴图尔额尔克济农投降，蒙恩安插宁夏贺兰山。今亦率其属下男妇一百一十余人来降，求与伊兄同居。"上命理藩院遣官一员送博济等至巴图尔额尔克济农所，令其完聚。

（卷162 771页）

康熙三十三年（1694年）正月乙丑

谕大学士等："四川、陕西总督佛伦请修黄城尔旧城。朕览其所进地图，黄城尔地方实属紧要。自甘州至西宁道里遥远，若自黄城尔至西宁，其路甚近，三日可达。令官兵驻防甚为有益。青海居住台吉等曾以为此地乃伊等地方，恳请给还。朕亲政时谕辅政诸臣，此系大草滩地方，与我朝最为要地，断不可给，故至今隶我版图。凡遣往西边官员复命者，朕常询问地方形势，亦尝详阅舆图，故于边疆要地无不记忆。此处驻防兵丁事属紧要，著该督会同提督等详议具奏。"

九卿议复四川陕西总督佛伦疏言："臣奉旨查阅三边，查陕西自肃镇嘉峪关北边以至宁夏贺兰山起处，俱系土筑边墙。自贺兰山之胜金关起至贺兰山尽之平罗营，原无边墙，以山为界。自平罗营以至延绥汛地之黄甫川，亦系土筑边墙。至于甘、肃、凉、庄一带南山，原无边墙，俱系铲山掘壕为陡岸作界。其间陡岸壕堑甚多残缺。又肃、甘、凉等处南山及宁夏之贺兰山隘口，原有石垒木榨堵塞，年久倒废，人可越度。又西宁镇汛之西石硖、镇海、西川一带，原有边墙。其南山直抵河州，北山直抵庄浪，原无边墙，皆系铲山为界，亦有年久颓倒可以越度者。或平坦无迹者三边墙垣，历年久远，坍坏已多，若不亟为修理，必致倒废。但三边延长辽远，不能刻期修理，勒限完工，请于每年渐次修补。今提镇及专城之副将、参将、游击等量给步战守兵工食，督其修理各隘口。应堵石垒木榨之处，亦令提镇等酌量堵塞。其倒坏边墙，沙淤壕堑，应令兵丁修挖，俱应如所请。"从之。

（卷 162　771 页）

康熙三十三年（1694 年）正月丙寅

兵部议复四川、陕西总督佛伦疏言："自宁北横城进口，由宁夏抵庄浪，驿站旧路通计一千八百余里，若进横城口，出胜金关，由中卫渡河直抵庄浪才九百一十里，较旧路近九百里有奇。今应于胜金关添设一站，中卫添设一站。自中卫渡河由黄沙坡西行，经大涝坝、沙圪堆、芦塘、松山四处，各添设驿站。中卫、胜金关驿务即令中卫同知管理。大涝坝、沙圪堆二驿事务添设驿丞一员管理，仍听中卫同知兼辖。移兰州兰泉驿驿丞管理芦塘、松山二驿事务，听庄浪同知兼辖。俱应如所请。"从之。

（卷 162　772 页）

康熙三十三年（1694 年）正月丁卯

厄鲁特巴图尔额尔克济农来朝进贡，赏赉如例。

（卷 162　773 页）

康熙三十三年（1694 年）六月辛丑

升陕西定远副将董大成为凉州总兵官。

（卷 164　788 页）

康熙三十三年（1694 年）八月甲辰

兵部议复四川、陕西总督佛伦疏言："臣前疏请复黄城尔旧城，安设弁兵，控扼雪山，稽察往来奸宄。奉旨会同提督确议具奏。今据甘肃提督孙思克等咨云，黄城尔地方逼近雪山，天气寒冷，难于耕种，粮草无出。修筑城垣，工程浩大，应暂请停止。至于大黄山、大草滩之要路在大马营地方。原设守备兵力单薄，应将守备裁去，改设游击一员，千总、把总各一员，马步兵五百名驻守大马营。仍令永固城副将兼辖，肃州总兵官统辖。并于大阿博墩东西筑墩台，拨兵瞭望。其唐家沙沟应令永昌副将派千、把总各一员，统领马步兵轮流驻防。至北边碛口等处亦应添设把总一员，马兵三十名驻扎定羌庙，令碛口守备管辖。俱应如所请。"从之。

（卷 164　793 页）

康熙三十三年（1694年）八月丁未

兵部议复四川、陕西总督佛伦疏言："肃州镇标马兵尚少，应添二百名。再将步兵四百名改为马兵，共马兵二千四百名、步兵八百名，分为四营，添设游击一员、守备一员、千总二员、把总四员。甘州提标应添设火器兵五百名。西宁镇逼近青海亦应添火器兵五百名。北川营逼近雪山应添马兵七十名，设游击一员，添千总、把总各一员。镇海堡步兵九十名应改为马兵。西大通地方把总一员应改为千总，添马兵二十名。西宁之老鸦堡、凉州之武胜、岔口等堡各将本堡步兵十名改为马兵。俱应如所请。"从之。

（卷164　793页）

康熙三十三年（1694年）九月辛巳

升甘肃按察使党爱为陕西布政使司布政使。

（卷165　796页）

康熙三十三年（1694年）九月乙酉

九卿议奏："革职陕西巡抚布喀，身任封疆于甘肃巡抚任内并不遵旨运粮以济兵民。将宁夏等处现运之粮停止，擅动西安所属长武等州县之粮私行挽运。又以运粮迟延之罪俱委于西安所属官员。及至调补西安巡抚，复请令甘肃巡抚将宁夏之粮挽运，又以迟误之罪卸委他人。罔惜军民乏食，贻误边疆重事。应将布喀拟斩立决。其布喀所参巡抚吴赫将伊诬陷，系吴赫参后布喀仇参，应无庸议。"得旨："布喀著改为应斩监候，秋后处决。余依议。"

巴图尔额尔克济农疏言："前者鄂齐尔图汗时，臣曾进贡往来。自噶尔丹执鄂齐尔图汗，臣率族众居青海数年。后归圣化，蒙恩不可胜计。曾两次遣使，中途遇害俱不得达。臣之族类困穷已极，臣今愿往指授地方，编为参领、佐领，驰驱效力。"得旨："巴图尔额尔克济农甚为可悯，但达赖喇嘛奏请安插于彼青海地方，姑允其说。现令达赖喇嘛有使人至，俟使至日当另有旨。"

（卷165　797页）

康熙三十三年（1694年）九月戊子

升工部郎中囊吉里为甘肃按察使司按察使。

（卷165　797页）

康熙三十三年（1694年）九月己丑

予故凉州总兵官师帝宾祭葬如例。

（卷165　797页）

康熙三十四年（1695年）二月庚申

升山西布政使舒树为甘肃巡抚。

（卷166　808页）

康熙三十四年（1695年）六月甲午

又谕领侍卫内大臣苏尔达等："闻噶尔丹将从嘉峪关外过哈密之南昆都伦及额济内河，往投达赖喇嘛。应遣干员往探。若果噶尔丹于此取道，此机断不可失，应即行剿灭。著副都统阿南达作速前往，会同将军博霁、孙思克、提督李林隆等公议确探，择便以行。李林隆可选标兵一二百名速往甘州商酌行事。兵部即檄将军提督等知之。"

（卷167　814页）

康熙三十四年（1695年）七月庚午

升陕西肃州副将李士达为直隶天津总兵官。

（卷167　817页）

康熙三十四年（1695年）八月辛丑

西安将军博霁疏报："噶尔丹属下回子塔什兰和卓等五百许人过我三岔河汛界。肃州总兵官潘育龙擒解前来。请皆拘留肃州边内，俟得噶尔丹确信再行遣回。"从之。

（卷168　821页）

康熙三十四年（1695年）八月丁未

谕大学士伊桑阿曰："闻噶尔丹果有来克鲁伦河之信。可令副都统阿南达自甘州回，其兵仍留驻防御。西安将军博霁亦著回宁夏，速檄知之。"

（卷168　822页）

康熙三十四年（1695年）十月癸卯

升广西柳庆营副将杨彪为浙江温州总兵官。陕西凉州永昌营副将陆进忠为云南鹤丽总兵官。

（卷168　828页）

康熙三十四年（1695年）十二月己亥

命西安将军博霁统满洲兵，振武将军孙思克统绿旗兵，偕副都统西尔哈达、祖良璧、马自德、巴麟从西路进剿。固原提督李林隆留守陕西、甘肃，副都统阿兰台兼管绿旗兵驻宁夏，副都统费扬吾驻西安。

振武将军孙思克疏言："西宁总兵官韩弼留守地方，其宁夏总兵官殷化行，凉州总兵官董大成，肃州总兵官潘育龙，贵州威宁总兵官唐希顺，陕西延绥镇游击祁朝祥俱请令从征。"下议政大臣等议。寻议复："应如所请带往。至尚书图纳所议，随大军绿旗兵三千，亦于四总兵官内酌拨统领。"从之。

（卷169 835页）

康熙三十五年（1696年）正月壬申

四川、陕西总督吴赫疏言："甘肃边地关系紧要，今将军孙思克等出征，防守不可不严。臣请酌选标下官兵带往甘州，防守边境。并会同该抚采办驼马、军需。"从之。

（卷170 842页）

康熙三十五年（1696年）正月甲戌

汉大学士九卿科道等疏言："皇上文德诞敷，武功丕显，前者三逆负恩，察哈尔作乱，赖皇上运用神谋，皆立时授首。又平台湾以为郡县，数十年间凡亘古声教所未及者，无不来享来王。乃噶尔丹狡焉小丑，反复靡常。皇上赫然震怒，命加天讨，机宜措置，断自宸衷，遣发诸路精锐之师，分道并进，天戈所指，诛之决矣。顾西路大兵已特敕抚远大将军伯费扬古为帅，而将军舒恕博霁、孙思克等又率三秦满汉大兵协剿。惟中路将军未蒙简命，窃意睿谟深远，将欲亲统貔貅，扫清朔漠。臣等愚陋之见，窃以皇上为百神之所凭依，四海苍生之所倚赖，似不必以此稽诛小寇，躬临壁垒。伏冀皇上特简中路大将军一人，令统大兵与诸路并剿。如虑道里远隔，一切进止机宜，调度为难，或驻跸近边，指授方略，则诸路大军自可只奉成命，立奏肤功。"奏入，得旨："朕临御以来，日以爱养兵民为念，未尝轻于用兵，远事征讨。方今宇内无事，惟厄鲁特噶尔丹违背约誓，恣行狂逞，侵掠我臣服之喀尔喀。恐渐致边民不得休息，故特遣各路大兵分道并进，务期剿荡，为塞外生民除患。向年乌阑布通之役，朕以策诱噶尔丹入距京师仅七百里许，大兵已经击败。乃竟中贼计致噶尔丹遁走。彼时因朕躬违和，未得亲至其地，失此机会，至今犹以为憾。噶尔丹窜伏巴颜乌阑地方，相距未甚辽远，以是不惮勤劳，亲莅边外，相机行事，此贼既灭则中外宁谧，可无他虞。假使及今不除，日后设防兵民益多扰累。所奏已知之。"

（卷170　842页）

康熙三十五年（1696年）正月乙亥

振武将军孙思克疏言："臣同尚书图纳公议，派陕西绿旗兵九千，于二月初十日以内齐集甘州养马，一月一同出边。但甘肃地方苦寒，青草发萌甚迟。于三月二十日前后，青草若萌，即行出口。倘尚未萌达，请再守候几日。再河西地方逼近蒙古，应令提督李林隆酌量带领官兵，驻扎甘州防守。"上谕诸王大臣："大将军伯费扬古兵于二月二十日前后进发，将军孙思克兵亦应令于二月二十日前后自宁夏起程。甘州、肃州等处兵若调至宁夏，路途遥远，其到必迟。现今宁夏有满洲兵一千、汉军火器营兵五百，应再增以西安满洲兵一千、汉军火器营兵五百，以足三千之数。再宁夏、榆林二总兵官标下绿旗兵共选派六千，即令该总兵官率领同将军博霁、副都统阿南达等于二月二十日前后自宁夏起程，令将军孙思克将伊标兵酌量选带速来宁夏，如及期而至，则一同进发，倘或不及，可随后踵进。其满洲汉军兵丁，马匹未及喂肥，著该将军、总督等将存留满洲汉军，并绿旗兵丁马匹内酌选肥健者，更换付之。其添给绿旗兵丁马匹，并运米之骆驼、马骡，俱令于各营及驿马内，选膘壮者给付。一切事务，令尚书图纳会同该总督、巡抚、提督等公商料理，毋致有误。提督李林隆速往甘州驻扎，酌量征调官兵，加意防守地方。速檄知之。"

（卷170　843页）

康熙三十五年（1696年）二月戊申

先是，遣御史钟申保等往召班禅胡土克图。至是，偕达赖喇嘛等使人至西宁，先以达赖喇嘛达赖汗疏奏，内称，以皇上宠召之意宣告班禅，但伊未曾出痘，不能趋赴。其班禅胡土克图亦疏言，皇上宠召，理应趋赴，但国俗大忌痘疹，不能上副皇上之意。又第巴疏言，噶尔丹闻召班禅之信，遣人阻班禅胡土克图勿行，班禅遂不果行。章下所司，命达赖喇嘛等使人来京。

（卷171　851页）

康熙三十五年（1696年）六月乙酉

命理藩院檄青海萨楚墨尔根台吉等，谕以噶尔丹败逃及达赖喇嘛已死九年，第巴匿之，假其言诳诱噶尔丹作乱之故。令探听噶尔丹声息，倘彼西走，即行擒解。至噶尔丹女嫁于博硕克图济农之子，并噶尔丹之人在青海者，悉令执送。

（卷174　879页）

康熙三十五年（1696年）六月丁酉

振武将军孙思克奏言："奉命召臣来京，续又令西安官兵、绿旗官兵赴京安息。臣与将军博霁会商，以牲口疲瘦，京城距肃州遥远，空劳往返。今将军博霁等酌带满洲、汉军兵五百名，臣与总兵官潘育龙等酌带绿旗兵五百四十五名，随大将军一齐赴京外，余悉由归化城一路入边，各自遣归本汛。又官兵及仆从在克鲁伦一带沿途地方，蒙皇上屡次加恩，赏给口粮，俱叩头谢恩。"得旨："运送西路米石未到，恐大兵乏食，朕心深切轸虑，预先筹划，将中路所运之米迎至拖讷山，量兵丁所用拨给。今据奏，知兵丁得食，不致匮乏。朕心始宽慰矣。"

（卷174　881页）

康熙三十五年（1696年）六月癸丑

达赖喇嘛使人戈尼尔罗卜赃帕克巴格隆等，奉谕自西宁至京。上命领侍卫内大臣索额图、大学士伊桑阿传谕曰："噶尔丹败于乌阑布通，遁走之时，首顶威灵佛像设誓云，不但圣上属下人民，即喀尔喀降人以外再不敢复犯矣。去年又背誓至克鲁伦地方，残害喀尔喀，掠我降人纳木扎尔陀音。于是朕亲统大军往讨，噶尔丹惧而奔遁，适遇我防御之兵，诛杀过当。噶尔丹率数人逃窜，余者尽降。厄鲁特遂灭。厄鲁特降人告曰，达赖喇嘛久已脱缁矣。天下蒙古皆尊奉达赖喇嘛，如达赖喇嘛身故，理宜报闻诸护法主，以班禅主喇嘛之教，继宗喀巴之道法。乃匿达赖喇嘛之丧，指达赖喇嘛之名唆诱噶尔丹。朕屡遣使问之，第巴皆不使与达赖喇嘛相见，伪居高楼之上以示之。第巴原系达赖喇嘛下管事人，朕优擢之，封为土伯特国王。乃阳奉宗喀巴之道法，阴与噶尔丹比。欺达赖喇嘛、班禅而坏宗喀巴之法。前遣济隆胡土克图至噶尔丹所，为噶尔丹诵经，选择战日。朕为众生往召班禅，沮而不遣。朕无责达赖喇嘛、达赖汗、青海诸台吉之意。朕今遣使于达赖喇嘛，果达赖喇嘛尚在则面见朕使臣，晓谕噶尔丹遵朕旨行。朕凡事俱略无介意，若仍诳我使人，不令相见，断不轻止。至噶尔丹之誓，济隆胡土克图等见在其地，问之岂有谬乎？今将遣使往彼，其来人或欲全归，或欲数人先归，尔等可询明，随其意遣之。"

（卷174 883页）

康熙三十五年（1696年）七月甲子

谕署理藩院事户部尚书马齐："噶尔丹为我大兵击败，今已无所往矣。阿南达见在西宁，应令率巴图尔额尔克济农之兵，驻扎布隆吉尔等处堵御，如得噶尔丹父子实音，即擒而诛之。可速檄行。"

（卷174 886页）

康熙三十五年（1696年）八月甲申

先是，上命员外二郎保赍敕往谕青海诸台吉。至是二郎保奏言："臣至青海之察罕托罗海地方，以部发印文示达赖喇嘛所遣管理青海事善巴陵堪布。又告以击败噶尔丹之事。堪布言，此事大，我不得独主其议。俟青海诸台吉同来会盟，定议再复。七月初八日，扎什巴图尔等三十一台吉俱到盟所，以檄文授之。扎什巴图尔言，噶尔丹杀我鄂齐尔图汗，取我属裔，与我亦有仇，但噶尔丹之女嫁博硕克图济农之子，乃告之于达赖喇嘛而结姻者。我等俱达赖喇嘛之徒，俟启闻达赖喇嘛，视其言何如，遵依而行，非可任我等之意。复奏。"上命议政大臣等会议，寻议："应令扎什巴图尔等将达赖喇嘛作何定夺之处备文复部。并将此等情由增入达赖喇嘛敕谕内。"从之。

命肃州总兵官潘育龙赴京。

（卷175 889页）

康熙三十五年（1696年）八月壬辰

调陕西肃州总兵官潘育龙为直隶天津总兵官，以原任古北口总兵官李士达为陕西肃州总兵官。

（卷175 889页）

康熙三十五年（1696年）八月癸巳

议政大臣等议奏郎中满都密报："降人回回国王阿卜都里什特言昔年为噶尔丹所诱，被执十四年。今噶尔丹败始得脱身来归。近闻噶尔丹在古尔班塔米尔台库鲁地方。度其困穷不能久居，必往青海。往青海有哈密、吐鲁番、叶尔钦三路。而哈密与嘉峪关相近，有天朝大兵；叶尔钦有我回回兵二万许在，彼皆未必敢往。恐当往吐鲁番。我愿留子于此，亲往吐鲁番，以圣上威德宣谕属下众回子。又策妄阿喇布坦所居博罗塔喇与吐鲁番相近，往与合谋，擒噶尔丹，以报受辱之仇。应令理藩院遣官往召阿卜都里什特至京，加之恩赐。再遣官送出嘉峪关。"得旨："著遣官召阿卜都里什特及其子额尔克苏尔唐赴京。可传谕云来京之后，俱一同遣归。"

（卷 175　890 页）

康熙三十五年（1696年）八月辛丑

振武将军孙思克、西安将军博霁等来京陛见。

（卷 175　894 页）

康熙三十五年（1696年）九月乙丑

副都统阿南达疏言："臣遵奉。皇上成算，已于布隆吉尔及昆都伦、额济内诸处各遣官率兵驻扎哨探，窃思坐哨之人若至嘉峪关、肃州等处来报，而后趋赴，恐噶尔丹已过，有失机会。若臣亲至布隆吉尔之都尔白儿济，形势地方乃两边哨卒递报之路，但仅率巴图尔额尔克济农等设哨所，余兵一百五十人以往，为力甚薄，因与提督李林隆共议增绿旗兵四百，子母炮二十门，臣亲率之于九月初三日自肃州起行矣。报闻。"

（卷 176　898 页）

康熙三十五年（1696年）九月丙寅

赐振武将军甘肃提督孙思克袍褂帽韂鞍马等物。

（卷 176　899 页）

康熙三十五年（1696年）九月癸未

谕大学士等："陕西以茶易换之马匹，关系紧要，著学士朱都纳带理藩院司官一员前往，沿途谨护来京。"

（卷 176　902 页）

康熙三十五年（1696年）十月辛丑

谕议政大臣等："噶尔丹窘迫已极，必亡命走哈密。著檄孙思克率所部兵赴肃州至副都统阿南达处预备，著将军博霁于西安兵内未行者选二千名，亦赴阿南达处会同孙思克。探噶尔丹往哈密声息，即行剿灭。"

副都统阿南达疏言："臣令噶尔亹多尔济哨卒拜格往谕噶尔亹多尔济，言，皇上待汝比众不同，将抚育汝，汝反逃去与巴图尔额尔克济农擅去游牧。其时尔年小，不能禁止下人。圣上亦灼知之，不深责尔也。后噶尔亹多尔济遣人来告曰：'皇上怜我祖鄂齐尔图车臣汗，使我与巴图尔额尔克济农接壤而居，予之牧地。因巴图尔额尔克济农擅自游牧，我亦与之同往，及皇上敕旨到日，我年方幼，我母一妇人不能回奏，每思此情，何以得达。今祈副都统将我奏事之人一同带往。'臣语之曰：'厄鲁特人不可信，果欲遣使，当于十月二十日遣人再到肃州。'"报闻。

（卷177　905页）

康熙三十五年（1696年）十月丁未

升陕西甘肃布政使郭洪为甘肃巡抚。

（卷177　907页）

康熙三十五年（1696年）十一月戊午

议政大臣奏："员外郎二郎保报称阿玉奇台吉发兵一千，以塞尔济札卜寨桑领之，策妄阿喇布坦发兵一千，以楚呼郎寨桑领之，额尔克巴图尔台吉亲率兵千许俱会集于阿尔台以内土鲁图地方驻扎。四面设哨，如遇噶尔丹即执而杀之，如或生擒即行解送。又达赖喇嘛使人尼麻唐胡土克图、卓磨龙堪布、丹巴囊素，达赖汗之使人寨桑及喀尔喀泽卜尊丹巴胡土克图在西方之喀尊等共一百七十余人，在十一月望间可到西宁边口，到日即欲进京奏请圣安。访其消息为青海诸台吉之事而来，其行甚急，如到西宁边口，或特差人驰驿护送来京，或照伊等常例行走，俟部奏明移文到日，以便遵行。应拨理藩院官一员乘驿速至西宁，将尼麻唐等暂行留住，问明来意，如有奏章，即著赍来，若应令进口，则遣人往召，不则即行遣归，并行文二郎保，不时探听阿玉奇台吉策妄阿喇布坦等，备兵出行声息。"上曰："差遣司官必致迟误，著行文二郎保亲身问明来奏。"

（卷178　910页）

康熙三十五年（1696年）十一月庚申

以兵科掌印给事中能泰为甘肃布政使司布政使。

（卷178　910页）

康熙三十五年（1696年）十一月戊辰

以甘肃按察使囊吉里所运翁金粮饷迟误，命革职。

（卷178　911页）

康熙三十五年（1696年）十一月庚午

副都统阿南达奏："十一月初七日，哨卒来报，见有飞尘，臣率兵往邀其来路，因彼已过，追至百有余里于素尔河边皆拘之。系达赖喇嘛使人达尔汉鄂木布、青海博硕克图济农使人阿尔达尔寨桑、彭素克台吉使人寨桑和硕齐。又问其所往，言我等通问于噶尔丹，今自噶尔丹所归去，见有噶尔丹使人与我等同归，查噶尔丹使人喇克巴彭楚克格隆等男妇子女五十余人，噶尔丹族侄顾孟多尔济及男妇子女三十余人，又卓里克图等男妇子女十余人。臣亲率兵为殿，悉押至肃州，交鸿胪寺。绥黑图遣达尔汉鄂木布前往外，余俱拘禁肃州，候旨。其噶尔丹嘱托达赖喇嘛照看伊子塞卜腾巴尔珠尔书，一并呈奏上，以示议政诸臣。"

（卷178　911页）

康熙三十五年（1696年）十一月癸酉

噶尔亶多尔济遣使请安。上谕尚书马齐曰："闻厄鲁特之噶尔亶多尔济近日窘乏，著于甘肃藩库内支银千两赐之，并给来使银两。"

（卷178　912页）

康熙三十五年（1696年）十一月辛巳

以监察御史格尔特为甘肃按察使司按察使。

（卷178　914页）

康熙三十五年（1696年）十二月己亥

授青海额尔德尼台吉纳木扎尔土谢图戴青封号。

青海额尔德尼台吉纳木扎尔奏请给黄草滩地方捕猎游牧，上以黄草滩已属内地，不准给。

（卷178　916页）

康熙三十五年（1696年）十二月辛亥

谕户部："朕惟治安天下，惟期民生得所，而欲民生得所，必以敷恩宽赋为要。朕于一切事务少有动用民力之处，即廑怀殷切，刻不能忘。比年以来，因厄鲁特噶尔丹狂逞逆命，遣发大兵，分道进剿，军兴供亿不得已而烦民力。甘肃所属各州、县、卫、所及榆林等处，沿边各州、县、卫、所，适当师行要道，喂养军前需用马匹，并大兵往来经过各项措办。虽俱支给正项钱粮，而供亿繁多，闾阎劳苦。朕心深用轸念。著将康熙三十六年甘肃巡抚所属州、县、卫、所，陕西巡抚所属榆林等沿边州、县、卫、所地丁银米尽行蠲免。行文各该抚遍加晓谕，务俾小民均沾实惠，称朕体恤黎元至意。甘肃所属银米既经全免，需用钱粮著于邻近省份作速拨给。尔部即遵谕行。"

（卷178　917页）

康熙三十六年（1697年）正月乙卯

谕理藩院尚书班迪等："今观噶尔丹，势甚穷蹙，天与不取，坐失事机。应拨兵预备今次出兵，亦分为两路，兵各三千名。此两路兵不必预定期约，令相机而行。绿旗营派兵从少，马则从多，方可与满兵同行。米则照常随行外，沿边有牛羊可买。著动支正项钱粮，每路各买牛羊二万，发去于军资大有裨益。至运米以马驼为要，亦当多备，须选贤员往甘州、宁夏采买。尔等集议以闻。"寻议复："大同所有前锋四百、鸟枪护军一千、火器营兵二百、黑龙江兵五百并留驻大同新满洲护军二百、驻扎宁夏副都统阿兰台兵七百，共合三千，令一路进征。将军博霁率西安兵二千见驻肃州，再令将军孙思克于所属标营内选兵一千，每人酌给马匹，合为三千，令一路进征。应给绿旗兵之马，即于绿旗兵马内选肥壮者给与，至所需驼、马、骡、驴、牛、羊在肃州、宁夏采买。每处选部院贤能官五人，与督抚地方官会同采买。"得旨："军中所需驼、马、牛、羊在宁夏者交西安副都统阿兰台采买，在肃州者交驻扎宣化侍郎席密图往肃州采买。著照时价，勿得短少。至大将军伯费扬古如目下有事，仍率前锋统领硕鼐所备之兵而行，如目下无事，在大同养马，俟出兵则率前锋与是军同行。黑龙江兵应令往右卫屯驻预备。余如议。寻差侍读学士阿尔赛等十员分往宁夏、阿尔台、肃州席密图处会同监买。"

（卷179　919页）

康熙三十六年（1697年）正月戊午

谕大学士等："两路出征兵丁其盔甲、器械、百日口粮当用牲口几何。此次兵丁行李须较去年春季兵丁行李从轻估算。著与部院大臣会议。"寻议："今次出兵每兵一名，从仆一人，给马五匹。四兵合为一伍，其帐房、器用等物俱照前带去。前带八十日口粮，今带百日将驮子比前减轻，每驮得九十四斤。其于成龙、王国昌、喻成龙、李鍨、喀拜、辛保、范承烈等俱情愿效力运米。应将宁夏两路随运之米交伊等运往。命下之日，著于成龙等速往宁夏将押米绿旗兵丁、口粮等物及派管理官员等事，与该督抚会同料理。所买牛羊随其所得押送。"得旨："陕西总督及甘肃巡抚内著一员来宁夏理事，余如所议。"

（卷179　920页）

康熙三十六年（1697年）正月己巳

议政大臣等议复振武将军孙思克疏言："哈密额贝杜拉达尔汉白克报称：'噶尔丹有至巴尔库尔之状。臣请于二月二十日前后进布隆吉尔等处探听。'应令孙思克等远设斥堠以探实音，如噶尔丹至巴尔库尔等处，孙思克等作速领兵赴剿，毋失机会；如噶尔丹尚未有来信，则二十日前后不必往布隆吉尔去，候旨而行。"从之。

（卷179　920页）

康熙三十六年（1697年）正月庚午

谕抚远大将军伯费扬古："得驻扎肃州副都统阿南达疏报，擒噶尔丹之子塞卜腾巴尔珠尔于哈密之地。时当灯节，众蒙古及投诚厄鲁特皆齐集畅春园西门。其疏一到，众皆大悦。尔独居边塞不得在朕左右，殊深轸念，故抄阿南达报文发尔知之，并赐胙肉、鹿尾、关东鱼等物，即如与尔相见。朕躬安，尔无恙否。噶尔丹作何料理，不失机会。朕与诸臣议定后另有旨。特谕。"

（卷179　921页）

康熙三十六年（1697年）二月己丑

奉差达赖喇嘛理藩院主事保住回至庄浪疏言："臣于十一月二十二日到

乌斯藏奉圣旨，一一晓谕第巴。第巴奏言：'臣庸流末品，蒙皇上俯念达赖喇嘛，优封臣为土伯特国王。臣正思仰答皇恩，焉敢违圣旨而附逆贼噶尔丹乎，况臣之荣显安乐皆皇上所赐。臣苟背皇上而向他人必当寿数夭折。总之谨遵圣旨而外更无异词。'至上谕四事，第巴回奏云：'皇上圣明，先知达赖喇嘛明岁出，定遣两喇嘛前来识认。臣心甚喜，温春喇嘛向与达赖喇嘛同居十年，令伊识认，自能立辨。此两喇嘛俟至达赖喇嘛出，定验明回奏，其时众疑自释。至前者，皇上遣内齐陀音胡土克图等，召班禅胡土克图时，自达赖喇嘛及臣等皆遣使劝令赴京。彼初亦愿往，后因来使口出恫喝过激之言，遂云不往。迨使臣归后，噶尔丹之使始至，臣并不借噶尔丹巧辩，即班禅胡土克图亦岂肯听噶尔丹之言乎。皇上必欲班禅赴京，臣焉敢违旨。当启闻达赖喇嘛必谕令班禅约定赴京之年，交后去之，喇嘛晋巴扎木素奏明其时作何。加恩遣使，总祈睿鉴，至济隆胡土克图于乌阑布通之役，不遵圣旨，致事未成，反在噶尔丹与尚书阿喇尼交战后，怂恿噶尔丹贺之以白首帕。故臣籍没其家产，迁之于喀木地方。今欲遣之与钦差赴京，所在辽远，往返须两三月，恐为日迟久。在皇上好生之心于济隆胡土克图，必不加诛罚。臣当委婉引来，与晋巴扎木素同往以副圣意。至博硕克图济农与噶尔丹结姻之事，在喀尔喀、厄鲁特未交恶之前，阿奴尚在策妄阿喇布坦之际即已结姻，其余臣虽不敢保，而青海八台吉俱达赖喇嘛弟子，但愿为皇上效力，并无二心，臣可保其不背皇上也。皇上仁爱天下黎民有如赤子，噶尔丹之女已嫁博硕克图济农之子，免送京师，不致夫妇离散，此臣所祷而求之者也。我土伯特人不谙礼法，止以无知获罪，臣未尝知而故犯也。即有无知之罪，乞钦差奏明皇上，伏祈宽宥，仍赐温旨等语。'遂于十二月初十日，以复奏本章交臣起程而归，臣今至庄浪，先将第巴奏答情由，具本由驿递驰奏。外其第巴复疏并贺灭噶尔丹表，使人囊素楚奈臣亲身随后带来到京。又喇嘛晋巴扎木素等疏言：'前者奉旨谓臣等二人素识达赖喇嘛，著验明回奏。而第巴又谓达赖喇嘛前身见在是实，尔等可看明回奏，窃思皇上遣委之事，尚未明晰，如何可弃之而去。是以臣等公议，将给达赖喇嘛敕书赏赉诸物不曾颁给。俟达赖喇嘛出定时验明，再归复命。故特留此。'上报闻且以示议政诸臣。"

四川、陕西总督吴赫疏言："大军所需驼马奉旨于肃州、宁夏等处购买。

今甘肃巡抚郭洪与侍郎席密图等于肃州购买，臣则往宁夏与副都统阿兰台公同督买。但思驼马系大兵急需，一时购买未必足数，请暂借西安八旗及各标营马八千五百匹，派出官兵送至宁夏，以应大军之用，其各标营缺马令陕西巡抚动支正项钱粮，照时价给与兵丁买补。"从之。

（卷180　926页）

康熙三十六年（1697年）二月辛卯

谕大学士伊桑阿："今欲遣大臣一员，携青海扎什巴图尔台吉之使、鄂木布博硕克图济农之使、罗垒额木齐博硕克图济农之族子、额尔德尼台吉属下纳木喀拉木扎巴等往青海，谕令其台吉等来觐。著都统杜思噶尔台吉、阿拉卜滩德木楚克并少卿萨尔徒去。"

（卷180　927页）

康熙三十六年（1697年）二月壬辰

谕抚远大将军伯费扬古："朕以二月初六日出京，于十一日至宣化府，观此际情形。噶尔丹穷困已极，虽欲归降，自彼至此亦岂易易。宁夏地方去噶尔丹所在萨克萨特呼里克格隔特哈朗古特甚近，已令参领车克楚、近御侍卫僧图等领西安、宁夏兵一百人前至伊克敖拉探视，伊等报称于二月初三日已起程矣，为此谕知。朕意欲令将军孙思克、博霁等领兵三千人为一路，出嘉峪关或取道哈密或取道巴尔库尔前进，俟车克楚还时所侦路可行，则更以三千兵为一路出宁夏，进新勘之路。设不可行则以两路为一路，择地而进，事宜可济。朕欲往宁夏亲视大兵、粮饷、地方情形。汝意更复云何，特为商略。其遣往第巴处主事，保住报文付去令知。"

（卷180　928页）

康熙三十六年（1697年）二月癸巳

一等侍卫米依奏："前噶尔丹以臣充使，率回子一千五百人来至汛界地方。侍郎满丕止臣，不许前进。差臣赍敕书回噶尔丹处。此项回子一千五百人，俱往投青海。后噶尔丹遣人至扎什巴图尔台吉处，令其收留此项回子，勿使往皇上及图尔胡特、策妄阿喇布坦处。今皇上招集噶尔丹属下之人，此项回子原系臣带来之人，臣愿随前往青海大臣，将回子等收来。"上允之。

（卷180　929页）

康熙三十六年（1697年）二月甲午

议政大臣等议复西宁坐哨员外郎二郎保疏言："阿齐滚布巴图尔台吉遣图卜新寨桑马木特来请圣安，并言青海诸台吉听从我台吉之言，如蒙圣上加以恩纶，我台吉遵依而行，自即归降矣。查招抚青海诸台吉，已经派遣大臣，今应令来使图卜新寨桑马木特随奉差大臣前往。另颁谕旨，与阿齐滚布巴图尔台吉令与奉差大臣共商相机招抚。"从之。

（卷180　929页）

康熙三十六年（1697年）二月丁酉

谕内大臣等："著传旨与贝勒松阿喇布，今噶尔丹已将成擒，其子塞卜腾巴尔珠尔已被获，近闻噶尔丹在萨克萨特呼里克之南格隔特哈朗古特地方，众仅四五百人。又青海诸台吉俱降，见有人来请安。朕今亲临宁夏，著将右翼三旗贝勒、公、台吉等兵共派二千以备调遣。尔蒙古装载骆驼，监管牧放，素能习练，可预备以待。俟朕到宁夏应从何路前进，候旨行。著侍卫绰克图前去传谕左翼王、贝勒、贝子、台吉等，毋以朕往宁夏，间道前来请安。尔等有能效力者，往贝勒松阿喇布处伺候，以听指挥。"

（卷180　930页）

康熙三十六年（1697年）二月己亥

陕西岷州六寺番僧丁桑节落旦等进贡，宴赉如例。

（卷180　930页）

康熙三十六年（1697年）二月辛丑

谕山西巡抚倭伦、陕西巡抚党爱、甘肃巡抚郭洪等："朕比年出师剿寇，总期乂安边徼，永辑民生。兹厄鲁特噶尔丹业已势蹙，力穷畏死，悔罪遣使，具奏乞降。朕特亲统六师，再临边塞，相机剿抚。因乘便巡览边境形势，察视军民生业，遂发禁旅取道边外。朕自大同从内地前赴宁夏，一路地方见缘边州县地土瘠薄，军民生计艰难，朕心深切轸念。一切御用所需，皆自内廷措办，不以烦民。扈从人员俱极简少，市易之物悉依时值，诚恐有强取抑价等事。已令都察院及科道官逐日稽察纠劾，其经过城堡、衢市，辄多结彩，殊觉扰累。嗣后著通行禁止乘舆巡幸，本为安民，岂可反劳民力。尔等务严饬有司，不得借端科派，仍张示晓谕，俾穷檐编户咸悉朕曲体民依至意。"

（卷180　930页）

康熙三十六年（1697年）二月壬寅

奉差达赖喇嘛理藩院主事保住回至御营。以第巴疏呈奏。上以示议政大臣等曰："第巴之疏尔等意以为何如。"议政大臣等奏曰："第巴差尼麻唐胡土克图面奏，今尚未到，应俟伊到日，再行议奏。"上曰："朕意与尔等之意不同，朕阅经史，塞外蒙古多与中国抗衡，自汉、唐、宋至明，历代俱被其害，而克宣威蒙古并令归心，如我朝者未之有也。夫兵者凶器圣人不得已而用之，譬之人身疮疡方用针灸，若肌肤无恙而妄寻苦楚可乎。治天下之道亦然。乱则声讨，治则抚绥，理之自然也。自古以来，好勤远略者，国家元气罔不亏捐。是以朕意惟以不生事为贵。达赖喇嘛、蒙古等尊之如佛，第巴者即代达赖喇嘛理事之人，噶尔丹叛逆皆第巴之故。因朕遣主事保住严颁谕旨，第巴悚惧，悉遵朕谕，奏辞甚恭，自陈乞怜。畏罪矢誓，此亦敬谨之至矣。至达赖喇嘛身故，朕已悉知，今第巴云遣尼麻唐胡土克图前来代彼密陈其情，想尼麻唐胡土克图到后必奏明达赖喇嘛已经身故，恳朕为伊等掩饰。达赖喇嘛与我朝交往六十余年，并未有隙。第巴既如此奏恳，事亦可行，即此可以宽宥其罪，允其所请。第巴必感恩而众蒙古亦欢悦矣。"诸臣奏曰："圣算至神，非臣等所及。"

（卷180　931页）

康熙三十六年（1697年）二月乙巳

予故终养回籍原任甘肃总兵官二等精奇尼哈番王用予祭葬如例。

（卷180　931页）

康熙三十六年（1697年）三月丁巳

谕议政大臣等："朕至宁夏后方调甘肃兵前行，似乎少迟。此时噶尔丹穷极之际，西安满兵二千、甘肃绿旗兵一千，俱久在甘肃，马亦肥矣，机会不可失。宜速进萨克萨特呼里克之地，搜剿噶尔丹。此满汉兵各带百日粮。嘉峪关至萨克萨特呼里克地方甚近，不必运粮。如噶尔丹已遁，此军计粮而归，各赏银十两。此外另有当行当奏之事，孙思克、博霁、阿南达等公议具奏。其哈密擒献之俄摩克图哈什哈遣至伊等军中，倘有可行之机，即行进剿。如噶尔丹已远遁，则差俄摩克图哈什哈往谕之。言我军非来征讨，实来招抚，尔可速降。至遣宁夏兵驻郭多里巴尔哈孙地方备御之事，当檄将军孙思克知之。”

（卷181　933页）

康熙三十六年（1697年）三月戊午

议政大臣等议复振武将军孙思克疏言：“臣奉命率兵一千，与满兵一路进剿，但遇敌交战，则营中辎重不可不守。请再拨兵五百名，倘遇敌交战时，以此兵守营。应如所请。”从之。

（卷181　934页）

康熙三十六年（1697年）三月庚午

尼麻唐胡土克图等至，行在以第巴奏章密奏，上随将彼奏章及所献达赖喇嘛之像于原封之外面同伊等加封，押以钤记。而谕之曰：“朕数年来久知达赖喇嘛已故，若达赖喇嘛尚存，则僧巴陈布胡土克图、噶尔丹西勒图齐七克达赖堪布、济隆胡土克图等断不如此妄行。喀尔喀、厄鲁特亦不致破坏，故朕降旨切责之。今第巴翰诚吐实，密以奏朕。朕亦为之密藏也。”

（卷181　937页）

康熙三十六年（1697年）三月辛未

谕领侍卫内大臣索额图、内大臣明珠、大学士伊桑阿：“前者朕以达赖喇嘛身故已久，第巴隐之，附和噶尔丹行事，故差保住严诘第巴。预料第巴必自陈达赖喇嘛已故，乞为彼隐讳。向亦曾与尔等言之，今彼差尼麻唐胡土克图至，果密奏达赖喇嘛身故已十六年，再生之小达赖喇嘛已十五岁。乞皇上暂隐之，勿闻于众。与朕昔语尔等之言略无少异。”又谕曰：“保住尚有未完之事，著与尼麻唐胡土克图同往。”

（卷181　937页）

康熙三十六年（1697年）三月壬申

理藩院题尼麻唐胡土克图、罗卜臧凯尊囊素等：“赍到达赖汗庆贺击败噶尔丹一疏及第巴二疏，并所献礼物，请旨。”上以第巴二疏，命议政大臣等议奏。寻议复：“第巴疏言达赖喇嘛避忌坐禅，丑年出定，令尼麻唐胡土克图密奏。已奉圣谕，应不议外。又疏言蒙召班禅胡土克图，今当遵旨问明班禅胡土克图或即令赴京，或另日前往，定议再奏。应令将班禅胡土克图赴京年月徐徐定议具奏。又言请俟后拘解济隆胡土克图，伏乞皇上留其身命，但济隆胡土克图系达赖喇嘛遣和喀尔喀、厄鲁特之人，乃竟不和解，反导噶尔丹入境与我军交战，情罪可恶，前已有旨，不诛济隆胡土克图，然务必解送来京。又言噶尔丹女或令离异与否，伏候圣裁。噶尔丹抗君逆贼，其女断不得留于青海，务令解送来京。又言臣以无知或有违圣意之事，伏乞宽宥。今当谨遵圣旨，竭力自效。祈俯念达赖喇嘛锡以温纶。应如所请，遣使颁谕。"从之。

（卷181　938页）

康熙三十六年（1697年）三月癸酉

振武将军孙思克疏言："奉旨令臣等乘噶尔丹穷困之时，带百日口粮速往萨克萨特呼里克一带地方进剿，但马匹未能齐备，求敕兵部不论何项马匹，速解甘州。臣等即一面起程，一面奏闻。"上谕："机会不可失，孙思克、博霁等兵著即取伊附近绿旗兵之马，如可不误，即令起行。一面奏闻，如不能得，则扣粮减兵。即取所减兵之马，驮粮而行。自宁夏进剿之兵，朕意不过二千或二千五百。伊等如谓减兵，则寡而难行，著一处驻扎，止令宁夏之兵进剿。"

（卷181　938页）

康熙三十六年（1697年）三月庚辰

抚远大将军伯费扬古疏报："出使噶尔丹之员外郎博什希、笔帖式阎寿同噶尔丹使人喇木扎卜、丹济拉使人罗卜臧等并格垒沽英及其妻子十三口，俱到边哨。先以博什希奏折驿送进呈。博什希等折奏云正月二十九日，距噶尔丹所居萨克萨特呼里克以内二日之程，抵台吉吴思塔处，止臣等毋前。次日格垒沽英往告噶尔丹。二月初二日，噶尔丹使绰什希巴图尔来，先领敕书。十四日，绰什希巴图尔来请相见。次日，日落时噶尔丹至野外，坐岩上，令臣等远坐，使二人夹臣膝坐两旁，不令近前。迭相传语。噶尔丹曰：'我闻皇上沛此恩纶，不胜欣藉，自今圣上凡有所谕，惟遵旨以行而已。我之言已在疏内，我之意已语我使人。使人到日当口奏也。'语毕，乘马而去。丹济拉遣其下常达里来，言蒙圣恩口授格垒沽英以谕臣之旨，即欲遵行，奈噶尔丹疑臣不复差遣，臣是以将中心欲奏之言，俱告之格垒沽英矣。今不便请钦差相见。是日绰什希巴图尔率拉木扎卜来云，昨派格垒沽英为使，彼挈其妻子潜逃，是以另派拉木扎卜代之。奏疏及一应言语俱在是人。臣博什希等于二十五日，自萨克萨特呼里克起程，途遇自京前去之察哈代。言我与吴尔占扎卜之母、达尔扎哈什哈之妻子同行至中途被劫，将吴尔占扎卜之母等劫去。我捧敕书步行，已授噶尔丹。吴尔占扎卜之母等遇噶尔丹属下阿尔拜家人，送噶尔丹处，已交还吴尔占扎卜矣。其达尔扎哈什哈之妻子家人，亦交吴尔占扎卜暂养。又途遇自京前去之曼济，言我于正月初二日见噶尔丹，授以敕书。噶尔丹问圣上之兵如何，我对曰：'不知其数，兵甚多。'并言丹巴哈什哈、察罕什达尔哈什哈已授职为内大臣。在京沙克珠木亦为内大臣，随驾而行。众厄鲁特俱加爱养，有离散之人各处寻觅，皇上亲视配合。噶尔丹默然无言一日。噶尔丹至诺颜格隆家，丹济拉阿巴、吴尔占扎卜俱在坐饮酒。吴尔占扎卜谓噶尔丹曰：'我辈自去年冬以萨克萨特呼里克兽多，故居于此。今兽已骇散矣。如往降圣上，则往近之，如不降当另图一策。首鼠两端而待毙乎。且尔欲扶法门之教，致四厄鲁特、七旗喀尔喀已略尽矣。尔国已破，父子夫妻离散，究无补于法门之教，反造罪业而已。噶尔丹默无一言。所有人丁共三百余，其他俱各捕猎远去。马甚少，膘甚瘦。视噶尔丹情状大约不降。丹济拉有欲降之意。又吴尔占扎卜之母归谓噶尔丹曰：'彼国大兵多，富而且盛。中华皇帝乃活佛也，敌人母子遣使完聚，尔等从前亦曾闻有是否。其余非常之举，言之不尽。'阿旺丹津言：'奉旨差我使于伊拉古克三胡土克图，故不往噶尔丹所居地方。又不知伊拉古克三胡土克图所在，是以与曼济同归。于是带诸人同行。三月初九日，至哈密图布拉克地方，遇格垒沽英。言我见噶尔丹，述中华皇帝口传之旨云，尔以追喀尔喀之故，而来犯我，尔之理曲，我之理直，故天佑我而击败尔。尔虽为我敌，而朕不以击败尔为喜。尔今无所往矣。此天之下，君无大于朕者。如倚朕为生，必得生路。尔果来归，朕则宽尔之罪，宠荣养育。尔虽欲不降，朕岂于尔漫然而已乎。'宣谕毕，噶尔丹默然无语问我曰：'中华皇帝大略何如。'我对曰：'尔降则不夺尔汗号，待以宠荣，使众人咸得生路。'丹济拉引我于无人之地问曰：'中华皇帝亦曾道及我乎？'我言中华皇帝不时向我言：'尔丹济拉貌伟才长。'丹济拉言：'我曾谓噶尔丹当降已一二次，而不听吾言，其状亦疑我。'尔试言之："如降则我为使而往。'视丹济拉情状，有欲降之意。我在噶尔丹处六日，亦自竭力劝谕，而噶尔丹实无降意，仍遣我同使。我思噶尔丹一无实意，而我又充使来诳，可乎。是以携我妻子六十余口、马百余匹、骆驼四十余头来归圣上。及到什鲁特地方，伊拉古克三胡土克图亲率百余人猝然掩至，我身及妻、三子一幼孙共十三口带马三匹、骆驼一头而出。我媳及其余人、马驼、什物俱被劫去。我右肩背下洞中鸟枪伤。臣今带格垒沽英及其子吴巴什、察哈代、曼济等分作二起星驰前来，为此谨奏。"上谕议政大臣等曰："博什希等已归至边哨，先具本奏言格垒沽英携其妻子来降，噶尔丹亦遣使来。俟伊等到时，问明噶尔丹或降或他去，方可进兵。今速檄孙思克、博霁止其进兵。俟事明，檄知而行。"

遣理藩院主事保住、署主事萨哈连、赍敕往谕第巴偕尼麻唐胡土克图同行。敕曰："朕临御天下，统理万邦，溥播仁恩，惩创乱逆。其诚心恭顺者必加奖赉焉。尔布特达阿卜地前与噶尔丹同谋，凡事必徇厄鲁特而行。济隆胡土克图败乃公事，尔坚留不遣。其时朕谓达赖喇嘛若在断不至此，故严加诘责。兹尔奏言：'圣上严旨下颁，心甚忧惧。今惟钦遵圣谕，随力报效。倘轸念达赖喇嘛，乞降温纶。谆切奏请。'尔既知过引罪，朕岂不念达赖喇嘛，通使修礼，历有年所乎。且朕若不加眷恤，尔土伯特国岂得安其生耶。其济隆胡土克图乃达赖喇嘛所特遣，以合喀尔喀、厄鲁特之好者也。彼竟不使喀尔喀、厄鲁特和好，反导厄鲁特入我境内，与我军交战，情罪甚为可恶，务必擒解。彼之身命，朕俱准尔所请，宽而宥之。其班禅胡土克图应于何年月日来朝，尔从容定期具奏。至噶尔丹与朕抗，我师大克之，凶恶逆贼，情罪重大，其女断不许留于青海。尔必解来，若不解送则罪归于尔矣。如噶尔丹果悔罪来归，其时另有处分。今尼麻唐胡土克图至，将尔奏请之言，俱已密奏朕前。朕亦密有谕旨。朕之素怀，惟愿率土之人，咸跻雍和，共享安乐。断不容摘发隐私，倾人家国。嗣后尔宜益加恭顺，勿违朕旨。朕尽弃尔前罪，嘉惠如初。如此则尔土人民大蒙利赖。尔之荣贵可获长享矣。为此特遣正使理藩院主事保住、副使署主事萨哈连以降敕例，赐币六端。"保住等请训旨。上谕之曰："尔等到后，待第巴勿如从前举动，宜加和婉。

授敕毕，尔等仍前作礼进币，但谓第巴曰：'皇上统领大兵，已临宁夏，因前事四款，尔皆遵旨，皇上大悦，故不进兵。至尔尼麻唐胡土克图来，密陈达赖喇嘛出定之事，上皆知之矣。亦有密旨，谕尼麻唐胡土克图矣。此事除皇上与尼麻唐胡土克图、卓尔磨隆堪布及御前侍卫拉锡四人外，余皆不知也。自此以后，皇上一应谕旨。尔惟敬奉而行，则皇上愈眷顾尔矣。况达赖喇嘛讲信修礼已历六十年，有不念及者乎。且谓尔务使谛穆胡土克图与我等同赴京，上将使之诵经。如服水土，则令驻锡，如不相宜，亦即遣还。较尼麻唐胡土克图更加优待。"再口宣旨云："噶尔丹之子及其属下大臣，以至部伍，皇上俱收而纳之矣。至尔等前往，可于扎什巴图尔台吉处取谙地里之乡导而去。既到西方归来之时，可于第巴处取驿马乘归。上项事情，尔等备文，用部印带往。至喇嘛津巴扎木素等尔等即携之而归。"

（卷181　940页）

康熙三十六年（1697年）闰三月辛巳

先是，厄麻唐胡土克图以第巴语密奏达赖喇嘛没已十六年，小达赖喇嘛生，今年十五。因欲俟相合年岁，始闻之天朝皇帝及众施主。欲定于今年十月二十五日，方出定放参。若于他处，俱令以达赖喇嘛出定相告，未尝明悉其故。上以第巴既输诚密奏，亦暂为秘之。欲俟十月初旬，宣示内外四十九旗及喀尔喀诸处。至是，奉使策妄阿喇布坦处司务英古归，奏云："臣赍部文至策妄阿喇布坦处，彼大喜，即遵旨领兵来剿噶尔丹。行二十里至萨克萨特呼里克。有达赖喇嘛使人达尔汉厄木齐来言，达赖喇嘛身故已十有六年，小达赖喇嘛已十五岁。尔等各居其地，不得兴兵。策妄阿喇布坦遂按兵而退。臣知其不能复行，亦还。"达赖喇嘛已故，西北诸人皆已闻之。又副都统阿南达疏言："噶尔亶多尔济遣人来告，达赖喇嘛第巴遣人致书于我云，谕青海诸首领，俱于正月二十八日，在察罕托落海地方会盟，缮修器械。可令尔属下人亦缮修器械，务如期必到盟会之地。我以向不与彼盟会，是以不往。"上命议政大臣等集议。寻议复："第巴无故令青海诸台吉缮修器械，又约从来未与盟会之噶尔亶多尔济，其意叵测。且策妄阿喇布坦亲领兵往剿噶尔丹之时，第巴遣人撤回。以此观之，第巴仍党噶尔丹而诳我，其迹显然。恐第巴以彼所居辽远，谓我不知其诡计。应令所司详列此情，令尼麻唐胡土克图及主事保住等询明第巴来奏。"从之。

副都统阿南达奏言："臣所遣驻哈密之家人海喇图，解送来降之厄鲁特津巴车尔贝来。据云，噶尔丹谓我受皇帝敕书，以为叛彼，曾被拘执。正月初一日，彼遣十五人躧觅塞卜腾巴尔珠尔，以我授之，带至瀚海，止给马一匹，弃之而去，我于是步行向哈密而来。我来时，噶尔丹仍在格格忒哈郎古忒地方，兵不过五六百名，马驼之外并无牛羊。又曾遣哈什往探洪郭罗人等情形，尚未归来，其势似必向洪郭罗阿济尔汗等处而去，此两处未知焉往。臣思噶尔丹之兵，不过五六百，所乘马驼外，并无他畜，正急遽扰乱之际。皇上睿谟周至，曾谕臣相机进兵。臣料其断不能出皇上庙谟之外，不胜欣跃。臣见驻扎布隆吉尔地方，俟孙思克博霁兵到后，即竭力进征，以图报效。随驿解津巴车尔贝前来。上命示议政大臣。"

（卷182　943页）

康熙三十六年（1697年）闰三月癸未

副都统阿南达疏言："额贝杜拉达尔汉白克呈称，策妄阿喇布坦谓我降归皇上，又以我擒献其种类，因而大怒，拘我使人，倘致兴戎，不可无虞。"疏入，下议政大臣等集议，寻议复："前额贝杜拉达尔汉白克来降，恐策妄阿喇布坦及青海诸台吉侵扰，已经檄令各严禁其下人，勿得侵扰哈密矣。请以此谕知额贝杜拉达尔汉白克，如策妄阿喇布坦索取尔处所擒之人，不得擅发。"从之。

（卷182　944页）

康熙三十六年（1697年）闰三月辛巳

甘肃提督李林隆疏言："请拨臣标兵二千分守大黄山之西。"从之。

（卷182　945页）

康熙三十六年（1697年）闰三月辛卯

谕议政大臣等："孙思克、博霁所将兵前曾拨三千人，念兵马众多，征行烦苦。今选发满洲绿旗兵二千人，其所留兵丁马匹，增给前往之兵携带四月口粮遣赴阿南达所。阿南达、李林隆即统领此兵前往搜剿。孙思克、博霁率所留之兵，暂驻甘州，于事理为宜。其于成龙运米停驻之所，亦应遣兵防护。令西安副都统阿兰台，领西安兵三百人，前往驻扎。其留驻宁夏之京城前锋，每旗二十名及鸟枪护军炮火兵丁量行拨出，随朕前行。余仍令驻宁夏，命大臣一人统辖。大将军伯费扬古传谕附近旗分蒙古王、贝勒、贝子、公、台吉等有愿自备四个月粮粮效力行间者，即令前来效力。又伯费扬古军前黑龙江兵一百人，并令带往，酌照四月口粮。选察哈尔兵携四月粮会合于郭多里巴尔哈孙之地，咸令统辖。其伯费扬古驻扎之地，著恕舒料理。侍郎满丕仍驻原戍处。"寻伯费扬古等疏言："见在军前之喀尔喀达尔汉亲王、贝勒、公、台吉及附近地方之喀尔喀和硕亲王、台吉，率其护卫、附丁前来吁请。愿各带自己四个月粮赴军前效力。又喀尔喀土谢图汗及贝勒、台吉等，俱愿从军效力。"允之。

（卷182　947页）

康熙三十六年（1697年）闰三月戊戌

喇嘛商南多尔济等疏言："前奉上谕，青海众台吉何时入朝，何人前来，尔等作速奏闻。今青海四姓厄鲁特诸台吉愿觐圣上，阿喇卜坦等及西宁属下回子头目业已起行矣。其达尔寺掌教垂臧胡土克图、温都孙寺掌教达赖绰尔济喇嘛及十三寺院之囊素通事等，并厄鲁特人众皆愿来朝。又扎什巴图尔台吉言，我此地厄尔德尼巴图尔台吉素行甚高，众台吉凡事皆推之以为长，故我劝其前来，乞圣上加恩。比和硕特一姓之台吉，又青台吉遣伊子罗卜臧入觐。扎什巴图尔台吉请遣使进贡。又原属噶尔丹之人，有姓徽特之色棱厄尔克台吉出逃来归。又有姓徽特之五六岁童子及噶尔丹之兄，赵特巴巴图尔之子，姓钟阿尔名塞卜腾扎尔车臣戴青不得亲往。此外更无有名之人，往居青海者。"奏入，上命议政大臣集议。寻议行文商南多尔济："除先奏来朝台吉不议外，著见欲来朝为首之人，将胡土克图喇嘛及留守地方台吉之子弟，自行酌量分别。伊等行时率之俱来。"从之。

（卷182　952页）

康熙三十六年（1697年）闰三月癸卯

命前调甘肃提督李林隆标兵二千仍回固原。

（卷182　953页）

康熙三十六年（1697年）闰三月乙巳

奉差青海诸台吉多罗额驸阿喇卜坦、台基德木楚克回奏曰："臣等钦遵圣训，谕青海扎什巴图尔博硕克图济农等诸台吉，咸愿服从圣化，请于四月来朝。"上谕议政大臣等："青海诸台吉来朝，若于口外受之，恐于典礼不备。且伊等于四月起程，正遇塞内炎热，著在九十月间朝于京师。"

（卷182　953页）

康熙三十六年（1697年）四月壬子

谕议政大臣等："自宁夏往拿伊拉古克三胡土克图之西安兵回日，著仍赴宁夏。其由西路往拿伊拉古克三胡土克图之西安兵、绿旗兵回日，著俱留甘州。护军统领图席希等回日，著乘驿赶来。"

（卷183　955页）

康熙三十六年（1697年）四月甲寅

谕议政大臣等："今诸事俱毕，惟噶尔丹仅存，各处逃窜。大兵前进搜剿，不久旋师，路必由此，当逐站致米，师回乏粮者以米给之。来降之厄鲁特，青海来朝之台吉等俱由此来。米粮、马匹已留于此，则驻此而理事者尤为紧要。朕本欲驻此，亲理其事，但天下事大，是以回銮。著留领侍卫内大臣索额图并都统阿席坦、噶尔玛、王永誉、护军统领苏曷、副都统巴赛等于此。"

（卷183　955页）

康熙三十六年（1697年）五月壬午

又谕："肃州总兵官李世达病故。地方紧要，定边副将麦良玺人著健壮。著授为肃州总兵官，速令赴任，不必从征。"

（卷183　960页）

康熙三十六年（1697年）七月戊子

振武将军孙思克疏言："喀尔喀扎萨克图汗属下蒙古曼达尔什，率男妇一百六十余人来降。"得旨："著拨官护送来京。"

（卷184　970页）

康熙三十六年（1697年）七月丁酉

上御太和殿，王以下文武各官以平定朔漠并太和殿告成。上表行庆贺礼。颁诏天下，诏曰："朕君临天下，早夜孳孳，勤求治理，惟恐一夫不获其所。初未尝有歧视中外，轻事兵戎，远伐异域之事。厄鲁特、噶尔丹向与七旗喀尔喀同奉职贡嗣，因两国交郄构兵，喀尔喀汗等为所败衄，叩关内附。噶尔丹乃借辞追击，阑入我边境，恣行狂逞。朕屡颁敕谕，令其悔悟自新，而狡寇不知省悟，益肆鸱张，其逆谋不测实有逼处近塞，窥伺内地之渐。朕思此寇包藏祸心，倘不即行扑灭则异日必缘边设防，重滋民困，何如及时声讨立靖根株。于是昭告天地、宗庙、社稷，躬统禁旅，不惮勤劳，三出塞外。去年夏贼踞克鲁伦河，自度力不能抗，仓皇宵遁。朕亲追至土喇河，适西路大兵遮截其后，击败之于昭莫多，贼势大挫。冬月复驻跸鄂尔多斯，收抚其降众，遏绝其外援，而贼益困蹙。机会所在，刻不可失，遂以今年春西巡边境，从宁夏出塞，遣发大兵两路进剿，而青海、乌斯藏人等皆先后输诚自效。哈密国人又俘献噶尔丹之子于行在。噶尔丹穷迫已极，一闻大兵压境，计无复之，随于阿察阿穆塔台地方饮药自尽。揆诸料敌成谋，适相符合。自此寇氛尽涤，边圉永安，而朕为民除害不得已而用兵之意亦可晓然，共谕于天下臣民矣。武功告成之会，正太和殿鼎建工竣，巍焕方新，临御伊始，协气集于九重，观瞻肃于万国。是用覃敷庆泽以上答郊庙社稷之灵，下协中外人心之望，于戏懋武功而敷文德，聿臻熙皞之风建宸极而巩皇图，永庆平成之治。诞告中外，咸使闻知。"

（卷184　971页）

康熙三十六年（1697年）七月辛丑

吏部遵谕议复："皇上亲统六师驻跸宁夏，甘肃巡抚郭洪系封疆大臣，离宁夏止一二程，竟不赴行在朝见。今圣驾还宫，始塞责具题请安，殊属不合。应将巡抚郭洪革职交刑部拿问。"得旨："郭洪著革职，余依议。"寻刑部问，拟枷责命发黑龙江当差。

（卷184　972页）

康熙三十六年（1697年）七月丙午

户部议复陕西巡抚巴锡疏言："各卫堡积贮米谷宜分拨沿边各堡运贮。应如所请。"上曰："此各卫堡米谷若责令承收官员自备转运之费，路远而险，势必科派小民。巡抚之奏，户部之议皆非也。其俟秋成后令该抚酌支正供，买米运贮。"

（卷184　973页）

康熙三十六年（1697年）八月辛酉

副都统阿南达疏报："臣差护军校阿奇纳自色尔腾前去，令从布隆吉尔重整所设驿站，将留贮之米运至长马尔地方。六月二十六日，阿奇纳至噶尔亶多尔济所居西欣木地方驿站，噶尔亶多尔济亲率二三十人至阿奇纳所，夺马驼杀从仆二人，执阿奇纳行三日至布隆吉尔，方遣回。臣即率兵追噶尔亶多尔济至布隆吉尔哈喇乌苏地方。又据坐塘拨什库边代报称，噶尔亶多尔济逃去时，其属下人经过本驿，夺五驿之马、骆驼而去，又因丹济拉来降，先遣齐奇尔寨桑前来。噶尔亶多尔济遇之亦执之而行，留于者尔浑台地方而去。臣因丹济拉来恐彼恰遇噶尔亶多尔济，故遣夸兰大、卫赫纳等选满洲绿旗兵共四百名，以追噶尔亶多尔济，迎丹济拉，至噶尔亶多尔济属下见在招降人内，有应取来者与我军一齐带至肃州，交孙思克、博霁解往招降。吴能巴图尔等共一百九口，辉特台吉罗卜臧属人共八百口，其喇嘛阿喇木扎木巴阿喇木班共三百口，交台吉俄木布额尔德尼等由边外徐行，致之贺兰山等处候旨。"上谕："噶尔亶多尔济乃诚心降附之人，去岁使人来，重加恩赐，断不逃遁，但伊等以耕为业，今弃其田禾忽然逃去，必有不得已之情。著理藩院行文，将军孙思克、博霁等务必详察明白具奏。驿站关系重大，应行文将军孙思克等将被劫驿站作速添补马匹，不得误事。至策妄阿喇布坦处亦应将噶尔亶多尔济逃去之事发敕谕之。"谕策妄阿喇布坦曰："噶尔亶多尔济率其属众诚心来降，安插耕种，今忽留其下人尽弃田苗逃去，其去必有不得已之情。朕于噶尔亶多尔济略无责备之意，伊系鄂齐尔图车臣汗之孙，倘往尔地，欲居于彼，可收之，好加抚养。如欲归来，即行遣回。朕于此降旨令收噶尔亶多尔济遗留人等，特谕。"

（卷185 974页）

康熙三十六年（1697年）十月己酉

哈密额贝杜拉达尔汉白克疏言："臣既擒塞卜腾巴尔珠尔并噶尔丹属下诸人，厄鲁特必不悦臣，而哈密又素弱，用是危惧，伏乞庇而安之。且臣所畏者策妄阿喇布坦也，祈皇上降敕使勿害臣，给臣敕印，俾有恃以无恐，以保我疆土。且使叶尔钦、吐鲁番等闻之，必共欣羡，各思向往。更恳移回子屯于肃州，凡朝觐往来，俱自肃州乘驿，使臣地声息得时至圣上之前。"下议政大臣等议。寻议复："额贝杜拉诚心向化，擒噶尔丹之子及属下人来献，殊为可嘉，应议叙以示鼓励。额贝杜拉授为一等部长，伊子郭帕白克、白奇白克授二等部长，分编旗队，并令伊子郭帕白克率一百人住扎肃州，应给额贝杜拉管辖哈密国印，遣理藩院郎中布尔赛奔玺前往分编旗队。又请给纛及请安进贡使人，俱自肃州乘驿。应如所请。"得旨："依议纛用红，有应报闻之事，准十五人乘驿。"

（卷185　978页）

康熙三十六年（1697年）十一月己丑

振武将军孙思克疏言："见在甘州之西安满兵一千，请暂住兰州。"得旨："今边方无事，甘州所驻西安满兵仍回西安。"

先是，甘肃巡抚舒树疏参甘肃按察使囊吉里迟误军粮。上命将囊吉里革职交尚书马齐会同吏部审理。至是马齐等奏："臣等以囊吉里事移咨大将军公费扬古，据称，囊吉里所运粮米依限运至翁金，并无违误。应复原职。"从之。

（卷186　984页）

康熙三十六年（1697年）十一月辛丑

以原任甘肃按察使囊吉里为山西按察使司按察使。

（卷186　985页）

康熙三十六年（1697年）十一月癸卯

上御保和殿。青海扎什巴图尔台吉、土谢图戴青那木扎尔额尔德尼台吉、盆楚克台吉等来朝，行礼毕，命喇嘛商南多尔济引近御座前。上谕扎什巴图尔曰："尔父顾实汗自太宗文皇帝至今，进贡请安，输诚已久。今至尔身往来不绝，朕至宁夏时，遣大臣等至尔处，尔等即欲来陛见。朕又恐天暑，尔等未便，故云俟秋凉时来朝。尔已年高，远涉至此，殊可嘉尚。"又谕曰："朕并非威慑尔等前来，不过欲令天下生灵各得其所，朕之尊不在尔等之来否，所望尔等各遂安全，克副朕好生之至意耳。"

赐青海扎什巴图尔台吉等数珠袍褂、银币、鞍马有差。

（卷186　985页）

康熙三十六年（1697年）十二月己酉

旌表肃州烈妇王有君妻王氏拒奸不从，舍生殉节。给银建坊如例。

（卷186　986页）

康熙三十六年（1697年）十二月乙丑

甘肃巡抚喀拜疏言："甘肃五学士子自设科以来，从未中式一人。请将甘凉等十学另编字号取中。"从之。

（卷186　988页）

康熙三十六年（1697年）十二月丁卯

升陕西凉州总兵官董大成为銮仪卫銮仪使。

（卷186　988页）

康熙三十七年（1698年）正月庚寅

策妄阿喇布坦遣彭苏克喇木扎木巴、多尔济寨桑等进贡。并疏言："第巴将达赖喇嘛圆寂之事匿而不宣。斥正传之圣徒班禅，自尊其身，有玷道去。诈称达赖喇嘛之言，以混乱七旗喀尔喀、四厄鲁特，好事乐祸，正未有已。祈皇上睿鉴，俾法门之教无玷，使众生争自濯磨。"上召彭苏克喇木扎木巴、多尔济寨桑至前，问以疏参第巴之故。奏曰："圣主曾谕云，凡有衷情，不必疑忌，悉皆奏闻。今者第巴监禁班禅不使人见。奉事红帽两喇嘛，名德尔端、多尔济扎卜者，诡称即见世达赖喇嘛化身。其行不端，有乖道法。台吉是以参奏。"上谕之曰："休息兵戎，令宇内升平，始云道法。若以护法为辞，必生衅端，如尔等虽招抚回子，曾灭其教，亦能令其皈依佛法，跪拜喇嘛否。今天下太平之时，惟令各行其道，若强之使合，断不可行。四十九旗扎萨克蒙古等迄今六十余年，朕视如一家。初喀尔喀、厄鲁特构兵时，朕曾谕达赖喇嘛令从彼处遣人往解，朕亦于此处，命大臣等前往谕之，使其相和。不意达赖喇嘛之使，竟偏向厄鲁特。彼时朕即知达赖喇嘛当已物故矣。若彼尚存决不为此。第巴之构衅噶尔丹人尽知之。又假托达赖喇嘛之言，请将泽卜尊丹巴胡土克图、土谢图汗执之以畀噶尔丹。今者泽卜尊丹巴胡土克图、土谢图汗亲身皆在此处。前土谢图汗于鄂罗海诺尔地方为噶尔丹所败。彼时曾遣一寨桑来奏云，臣等系历来进贡请安之国，若蒙主上怜惜收育，我等即投顺前来等语。今不但泽卜尊丹巴胡土克图、土谢图汗等，即七旗之喀尔喀数万蒙古归顺前来，朕皆收养。离散者使之完聚，待毙者使之生全，令其各得恒业。至于泽卜尊丹巴胡土克图、土谢图汗朕皆待以优礼，未尝有替。众蒙古以第巴为达赖喇嘛传戒之人，皆缄口不敢议。朕曾以敕谕往责第巴，彼甚心服，具疏认罪，朕因宥之。嗣后第巴若改前行，敬奉班禅、达赖喇嘛则已，若仍怙终不悛，朕不但不宽贷第巴，即其亲密之青海台吉等，朕亦不轻恕也。前者青海台吉等闻朕出师宁夏之信，尽皆震动，游牧移营而去。今者青海台吉等以噶尔丹平定，亲来庆贺。伊等并无过端，朕岂肯加兵。朕统驭天下，总愿宇内群生咸获安堵，岂有使尔两国生衅之理。凡事惟期安静而已。"

（卷187　990页）

康熙三十七年（1698年）正月辛丑

谕大学士等："青海厄鲁特亲王扎什巴图尔等遣还时，此处给与马驼，遣司官送往。总督吴赫速赴宁夏，量拨马驼，俟伊等至宁夏时，即应付遣之。其自京师乘往宁夏之马驼，交与送往之官。于草生时，在察罕拖海地方牧养数日，从塞外游牧而来。若草未生，则暂于彼处饲之，俟草生加意牧养带回。"

（卷187　991页）

康熙三十七年（1698年）二月壬子

理藩院题："振武将军孙思克解到厄鲁特憨都，及其妻女男妇，共十人。据憨都云：'我系多哈尔阿喇布坦亲兄，噶尔丹族侄。乌阑布通之战与噶尔丹同败于王师。往投策妄阿喇布坦，将我拘禁七年，尽取我属裔。后噶尔丹败于昭莫多，我兄子滚楚克率四十户人投策妄阿喇布坦。策妄阿喇布坦乃释我，交与滚楚克。我率属下百余户人内向逃来，至斋力纳木地方因雪大不能行，故尽留众人至巴尔库尔地方，为郭帕白克所执，送振武将军孙思克解部。'"得旨："憨都远来归朕，殊可怜悯，著授为台吉，附镶黄旗察哈尔佐领中安插。"

（卷187　992页）

康熙三十七年（1698年）二月庚午

升陕西西宁总兵官韩弼为銮仪卫銮仪使。调西安右翼副都统阿兰台为西宁总兵官。

（卷187　994页）

康熙三十七年（1698年）二月辛未

调江西南昌总兵官叶日芳为南赣总兵官。升孝陵副将石如璜为江西南昌总兵官。真定副将张大受为湖广沅州总兵官。镶红旗参领吴洪为四川川北总兵官。京口水师副将周洪升为广东南澳总兵官。甘肃提标中军副将魏勋为陕西凉州总兵官。

（卷187　994页）

康熙三十七年（1698年）三月戊寅

命内阁侍读学士伊道等赍敕往谕策妄阿喇布坦曰：“览尔疏言，第巴掩匿达赖喇嘛圆寂之事，斥班禅而自尊，有玷道法。好事如此，恐祸正无已。又尔所遣彭苏克喇木扎木巴、多尔济寨桑等，口奏尔之言云，第巴监禁班禅不使人见，奉事红帽两喇嘛，名德尔端、多尔济扎卜者，即见世达赖喇嘛化身，亦以是两喇嘛之言，谓之达赖喇嘛而已，并非班禅之言，是以可疑。第巴坏法门之教，罪不可容。本朝与达赖喇嘛交往七十余年，第巴原系达赖喇嘛执事下人，因轸念达赖喇嘛，欲使扶持道法，是以优封为土伯特国王。乃以久故之达赖喇嘛诈称尚存以欺众，唆噶尔丹兴戎，所行不轨。今又奏称，俟班禅胡土克图往觐之时奏明，而又不遣班禅，且致书求尔勿遣。观此，其情已极昭著矣。尔所奏良是，尔抒实情，思为法门之教，班禅胡土克图之事而劾奏第巴，朕深许之。为此特差内阁侍读学士伊道、近御侍卫拉锡、二等侍卫克什图、内阁侍读常明、三等侍卫津巴为使。以伴敕例，赐御用彩缎十端。”

（卷187　995页）

康熙三十七年（1698年）六月己未

兵部题：“征剿噶尔丹有功绿旗官员振武将军孙思克等二百六十一人，应从优各加二等，议叙。”得旨：“绿旗官兵同满洲大兵剿灭厄鲁特，在事有职任守备以上官员，著给与拖沙喇哈番。令承袭一次。余依议。”

（卷188　1004页）

康熙三十七年（1698年）七月己卯

兵部议复四川、陕西总督吴赫疏言：“陕西边疆紧要，请将沿边武弁及督、标、副、参、游、守，不论加衔大小，止按见任相当者，选择保题补授。查守备、游击、参将、副将无越衔升转之例。应无庸议。"得旨："陕西沿边地方武职官员及督标员缺，俱系紧要。果系居官素优，越升一二等者，该督等保题引见，准其补授。若越升三等以上者，不准。"

（卷189　1005页）

康熙三十七年（1698年）十二月丁未

升陕西西宁道刘殿衡为江苏布政使司布政使。

（卷191　1026页）

康熙三十八年（1699年）三月己卯

陕西西宁总兵官阿兰台以病乞休，允之。

（卷192　1037页）

康熙三十八年（1699年）四月丁未

升四川、陕西督标中军副将张岳为陕西西宁总兵官。

（卷193　1042页）

康熙三十八年（1699年）五月癸未

陕西甘肃提督孙思克以老乞休，慰留之。

（卷193　1045页）

《清康熙实录（三）》

康熙三十九年（1700年）二月庚午

命甘肃每年应办皮张，仍令该抚办解，停差部员。

（卷197　4页）

康熙三十九年（1700年）二月辛卯

甘肃提督振武将军孙思克，以病乞休。上曰："观孙思克所奏之言，深为可悯，仍著留任调养。甘州地属岩疆，应遣都统雷继尊速往署理。孙思克病痊可即回京，倘不愈，再行定夺。"

（卷197　7页）

康熙三十九年（1700年）四月丙戌

甘肃巡抚喀拜丁母忧，命回旗守制。

（卷198　18页）

康熙三十九年（1700年）四月己丑

予故西宁总兵官阿兰台祭葬如例。

（卷198　19页）

康熙三十九年（1700年）五月庚子

以内阁学士觉罗华显为甘肃巡抚。调陕西巡抚贝和诺为四川巡抚。署四川巡抚事齐世武回京养疾。

（卷199　20页）

康熙三十九年（1700年）五月己酉

命原任甘肃巡抚喀拜留任守制。调甘肃巡抚华显为陕西巡抚。

（卷199　22页）

康熙三十九年（1700年）七月乙未

理藩院题："商南多尔济等所奏策妄阿喇布坦，遣人往青海台吉处等事，毋庸议。"上曰："此事目前观之，虽属甚小，将来大有关系。该部拟以毋庸议，倘青海台吉等遣人以所奏闻事，问商南多尔济，则商南多尔济何以答之。策妄阿喇布坦人甚狡猾，其口称往征第巴或因力不及而虚张声势，或欲往征，以此问曾往彼处侍郎常绥等，再行具奏。"

（卷200　33页）

康熙三十九年（1700年）七月庚子

大学士等遵旨："以商南多尔济等所奏青海事宜，问侍郎常绥、侍读学士伊道、郎中常明等回奏。"上曰："此事稍觉迟延，方奏到日，即为行文甚好。青海台吉亦属失算，何以先将己意泄漏。但将来使照常款待礼遣，断不敢构衅。今以朕计之，亦尚无妨。朕巡幸蒙古之地颇多，凡事朕皆熟悉。策妄阿喇布坦人虽狡猾，但由博罗塔拉至土伯特，必经哈拉乌苏等艰险之处，路径甚恶，断不能往伐，何也？策妄阿喇布坦素行奸恶，故其附近哈萨克、布鲁特诸部皆相仇雠。欲悉军大举，则路既难行，且无留护其妻孥者。若兵单力弱，断难成事，惟有奋激而行，妻孥与俱。幸而有济则已，无济则有归附土伯特之谋而已。然策妄阿喇布坦奏书之意，特张虚声，欲观青海之动静耳，亦未必果欲争战也。观古赵充国所议五事良是，应宜留意。"

（卷200　34页）

康熙三十九年（1700年）七月壬子

故振武将军甘肃提督孙思克榇回京师。命皇长子允禔往奠茶酒，赐鞍马二匹、银一千两。

（卷200　35页）

康熙三十九年（1700年）七月癸丑

升肃州永固城副将韩成为四川重庆总兵官。

（卷200　36页）

康熙三十九年（1700年）七月甲寅

上谕大学士等曰："顷者问护送孙思克丧之章京云：'孙思克之丧，自甘州至潼关沿途军民，无不号泣相送。孙思克在西陲时，朕甚赖之。因思甘肃地方紧要，特命都统雷继尊前往。雷继尊朕所素知，骑射甚精，人才优长。将军博霁、莽依图俱善。前博霁自江宁赴西安时，军民哭送直至浦口。彼若不善，何能如此。诚可谓将军矣。提督李林盛军民亦无不称善。"

（卷200　36页）

康熙三十九年（1700年）八月戊辰

裁凉州镇标守备一员。

（卷200　38页）

康熙三十九年（1700年）八月己卯

谕兵部："将军孙思克谋勇素裕，居官甚优，效力行间，克奏肤功，久镇岩疆，勤劳茂著，允称良将。其从前所革世职著给还，以示优眷。"

（卷200　40页）

康熙三十九年（1700年）九月丁未

吏部题："故振武将军甘肃提督孙思克，系拜他喇布勒哈番，叙剿灭噶尔丹功，给拖沙喇哈番。又奉旨给还所革三等阿思哈尼哈番。今应合并授为一等阿思哈尼哈番，与其子孙承运、承袭。"从之。

（卷201　46页）

康熙三十九年（1700年）十月辛巳

赠故振武将军甘肃提督孙思克太子太保，予祭葬，加祭二次，谥襄武。

（卷201　57页）

康熙三十九年（1700年）十月丁亥

理藩院题："哈密扎萨克额贝杜拉达尔汉白克呈称：'我属下六七十人往甘州交易，甚属有益。嗣后乞令我哈密人往各处交易，勿禁。'查先经额贝杜拉达尔汉白克题，将伊哈密人分一半驻扎肃州，年年朝觐报信，不致有误，已经准行。应行令甘肃巡抚提镇，嗣后哈密回子来甘肃等处交易，须验明印文，令其交易，弗禁。又称，侦得策妄阿喇布坦处哈撒克、布鲁特合兵，欲征哈思噶尔，已经题报。嗣后侦得信息，应令奏闻。"从之。

（卷201　58页）

康熙三十九年（1700年）十一月庚寅

理藩院题："鄂尔斋图哈滩巴图尔自青海移置宁夏，议给人口糇粮、牛马、刍豆。"上谕大学士等曰："著照所议行。数年以来，宇内升平，惟西陲陕西、甘肃常有差遣之事。出边人员、地方官皆协助供应，所以陕西、甘肃官吏驿站，甚为艰苦。著差户部右侍郎温达前往，将沿途驿站查视，若有敝坏者，会同地方官增添拨给，其供应出边人员等物，议定额数以闻。"

（卷202　59页）

康熙三十九年（1700年）十二月壬戌

调河南南阳总兵官雷如为湖广镇算总兵官；升甘肃提标中营副将方凯为河南南阳总兵官。

（卷202　63页）

康熙四十年（1701年）正月戊午

青海厄鲁特台吉戴青和硕齐察罕丹津率部归附，封为多罗贝勒。

（卷203　70页）

康熙四十年（1701年）三月癸卯

兵部议复奉差山西、陕西查驿，户部右侍郎温达疏言："臣遵旨查勘西陲驿站马匹。自大同府至保德州、花马池及肃州、凉州、西宁、庄浪、兰州等处各驿马匹。除选择膘肥善驰者烙印外，其疲瘦者俱行文各该抚换补，并令时加严察，该管官侵蚀等弊立行参处，应如所题。"从之。

（卷203　76页）

康熙四十年（1701年）四月甲子

谕大学士等："朕前命右卫西安兵丁拨往宁夏、兰州二处预备，今右卫将军宗室费扬固疏言：'领兵行至鄂尔多斯，马匹羸瘦，请照行军例给一月草料。'向者朕率师至宁夏，时值二月，随行侍卫、执事人等及军卒、马匹并未支给草料，惟牧放往还，而马匹仍然肥壮。今正值草青茂盛之时，将军费扬固请给喂马草料，殊属不合。今西陲绝无边警，应将拨往宁夏之右卫兵丁撤回，其往兰州之西安兵丁，令于兰州所属有粮及青草茂盛处居住牧马。"

又谕曰："顷闻甘肃提督雷继尊病故，朕深为悼惜。彼虽在任不久，居官不下于孙思克。今甘肃地方紧要，固原提督李林盛虽已年迈，居官甚优。其人才亦与孙思克相等，著调补雷继尊缺，李林盛缺著天津总兵官潘育龙升补，潘育龙缺著将浙江定海总兵官蓝理调补。"

（卷204　79页）

康熙四十年（1701年）七月辛丑

谕大学士等："顷贺兰山后公云木春奏：'西北亢旱，寸草不生。'此被灾兰州等处，著总督席尔达亲往，会同巡抚，将被灾百姓钱粮停征。其作何振救之法，确议具奏。"

（卷205　88页）

康熙四十年（1701年）九月癸巳

免陕西陇西等十二州县、临洮等七卫所本年份旱灾额分有差。

（卷205　91页）

康熙四十年（1701年）九月癸丑

予故都统署甘肃提督雷继尊祭葬，谥敏毅。

（卷205　92页）

康熙四十年（1701年）十月己未

谕户部："朕孜孜图治，宵旰靡宁，于民生疾苦，时切轸念。甘肃等处地方切近边陲，土田瘠薄。今年雨泽愆期，田禾多有未获。闾阎饥困，朕心深用悯恻。已特敕该督抚等官将被灾之处亲行躏赈，令其得所。更念来岁青黄不接，西土小民输纳维艰。著将甘肃巡抚所属州、县、卫、所康熙四十一年份地丁钱粮通行蠲免。地方有司务期切实奉行，毋令官吏借端侵渔，俾小民得均沾实惠，以副朕轸恤灾黎至意。"

（卷206　94页）

康熙四十年（1701年）十月戊辰

署四川、陕西总督事吏部尚书席尔达疏言："甘肃巡抚喀拜报被灾地方，自西和至陇西等州县。臣等已遵旨赈济，请缓征明年额赋。"上谕大学士等曰："地方被灾应即题报，预筹救赈之策。甘肃被灾，百姓流散，喀拜竟不题报。朕巡幸边外，贺兰山后公云木春来朝，逐一详询。云木春陈奏，朕方得悉。倘朕不询云木春，即遣人采访，彼亦隐匿不奏矣。喀拜著交九卿严察议处具奏。甘肃所属康熙四十一年地丁钱粮尽行蠲免，已有旨了。"寻九卿议复："喀拜应降三级调用。"得旨："喀拜著革职。"

（卷206　95页）

康熙四十年（1701年）十月辛未

免陕西伏羌县本年份旱灾额赋有差。

（卷206　96页）

康熙四十年（1701年）十月壬午

免陕西陇西县本年份雹灾额赋有差。

（卷206　97页）

康熙四十年（1701年）十一月庚寅

免陕西兰州、狄道县、临洮卫本年份旱灾额赋十之三。

（卷206　97页）

康熙四十年（1701年）十一月戊戌

调陕西巡抚齐世武为甘肃巡抚。升陕西布政使鄂海为陕西巡抚。

（卷206　98页）

康熙四十年（1701年）十一月丁未

以原任甘肃布政使能泰为陕西布政使司布政使。

（卷206　99页）

康熙四十年（1701年）十二月戊辰

升工部郎中鄂奇为甘肃按察使司按察使。

（卷206　100页）

康熙四十一年（1702年）正月丙午

理藩院题："青海贝勒纳木扎尔厄尔德尼请于大草滩等处游牧，议不准行。"上曰："贝勒所请亦是彼处诚难居住，该部应议贺兰山等处水草茂盛准其游牧，竟不准行，亦属不合。但其疏请大草滩地方游牧，此系内地人民杂处，岂可令伊等居住。虽四十九旗蒙古从未有令内地游牧者，该部若如此议，伊等亦难于再请矣。"

（卷207　105页）

康熙四十一年（1702年）二月乙丑

免陕西安定、会宁二县康熙四十年份旱灾额赋有差。

（卷207　107页）

康熙四十一年（1702年）二月己卯

升顺天通州副将金宏振为广东左翼总兵官。直隶真定副将姚尚伦为广东高雷廉总兵官。调陕西兴安总兵官刘体义为陕西西宁总兵官。升山东沂州副将何天培为陕西兴安总兵官。

（卷207　108页）

康熙四十一年（1702年）闰六月戊子

予故西宁总兵官张岳祭葬如例。

（卷208　118页）

康熙四十二年（1703年）正月丙寅

谕大学士等："齐世武自授甘肃巡抚，所属各官多被参劾，署事竟至乏人，其中有初任者，亦有他省调补者，果有不法自当参处。若止小过则惩戒可耳。"

（卷211　139页）

康熙四十二年（1703年）二月丙戌

陕西岷州卫崇隆寺等五寺番僧邓柱、臧满等进贡，宴赉如例。

（卷211　142页）

康熙四十二年（1703年）三月辛酉

上召大学士九卿等谕曰："朕此番南巡，遍阅河工，太约已成功矣。曩者河道总督于成龙，未曾遵朕指授修筑，故未能底绩。今张鹏翮一一遵谕而行，向来黄河水高六尺，淮河水低六尺，不能敌黄，所以常患淤垫。今将六坝堵闭，洪泽湖水高，力能敌黄，则运河不致有倒灌之患，此河工所以能告成也。又沿途咨访地方官，直隶巡抚李光地、河南巡抚徐潮居官皆优。山东巡抚王国昌、江苏巡抚宋荦俱安静。福建巡抚梅鋗、江西巡抚张志栋亦优。广东巡抚彭鹏诚为有守。浙江巡抚张泰交虽属新任亦优。赵申乔当其任布政时，朕尚信其不取，及任巡抚，好受词讼，则朕难信矣。甘肃巡抚齐世武，赋性褊急，好行参劾，凡为大吏者，当宽大和平，正己率属，宥其小过，以渐训励，使各勉为循良，岂可恣意以参劾为事乎。"又谕曰："朕御极以来，无时不以民生为念，虽纤微之事亦不肯稍有怠忽。勤劳已四十余年矣。今四海奠安，民生富庶，而河工适又告成。朕欲颁诏天下，大沛恩赉，故星夜回銮。诏内款项。尔等可会同详阅。"

（卷211　145页）

康熙四十二年（1703年）九月己巳

吏部议："原任陕西临洮道王永羲母朱氏叩阍，因其子为甘肃巡抚齐世武诬参负屈，并齐世武勒令地方立德政碑等款。查事在赦前，齐世武应免议处。"上命齐世武降五级留任，复谕大学士等曰："此疏内有请禁督抚建德政碑等语，凡居官果优，纵欲禁止百姓立碑亦不能止，如劣迹昭著虽强令建碑，后必毁坏。闻昔日屈尽美为广西巡抚回京时，百姓怨恨，持锹镢锄其马迹，庶民之心岂能强致耶？禁止立碑一段著删去。"

（卷213　162页）

康熙四十二年（1703年）十月丙子

陕西庄浪红山堡报恩寺都纲阁老藏、哈板旦等进贡，宴赉如例。

（卷213　163页）

康熙四十二年（1703年）十月庚寅

理藩院议复扎萨克大喇嘛绰木珠尔喇卜扎木巴奏："将伊所原居洮州卫卓柰克依特之庙，伏恳广开修造，应如所请。"得旨："取边氓之地以广修庙宇，关系民生，嗣后凡有广庙宇与民间田庐有关者，永行禁止。"

（卷 213　166 页）

康熙四十二年（1703 年）十一月庚戌

甘肃巡抚齐世武、延绥总兵官江琦、兴安总兵官何天培、凉州总兵官魏勋、四川巡抚贝和诺、提督岳升龙来朝。

（卷 214　169 页）

康熙四十二年（1703 年）十一月丙辰

青海和硕亲王扎什巴图尔、鄂尔多斯多罗郡王董罗布、松阿喇布、多罗贝勒纳木扎尔额尔德尼、厄鲁特多罗贝勒巴图尔额尔克济农、喀尔喀台吉哈嘛尔戴青、青海台吉盆苏克等来朝。

（卷 214　170 页）

康熙四十二年（1703 年）十一月戊午

谕四川陕西总督觉罗华显、陕西巡抚鄂海、甘肃巡抚齐世武等："朕抚有区夏，思臻上理，期于举世乂安，宵旰勤劳，未尝少释，而秦省为天下要地，时廑朕怀。曩者连岁荒旱，所司未经奏报，朕访闻得实即多方筹划，运米拯救。一由襄阳运至商州，一命河臣由黄河运至潼关，一由湖滩河朔运至渭河，一由甘肃运至西安，分行赈济。蠲正赋，免夙逋，安集流离，秦民始得少苏。自康熙三十二年，遣皇长子允禔致祭华山以来，雨旸时若，年谷丰登，间阎稍有起色。但秦省关系最重，且不通水运，抚绥尤宜加意。故不惮隆冬，跋履风霜，远临兹土，见百姓欢迎载道，且知今岁有秋，地方文武官吏更能恪勤奉职，满汉军士亦皆训练有方，朕心甚悦。凡巡幸所至必大沛恩膏。今将陕西巡抚及甘肃巡抚所属地方，康熙四十二年以前各项积欠银、米、草、豆、钱粮尽行蠲免。俟四十三年直隶各省咸获丰稔，当将秦省四十四年正供亦行免征。该督抚即通行晓谕，俾穷乡僻壤小民均沾实惠。倘有不肖有司希图侵蚀，以致泽不下究，该督抚严加访察，据实指参，以副朕爱养黎元之至意。尔等即遵谕行。"

遣官往原任提督张勇、原任总兵官梁化凤墓奠酒。

（卷 214　171 页）

康熙四十一年（1702 年）十一月己未

上幸西安府城外教场，阅西安驻防八旗满洲、汉军及绿旗官兵军容、火器、前锋、马步兵丁，俱擐甲，各按队伍列阵毕。上率诸皇子及内大臣、侍卫等俱擐甲乘骑遍阅之。青海和硕亲王扎什巴图尔等、鄂尔多斯多罗郡王董罗布等、厄鲁特多罗贝勒巴图尔额尔克济农等、喀尔喀台吉哈嘛尔戴青等随圣驾后，窥见官兵整齐，队伍森严，甲胄鲜明，无不互相叹异。奏曰："臣等但知禁兵精练，天下无敌，未知外省之兵亦皆如此。自当亿万年永享承平之庆。"上阅兵毕，回黄幄前，率诸皇子及善射侍卫等擐甲射，上亲射二次，发矢皆中。诸蒙古王、贝勒、台吉等及地方官吏、兵丁无不欢呼称颂。上以将军博霁训练官兵有方，即解櫜鞬并弓矢赐之。又赐总督觉罗华显、巡抚鄂海櫜鞬弓矢。上御教场箭亭，赐陕西官兵及蒙古诸王、贝勒、台吉等宴。上召原任将军佛尼勒之子俄伦特近前曰："尔父效力行间，尔亦由兵丁效力，以至协领，因此亲赐饮，表异于众。又以镶蓝旗协领莘泰由步军效力，以至协领，并副将康泰、韩忠俱人才矫健，皆召至阶上，令侍卫等饮之。众射恩毕。上回行宫。"

封达赖汗之弟青海台吉盆苏克为多罗贝勒。

（卷214　171页）

康熙四十二年（1703年）十一月庚申

赐青海和硕亲王扎什巴图尔等、鄂尔多斯多罗郡王董罗布等、厄鲁特多罗贝勒巴图尔额尔克济农等、喀尔喀台吉哈嘛尔戴青等，及地方大臣官员宴于行宫前。

上幸城内教场，率诸皇子及善射侍卫等射。上亲射二次，发矢皆中。上谕巡抚鄂海、齐世武、提督潘育龙等曰："前见提督潘育龙标下，二百五十名兵丁，朕意谓特选前来，故皆善射，其余未必若是。今至西安，每日校射，满洲善射不必言，绿旗兵亦尽善射，无一不当朕意者。如此之兵，诚非易得。朕甚嘉悦。"将军博霁、巡抚鄂海、提督潘育龙等率众官兵再三免冠顿首，跪奏曰："闻圣驾明日启行，皇上初次临幸西安，且连日未曾休息，恳乞皇上再留一二日，以副臣等及官兵仰望之私。"上曰："今岁暮期，促朕欲启行。尔等既如此诚恳，启奏明日当再留一日。"

（卷214　172页）

康熙四十二年（1703年）十一月辛酉

上御箭亭，率诸皇子及善射侍卫等射，上亲射二次，发矢皆中。继令记名善射官兵射毕。上回行宫。

传谕大学士马齐曰："途次以提督潘育龙之兵精练，自提督以下把总以上官员，俱各加一级。今督抚之兵亦与提督之兵无毕。华显、鄂海及绿旗把总以上官员，亦俱各加一级。其满洲兵丁整肃，俱系将军、副都统及诸弁不时训练所致。将军以下骁骑校以上，俱各加一级。巡抚齐世武前曾降五级留任，今著给还所降之级。"

秦省众官兵及绅衿士庶闻上启行。齐集行宫前跪，恳请皇上再留一日。上曰："汝等如此殷殷恳求，朕当再留一日。"

召将军博霁谕曰："朕历巡江南、浙江、盛京、乌喇等处，未有能及尔西安兵丁者。尔处官兵俱娴礼节，重和睦，尚廉耻，且人才壮健，骑射精练，深可嘉尚。慎勿令其变易。"

赐将军博霁、总督觉罗华显、巡抚鄂海、甘肃巡抚齐世武、四川巡抚贝和诺、固原提督潘育龙、四川提督岳升龙、总兵江琦、何天培、魏勋等御书匾额及貂帽、裘褂等物。

（卷214　172页）

康熙四十三年（1704年）二月辛巳

升甘肃布政使能泰为四川巡抚。

（卷215　181页）

康熙四十三年（1704年）二月丁酉

甘肃提督李林盛以年老乞休，允之。

（卷215　182页）

康熙四十三年（1704年）三月辛酉

命正红旗汉军副都统吴洪署甘肃提督事。

（卷215　184页）

康熙四十三年（1704年）九月丁卯

先是，上遣侍卫拉锡等探视河源，谕之曰："黄河之源，虽名古尔班索罗谟，其实发源之处从来无人到过。尔等务须直穷其源，明白察视其河流至何处入雪山边内。凡经流等处宜详阅之。"至是，拉锡等回奏："臣等遵旨，于四月初四日自京起程，五月十三日至青海，十四日至呼呼布拉克。贝勒色卜腾札尔同臣等起程前行。六月初七日至星宿海之东，有泽名鄂陵，周围三百余里。初八日至鄂陵西，又有泽名札陵，周围三百余里。鄂陵之西、札陵之东相隔三十里。初九日至星宿海，蒙古名鄂敦塔拉。登山之至高者，视之星宿海之源，小泉万亿不可胜数。周围群山蒙古名为库尔滚，即昆仑也南有山，名古尔班吐尔哈。西南有山名布胡珠尔黑。西有山名巴尔布哈。北有山名阿克塔因七奇。东北有山名乌阑杜石。古尔班吐尔哈山下诸泉西藩国名为噶尔马塘。巴尔布哈山下诸泉名为噶尔马春穆朗。阿克塔因七奇山下诸泉名为噶尔马沁尼。三山之泉流出三支河，即古尔班索罗谟也。三河东流入札陵泽。自札陵泽一支流入鄂陵泽，自鄂陵流出乃黄河也。除此，他山之泉与平地之泉流为小河者，不可胜数，尽归黄河东下。臣等自星宿海于六月十一日回程，向东南行二日登哈尔吉山，见黄河东流至呼呼托罗海山，又南流绕撒除克山之南，又北流至巴尔托罗海山之南。次日，至冰山之西，其山最高，云雾蔽之。蒙古言此山长三百余里，有九高峰，自古至今未见冰消，终日云雾蔽之，常雨雪，一月中三四日晴而已。自此回行十六日至席拉库特尔之地。又向南行过僧库里高岭。行百余里至黄河岸。见黄河自巴尔托罗海山向东北流，于归德堡之北，达喀山之南，从两山峡中流入兰州。自京至星宿海共七千六百余里。宁夏之西有松山。至星宿海，天气渐低，地势渐高，人气闭塞，故多喘息。谨绘图呈览。报闻。"

（卷217　196页）

康熙四十三年（1704年）九月辛亥

四川陕西总督博霁疏参凉州总兵官魏勋年老。上谕大学士等曰："魏勋于军前甚有劳绩，兵亦皆爱戴。此等人才，今西陲亦复有几，如果年迈令具呈请休可也，何必题参。原本发回。"又谕曰："魏勋及师帝宾、麦良玺俱系旧臣，讵可轻言参劾。前者佛伦任总督时，亦欲参师帝宾，曾面奏朕前。朕不之许。如此等人若皆劾而罢之，恐其余寒心，设有任用之处。若等俱非易得者也。提督潘育龙亦好，武臣中一介不取，操行俱全者实难得之。但不犯法、不贪冒即已矣。且本朝边疆武臣在地方不生一事，与文臣同心效力，兵民协和诚为自古所少。今经历军阵之大臣已渐零落，至于海战又不得比于江湖，今知海战之法者亦少矣，此可不留意乎。"

（卷218　203页）

康熙四十四年（1705年）二月壬申

青海厄鲁特多罗贝勒阿奇滚布巴图尔故遣官致祭。

（卷219　211页）

康熙四十四年（1705年）四月己巳

刑部题："镶蓝旗副都统孙留，于原任陕西庄浪同知已故王清彦亏空案内，代其侄王鉴行贿于镶红旗参领郭朝正，求免追产。应将孙留、郭朝正俱革职，照例枷责。镶红旗副都统唐之汾不行题参，应降三级调用。"得旨："孙留、郭朝正著革职枷责，唐之汾著降三级调用。"

（卷220　218页）

康熙四十四年（1705年）闰四月戊戌

青海厄鲁特多罗贝勒盆苏克遣使进贡，赏赉如例。

（卷220　222页）

康熙四十四年（1705年）闰四月乙巳

予故陕西凉州总兵官魏勋祭葬如例。

（卷220　223页）

康熙四十四年（1705年）五月乙丑

户部题："茶马差员应拨官更替。"得旨："茶马事务未必差官，著甘肃巡抚兼管。"

（卷221　225页）

康熙四十四年（1705年）五月辛未

陕西西宁总兵官刘体义以病乞休，允之。

青海多罗郡王达赖戴青故遣官致祭。

（卷221　226页）

康熙四十四年（1705年）五月辛巳

以陕西西安右翼副都统殷泰为西宁总兵官。

（卷221　228页）

康熙四十四年（1705年）十月辛丑

谕大学士等："甘肃布政使朝琦、山西按察使巴哈布声名俱不佳，著来京以旗员用。"

（卷222 239页）

康熙四十四年（1705年）十月戊申

升监察御史鄂岱为甘肃布政使司布政使。

（卷222 240页）

康熙四十五年（1706年）二月甲辰

陕西岷州卫圆觉等六寺番僧进贡，赏赉如例。

（卷224 252页）

康熙四十五年（1706年）二月壬子

升湖广郧阳副将崔相国为浙江温州总兵官。陕西靖远营副将曹曰玮为陕西兴汉总兵官。贵州定广副将林皋为福建南澳总兵官。

青海固山贝子彭苏克故遣官致祭。

（卷224 253页）

康熙四十五年（1706年）七月癸酉

青海多罗郡王额尔克巴尔都尔故，遣官致祭。

（卷226 267页）

康熙四十五年（1706年）九月甲申

升工部郎中安达礼为甘肃布政使司布政使。

（卷226 271页）

康熙四十五年（1706年）十月乙巳

谕大学士等："前遣护军统领席柱等，往擒假达赖喇嘛及第巴妻子时，诸皇子及诸大臣俱言一假达赖喇嘛擒之何为。朕意以众蒙古俱倾心皈向达赖喇嘛，此虽系假达赖喇嘛，而有达赖喇嘛之名，众蒙古皆服之。倘不以朝命遣人往擒，若为策妄阿喇布坦迎去，则西域、蒙古皆向策妄阿喇布坦矣，故特遣席柱等前去。席柱等方到其地，策妄阿喇布坦果令人来迎，以此观之，若非遣人前往，则假达赖喇嘛必已归策妄阿喇布坦矣。至西域回子及蒙古今衰弱已极，欲取之亦甚易，但并其地不足以耕种，得其人不足以驱使。且见今伊等已俱恪守法度，是以不取，此等情事汉大学士及九卿等，想俱未深悉。尔等可将朕谕示之。"

（卷 227　　274 页）

康熙四十五年（1706 年）十月己酉

谕户部："朕子育黎元，日求所以休养利济之道。念惟赐租减赋实有裨益于民生。直隶各省钱粮次第全蠲一年者，业经数举。独是历岁逋负，积累加增，旧税新征，势难兼办。纵使少宽民力，分年带输，而督令续完，仍多拮据。朕眷怀及此，深切轸恤，用是大沛恩膏，俾闾阎获免追呼，官吏亦不罹参罚。直隶、山东积欠钱粮今年俱已蠲免。其山西、陕西、甘肃、江苏、安徽、浙江、江西、湖北、湖南、福建、广东各省自康熙四十三年以前未完地丁银二百一十二万二千七百两有奇，粮十万五千七百石有奇，著按数通行豁免。或旧欠已完在官，而见年钱粮未完足者，亦准扣抵。谕旨到日，各该抚立行所属张示遍谕，如有不肖有司，以完作欠，蒙混销算及开除不清者，该督抚即时题参，严加治罪。尔部即遵谕行。"

（卷 226　　275 页）

康熙四十五年（1706 年）十二月丁亥

先是达赖喇嘛身故，第巴匿其事，构使喀尔喀、厄鲁特互相仇杀，扰害生灵。又立假达赖喇嘛以惑众人。且曾毒拉藏，因其未死，后复逐之，是以拉藏蓄恨，兴兵执第巴而杀之。陈奏假达赖喇嘛情由。爰命护军统领席柱、学士舒兰为使往封拉藏为翊法恭顺汗，令拘假达赖喇嘛赴京。拉藏以为执送假达赖喇嘛，则众喇嘛必至离散不从，席柱等奏闻。上谕诸大臣曰："拉藏今虽不从，后必自执之来献。"至是，驻扎西宁喇嘛商南多尔济果报拉藏起解假达赖喇嘛赴京，一如圣算。众皆惊异。"

（卷 227　　280 页）

康熙四十五年（1706 年）十二月庚戌

理藩院题："驻扎西宁喇嘛商南多尔济报称，拉藏送来假达赖喇嘛，行至西宁口外病故。假达赖喇嘛行事悖乱。今既在途病故，应行文商南多尔济，将其尸骸抛弃。"从之。

（卷 227　　281 页）

康熙四十六年（1707年）正月乙亥

理藩院题："青海多罗郡王额尔克巴尔都尔故，其子盆苏克旺扎尔应袭爵。查伊封册内并无世袭字样，相应请旨。"得旨："盆苏克旺扎尔著袭封为多罗贝勒。"

（卷228　283页）

康熙四十六年（1707年）三月己卯

署甘肃提督吴洪以病乞休，允之。

（卷229　293页）

康熙四十六年（1707年）四月庚戌

上谕大学士马齐等曰："甘肃提督员缺甚为紧要，吴洪为总兵官副都统时声名俱佳，今任提督患病是实，观西宁总兵官殷泰才健人优，从军十余次，身二十余战，被创数处，口齿为鸟枪中伤，马、步、箭俱精，而汉文亦通。自任总兵官以来，边外蒙古、内地人民无不称颂，且久居西土，地方事情亦皆谙练。著升为甘肃提督。"

（卷229　295页）

康熙四十六年（1707年）五月丁丑

调四川建昌总兵官马际伯为陕西西宁总兵官。

（卷229　298页）

康熙四十六年（1707年）九月戊辰

予故署甘肃提督事副都统吴洪祭葬如例。

（卷230　306页）

康熙四十七年（1708年）四月己酉

升甘肃巡抚齐世武为四川、陕西总督。

（卷232　324页）

康熙四十七年（1708年）四月乙丑

以二等伯唐保住为镶黄旗护军统领。原任甘肃提督李林盛为镶红旗汉军都统。

（卷232　325页）

康熙四十七年（1708年）五月甲申

以内阁学士舒图为甘肃巡抚。

（卷233　326页）

康熙四十七年（1708年）五月乙酉

以青海故多罗贝勒盆苏克子博硕克图戴青阿拉布坦鄂木布袭爵。

（卷233　327页）

康熙四十七年（1708年）九月乙酉

升福建福州城守副将胡泮为浙江温州总兵官，川陕督标副将路振声为陕西肃州总兵官。

（卷234　339页）

康熙四十七年（1708年）十二月乙卯

升陕西西宁道迟炘为湖北按察使司按察使。

（卷235　355页）

康熙四十八年（1709年）正月己亥

先是，拉藏立波克塔胡必尔汗为达赖喇嘛。青海众台吉等未办虚实，彼此争论讦奏。上命内阁学士拉都浑，率青海众台吉之使人赴西藏看验。至是，拉都浑回奏："臣遵旨会同青海众台吉之使前往西藏，至噶木地方见拉藏，问以所立达赖喇嘛情由。据云，前将假达赖喇嘛解京时，曾奉谕旨，令寻真达赖喇嘛。今访闻得波克塔胡必尔汗系真达赖喇嘛，亦不能信。又问班禅胡土克图，据云，波克塔胡必尔汗实系达赖喇嘛。我始为之安置禅榻，非敢专擅。"奏入，命议政大臣等议。寻议："拉藏所立达赖喇嘛，既问之班禅胡土克图确知真实，应毋庸议，但达赖喇嘛例有封号。今波克塔胡必尔汗年幼，请再阅数年始议给封。又青海众台吉等与拉藏不睦。西藏事务不便令拉藏独理，应遣官一员，前往西藏协同拉藏办理事务。"得旨："依议。其管理西藏事务，著侍郎赫寿去。"

（卷236　362页）

康熙四十八年（1709年）三月辛丑

予故陕西肃州总兵官刘汉业祭葬如例。

（卷237　370页）

康熙四十八年（1709年）五月癸巳

先是宁夏民黄品极叩阍："称宁夏唐汉两渠，历久不修，水泽淤塞，奉有该抚查议之旨。至是甘肃巡抚舒图疏言："汉渠地形卑下，照旧畅流，应毋庸议。惟唐渠地居上流，口高于身，水势不能通畅。今应引黄河之水汇入唐渠。其唐渠口之宋澄堡两岸宜加修治。犹恐水不足用，请于唐渠上流逼近黄河之处开河引水，并酌建木石闸坝，以资蓄泄。"下部议行。

（卷238　375页）

康熙四十八年（1709年）七月庚寅

升四川、陕西总督齐世武为刑部尚书，甘肃提督殷泰为四川、陕西总督，延绥总兵官江琦为甘肃提督，四川、陕西督标中军副将李耀为延绥总兵官。

（卷238　378页）

康熙四十八年（1709年）十一月庚寅

又问大学士等曰："汝等知山东碣石等山脉从何处来乎。"李光地奏曰："大约从陕西、河南来。"上曰："不然。"山东等山从关东长白山来，即如山海关与山东登莱相对，渡海不过二百里，中系海套。凡山东泰岱诸山来脉，俱从长白山来，来龙甚远，不知里数。"李光地奏曰："皇上博通典籍，是以知之甚详。"上又曰："济水伏流三处，其实不止济水，凡水发源处多是伏流，常问蒙古人，言之甚详。渠亦有书，凡黑水、弱水详记明白。黄河九曲，其实不止九曲，其大曲有九，其小曲不知几千。黄河从昆仑来，未到积石亦是伏流。即如长江之水，书云岷山导江，似乎江源在岷山，其实不在岷山，亦从昆仑来也，伏流到岷山，更不伏流矣。此等事，土人知之，书籍中未能详载也。"

（卷240　393页）

康熙四十九年（1710年）三月戊寅

议政大臣等议："拉藏及班禅胡土克图西藏诸寺喇嘛等会同管理西藏事务，侍郎赫寿疏请颁赐波克塔胡必尔汗，以达赖喇嘛之封号。查波克塔胡必尔汗因年幼，奉旨俟数年后授封。今既熟谙经典，为青海诸众所重，应如所请，给以印册，封为六世达赖喇嘛。"从之。

（卷241　401页）

康熙四十九年（1710年）三月丁亥

又谕曰："云贵、四川等处俱系边疆，殊为紧要。督抚以下官员，谓去京辽远，朕不及闻知，故违法妄行者多。督抚为一省之表率，职任极重。用伊等者，原为爱养生民，安抚地方，非使之富贵而已。近闻四川官员，惟学道陈瑸操守尚清廉，其余地方官横行加派，恣肆者甚多。户部侍郎能泰前为四川巡抚，不能严加检束，训诫属员，使民困苦。属下文武官员无一善者，如此之人，若仍留为侍郎，何以明赏罚、示劝惩。著将能泰革去侍郎。四川布政使卞永式居官尤劣，著解任。江西按察使吴存礼著升为四川布政使。至于甘肃乃要地也，巡抚舒图办事无能，极其糊涂，著解任。甘肃按察使鄂奇居官颇优，著升为甘肃巡抚。"

（卷 241　402 页）

康熙四十九年（1710年）四月乙巳

升监察御史巴袭为甘肃按察使司按察使。

（卷 242　404 页）

康熙四十九年（1710年）七月辛未

兵部议复："四川、陕西总督殷泰疏言，西固堡民安忠因峰崖山生番夺牛不与被杀。该汛守备韩国元、守御所千总洪章、高仲元等领兵往缉凶犯，深入番地，亦俱被杀。其后洮岷营副将张弘印及土司马天骥等统领官兵攻破峰崖山，剿杀生番七十余人，其余三十四族生番俱已招抚。查生番杀夺之事，例应详报上司，勒献凶犯，明正国法。今守备韩国元等不报上司，即行进剿，本应议处，但身已战殁无庸议。其该管各官平日不能管辖属员，以致临事失机，应将兼辖之副将张弘印、总兵官马际伯、提督江琦等俱照例议处。"得旨：'此事非副将张弘印起衅。且一闻事发，即率官兵剿抚，可嘉。著降二级仍留原任。守备韩国元、千总洪章、高仲元因地方公务被害，情属可悯，著该部议叙。余依议。"寻兵部议："守备韩国元加赠一级，为署都司金书，荫子弟一人，以卫千总用。千总洪章、高仲元各荫子弟一人，以卫千总用。应得恤银，令该省督抚照例赏给。"从之。

（卷 242　409 页）

康熙四十九年（1710年）七月庚寅

兵部议复："陕西肃州总兵官路振声疏请增陕西武举额数，应不准行。"上谕大学士等曰："陕西人才壮健者甚多，又令兵丁一体，乡试武举额数苦少，则有才者不免遗漏，以致壅滞。著将武举中额照原数增二十名。"

（卷242　411页）

康熙四十九年（1710年）八月丙子

喀尔喀辅国公克塞克来朝，青海多罗贝勒那穆扎尔厄尔德尼故，遣官致祭。

（卷243　413页）

康熙四十九年（1710年）八月庚辰

又谕曰："朕自即位以来，办理军务甚多。向年平定三逆、取台湾、降鄂罗斯、讨灭噶尔丹。用兵之道朕知之甚明。部院诸事朕尚与诸臣商酌之，惟军旅之事皆出自一心筹划。前于乌阑布通击败噶尔丹，人言彼时天晚未获全剿。嗣后费扬古于昭莫多地方，至傍晚时大败噶尔丹，杀贼竟夜。以此观之，随时遇见贼寇即当击杀，岂可以日夕推诿而不奋击乎。朕巡行塞北至乌阑布通，观我军排列阵势，俱甚合节，但噶尔丹乃行阵积年之贼，于沙冈之下排列，所以我军火器俱高，未获尽剿。后费扬古遵朕指示，奋力击杀，始能剿灭。今海内承平，边疆无事，选择武弁，但视其步射、骑射才堪管辖者用之而已。其于行阵如何则无由知之也，或有躯干短小，步射平常而善于行阵者，或有相貌魁伟且善技射，而不善于行阵者，必遇敌时，方能知之耳。凡人诚知顾惜颜面，能效命者即为勇士。原任正白旗副都统色格印善射，且相貌魁伟，善于管辖兵马。乌阑布通之战，彼则大惧，故推受暑下马，其家人俱愤曰：'身为二品大臣，如此临阵退怯，归去何颜见人耶？'扶之上马，色格印复下马，卧于草内及回营犹战栗不已，身披甲胄，蒙被达旦，因此伊所管兵丁无不耻笑。内府员外郎喀青阿之父海西尼身小力微，曾往福建随征，得本旗头等功牌八次。虽身体数处被伤，而攻城之时，犹令人用木板舁之前往，以观攻城及城既拔，谓众曰，我因残疾未获与汝等一同效力，愤恨大哭。又原任巡抚杨熙亦甚瘦小丑陋，当尚之信反叛时，彼与海澄公之弟黄世名、拜音达礼俱在广东城内，被贼围困，三人各率家人杀出重围，往赴大兵营内。以此观之，人之勇怯断，不可以相貌定也。且三逆叛时，李之芳曾任浙闽总督，伊虽不谙骑射，执刀立于船首，率众突前，大破敌人，以立功绩。彼时同出征者回京，俱称李之芳之勇。近征红苗，提督李芳述亲冒炮铳，鼓众力战，连破数寨。闻赵申乔亦甚强毅。又将军穆占、孙思克等在平凉时与贼大战。孙思克之手被贼砍中。马进良曾为孙思克标下武弁，闻之曰：'砍我总兵之手者，吾必杀之。'遂突入万军中，追杀砍孙思克手之贼。马进良数处中伤，至今尚有伤痕，可谓奇勇矣。今承平日久，善于马步射能管辖兵丁者，尚不乏人。若屡经行阵之人，甚难得也。野战尚易，水战尤难。盖水战必待迎风方出，此特为易退之计也。或我兵欲出之日，贼兵不出；或贼兵欲出之日，我兵不出。彼此相遇甚难。必能识水性，谙水阵之人，始可随机应变，调度成功。先是，海寇伪将刘国轩投诚，授天津总兵官。朕行水围时问彼战阵之事，彼云：'曾与我兵战七十余阵，皆败。'朕问本朝兵丁何如，彼云：'满洲兵实精锐无敌，但皆以强勇胜，并未有一次得战之理，据地之利胜我也。'窥其意实乃称扬我兵。至若将军大臣，彼虽不明言，颇有不足之状。"大学士温达奏曰："满洲兵丁遇敌惟知效命死战，稍有退避，人皆耻之，故所向无敌。"上又谕曰："朕用福建、广东人甚多，福建人性浊好勇，文人亦能舞藤牌挑刀。彭鹏任三河县时，闻某处有贼即跨刀亲往擒贼。今泉州歉收，民皆困厄，福建之事尔诸臣最宜留心。"

（卷243　414页）

康熙四十九年（1710年）十月辛巳

升甘肃巡抚鄂奇为户部右侍郎。

（卷244　421页）

康熙四十九年（1710年）十月癸未

升山西布政使雍泰为陕西巡抚。陕西布政使乐拜为甘肃巡抚。

（卷244　421页）

康熙五十年（1711年）正月壬子

达赖喇嘛、拉藏汗遣使进贡，赏赉如例。

以故青海多罗贝勒额尔德尼那木扎尔子罗卜臧察罕袭爵。

（卷245　429页）

康熙五十年（1711年）五月癸巳

　　吏部议复："甘肃巡抚乐拜疏言，狄道县知县汪钧控告原任巡抚，今升兵部右侍郎鄂奇及临洮道卫瑛等，受伊节礼款项甚多。请解任确审。应将鄂奇等暂令解任，发往陕西质审。"上曰："鄂奇原系一无定之人，因总督殷泰荐举，朕试行擢用。自任巡抚以来，所奏之事俱不可信。鄂奇著革职锁拿。遣司官一员解送陕西。该督严行质审，定拟具奏。恐殷泰为己所荐之人，瞻徇庇护，亦未可定。将朕旨明白发去，令其从公审理。"

　　　　　　　　　　　　　　　　　　　　　　　（卷246　440页）

康熙五十年（1711年）七月己酉

　　刑部议复："察审山东民班汉杰等叩阍，控告山西民陈四等聚众抢掳一案。证见档案俱在楚、豫二省，不便悬拟。应将陈四等七人并班汉杰、王殿极发往湖广总督会同河南巡抚，查明严审，定拟具题。又本年四月奉旨狱囚甚多，俱著速行完结。应将陈四等妇人子女发回原籍，取保安插，俟陈四等审结定案。"得旨："此案部议甚谬，被获陈四供称康熙四十四、四十五两年，因本省歉收，不能度日，于康熙四十六年自山西带领我等妇人子女及亲戚一百三十余口，逃荒至陕西庆阳府，居住二年。康熙四十八年至河南，由河南流移湖广、贵州。此等言语，显系欺诳。自朕巡朕西等省以来，每年俱系大有，督抚等每年题报丰稔之疏见在。陈四等何曾遭遇饥馑，若果系流移饥民，自应徒步荷担，沿途乞食，至有良田之处，即应栖止耕种，养赡妻子，为何又乘骡马手执刀枪等器械，绕行各省。似此百什成群，越界远行，该督抚并不奏闻，是何心也。且如许人众飘流数载，每日口粮若干，喂马草料若干，俱从何处得来。尚谓之流民可乎，前伪朱三太子，人知之者甚多，曾有巨室，迎接至家，供其酒食，延之读书，朕无不知也。此案部议，将陈四等妻子各发回原籍安置。伊等离家多年，发回无产业度日，更拨何处地亩与之耕种乎。于此等处并不详审，滥援今年四月释放监禁罪人之例，蒙混议奏，可乎。齐世武等罔念恩遇，将事推诿，自图安逸，似此草率议复，溺职极矣。今刑部事件废弛，皆由齐世武、卞永誉等所致。部院堂官俱朕所擢用，理应感念主德，实心尽职报效，乃顿忘朕恩，将事尽行废弛至加刑戮之时，悔无及矣。此案著再议具奏。"

　　　　　　　　　　　　　　　　　　　　　　　（卷247　446页）

康熙五十年（1711年）九月辛丑

以镶红旗汉军副都统杨琳为福建陆路提督。升陕西西宁总兵官马际伯为四川提督。

（卷247　451页）

康熙五十年（1711年）十月戊午

谕户部："朕诞膺大统，抚育寰区，夙夜孜孜，不自暇逸，凡以为民也。勤图利济，休养安全，即无水旱之虞，时布宽仁之政。蠲租除赋，务使遐方率土无不均沾。或值雨旸偶愆，出帑发粟，多方赈恤。其有益于吾民者靡弗备举而亟行之。朕勤恳周详之至意。前四十九年所颁谕旨申晰甚明。原欲将五十年天下钱粮通行蠲免。以诸臣集议，恐需用兵饷，拨解之际，兵民驿递，益致烦苦，故自五十年为始，三年之内全免一周。除将直隶、奉天等九省康熙五十年地丁钱粮一概蠲免，及历年旧欠钱粮一并免征外，山西、河南、陕西、甘肃、湖北、湖南各抚属，除漕项外，五十一年应征地亩银共八百四十万四千两有奇，人丁银共一百二十万八千一百两有奇，著察明全免。并历年旧欠共五十四万一千三百两有奇，亦俱著免征。其康熙五十二年应蠲省份，至期候旨行。民间旧欠既经豁免，嗣后每年额征钱粮务如数全完。倘完不及额或有亏空，托称民欠，即责令督抚以下官员偿补，仍从重治罪。该督抚须实心力行，期副朕惓惓爱民之意。如有指称事故，侵欺科派。事发之日，必严行究治。谕旨到日，遍示城郭乡村、深山穷谷，咸使知悉。尔部即遵谕行。"

（卷248　454页）

康熙五十年（1711年）十月辛巳

甘肃布政使阿米达丁母忧，命回旗守制。

（卷248　457页）

康熙五十年（1711年）十一月癸丑

升宗人府理事官折尔金为甘肃布政使司布政使。

（卷248　461页）

康熙五十一年（1712年）三月丙戌

青海辅国公索诺穆达世故，遣官致祭。

（卷249　470页）

康熙五十一年（1712年）八月戊午

喀尔喀多罗郡王和硕额驸敦多布多尔济、青海多罗贝勒塞布藤扎尔、多罗贝勒罗卜臧察罕、贝子车臣戴青罗卜臧达尔渣等来朝。

（卷250 482页）

康熙五十一年（1712年）九月庚子

先是，原任陕西宁州知州大计参革姚弘烈妻孙氏叩阍，控告原任甘肃布政使觉罗伍实、庆阳府知府陈弘道等勒索银两一案。又原任庆阳府知府陈弘道妻王氏叩阍，控告四川、陕西总督殷泰等徇庇知州姚弘烈、将氏夫严刑拷讯一案。命都察院左都御史赵申乔、户部侍郎噶敏图赴陕一并察审。寻赵申乔等审毕复奏。事下刑部会同宗人府吏部核拟。至是，刑部等衙门会议："左都御史赵申乔等所审姚弘烈、陈弘道互讦两案。除知州姚弘烈，照律定罪，应于亏空钱粮案内从重归结。知府陈弘道虽有听许财物情弊，然无贪婪实迹，应照律革职杖流，准其折赎外。其原任刑部尚书齐世武于甘肃巡抚任内，受布政使觉罗伍实火耗银三千六百余两。原任甘肃巡抚鄂奇于署布政使任内得火耗银三千三百余两。丁忧布政使阿米达于任内得火耗银六千七百余两。原任布政使觉罗伍实于任内得火耗银六千七百余两，俱实。查齐世武已于包揽湖滩河朔事例受贿案内拟绞，应无庸议。鄂奇阿米达、觉罗伍实俱系旗人，应照律革职枷责，准其折赎。至现任总督殷泰系封疆大臣，不能除弊，反出示令州县征收钱粮，每两加一火耗，殊属溺职。现任甘肃巡抚乐拜与觉罗伍实同城居住，失于觉察。均应照律革职。"得旨："殷泰、乐拜居官之优，陕西通省无不尽知。俱从宽免革职。余依议。"

（卷251 484页）

康熙五十一年（1712年）十月癸丑

谕户部："朕宵旰孜孜勤求民瘼永惟惠下实政，无如除赋蠲租，除每岁直隶各省报闻偶有水旱灾伤，照轻重分数豁免正供，仍加赈恤外，将天下地丁钱粮自康熙五十年为始，三年之内全免一周，使率土黎庶普被恩膏。除将直隶、奉天、浙江、福建、广东、广西、四川、云南、贵州及山西、河南、陕西、甘肃、湖北、湖南康熙五十年、五十一年地丁钱粮一概蠲免。历年旧欠钱粮一并免征外。所有江苏、安徽、山东、江西四省除漕项外，康熙五十二年应征地亩银共八百八十二万九千六百四十四两有奇，人丁银共一百三万五千三百二十五两有奇，俱著察明全免。其历年旧欠银二百四十八万三千八百二十八两有奇，亦并著免征。计三年之内，总蠲免天下地亩人丁新征旧欠，共银三千二百六万四千六百九十七两有奇。各该督抚务须实心奉行，体朕轸念民生至意，如有侵欺隐匿，使惠不及民，借端科派者，该督抚严行察参。督抚失察，事发之日，亦严加究治。谕旨到日，立即遍示城郭乡村，咸使知悉。尔部即遵谕行。"

（卷251　488页）

康熙五十二年（1713年）二月甲寅

谕大学士等："朕昨问投诚海贼陈尚义，伊等出洋行劫，遇西洋船只惧其火器，不敢逼近，惟遇东洋商船，则掠取其银米，亦不尽取，以此商船仍往来不绝也。中国与西洋地方，俱在赤道北四十度内，海洋行船，中国人多论更次，西洋人多论度数。自彼国南行八十度至大狼山，始复北行入广东界。常六阅月在海中，不见一山。又自西洋至中国，有陆路可通，因隔鄂罗斯诸国，行人不便，故皆从水路而行。鄂罗斯距京师约万二千里。西洋及土儿虎特地方皆与鄂罗斯接界。鄂罗斯倚土儿虎特马匹，土儿虎特用鄂罗斯皮张。往年鄂罗斯与雪西洋战，土儿虎特助鄂罗斯，大败雪西洋。又回子温都斯坦、布海儿、夜儿根等处产绵，制甲四十层，可敌浙江绵八十层，曾以鸟枪试验知之。又过哈密六百里有吐鲁番地方，去雪山百余里。其人昼伏，至夜始出耕种。其地甚热而多石，若日出时耕种辄热死。又哈萨克即古阳关地，其人性好斗，常结队以杀掳为事。人心亦齐，若妇女被人掳去，其掳去之妇女必乘间手刃其人而回。此地亦热，草极肥盛，马皆汗血。所产苹果、葡萄、梨等物皆大而美。又西北回子种类极多，皆元太祖后裔。又有一支在小西洋，约十万人，皆住帐房。惟北极下为最寒，往时曾有人筑室而居，明年人往视之，其人已无复存者，但见林间雪深数丈而已。昔人云，北海有积冰数百丈，向以为荒诞，以此观之，信不诬也。总之西北地方极大，其风土亦各不同。朕曾详悉访问，是以周知也。"

（卷253　505页）

康熙五十二年（1713年）四月丙子

追赐故陕西凉州总兵官师帝宾谥曰恪僖。

（卷254 519页）

康熙五十二年（1713年）六月乙未

谕大学士等曰："朕历观前史，凡事皆坏于隐匿。明代盗贼情形俱隐匿不报，追贼已及门尚然不知也。岂知旱涝之灾，民生疾苦，乃自古所有之事，奏闻何伤。若果督抚凡事皆据实奏闻，预为防备，虽有事亦复何害。且朕临驭年久，凡事有应商酌之处，朕必与大臣等商酌而行，惟军机、河工事，朕即批示，恐与不知之人商酌反致有误也。"又谕曰："甘肃巡抚乐拜奏陕西省免康熙五十一年钱粮，甘肃卫所应征之米未邀恩免，请一并免征。朕令乐拜度兵饷之米足与不足再行奏请，及彼详计之果不足兵饷，一如朕言，彼但为己之声名计，于兵饷紧要之处乃并不计及也。"

（卷255 525页）

康熙五十二年（1713年）十一月己酉

谕户部："朕勤求民瘼，无间远迩，虽在边徼远省，偶有旱涝灾伤无不访察情形，殚思赈救。今岁直省各处俱获收成，惟广东三水、清远、高要、高明、四会五县，福建侯官县、福州右卫二处，甘肃靖远卫、环县、镇原县、固原州、固原卫、平凉县、平凉卫、崇信县、庆阳卫、灵州所、会宁县、宁夏中卫、宁夏所、古浪所一十四处，今岁夏秋被灾。各督抚已经奏闻，虽各省地丁钱粮新经全免，然一方灾歉，悉廑朕心。艰食之际，重以追呼，朕所不忍。其明年应征广东省三水等五县额银七万七千九百两零，米一万七千六百石零；福建省侯官县等二处额银三万六千六百两零，米六千四百石零；甘肃靖远卫等十四处额银四万七千七百两零，粮八万八千五百石零，草八十四万三百束零，尽与豁免。尔部即行文各督抚，务须星速奉行，即刻遍行晓谕。俾民间无征催之累，肆力东作，用称朕抚恤灾黎至意。倘有不肖有司，奉行稽迟，或借端另行科派，使小民不沾实惠。该督抚严察参处，如该督抚失察一并从重处分。尔部即遵谕速行。"

（卷257 539页）

康熙五十二年（1713年）十二月癸巳

免甘肃会宁等四县卫本年份旱灾额赋有差，并命发粟，赈济饥民。

（卷257 544页）

康熙五十三年（1714年）正月甲子

以故青海厄鲁特辅国公索讷木达西子诺尔布盆楚克袭爵。

（卷258 547页）

康熙五十三年（1714年）二月乙酉

兵部议复："四川、陕西总督鄂海疏称，洮岷边外大山内居住生番，倾心归顺。著洮州土司杨如松管辖，应如所请。又请给杨如松印，应不准行。"得旨："杨如松管辖土司甚多，新投顺番人，又令伊兼管，非给予印信，何以管辖，著俱照该督所请行。"

（卷258 549页）

康熙五十三年（1714年）三月乙巳

户部议复："四川、陕西总督鄂海等疏言，甘肃所属靖远等处被灾穷民，当青黄不接之时，应大口给粮三合，小口二合，以为养赡。其有田地缺乏籽粒者，每亩给粮五升作为籽粒，令其竭力耕种。其未回籍者，令该地方官送回，到籍之日房屋倒坏，无栖身者，臣等酌量安插。应如所请。"从之。

谕户部："甘肃一带地方，去年春麦失收，秋田亦歉，经该督抚奏报甚明。其地俱系山田，稍遇天旱易致荒歉，是以旧岁特沛恩泽，蠲免租赋，见在虽据该督抚，设法赈济，给与牛种，此外更应作何筹划，使小民得所，永有裨益。著遣工部右侍郎常泰、大理寺少卿陈汝咸，到彼会同该督抚详察地方百姓情形，确议具奏。"

（卷258 550页）

康熙五十三年（1714年）三月癸丑

差往甘肃工部右侍郎常泰、大理寺少卿陈汝咸请训旨。上谕曰："朕曾至宁夏，其地方有似蒙古，所种惟青稞。遇岁不收，民既流散。尔等到彼应与总督鄂海、巡抚乐拜计议，教百姓牧养牛羊。盖甘肃地方不比直隶、山东，与蒙古同，宜畜牛羊。虽遇荒岁食乳亦可度日。又地产肉苁蓉、天门冬，煮食之，味似山药。又一种沙米亦可食。被灾诸处尔等亲身往勘，会同督抚，酌议以闻。”

（卷258　551页）

康熙五十三年（1714年）六月乙亥

　　谕领侍卫内大臣等曰：“朕想拉藏汗一子前往策妄阿拉布坦处娶亲，一子见在青海地方驻扎。在策妄阿喇布坦处娶亲之子，策妄阿喇布坦若托辞爱婿留住数年，不令之归。再如驻扎青海之子，朕复怜爱留住伊处总无人矣，岂不孤危。况拉藏汗年近六十，自当为其身计。伊之人少，土伯特人甚多，而又秉性凶恶，可保常无事乎。拉藏汗将凶恶第巴杀死，朕加褒奖，封为扶教恭顺汗。伊真倾心内向，不但朕知之，即各处人亦皆知之。但厄鲁特秉性猜疑，又甚疏忽，倘或事出不测，朕虽怜伊，伊虽倚朕，此间地方甚远，相隔万里，救之不及，事后徒贻悔耳。即朕亦无法也。朕此想甚属远大，伊亦系晓事之人，若不深谋防范，断乎不可。朕为拉藏汗时常留意。”

（卷259　555页）

康熙五十三年（1714年）六月己卯

　　以户部右侍郎绰奇为为甘肃巡抚。

（卷259　557页）

康熙五十三年（1714年）八月癸酉

　　予故甘肃巡抚乐拜祭葬如例。

（卷260　562页）

康熙五十三年（1714年）八月己卯

　　移甘肃庆阳府捕盗同知驻扎靖远卫，与卫守备协同理事。其庆阳捕务归并知府兼管。以阿霸垓故多罗郡王吴尔占噶喇卜子巴特玛滚楚克袭爵。

（卷260　562页）

康熙五十三年（1714年）九月乙丑

　　青海厄鲁特亲王扎什巴图尔故，遣官致祭。

（卷260　565页）

康熙五十三年（1714年）十月庚午

　　免甘肃靖宁等八州、县、卫本年份旱灾额赋有差。

（卷260　565页）

康熙五十三年（1714年）十月壬申

先是，差往甘肃察勘饥民工部右侍郎常泰等条奏安插失业穷民六款，上命九卿详议具奏。至是，九卿遵旨议复："一无依穷民，宜加意安插，无致失所。并令该地方官讲读上谕十六条，教以礼义，严申保甲，约束百姓，则各有生路，各知自爱。一荒弃地亩招民开垦，将荒地查出，置立房每户二间，无业之民给与口粮、籽种、牛具，令其开垦。即给与本人永远为业，照例六年后起科。其给房屋、口粮等项于见存库银内动用。一甘属水利亟宜兴行，令地方官相度地势，有可以开渠引水者，募夫开浚。可以用水车者，雇匠制车，可以穿井造窖者，即行穿造。其应用银两亦于存库银内动用。一牛羊牧畜令民孳生，甘属不耕种之山场甚多，宜于牧畜牛羊。应令该督抚查明无业穷民，每户给羊种十只，每二户给牛种一只，俟六年之后，将孳生羊羔十只、牛犊一只交官变价。其买牛羊价值将存库银内拨给。一督理官员宜加遴选，安插穷民等事原系地方官专司，应行该督抚选才具优长贤能之员，具题调补。俟历俸五年，有果能招徕开垦、兴行水利、孳畜牛羊、教导百姓者，令督抚保题，照五年俸满即升之例，即行升用。一倒塌城垣亟宜修理，于明年春和之时修筑。令穷民佣工得以养赡。"从之。

（卷260　565页）

康熙五十三年（1714年）十月壬辰

甘肃巡抚绰奇疏言："甘肃宁夏等处今岁被灾穷民，请计口散赈至明年夏收时停止。"得旨："著九卿詹事科道会议具奏。"又谕曰："甘肃地方被灾流移各处就食之民，见今招回本处，但时尚沍寒，本处并无粮米，招回无益。俟来年春耕时送回方有益也。"

（卷260　568页）

康熙五十三年（1714年）十一月戊申

九卿等遵旨议复："甘肃巡抚绰奇疏请今岁甘肃宁夏等处，被灾穷民应计口散赈，俟明年夏收时停止。应如所请。但穷民有流移别州县者，若令回本处就赈，冲寒往来，不无有累。应将流移百姓，令所到州县地方，动仓粮发赈。倘不敷用，于附近州县仓粮内作速挽运接济。"从之。

（卷261　570页）

康熙五十三年（1714年）十二月己巳

予故甘肃提督赠署都督佥事江琦祭葬如例。

（卷261　573页）

康熙五十三年（1714年）十二月辛卯

兵部议复："四川、陕西总督鄂海疏报，洮岷所属边外生番喇子等一十九族，头目扎世咱等归诚。番地周围约有千余里，计一千二百九十二户，男妇大小共八千四十六口。请令土司杨如松管辖。应如所请。"从之。

（卷261　577页）

康熙五十四年（1715年）二月己巳

广西提督张朝午疏参新太营参将王启云擅自领兵与猺人交战，殊属轻躁，请敕部议处。上谕大学士等曰："朕观王启云不惟无罪，且似有功。猺人劫掠村庄，围绕州署，知州晓谕不解，参将有防守地方之责，若以起衅是惧，设执缚有司，劫夺仓库，亦坐视不救可乎。猺性凶顽，岂得任其恣行。昔年陕西番人擅过边界，领兵官理谕不听，遂领标兵五百人深入番地剿之。部议照例处分。朕从宽降级留任。今王启云情事略同，议处亦只降级罚俸而已。"寻兵部议复："王启云因猺贼猖狂，始行剿杀，非轻躁动兵之例可比。且续经题明伤亡，应无庸议。"从之。

（卷262　580页）

康熙五十四年（1715年）三月癸亥

升陕西洮岷副将张弘印为贵州大定总兵官。

（卷262　585页）

康熙五十四年（1715年）四月辛未

理藩院题："先经青海右翼贝勒戴青和硕齐察汉丹津等奏称，里塘地方新出胡必尔汗，实系达赖喇嘛转世，恳求册封。其从前班禅胡土克图及拉藏汗题请安置禅榻之胡必尔汗是假等语。蒙皇上睿鉴，以伊等俱顾实汗子孙，欲使共相和睦，若将此胡必尔汗留住青海，恐其弟兄内或起争端，特遣侍卫阿齐图等前往谕令，将里塘之胡必尔汗送京亲看。又遣主事众佛保，往班禅处，问此胡必尔汗之真假。续经戴青和硕齐等奏请俟来秋送至京师。"奉旨："著将里塘胡必尔汗暂于西宁口内寺庙居住。今侍卫阿齐图疏言，主事众佛保自班禅处回，据班禅称里塘胡必尔汗是假，而戴青和硕齐等坚求亲往班禅处问其真假。应令阿齐图等传集青海两翼诸贝勒、台吉，等于会盟处宣示皇上仁爱之意，及班禅送来印文，令将胡必尔汗送至红山寺居住。"从之。

（卷 263　587 页）

康熙五十四年（1715年）四月己卯

甘肃提督师懿德疏报："四月初二日，哈密扎萨克达尔汉白克额敏咨言，厄鲁特策妄阿喇布坦遣兵至其北境，侵掠五寨。初三日又咨言，贼兵于三月二十五日抵哈密城下。臣檄肃州总兵官路振声领兵先赴哈密，臣俟出厂马调到即亲身往救。"得旨："策妄阿喇布坦遣兵侵掠哈密，肃州总兵官已领兵往救，应再发西安满洲兵三千、总督标下营兵二千、甘肃提督标下兵，亦酌量派出，星急前去救应，再行文青海左翼及喀尔喀扎萨克等各令防备。著议政大臣会同理藩院大臣，速议具奏。"议政大臣等随遵旨议复："西安满洲兵令将军席柱与副都统一员带领。总督标下兵令副将一员带领。甘肃提督亦令带领标下兵，俱于文到三日内启行。兵马钱粮，令西安巡抚永泰沿途料理。此三处兵应派大臣一员前往调遣。选厄鲁特、巴尔虎大臣侍卫官员等带至军前，以备侦探贼踪之用。西宁、嘉峪关两路各设驿站，派笔帖式坐台。西宁、青海等处事务，令侍卫阿齐图等暂驻西宁料理。青海左翼与哈密相近，贝子阿拉布朱儿与噶斯路相近，西宁及四川松潘俱与青海相近，皆应行文各令整备。现今甘肃兵丁俱调出口，应调凉州兵一半至甘肃要路防守。再策妄阿喇布坦现侵哈密，未必不至喀尔喀地方。应派大臣一员前往传谕，喀尔喀并厄鲁特王策零旺布、公多尔济色卜腾、茅海、辉特公罗卜藏等，各令预备。"得旨依议："今总兵官路振声现率标兵前往，路振声系谱练行间之人，朕所稔知，如策妄阿喇布坦兵少，此兵足以制之，彼若拥众而来，我兵似觉不足。必须详加筹划，相机而行。著速行文提督。至尔等所议三处兵派一大臣，总统调度。此兵乃西安将军所管之兵，将军亲往，不便又令大臣管辖。应派一能办事大臣与将军公同商酌而行。著吏部尚书富宁安驰驿前往，派新满洲侍卫十员前往效力。现派法脑著随富宁安前去。祁里德原系大臣，著授为散秩大臣，驰驿前往推河。亦派新满洲侍卫前往。著将呢牙韩楚、娄征额派出随去厄鲁特、巴尔虎侍卫官员，亦令挑选带往。"

（卷 263　587 页）

康熙五十四年（1715年）四月庚辰

谕议政大臣等："策妄阿喇布坦作何举动，虽不得知其实，其到我哈密地方便不可为虚。若彼倾国而来，势有万余，我一总兵之力微有不足，不可不预为周备也。应著右卫兵即刻预备，八旗察哈尔、厄鲁特、巴尔虎兵内挑选千名发往归化城。如用右卫兵时，令其一同前往。鄂尔多斯及厄鲁特阿宝额驸之兵，亦应令预备一同前去。著详议具奏。"议政大臣等随遵旨议复："右卫兵应选三千名，令将军费扬固预备。八旗察哈尔、厄鲁特、巴尔虎之兵选千名令总管铿特、傅尔丹、常济保阿礼浑管领，速往归化城。如用右卫之兵一并遣往。右卫、察哈尔兵给与六月食米钱粮。鄂尔多斯兵派二千名令王董罗布、贝勒甘珠尔管领。厄鲁特贝勒额驸阿宝兵五百名、归化城土默特两旗兵一千名，令都统新泰、副都统齐式预备，令将军费扬固统领兵马事务，再派大臣一员与将军费扬固同行商议管理。"得旨："现有将军费扬固且不必派大臣，若嗣后有事，著都统新泰为将军参赞。余依议。"

（卷263　588页）

康熙五十四年（1715年）四月甲申

甘肃提督师懿德疏报："驻防哈密游击潘至善、笔帖式常保住等于三月二十六日，率领官兵二百余人同哈密白克额敏击败策妄阿喇布坦兵于哈密，贼退驻城南二十里外。"得旨："官兵甚少，辄奋往争，先杀退二千余贼，深为可嘉。所有在事及受伤阵亡官兵、哈密兵应行赐恤之处，该部速议具奏。"寻兵部议复："应遣臣部司官及理藩院司官各一员于甘肃巡抚处领帑银一万五千两，前往哈密赏赐白克额敏。游击潘至善以下及在阵阵亡受伤兵丁等，事定日，其应议叙及加恩兵丁处，一并议奏。"从之。

（卷263　589页）

康熙五十四年（1715年）四月甲午

肃州总兵官路振声疏报："臣领兵兼程前往哈密，于本月十二日至额尔特木尔地方，去哈密百二十里。据哨探人来报云：'哈密人闻天兵来援，老幼欢悦，策妄阿喇布坦兵闻信，已于初七日遁去。'"疏入报闻。

谕兵部："游击潘至善率领绿旗兵二百人击败策妄阿喇布坦二千余众，当此承平日久，兵革休息时，乃仓猝间能如此奋勇直前，殊为可嘉。前虽谕令赏给，朕心犹为未足。今再加恩，将此二百名兵丁各给与把总札付，其中阵亡兵丁十余人，亦给与把总札付，准伊妻子食俸。著速议具奏。"寻兵部议复："游击潘至善等俱应越等升用。"从之。

（卷263　591页）

康熙五十四年（1715年）五月甲辰

谕议政大臣等："哈密为策妄阿喇布坦所侵，恐不能生理。著甘肃巡抚遣官运送米粮牛羊往赈。"

（卷263　593页）

康熙五十四年（1715年）五月乙酉

甘肃提督师懿德疏言："臣领兵至西吉木地方，据总兵官路振声报称，策妄阿喇布坦兵已远遁，随行令路振声暂驻哈密候旨，并撤回凉州官兵，臣亦领兵暂回肃州。续将擒获之厄鲁特解送京师外。今路振声因哈密地方无牧马之处，可以驻扎领兵去哈密一日之程，移驻塔尔那秦地方有水草处。臣思贼虽逃遁，而哈密势属孤单，应令路振声等暂驻塔尔那秦地方，候旨遵行。近奉旨著吏部尚书富宁安、西安将军、督抚等率领满洲、绿旗官兵前往救援。臣于五月初一日自肃州往甘州，以备会议军务。报闻。"

（卷263　593页）

康熙五十四年（1715年）四月乙卯

遣原任员外郎保住由喀尔喀路蓝翎克什图由哈密路各赍谕旨，往策妄阿喇布坦处。谕曰："去年尔众擅掠我喀尔喀之人，故喀尔喀巡哨之兵追逐杀尔打牲一人，擒一人而归。我哈密之往吐鲁番贸易者，因尔亦不令回，故从吐鲁番处。行文与尔不知曾到与否，今尔无故领兵二千侵我哈密，为我兵二百人所败而遁。今我兵已四路云集，断难中止。从前尔虽狂妄启奏，朕为天下主，无不宽容。况尔曾奏云，令我等喀尔喀、厄鲁特青海之众皆复旧业，以安人众。尔今可令和朔特、图尔古特、辉特之人俱回原处，与伊兄弟完聚。其在我处之辉特，朕亦令回原处完聚。于阿拉克山居住拉藏汗之子，尔可速送还拉藏。尔只领准噶尔之众，僻在额尔齐斯居住则已。再前给尔准噶尔之众，本我所应有之人，彼等亦不愿属尔处，尔之人心离异，各为身计，不但众人皆知，即尔亦自知之。尔果欲起兵，此等人朕皆当收养。谁不欲享太平，乃肯为尔冒死耶？况我用兵并无掩袭，尔常自以为强，可亲身前来会盟定议，不然恐尔又诡称，使臣不能尽达尔言也。前尔屡奏，所遣使人中途为人阻隔，朕因遣使约尔来会，尔又恳奏，户口无几，原不足数，且僻在一隅，若相近边境有可效力之处，情愿报效。今何无端食言，侵我哈密。若不来会盟，断无了期。兵兴之际，受伤生齿必多，尔若畏惧不来，则尔向称欲安人众之言皆为虚伪。朕必亲征或令王大臣等领兵直抵尔巢穴，必不容尔信口支吾也。尔其定意，即于所遣使臣回时具奏。"

（卷263　594页）

康熙五十四年（1715年）五月戊午

议政大臣等遵旨议奏："前调西安满洲绿旗兵五千，已各遣一千驻噶斯口扼要，外余兵止有三千，及甘肃提标兵现回甘肃，由哈密进发之兵稍觉单弱，应拨甘肃提标兵三千，凉州、固原、宁夏兵各二千，遣官率领前进，著席柱、富宁安统领。其支给兵丁粮米应将肃州等处米二万石运至哈密，其运米骒马令动正项钱粮，在西安、甘肃等处采买，如不足数，则在青海等处采买。如遇冬天，驱至甘肃等处喂养。进兵时，令其使用。兵丁行粮将米及牛羊兼给。令甘肃巡抚绰奇随大兵料理。"得旨："固原、宁夏兵著董大成、吴坤率领前进。甘凉兵著师懿德率领前进。余依议。"

（卷263　595页）

康熙五十四年（1715年）六月甲戌

西安将军席柱、吏部尚书富宁安遵旨议奏："吐鲁番与哈密接壤，且系策妄阿喇布坦咽喉要地，不可不先取沿途安站运米之事。应于布隆吉尔、巴尔库尔两处各设兵五百名，大兵喂养马匹五十日，于七月二十日起程，八月十五日前后至巴尔库尔地方，休养马匹，数日从哈密之北大山后乌阑乌苏路进兵，九月初五、六日间到皮千，吐鲁番地方越山，近临吐鲁番城池相机剿抚，平定吐鲁番后，招安素尔通等处回子。一面通知哈萨克布鲁特，不但吐鲁番，易取，即策妄阿喇布坦亲来亦可剿灭。吐鲁番既平，再相机进剿策妄阿喇布坦。"奏入，上谕议政大臣等曰："览富宁安、席柱所奏，今年进兵取吐鲁番等语，若在甘肃等处将马匹喂养肥壮，于九月间方取吐鲁番，则时值冬令，且伊地方太近，不如仍照原议，明年前进为当。祁里德处信息亦应等候。再策妄阿喇布坦曾有秋天兵至哈密之语，总兵官路振声之兵止有一千，力量单弱。西安之兵既在甘肃等处喂养马匹，著将甘肃提标营兵二千，添发路振声处。"

（卷264　597页）

康熙五十四年（1715年）六月戊寅

议政大臣等议复："甘肃提督师懿德疏言，吏部尚书富宁安、西安将军席柱等奉命前至甘州与臣等公议，除派往噶斯路防守之满洲兵、督标绿旗兵各一千外，其进剿时派满洲兵二千、督标绿旗兵一千、臣标兵二千、火器营兵五百、凉州镇标马兵一千、宁夏镇标马兵一千、肃州镇标马兵一千、火器营兵五百，其各镇标派出之兵所需乘骑及运米马匹，俱向各镇取给。臣标马步兵二千五百共需马五千二百五十匹，除将现存马匹给与外，尚不足二千匹，请将宁夏、凉州等镇标下马协助，但臣所属各营俱沿边要路，营马不便空悬，请于料理军务之大臣处支取钱粮，购买补足。应如所请。"得旨："依议，现今需用紧急收取各营马匹，时价必致腾贵，其补给价值，务使兵丁得沾实惠，令其速补。"

议政大臣等议复："西安将军席柱疏言，运米马匹请在甘肃等处喂养五十日，于七月二十间出口，八月十五前后至巴尔库尔，恐口外至八月间草将干黄，且马匹喂养五十日亦未甚肥。今塞草方茂，应令将军席柱等停其在甘肃喂养，除将师懿德提标下二千兵添往驻防哈密总兵官路振声军前外，其余兵丁俱令挨次出口，由布隆吉尔、塔尔那秦至巴尔库尔等地方择好水草处，酌量分驻。其运送哈密之米，令巡抚绰奇兼用车辆运载，自嘉峪关尾大兵后，直至巴尔库尔。兵部、理藩院各遣章京一员于甘肃等州县调取人马，安设台站，派出部院衙门笔帖式坐台。"从之。

（卷264　598页）

康熙五十四年（1715年）六月己卯

议政大臣等议复："甘肃巡抚绰奇疏言，奉旨大兵所需米石交甘肃地方备办，但河西地方不甚产米，所以仓贮之谷多系麦豆，必须河东邻省采买等语。应行文巡抚绰奇酌量料理两三月口粮，给与前进兵丁。此外应运米石，令总督鄂海将邻省仓内所贮米麦，遣员送至绰奇处。再令绰奇陆续运至哈密。"从之。

（卷264　598页）

康熙五十四年（1715年）六月庚辰

命发打布孙诺尔及太仆寺马厂所有马驹、骒马各二千匹往甘州。

甘肃巡抚绰奇题报："兰州等十八处旱灾。"上谕大学士等曰："甘肃地方被灾之民应作何赈济，著九卿詹事科道会同速议具奏。赈济饥民之事较之征剿策妄阿喇布坦更为紧要，尔等可速传谕。"

（卷264　599页）

康熙五十四年（1715年）六月乙酉

兵部议复："甘肃提督师懿德疏言，奉旨命臣领进剿兵丁前往，但臣所管诸营皆系沿边防守最为紧要，请将镇安将军潘育龙标下马兵二千，拨给甘州总兵官袁钤管辖，应如所请。"从之。

户部议复："甘肃巡抚绰奇疏言，康熙五十、五十一、五十二年固原州等处未完额赋，请分年带征，应如所请。"得旨："固原州等十七处未完银米即分年带征，被灾之民断不能完纳，著察明蠲免。"

（卷264　599页）

康熙五十四年（1715年）六月丙戌

散秩大臣祁里德等遵旨议奏："臣等传集喀尔喀汗王、台吉及熟识路径之散秩大臣晋巴等公议，据喀尔喀汗王、台吉等称，我兵从此进剿策妄阿喇布坦有两路：一由布拉罕顺额米尔河，寻伊里河过阿尔滩厄默尔领；一由博克达额伦哈必尔汉进塔尔奇岭。此两路俱至额米尔河波罗塔喇地方会合。计策妄阿喇布坦兵可四万人，尚书富宁安等兵应由哈密至巴尔库尔，候将军费扬固等兵一同征取吐鲁番。前进朱尔土斯地方。我等喀尔喀兵止一万，须合内地之兵方可深入。应于博克达额伦哈必尔汉一路设兵一万五千，布拉罕一路设兵三万进剿。我等喀尔喀兵应于七月二十间起行，在布楼尔布拉罕口左近驻扎养马，其应否即行进剿，或遣使招降，再行具题请旨。至哨探处各扎萨克安站连接，直至推河等语，臣思策妄阿喇布坦纵有兵四万，各处分守，兵亦无多。若博克达额伦哈必尔汉一路有兵一万，布拉罕一路有兵万五六千，度可足用。"疏，上谕议政大臣等曰："喀尔喀汗王等所议，意欲增兵助势，似属相宜。今年未便进兵之处，喀尔喀等尚在，未知其欲，令将军费扬固等兵合并哈密一路，朕意哈密一路富宁安之兵甚属整壮，费扬固兵不必发往哈密，仍与喀尔喀兵为一路，于明岁进兵时再行添发可也。"

（卷264　599页）

康熙五十四年（1715年）六月丁亥

命西安巡抚噶什图前往甘肃，同巡抚绰奇随军料理粮饷、马匹等事，尚书富宁安亦著总理。

（卷264　600页）

康熙五十四年（1715年）六月壬辰

户部等衙门遵旨议复兰州等十八处被灾饥民："应将甘肃所属州县及附近甘肃之州县所有仓粮散赈，至明年麦秋之后停止，现今巡抚绰奇往边地料理军需，应遣大臣一员前往监赈，得旨著左副都御史明安去。余依议。"

（卷264　600页）

康熙五十四年（1715年）七月戊午

议政大臣等议复："肃州总兵官路振声疏言，奉部文令，臣移驻哈密城后托河齐哲克得里等处。查此地即哈密第三堡西北之沙枣泉，其地湿热，马难肥壮。沙枣泉西北九十里有山，名为无克克岭，其山下即巴尔库尔地方，山上远了甚明。臣领兵移营于此要路驻扎，其余山峡小径俱拨兵防护，俟额驸阿宝辉特公罗卜藏等兵到日，于巴尔库尔地方再议驻扎之处，应如所请。"从之。

（卷264　602页）

康熙五十四年（1715年）八月乙丑

议政大臣等议复四川陕西总督鄂海疏言："甘肃存仓米麦及现在采买米石尽足配给兵丁。又庄浪、西宁、巩昌三处有旧贮粟米四万余石，将此米运送三万石至甘州与甘肃存仓之麦陆续运至军前，相兼支给军需有余。若从邻省运送，路远费多，请行停止。应如所请。"从之。

又议奏："前令西安、甘肃巡抚俱随军料理粮饷。今年既不进兵，应令一人前往军前办事，一人驻扎肃州料理一切粮饷事务，俟明年进兵时，一同随军料理。"从之。

（卷265　603页）

康熙五十四年（1715年）八月乙亥

甘肃巡抚绰奇疏请运粮哈密需用向导。上谕大学士等曰："据绰奇题请向导，看来办事平常，随尚书富宁安前往之人，熟知路径者甚多，且有一佐领回子驻扎肃州，何用再以向导奏请。况富宁安系特旨派往办理军务粮饷大臣，凡事应与合心办理，岂可各自具奏。若一事而内阁兵部、理藩院各自行文、巡抚、提镇并不会同，富宁安各行具奏，则往来需四五十日，必至误事。驿站亦多骚扰。此后除军机要事外，其巡抚、提督、总兵官所奏之事，著会同富宁安具奏。至此等平常事件，著将两三件会为一处，遇便进呈，事务不可烦多，如将军费扬固、散秩大臣祁里德同心办理，事无烦扰，殊可嘉也。"

（卷265　604页）

康熙五十四年（1715年）八月壬辰

銮仪卫銮仪使董大成疏报："臣于六月二十二日领兵从肃州出嘉峪关，自嘉峪关至噶斯口三千余里，行至常马尔河，因山水暴发，所有运米牲口及兵丁所乘马匹多致伤损倒毙。今于八月十二日抵噶斯口。"得旨："自边上至噶斯口一千七百里，曾经阿南达奏过。今董大成何以又称有三千余里。噶斯口路径甚窄，策妄阿喇布坦断不由彼行走。今正寒冷之时，著董大成将噶斯口迤内放火烧荒，领兵回赴肃州。"

（卷265　605页）

康熙五十四年（1715年）九月癸巳

谕议政大臣等："今年既不进兵，令富宁安回至肃州料理一应军务钱粮，俟明年进兵时再令前去。"

（卷265　605页）

康熙五十四年（1715年）九月辛酉

议政大臣等议复西安将军席柱、吏部尚书富宁安疏报："策妄阿喇布坦属下特木尔、白克木式等首先投诚，应赏赉袍帽等物，归并八旗蒙古佐领下为兵，给与粮饷、产业、妻室。"从之。

又议复："西安将军席柱、吏部尚书富宁安疏言，臣等于六月二十九日自甘州率领头队官兵起程，于八月十八日至巴尔库尔，阅视地方形势，除总兵官路振声已于吴尔图等地方设立哨探外，所有吴图布拉克、库勒墨图搜济等处俱添设哨探。再巴尔库尔东西两边俱系大谷，地方宽长，且水草甚好。已令见到之兵自巴尔库尔接连立营，安设斥堠。俟兵丁全到，于巴尔库尔东边一百里尽处奎苏地方遍立营盘。应将席柱等所奏，无庸另议外。查前哈密白克额敏曾报称策妄阿喇布坦欲于秋时复来哈密，见今投顺之厄鲁特人特木尔等，亦言策妄阿喇布坦传令治办器械，预备行粮，不许属下人私骑骟马。凡有人问，但云向哈萨克地方出兵。今大兵见于巴尔库尔一路、阿尔泰一路整备，正欲策妄阿喇布坦前来。然哨探之地最属紧要，应令将军席柱等严加防范，不时巡查。"从之。

又议复："侍卫阿齐图等疏言，臣等至会盟处传集青海两翼诸贝勒、台吉等宣谕皇上仁爱之意。贝勒色卜腾扎尔等，皆言应遵旨将胡必尔汗送至西宁口内，而贝勒戴青和硕齐等仍诿云，胡必尔汗年幼，未出疹痘，且今年不宜出行等语。应行文阿齐图暂驻西宁，探其信息。"从之。

（卷265　607页）

康熙五十四年（1715年）十月戊辰

銮仪卫銮仪使董大成疏言："臣至噶斯口巡查，并无来往人迹。噶斯地方三面雪山，中有一线水草，皆系芦苇。其大路在得布特里地方。西南走藏，东南走青海西宁大通河。半月即到永固城。西北走柴旦木、吐鲁番等处。乃策妄阿喇布坦出入咽喉要路。又据夸兰大吴通保等各报兵丁两月口粮已完，运米官又不能全运至噶斯地方。是以臣于九月十一日移驻得布特里地方。"得旨："董大成已有旨。著回肃州，到后著勒限驰驿来京。其官兵交尚书富宁安统辖。"

（卷265　608页）

康熙五十四年（1715年）十一月癸巳

吏部尚书富宁安疏报："奉旨命臣回赴肃州料理军务、粮饷。臣于九月二十四日自巴尔库尔地方起程，于十月十四日至肃州。报闻。"

（卷266　611页）

康熙五十四年（1715年）十二月丙寅

议政大臣等议复："吏部尚书富宁安疏言：'今将噶斯一路官兵撤回肃州，牧养马匹，但肃州地方窄狭，二千兵丁不能尽容。且从他处运送草豆，又烦费钱粮，而甘州地方宽敞，民房甚多，仓内既有存贮麦豆，且于附近地方买送草束亦便。今令西安满洲兵一千名驻扎肃州，督标绿旗兵一千名，驻扎甘州。各令加谨约束，勿致生事扰民。'应如所请。"从之。

（卷266　615页）

康熙五十四年（1715年）十二月丁卯

免江南邳州、华亭等十八州县本年份水灾额赋有差。

（卷266　615页）

康熙五十四年（1715年）十二月壬午

议政大臣等议复侍卫阿齐图疏言："据青海贝勒色卜腾扎尔来称，贝勒察罕丹津等因去年胡必尔汗之事，贝勒阿喇布坦鄂木布、盆苏克汪扎尔、色卜腾扎尔、台吉达颜、苏尔杂等遵旨不与同心，今欲与罗卜臧丹津等盟誓，先攻取五家，将胡必尔汗送往西地。请会同西宁总兵官王以谦，严整兵马，预为之备。查去年里塘地方新出胡必尔汗以来，皇上睿鉴洞彻，此胡必尔汗若在彼处，则青海诸台吉兄弟必致互相争竞。特降敕旨，遣侍卫阿齐图等前往调取，欲其彼此和睦。今察罕丹津欲将胡必尔汗送往西地，恐色卜腾扎尔等尾击其后，遂欲先攻伊等，亦未可定。应派出西安满洲兵一千，命大臣一员统领前往西宁。并令总兵官王以谦派标兵三千预备。若察罕丹津果肆猖狂，即领兵征剿。或色卜腾扎尔等被攻来奔，即收入边内安插。再察罕丹津所居地方去松潘止四五日程，应令四川提督康泰、松藩总兵官程正李预备兵马，如有送胡必尔汗西往之信，即从后追剿。"得旨："依议，著护军统领晏布前往。"

（卷266　616页）

康熙五十四年（1715年）十二月乙酉

谕户部："朕统一寰宇，宵旰孜孜，惟以年谷顺成，民生康阜为念。故凡地方水旱情形，必时加咨询。其有岁偶不登，即诏所司亟行蠲赈。五十余年来未尝稍懈。前因甘肃靖远卫等处年岁歉收，既已多方筹划，蠲赈频施，复将甘肃被灾二十八州、县、卫、所康熙五十四年额征银粮草束通行蠲免，但被灾之余，民鲜盖藏，若非再沛弘施，恐来岁办赋犹艰。除宁州、陇西、渭源、狄道、临洮五州、县、卫康熙五十五年额征银粮草束，已经蠲免外，其靖远等二十八州、县、卫、所康熙五十五年额征银九万七千八百七十两零，粮二十三万九千四十石零，草二百五十三万七千八十束零，亦尽与蠲免。谕旨到日，该督抚即遍行晓示，俾遐陬僻壤莫不周知，务期均沾实惠，以副朕轸恤边民至意。"

（卷266　617页）

康熙五十五年（1716年）正月乙酉

谕尚书富宁安、将军席柱等："朕意撤回噶斯口驻扎之兵，倘策妄阿喇布坦闻知，发兵从噶斯路来袭我兵之后，亦未可定，仍令新满洲侍卫及厄鲁特侍卫等前往侦探。"

（卷267　619页）

康熙五十五年（1716年）正月辛酉

议政大臣等奏："将军席柱先以兵丁米粮不能接济具奏。续据尚书富宁安奏称，将现在运到之六千五百余石米麦，于冬季给散兵丁尚有余剩，但席柱以米粮不能接济为辞，既已行文富宁安，作速运送，又不俟富宁安回文，即以米粮不能接济，遽尔奏闻，殊属不合。俟军务完日，应将席柱查议。现今大兵驻扎巴尔库尔，与哈密之额敏相近，应令席柱将额敏所有之米粮、牲畜给与兵丁接济，俟将运到之米偿还，牛羊折银偿还。至于粮饷甚属紧要，应照富宁安所奏，用山西、陕西小车三千辆，每辆用车夫三名，自嘉峪关至哈密，安设十二台，每台各分车二百五十辆，令其陆续转运。此台应令巡抚绰奇前往安设至阿尔泰一路。军中现有预备骆驼、羊只，喀尔喀地方购买尚属容易，应行文都统穆赛等，将骆驼三千只，羊十万只，陆续出阿济汛界，送至巴尔库尔，交付席柱，以羊给兵丁作为口粮，骆驼于运米使用。"得旨："依议速行。"

（卷267　620页）

康熙五十五年（1716年）二月壬戌

谕议政大臣等："运送粮饷、安设台站、牧养马匹等项，俱系领兵将军职任。今米粮不能运至，皆由水草不足之故。朕昔亲统大兵中路出征时，沿途必留有水草之处，以牧运米牲畜。尔等所亲知者，身为领兵将军此等事不能深晓，领兵直前，致沿途水草，如火烧赤地，后队兵马及运米人役、牲畜，有不致困乏者乎。朕曾屡谕众大臣云，领兵将军甚难，凡事不可不周到。今岁停止进兵，候种地及一应事务预备完毕，审察两下军情，再行定夺者，为此故也。且去年驻防哈密二百名兵战败策妄阿喇布坦时，众大臣俱欲进兵，如果彼时即行进兵，路途遥远，米粮焉能接上。现在驻扎，食用米粮尚不能接续，若彼时即行进剿，不知作何景况矣。如喀尔喀一路，都统穆赛等所统之兵，俱系满洲、蒙古熟练之人，并无粮饷不足等事。将军席柱等所统之兵尚未熟练，所以如此，倘运粮不至，所关甚大，行令将军席柱、提督师懿德等，酌留足用汛守。调遣之兵其庸懦不堪者，著会议撤回。”

（卷267　620页）

康熙五十五年（1716年）二月乙丑

谕议政大臣等：“巴尔库尔、科布多、乌兰古木等处种地之事，甚属紧要，若种地得收，则诸事俱易。著会议具奏。”寻议：“开垦田地，现今公傅尔丹等，带领土默特人一千，前往乌兰古木等处耕种，所需牛种、田器应交都统穆赛等动支正项钱粮，购买发往。至军前赎罪人员内，有愿耕种者，亦准其耕种，俟收成后将米数奏闻议叙，再先经尚书富宁安奏称，哈密所属布鲁尔、图呼鲁克接壤之处，并巴尔库尔、杜尔博尔金地方，哈喇乌苏及西吉木、达里图、布隆吉尔附近之上浦下浦等处，俱可耕种，应各令派人耕种，给与口粮牛种。再兵丁内有愿耕种者，亦令耕种，俟收成后将米数奏闻议叙。至尚书富宁安现驻扎肃州，应将肃州附近之西吉木、达里图、布隆吉尔等处，交与富宁安酌量耕种，图呼鲁克、杜尔博尔金、哈喇乌苏等处耕种之事，派大臣一员管理。”得旨：“依议，著副都统苏尔德前往管理。”

（卷267　620页）

康熙五十五年（1716年）二月庚午

谕将军席柱、提督师懿德、总兵官路振声、额驸阿宝等：“尔等出兵日久，策妄阿喇布坦处并无信息。今值春，令遣侍卫满泰阅视营伍汛界，西安满洲兵、陕西绿旗兵因系同城，所以甚和，尔等亦宜和睦为是。”

（卷267　621页）

康熙五十五年（1716年）二月乙亥

以陕西兰州等处连岁被灾，命散给饥民口粮外，每亩再给籽粒五升。

（卷267　621页）

康熙五十五年（1716年）三月丙辰

原任西安将军席柱等疏言："臣等遵旨会议，将庸懦不堪西安满洲兵二百名、督标马兵五百名、固原将军标下马步兵一千一百名、甘肃提标马步兵七百名、肃州镇标马步兵三百名、凉州镇标马步兵一千一百名、宁夏镇标马步兵一千一百名撤回。派该管官员陆续各回本营。巴尔库尔现在驻扎兵丁，除派出种地五百名外，尚有满洲、绿旗兵丁七千五百名，尽可足用。"得旨："噶斯口撤回之满洲兵丁一千名、绿旗兵一千名现在肃州养马，俱已肥壮。于青草盛时发往巴尔库尔，再派绿旗兵三千名预备之处。著行文富宁安，令其速为料理。"

（卷267　625页）

康熙五十五年（1716年）闰三月壬戌

兵部题："前阿南达奏称，自边界至噶斯口一千七百里。今銮仪使董大成奏称，自嘉峪关至噶斯口三千余里。董大成误信协领吴通宝导引，不由阿南达所行之路，绕道纡行，以致兵丁劳苦，马匹损伤。应将董大成革退銮仪使。"从之。

（卷268　627页）

康熙五十五年（1716年）闰三月己卯

议政大臣等议复："侍卫阿齐图疏言：'青海台吉等初言将胡必尔汗送往红山寺。继又请将胡必尔汗送往宗喀巴寺。始终推诿，不令起程。自奉旨令护军统领晏布统兵驻扎西宁，四川提督康泰、松潘总兵官程正李等整兵预备。复屡次晓谕青海台吉等，伊等果尔恐惧，于三月十五日，将胡必尔汗送至宗喀巴寺居住。但青海二翼台吉今虽和睦，恐不能久。请将罗卜臧丹津、察罕丹津达颜管理右翼事务，额尔得尼厄尔克托克托奈、阿喇布坦鄂木布管理左翼事务。再派大臣，同郎中长受、主事巴特麻至青海盟，令其永远和睦。'应如所请。"得旨："依议，著公策旺诺尔布、侍卫布达理前往。"

（卷268　628页）

康熙五十五年（1716年）闰三月庚辰

谕议政大臣等："前令西宁驻扎之晏布往噶斯口防守，今派晏布令代将军席柱，可将西宁驻扎之西安满洲兵选五百名，令侍卫阿齐图、护军参领钦第由，统往噶斯口形胜之地防守。见在胡必尔汗之事俱已就绪，其四川、松潘等处预备兵丁著撤回。"

议政大臣等议复："尚书富宁安疏言：'巴尔库尔兵丁庸懦不堪者已撤回五千名，遵旨将噶斯口撤回之满洲、绿旗兵二千名，于四月内发往巴尔库尔外，其预备绿旗兵三千名，请将西宁镇标下马兵一千名、火器营步兵五百名、凉州镇标下马兵七百名、火器营步兵三百名、甘肃提标马兵三百名、火器营步兵二百名派出，并派副将等官预备调遣。其应给骑驮之马，将甘肃等处营马派给。'应如所请。"得旨："西宁地方关系甚要，现将西宁之兵派出五百名，同阿齐图前往，则西宁兵丁不必再派。著仍于固原、宁夏兵丁内，选择派出。余如议。"

（卷268　628页）

康熙五十五年（1716年）闰三月辛巳

议政大臣等议复，尚书富宁安疏言："甘肃巡抚绰奇见今用小车安设台站直抵哈密，应将所运之米用骆驼驮载，运至巴尔库尔，哈密至巴尔库尔程途虽近，其间有科舍土岭。自巴尔库尔至科舍土岭北口，请安设三台，令巴尔库尔驻扎之步兵牵驼运送。自哈密至科舍土岭南口，亦请安设三台，令哈密驻扎之二百兵丁牵驼运送，即令见今运米官员，并发往效力官员，协同管理。应如所请。"从之。

（卷268　628页）

康熙五十五年（1716年）六月癸丑

议政大臣等议复："尚书富宁安疏言：'甘肃地方今年田禾茂盛，秋收可期。各处民人俱具呈欲往口外并哈密地方，以及驻兵之处贸易者，一百四十余起。请令地方官给与出口印票，以便前往。'应如所请。"从之。

（卷269　637页）

康熙五十五年（1716年）七月丁亥

吏部尚书富宁安疏言："臣遵旨于达里图等处耕种，田苗茂盛，丰收可期，但军需莫要于粮米。臣复细访，自嘉峪关至达里图，可垦之地尚多，肃州之北口外金塔寺地方亦可耕种。请于八月间，臣亲往遍行踏勘，会同巡抚绰奇招民耕种外，再令甘肃、陕西文武大臣及地方官捐输耕种。无论官民，有愿以己力耕种者，亦令前往耕种，俟收获之后，人民渐集，请设立卫所，于边疆大有裨益。"得旨："著议政大臣、九卿、詹事、科道会议具奏。"寻议："相应令富宁安会同督抚等同往踏勘，详议具奏。"上谕议政大臣等曰："踏勘垦种地方及设立卫所之事，令富宁安会同督抚踏勘之议不合，富宁安系驻扎肃州管理军务之人，不宜派往。著巡抚绰奇将可以垦种地方前往勘明，会同富宁安确议具奏。"

（卷269　639页）

康熙五十五年（1716年）十月丁亥

又谕曰："朕前曾谕九卿科道等，文武大臣内有声名不好者，科道即行题参。科道内有行止不端者，九卿亦行参奏。今部院司官内有办事虽勤，而操守平常者，亦著查参。可传谕九卿。"

又谕曰："闻富宁安驻扎肃州地方，秋毫无犯。彼处兵民无不欢悦，诚无愧于大臣之道矣。"

（卷270　645页）

康熙五十五年（1716年）十月癸巳

谕户部："朕统一寰宇，无分中外，皆欲久安长治，共乐升平。宵旰孜孜五十余年，未尝顷刻去怀也。策妄阿喇布坦前曾频行请安，遣使来往，近忽狂悖，侵扰哈密。哈密已经编置佐领，即与内地无异。若不遣发师旅，置之不问，断乎不可，故特征兵备边，一切飞刍挽粟，悉支正项，毫无累及闾阎。然而行军置驿及诸凡挽运，皆由边境。今岁山陕二省虽年岁丰收，喜登大有，但边民效力转输，在所宜恤。兹特大沛恩膏，将山西属前卫、右卫、大同怀仁、马邑、朔州、保德等州、县、卫，陕西属府谷、神木、安塞、绥德、米脂、安定、吴堡、保安、榆林、保宁、常乐、双山、鱼河、归德、向水、波罗、怀远、威武、清平、山丹、高台、古浪、庄浪、西宁、肃镇，宁夏左屯、中屯、平罗、中卫、灵宁、平凉、固原、镇戎、西安、庆阳、阜城、甜水、河州、兰州、洮州等州、县、卫、所、堡，康熙五十六年额征银八万六千一百两零，粮米、豆、谷三十一万七千七百二十五石零，草二百七十六万五千九百束零，通行蠲免，并将从前积年逋欠亦悉与蠲除。谕旨到日，该督抚即遍行张示，使遐陬僻壤莫不周知。仍严饬所司，实心奉行，以副朕加厚边民至意。其或阳奉阴违，泽不下究该督抚题参，从重治罪。尔部即遵谕行。"

（卷270　645页）

康熙五十五年（1716年）十月丁酉

议政大臣等议复："吏部尚书富宁安疏言：'巡抚绰奇前往勘阅肃州迤北地方，可以开垦之处甚多，酌量河水灌溉。金塔寺地方可种二百石籽种，自嘉峪关至西吉木地方可种一百三十石籽种，达里图地方可种一千一百余石籽种，方成子等处地方可种五百余石籽种。臣查今岁西吉木、达里图、布隆吉尔三处耕种，共收粮一万四千余石。布隆吉尔系沙土之地，明年应停其耕种。至西吉木、达里图及金塔寺等处地方，请动正项钱粮，派官招民耕种。'应如所请。"从之。

（卷270　646页）

康熙五十五年（1716年）十月甲辰

贵州巡抚刘荫枢疏言："臣妄奏军前雪深，奉旨令臣亲往阅视，但臣年老患病，不能亲往，谨在甘州候旨。"得旨："刘荫枢前奉旨亲赴军前，并未周阅营垒，即称患病，不候谕旨，回至甘州。且云入冬后雪深数尺，恐惧奏陈。今令伊亲阅彼处积雪情形，据实陈奏。又不遵旨往阅，仍托病求回原籍。若伊意欲乞休，久当奏请。乃未奉旨之前，顾恋官职，不请休致。及至军前，稍经寒雪，即举动失措，违旨退缩，奏请回籍。理应从重治罪，但伊年老，居官以来，操守尚清。览伊奏折，情辞甚属可悯。谕旨到时，著即回贵州办事，从宽免其议处。"

（卷270　648页）

康熙五十五年（1716年）十月丙午

侍卫阿齐图疏报："策妄阿喇布坦贼徒来马厂偷盗马匹，官兵击败，贼徒遁去。臣随遣官兵，会同驻扎噶顺汛界之护军参领钦第由追缉踪迹，始知贼由山后过沙喇，于欲来盗马之时，先执青海台吉罗卜臧丹济布而去。报闻。"

（卷270　648页）

康熙五十五年（1716年）十月丁未

谕议政大臣等："策妄阿喇布坦赋性狡诈，知我兵在巴尔库尔、阿尔泰等处防守严密，若探听噶斯口兵势单弱，由噶斯口来犯，侵扰青海，亦未可定，不可不预为防备。朕意派西安满洲兵及督标兵二千名，著护理西安将军印务总督额伦特带往西宁预备。如策妄阿喇布坦由噶斯口来犯，著西宁预备之兵与青海左翼台吉等会合。提督康泰带领四川之兵与右翼台吉等会合，两路协守，策妄阿喇布坦断不敢来犯。倘由嘉峪关外及布隆吉尔等处，以彼微弱之卒，惊我大兵之后，亦未可定。著行文富宁安，令选兵一千名预为防备。朕意以为策妄阿喇布坦知祁里德之兵，今值冬秀雨雪之时决不前进，或由公博贝之后，以微弱之卒潜来惊扰，亦未可定。著行文晓谕，尔等速议具奏。"寻议："钦遵上谕各行预备外，应行令西宁总兵官王以谦，拨派西宁绿旗兵二千名预备，王以谦非谙练军务之人，应令固原提督潘育龙，将伊标下副将、参将等官员内有彼素知熟练军旅者，派出数员，遣往西宁，听尚书富宁安、侍卫阿齐图调遣。至主事巴特麻，熟练青海之事，令与提督康泰一同协理事务。再西宁驻扎之郎中长受，亦熟练青海之事，令与总督额伦特会同商议，不时侦探。倘有调遣之处，将贝勒盆苏克、汪扎尔等兵酌量调遣。护军参领钦第由已经进追贼徒，若请接续之兵，令阿齐图等即调遣西宁预备之兵前进。"从之。

（卷270　648页）

康熙五十五年（1716年）十月己酉

谕议政大臣等："江南、杭州、荆州、西安、固原、甘州、宁夏等处拴养马驼，如有用处甚属有益。著西安兵拴养马二千匹、驼一百只，固原、甘州、宁夏兵各拴养马一千匹、驼一百只，江南、杭州、荆州兵各拴养马一千匹，俱给发价银，令其购买。"

（卷270　649页）

康熙五十五年（1716年）十二月戊戌

吏部尚书富宁安疏言："遵旨派甘州提标及凉州、肃州镇标马步兵共一千名，令参将等官率领，前往布隆吉尔防守。并令沿途居住之贝勒、贝子、台吉等遣人不时侦探。报闻。"

（卷270　653页）

康熙五十五年（1716年）十二月乙卯

谕理藩院："青海已故亲王扎什巴图尔，自效顺以来，一心向化，伊子罗卜臧丹津人才亦优，著封为亲王。其台吉达颜，系达赖巴图尔之孙，为人诚实，感朕深恩，实心办事，甚属勤劳，著封为贝勒，台吉巴尔珠尔阿喇布坦、喇扎卜阿喇布坦，俱著封为贝子，台吉丹津著封为辅国公。察罕丹津之婿台吉阿喇布坦格勒克，著封为一等台吉。"

赐朝正外藩科尔沁、翁牛特、奈曼、喀尔喀、土默特、扎鲁特、巴林、郭尔罗斯、乌朱穆奏、蒿齐忒、喀喇沁，青海阿禄科尔沁、毛明安王、贝勒、贝子、公、台吉等及内大臣、大学士、侍卫等宴。

（卷270　655页）

康熙五十六年（1717年）正月己巳

以上元节赐外藩科尔沁、翁牛特、奈曼、喀尔喀、土默特、扎鲁特、巴林、郭尔罗斯、乌朱穆秦、蒿齐忒、喀喇沁，青海阿禄科尔沁、毛明安、克西克腾王、贝勒、贝子、公、台吉等及内大臣、大学士、侍卫等宴。

（卷271　657页）

康熙五十六年（1717年）正月壬申

谕议政大臣等："据青海多罗贝勒达颜奏称，噶斯路兵势单弱，应添兵驻扎，所奏甚是。添兵之处，尔等议奏。"寻议："噶斯路驻扎兵止一千名，似觉稍弱，应将西安兵二千名，及西宁镇标兵一千名，添派噶斯路驻扎，此四千兵应分为两班更换行走。换班时令兵丁各带口粮，以省挽运之费。其一切驻扎设哨及分兵防守之处，应令领兵侍卫阿齐图详议具奏。"得旨："依议。噶斯路军前现今止阿齐图一人，著侍卫霍善前往阿齐图处，一切军务，公同商酌而行。再著石匣副将赵坤、河间副将卜应奎，前往管领换班绿旗兵丁。"

（卷271　657页）

康熙五十六年（1717年）二月甲午

赐来朝随围青海亲王罗卜臧丹津、多罗贝勒厄尔德尼额尔克托克托鼐、达颜、固山贝子阿喇布坦、公丹津、扎萨克台吉阿拉卜滩、洛勒克等袍帽有差。

（卷271　659页）

康熙五十六年（1717年）三月甲子

　　吏部尚书富宁安疏报："巴尔库尔一路兵拣选八千五百名，分为两路前往袭击策妄阿喇布坦边界乌鲁木齐、吐鲁番等处。"得旨："军务关系紧要，著将尚书富宁安授为将军，给与印信。其署理西安将军事务总督喀伦特，现在西宁驻扎，彼处事件无多。著额伦特前往驻兵之处，与富宁安会同商议料理。总兵官王以谦系旗人，曾历任西安副都统。彼处又有郎中长受，将驻扎西宁之西安满洲兵、绿旗兵，令王以谦、长受管辖。肃州地方甚属紧要，延绥总兵官李耀，停其前往穆赛等处，令将伊所带之兵前赴肃州驻扎看守。今既遣兵前往袭击策妄阿喇布坦之汛界地方，其留后接应及紧要形势之地，安营看守，接运粮饷等事关系重大，富宁安、额伦特二人内，著一人带领袭击之兵前去，留一人料理事务。若吐鲁番地方可取则取，将伊处米石充作口粮食用。遂以彼力协同看守，倘力稍单弱，有由厄伦哈毕尔汉一路所进五千之兵，即将此兵酌量调往，并力看守。过冬之时运送米粮、牧放马匹及防敌人之潜劫袭后等处，务须详加筹划。看守吐鲁番之兵不可撤回，别路袭击之兵作何张大军势。著两路大臣公同确议，在于要紧适中之处暂行驻扎，若易取而难守，则仍照前议，令其袭击而回。乌鲁木齐、布娄儿、布喇罕、厄伦哈毕尔汉四路之兵，亦令袭击而回。此等军务，万里之外不便请旨遵行。此处亦难遥度指示，令军中大臣等酌量详议，作速遣人知会阿尔泰路之大臣等，互相约定日期，相机而行。著议政大臣、都统、满汉大臣等各抒己见，详议具奏。"

（卷271　663页）

康熙五十六年（1717年）三月戊寅

　　议政大臣等议："尚书富宁安进兵之处，如吐鲁番易于攻取看守，即令其攻取，若有难于攻取看守之处，仍照前谕袭击而回。"得旨："依议。军前革职效力之人甚多，伊等俱系小人，如伪造浮言、摇动众心，应加严禁。总兵官李耀带领驻扎肃州之兵，令富宁安酌量调遣。巴尔库尔一路授富宁安为将军，给与靖逆将军印。阿尔泰一路授公傅尔丹为将军，给与振武将军印。祁里德授为协理将军，令都统穆赛率阿尔泰兵三千出汛界，于三路要紧适中地方，以备应援。其袭击之兵，两路应互相约会，路远者先行，路近者接续起程。俱于七月前进兵，乘秋季而回，马匹方可过冬。著郎泰、满泰、克什图、保住等，将朕旨传示两路将军。"

（卷 271　665 页）

康熙五十六年（1717年）六月己亥

议政大臣等议复："靖逆将军富宁安疏请，袭击之兵停其进吐鲁番。臣等将从前所派之兵八千五百名分为三队，前往乌鲁木齐袭击。头队兵令散秩大臣阿喇衲等带领；二队兵臣自行带领；三队兵令都统晏布等带领。各携六十日口粮，以次前进。查伊儿布尔地方，为策妄阿喇布坦设立汛界，即令头队之散秩大臣阿喇衲等，于兵丁内挑选五百人，夜行昼伏，前往擒其守汛之人。又调延绥总兵官李耀尾大军之后，于色毕忒、乌阑乌苏等紧要地方设立营寨，驻扎防守。恐李耀标下兵少，再于巴尔库尔兵内派五百名，协力预备。其进兵缘由，曾令侍卫折尔德等往报阿尔泰一路将军，约会前进。据阿尔泰将军公傅尔丹等咨称，伊等奏将原派兵丁由布娄儿、布喇罕、额伦哈必尔汉三路进发，但巴尔库尔三队兵马今往袭击乌鲁木齐，则伊等所派额伦哈必尔汉之兵应停其发往，将此兵添派布娄儿、布喇罕两路兵内，与巴尔库尔进兵之期一同进发，亦带六十日口粮。令至厄尔齐斯河、乌图等处相机袭击。应如该将军所奏。"得旨："从前议进兵时，带四十日口粮，不令深入，今又议带六十日口粮，深入袭击。时渐寒冷，兵回时恐马匹疲瘦，应令于何处过冬，并进兵道路多有与吐鲁番相通之处，应作何防备之处，著再行详议具奏。"寻议："巴尔库尔、阿尔泰两路进兵，应照原议，止带四十日口粮。前至乌鲁木齐及厄尔齐斯河、乌图等处，应击则击，应取则取，有不便袭击之处，仍将兵整队而回。其总兵官李耀之兵尚恐单弱，应再添派五百名尾后策应。凡进兵道路与吐鲁番有相通之处，遵旨行文。领兵将军加意防守，其回兵之时，马匹过冬，作何喂养，亦令将军等详加商酌而行。"从之。

（卷 272　673 页）

康熙五十六年（1717年）六月壬子

兵部议复："甘肃巡抚绰奇疏言：'武场乡试，例系巡抚主考，今臣现在肃州办理军需，入场考试，恐致有误等语。应将今岁武场事宜，令藩、臬二司照例举行。"从之。

（卷 272　675 页）

康熙五十六年（1717年）八月壬午

先是靖逆将军富宁安疏报："拿获回子阿都呼里供称，策妄阿喇布坦令伊寨桑都噶尔叁都克、策零敦多布、托布齐等带领六千兵于去年十一月，由阿里克路往西进发，或前去征拉藏，或帮助拉藏之处。我知得不甚明白等语。"疏入，得旨："策妄阿喇布坦由阿里克地方发兵一事，虽虚实未知，朕意料之，甚属可恶。策妄阿喇布坦先曾向泽卜尊丹巴胡土克图之使者云，拉藏汗系嗜酒无用之人，不足介意。羁留其子并留达赖喇嘛、班禅之使，不令前去。今此兵或征取拉藏，收取西边地方，或帮助拉藏侵犯青海，俱未可定。若系征取拉藏，其兵于去年十一月前往，今已成仇，我兵欲救援拉藏恐地方遥远。策妄阿喇布坦之兵若帮助拉藏，同来侵犯青海，则不可不备兵，协助迎剿。现今巴尔库尔有富宁安、阿喇衲等，一应军务俱已谙练，行兵甚易。应将额伦特撤回，仍驻扎西宁。将协助兵丁与青海之人一同预备。著议政大臣等议奏。"至是议复："圣谕甚是周详。应令署理将军总督额伦特，速往西宁料理军务粮饷。西宁总兵官王以谦、侍读学士查礼浑等在松潘预备。提督康泰、主事巴特麻等时密遣人往青海地方侦探信息，若得实信，一面速行奏闻，一面彼此知会，各相机而行。驻扎噶斯之侍卫阿齐图、霍善等加意固防，探其踪迹。"从之。

（卷273　680页）

康熙五十六年（1717年）八月丁未

议政大臣等议复，西宁驻扎侍读学士查礼浑等疏报："据西边拉藏汗咨文云，策妄阿喇布坦遣兵于七月初四日掠其纳克禅边内波木宝一部人众，且言又令策零敦多卜领兵万人前来征取拉藏等语。我兵不可不预为防备，应令松潘、西宁兵丁出口安营。"得旨："依议，但地方辽远，俟信息到时，始行调兵，恐或不及。可派荆州满洲兵二千名发往成都。派太原满洲兵五百名发往西安。"

（卷273　683页）

康熙五十六年（1717年）九月壬子

差往青海诺尔布、色楞、布达理等，请训旨。上谕曰："尔等俱往来青海，路途已熟，所以派往。今拉藏若能败策妄阿喇布坦之兵，信到即可调回尔等。倘拉藏被策妄阿喇布坦所败，尔等即与青海台吉等协力征讨。明白晓谕，务令合而为一，使伊等绝无猜疑，不致生变方善。或拉藏与策妄阿喇布坦之兵会合，欲征戴青和硕齐。须谕知青海众台吉等云，策妄阿喇布坦与我大军为敌，今拉藏与之合一，是显为仇敌。圣主始终仁爱，保护顾实汗之子孙直至于今，实系圣主天高地厚之恩。此时正当奋发报效，与我并力而行，甚易易也。今四川、西宁等处边界之兵有十万，见在又调荆州满兵二千，在成都预备，调太原等处满兵在西宁预备。我兵实不可胜用，将此情亦明白谕知戴青和硕齐。策妄阿喇布坦之兵先侵拉藏，方去图谋达赖喇嘛，必以此告知。再将军额伦特才略过人，尔等凡事一体同心。若有闻见，务必公同商议而行。"

（卷274 684页）

康熙五十六年（1717年）九月癸酉

四川、陕西总督鄂海疏言："西宁镇标官兵因前往噶斯路驻防，借领六个月俸饷。若照数扣除，各兵无以自给。请将已换班回西宁官兵每季扣除一月，仍留两月粮饷给本兵赡养。再见今驻防噶斯路官兵，亦每季将两月粮饷解送军前，给散本兵。留一月粮饷赡养伊等家口。俟换班回西宁之日，陆续扣还。"得旨："噶斯路换班回来，并见往驻防官兵所借粮饷，著暂停扣除，俟功成事竣，作为朕所赏赐。如不成功，照该督所题扣除。其行月粮饷，送至军前，并存留赡养家口之处，著照该督所题给放。该部知之。"

（卷274 687页）

康熙五十六年（1717年）十月甲辰

谕议政大臣等："派往西安预备骁骑兵丁每佐领三名，三名内火器营兵丁一名。此火器营兵丁著护军统领胡锡图带领前往甘州驻扎。"

（卷274 690页）

康熙五十六年（1717年）十月乙巳

青海亲王罗卜藏丹津疏报："策妄阿喇布坦属下策零敦多布等领兵三千来西藏，欲灭拉藏汗。拉藏整兵迎敌，交战数次，两无胜负。策零敦多布等之兵自远路冲雪前来，士卒冻馁，马驼倒毙，沿途食人犬，俱徒步而行。三千兵内厄鲁特之兵少，吴梁海之兵多。到者只二千五百，其余五百兵丁皆疲极不能同到。"疏入，上谕议政大臣等曰："西藏之地，达赖喇嘛所蓄粮饷颇多，器械亦备，且西藏人众守法。今策妄阿喇布坦无故欲毁教占藏，众人岂肯容伊，且策零敦多布等之兵疲敝已极，除阵亡病死外，未必满二千，又安能取得拉藏城池。但策零敦多布等自分攻取，则兵力不支，撤兵而回，亦无生路，或因情急，恣行侵掠，亦未可定。不可不知意防备。尔等其确议具奏。"寻议："著青海台吉等速行领兵前往。令内大臣公策旺诺尔布、将军额伦特、侍卫阿齐图等统兵驻扎青海形胜之地。松潘之兵亦令驻扎形胜之地，以便哨探，万一有事，彼此相助，相机而行。并速行文，著将军富宁安等知悉。"从之。

（卷274　690页）

康熙五十六年（1717年）十月丙午

兵部左侍郎李先复、通政使司右通政魏方泰自西路运米回京入奏。上曰："运米事难易如何。"李先复奏曰："臣等从未在口外行走，初时甚畏其难，今二年运米往回六次，始知容易。到处俱有水草。"上谕九卿等曰："口外路径未经者辄畏其难，伊等运米两年便知其易。明年若再运米，益不啻轻车熟路矣。口外有一定当行之路，水草足用，若不谙路径，则难于前进。所以行路先须酌量形势。策妄阿喇布坦所住之处即古阳关。哈密以西即古瓜州、沙州，所通之地甚广。前有以守边界之说进者，势必将边墙之外弃去，断断不可。即如台湾、南澳，人以为孤悬海外，无关紧要。自得其地，福建、广东之贼便无容身之地，所系匪轻。然海中之路亦有一定，福建至盛京沿海一路曾令详细绘图，岛屿停泊皆有定所。口外亦是如此。彼处行路宜于冬，不宜于春夏。昔人用兵以为春间口外马瘦，内地马肥，殊不知春间马一出口，肥者先坏，受累不小。凡人平时易出大言，临事多畏缩逡巡。口外行走遇大雨、大雪即惊惶无措。赵弘灿曾在川陕地方，屡经行阵。后广东苗蛮窃发，伊率绿旗兵四百往剿，俱畏怯退缩。伊亦甚仓皇。可见用兵须主意坚定，若主将仓皇，人心皆为摇惑矣。赵申乔前在偏沅征红苗，挺身前进，新满洲令其在后，以避鸟枪。伊云即有不测，我后人尚可得荫袭，与我身在何异。赵申乔并不娴军旅，但立定主意，便无畏怯。从前耿逆变乱，李之芳守衢州，亦是身先士卒也。当初西路用兵，满兵已先进，绿旗兵畏死欲退，将军孙思克谕云，满兵前发，并未伤损一人，汝等且看满兵。若有死伤，再退未迟。众始前进，因成大功。"

（卷274　691页）

康熙五十六年（1717年）十一月甲戌

上以甘肃提督师懿德议不可进兵一折，示满汉大学士、学士、九卿、詹事科道等。谕曰："此事彼处督抚不奏，师懿德独奏，亦是仿刘荫枢之意。且将师懿德等留京用兵之事，原要机谋，非拘执不通者所能办理。当中路出兵时，人云地寒马瘦，到彼处马匹，必致冻死。又包衣大力言，粮饷未到，难以前进，朕即止之云，此中机谋，非尔等所知，如再妄言，即律以军法。朕来时祭告天地宗庙，必见噶尔丹方回。又与伯费扬古约两路合兵，今不前进，如何先回。朕亲率大兵深入敌境，算在必胜也，噶尔丹使人来。朕留营中七日，谕来使云，不见噶尔丹必不轻回。鼓兵前进，差人往视噶尔丹，已遁去二日，再差人往视，已尽弃庐帐、器械远遁矣。朕乃回兵。今策妄阿喇布坦本属小丑，不足为虑，但怙恶不悛，侵陵哈密。前曾以二百人败其二千余人矣，今因其移兵到藏，道路甚远，又无接应，自去年十月起行，今年七月方到，过三层冰山。噶斯等处实为难行，然彼既可以到藏，我兵即可以到彼处，兵亦不用多，二百余人便可破之矣。人奏彼处雪深八尺，兵不可住。今李先复系汉人，自阿尔泰口外来，气色甚好。云途中并不见有病人，是边外水土原可居住。故复议明岁三四月出兵。用兵惟以安宁百姓，保护地方为先，故各省督抚奏折来，俱批先固内地紧要，不可听小抄以惑人心。我朝驿递之设最善，西边五千余里九日可到。荆州、西安五日可到，浙江四日可到，三藩叛逆吴三桂轻朕年少，及闻驿报神速，机谋深远，乃仰天叹服曰，休矣，未可与争也。"又谕曰："朕莅政五十余年，海内升平，皆恃众大臣为朕股肱耳目。朱子亦云，为政在于用人，大小臣工俱宜实心任事，直言勿隐方为社稷苍生之福，如李锡在河南居官甚劣，九卿科道无一人言其贪婪者。河南百姓受其荼毒，私派科敛，地方坏乱，以至于此。当日请训旨时，朕一一条戒。李锡奏称，恭聆圣训，尽心以报皇上。不意今日大负朕恩，此人断难轻恕。大凡为地方官者，皆当知足。为大臣者，当识大体，不可琐屑刻薄。朕待大学士尚书、侍郎以至小臣各有等级。若待大学士与小臣无异，即非礼也。又如翰林等作诗写字，作古文或时文，朕皆因才器使，未尝求全责备也。今日朕身安和，故召诸臣来将朕阅历之事谕尔等知之。"

（卷275　698页）

康熙五十六年（1717年）十一月丙子

谕户部："朕抚御寰宇五十余年，夜寐夙兴，为小民勤求生遂。凡率土远近皆期共享乐利，聿成家给人足之休，未尝一日去诸怀也。数十年以来，各省正赋屡经全免，历年积欠亦已蠲征。偶有雨泽愆期，或发仓廪散给，或截漕粮赈救，不惜亿万金钱、米谷频沛恩施，诚恐穷檐艰难，或至于颠连失所耳。近者民力虽已稍纾，然念分年带征银两，若不格外优免，则小民一岁之所获分纳二年之赋，以其赢余养赡室家，断难充足。朕每念及此，轸恻良深，宜更加殊恩通行豁免。今将直隶、安徽、江苏、浙江、江西、湖广、西安、甘肃等八处带征地丁屯卫银二百三十九万八千三百八十两有奇，概免征收。其漕项虽例不准免，亦著破格施恩，将安徽、江苏所属带征漕项银四十九万五千一百九十余两，米、麦、豆一百十四万六千六百一十余石内，免征各半。尔部即行文该督抚，严饬所属实心奉行，遍行晓谕。俾民间无征催之累，均沾实惠，用称朕抚恤群黎至意。倘有不肖有司，借端蒙混私行征收者，该督抚严察参处。如该督抚不行察出，一并从重治罪。尔部即遵谕行。"

（卷275　700页）

康熙五十七年（1718年）正月戊辰

议政大臣等议复："侍卫查什遵旨将松潘等处兵马，应否撤回之处，前问察罕丹津。据察罕丹津回奏云，大兵前往西边，策妄阿喇布坦必不敢前来。现今天寒草枯，马匹难行，军兵亦甚劳苦，不若将四川松潘之兵撤回原所，牧养马匹，休息士卒等语。查现今兵丁驻扎之阿尔锡巴尔锡地方，离口不远，应行文副都统宁古礼、总兵官路振扬，将兵马撤回松潘口内附近地方驻扎。仍令不时差人至青海探听消息。"从之。

（卷277　711页）

康熙五十七年（1718年）正月壬申

谕议政大臣等："去年朕欲拨一大臣在甘州驻扎办理军务。今额伦特既在西宁，诸事可以无虞。且自有军机以来，凡事朕皆预为筹划调度，后亦无不相符者。近经将军富宁安奏请兵饷，朕已下旨，赏给银二十五万两。今提督师懿德奏请撤兵，此银付之空处。不知朕于军机事务并不惜钱粮。已动用过数百万两矣。又甘肃等处绿旗兵丁，自出兵以来，曾赏过马匹、钱粮、口粮，并给在家之妻子米粮。此等恩泽，曾否均沾，其间有无克扣尚未明晰。如兵丁之在家妻子未沾恩泽，朕心亦不能安。朕思固原地方提督潘育龙乃年久之将军，诸事谙练，自可无虞。其甘州地方甚属紧要，须派大员在彼驻扎，查明此等事务，且所处既近，可以互相应援，尤为有益。又派满洲兵一千名，喂养马匹肥壮。春间天暖，不令由口外前去，著令由内地到肃州驻扎。"寻议政大臣等开列大臣职名具奏："得旨，著派侍郎色尔图前往宁夏，总兵官范时捷著署理甘肃提督事务，亦令前往甘州偕色尔图一同办理。其宁夏总兵官员缺，令范时捷举伊所知之贤能副将护理。"

（卷277　714页）

康熙五十七年（1718年）二月戊子

甘肃巡抚绰奇疏报："金塔寺地方安插民人三十五户，西吉木地方安插民人二百七十户，达里图安插民人五百三十户，锡拉谷尔安插民人一百六户，俱经盖造房屋，分拨居住，耕种地亩收粮。报闻。"

（卷277　717页）

康熙五十七年（1718年）二月戊子

议政大臣等议复陕西西宁总兵官王以谦疏言："往噶斯换班兵丁，在镇标所属内派往，实属不敷等语。应于都统胡锡图带往兵丁，及固原、凉州所备绿旗兵丁内均匀派拨，前往西宁。"得旨："噶斯一路兵丁换班，现有总督额伦特、公策旺诺尔布、侍卫阿齐图等在彼处。著行文令伊等定议具奏。"

（卷277　717页）

康熙五十七年（1718年）二月己丑

议政大臣等议复靖逆将军富宁安疏言："西吉木设立赤斤卫，达里图设立靖逆卫，各添设卫守备一员。锡拉谷尔设立柳沟所，添设守御所千总一员，再添设同知、通判各一员，兼管二卫一所。其驻防兵丁、武职官员，令肃州镇管辖，卫所官员令肃州道员管辖。应如所请。"从之。

（卷277　717页）

康熙五十七年（1718年）二月庚寅

议政大臣等议复："据拉藏奏称，臣世受圣主洪恩，不意恶逆策妄阿喇布坦发兵六千，与我土伯特兵交战两月，虽并无胜负，而敌兵复又入招。臣现在率兵守护招地，但土伯特兵少，甚属可虑。若将喀木危藏之地被伊踞去，将使黄教殄灭。为此恳求皇上圣鉴，速发救兵，并青海之兵即来策应等语。查拉藏系顾实汗后裔，维持黄教。今恳求救援，应令西宁、松潘、打箭炉、噶斯等处各预备兵马，并土司杨如松属下兵丁一同前往。现今青海王、台吉等派兵六千，在正月初十日起程，但非有满洲兵丁不可。应令侍卫色楞、侍读学士查礼浑在西宁满洲兵内选二百名，绿旗兵内选二百名及土司之兵一千，带至青海地方，会同青海王、台吉等商酌行事。其青海王、台吉等发兵去后，伊等家口无人看守，应行文公策旺诺尔布、总督额伦特与青海王、台吉等妥议，于屯兵形胜之处用心守护。"从之。

（卷277　717页）

康熙五十七年（1718年）二月庚寅

刑部等衙门会议："据原任贵州巡抚刘荫枢供称，臣年老昏愚，茫无知识，伏见皇上用兵西陲，妄行折奏。及命臣赴军前周阅营盘，谎称适逢大雪，马上跌伤腿足，病势沉重，不能行走。又不请旨，竟回甘州。蒙恩宽恕，令臣仍往看雪，又不遵行，妄求宽免。蒙恩令臣赴任，彼时病势渐减，遂尔直行前往。种种乖谬，罪应万死等语。应将刘荫枢革职，拟绞立决。但议政大臣等议，将不肯进兵之提督师懿德立绞。奉旨暂停治罪，刘荫枢亦应暂行停决，发往侍郎海寿处种地，俟大兵回日再行治罪。"得旨："刘荫枢岂可复行发往陕西，著发往傅尔丹等地方种地。"

（卷277　718页）

康熙五十七年（1718年）二月辛卯

予故原任陕西肃州总兵官麦良玺、原任云南鹤丽总兵官郝伟，各祭葬如例。

（卷277　718页）

康熙五十七年（1718年）二月癸卯

升肃州总兵官路振声为甘肃提督。

（卷277　719页）

康熙五十七年（1718年）二月己酉

陕西凉州总兵官康海疏言："主红番萨马喇木扎木巴等闻知拉藏被伤，不无恐怖。又据贝勒罗布藏亦遣人呈称其事。臣所巡南山一带地方，大通河相离百十余里，即通青海、西藏噶斯之要路。扁都口、酸茨河、宽沟等处边隘亦关紧要，宜加防守，臣令所属兵丁在城喂养马匹，倘有用处，听候调遣。臣与督臣会商，安抚防备。报闻。"

（卷277　720页）

康熙五十七年（1718年）三月辛亥

陕西岷州卫圆觉等六寺僧纲司后尖莱宁卜等进贡，赏赉如例。

（卷278　721页）

康熙五十七年（1718年）三月癸亥

总督额伦特疏言："先经议政大臣等议，据侍卫色楞奏称，唐古特人众，趁其计虑未定，统领大兵前进穆鲁乌苏地方驻扎，贼众必不敢轻扰青海之界，则青海人心俱定。爰遣人侦探贼情，如易于攻取，相机进剿；若无实信，将汛界远设，严加防守。但色楞所统满洲、绿旗、土司之兵及自西宁调往之兵止二千四百名，数少力弱，应将额伦特等处所有绿旗兵二千添派前往。其总督额伦特、公策旺诺尔布等备守青海之众，即令随后助威。至噶顺、古木二处地方，无兵驻扎，应将都统胡锡图带领之兵一千，令到彼处，分派驻扎等因到臣。臣查西宁抵藏共有三路：一为珠尔垦，一为库库塞，一为拜图。除珠尔垦路狭难行外，其余两路俱可进兵。应令侍卫色楞等率领原派满洲、绿旗及各土司，与青海之兵从一路前进。臣自率领现在波罗和硕调来西宁之绿旗兵二千，以及绰克来那木查尔等所派唐古特之兵一万，亦从一路前进。若贼众一路迎敌，则我师又有一路，可以直取藏地，攻其后尾。若贼众两路迎敌，彼势既分，亦无难于蕲灭。再经议政大臣等议奏，策妄阿喇布坦侦知我师欲取西藏，或从噶斯一路潜有兵来，亦未可定。应行文侍卫阿齐图防守噶斯，令侍卫等侦探贼人消息，以便传报等语。臣查都统胡锡图带来兵丁之马匹，来自京城，未经久息，难以出口。现有西宁之西安满洲兵二百名、督标兵三百名，喂养马匹肥硕可用。又自固原发往西宁之兵一千内，选用五百名。地方既近，马匹亦肥，再于都统胡锡图所领兵丁内派拨一千名，拣选马匹，带往侍卫阿齐图等处，补其疲瘦残缺。在噶顺、古木、噶斯等地方，或看守驻扎，或相机行走，其于军务大有裨益。又内大臣公策旺诺尔布疏言，先经议政大臣等议，照依侍卫色楞所请，令臣与总督额伦特、都统胡锡图在噶顺、古木等地方，分兵驻扎。但青海之事，既有彼二人，无烦计虑。臣愿随进剿兵丁，稍图报效。"得旨："朕阅额伦特、策旺诺尔布陆续所奏。伊等并未相商，各自陈奏。此处既难议断，而彼处难遵守。此一人云我如此，具奏奉行。彼一人云我如彼，具奏奉行。事务舛错，不能划一。伊等俱系大臣，理应会商妥协，况相隔不甚辽远。嗣后一应事务著伊等同意相商，定议举行。"

（卷 278　724 页）

康熙五十七年（1718 年）六月壬午

议政大臣等议奏："据靖逆将军富宁安奏称，臣一路之兵择于七月二十一日，臣亲率领起程，裹带行粮，袭击至乌鲁木齐收回等语。又据振武将军公傅尔丹等奏称，乌图河泊克萨里等处并无策妄阿喇布坦之人，若由布喇罕一路袭击，倘不深入贼众，或未必就擒，不如由布娄儿一路直至额尔齐斯河，逼近贼界，可行袭击。臣择七月十三日由汛界起程等语。但近将策零敦多卜差往青海台吉等处之使者带来，著伊传上旨，晓谕策妄阿喇布坦，令其差人回奏。今泽卜尊丹巴胡土克图遣往策妄阿喇布坦之使者楚扬托音回称，策妄阿喇布坦自言，大国皇帝，宽洪如海，恕我之非。去年边境领兵之将军等不行具奏，统兵三路前来，蒙圣主洪恩，随颁谕旨，将兵撤回，甚属欢慰等语。应将今年袭击之兵暂行停止，俟伊回奏，视伊情形，如有不顺，明年再行进剿。应行文两路将军喂养马匹，整理器械，又须预防其奸诈，将汛界加谨防守。"从之。

（卷 279　735 页）

康熙五十七年（1718 年）七月甲寅

陕西平凉府属静宁州等处地震。遣刑部侍郎李华之、副都御史杨柱前往赈济。

（卷280　738页）

康熙五十七年（1718年）八月庚寅

先是四川巡抚年羹尧疏言："川省地居边远，内有土司番人聚处，外与青海西藏接壤，最为紧要。虽经设有提镇，而选取兵丁别省人多，本地人少，以致心意不同，难于训练。见今驻扎成都之荆州满洲兵丁与民甚是相安，请将此满洲兵丁酌量留于成都省城西门外。空地造房，可驻兵一千，若添设副都统一员管辖，再将章京等官照兵数量选留驻，则边疆既可宣威，内地亦资防守。第今正值用兵之时，应将此事暂缓，其修葺城墙，盖造兵丁住房之处，理应预为料理。"得旨："年羹尧欲于四川地方设立满洲兵丁，似属甚是。著议政大臣等会议面奏。"至是议复："川省设防满洲兵丁一千，恐不敷于调遣防守，应再添六百名。俟军务毕时，令巡抚年羹尧会同副都统宁古礼将见在四川驻防之二千荆州满洲兵丁内，照数拨派。二旗合设协领一员，每旗各设佐领二员，拖沙喇哈番品级章京各二员，骁骑校各二员，留驻四川。再添设副都统一员管辖。其盖造兵丁住房等项，交年羹尧预为料理。"从之。

（卷280　741页）

康熙五十七年（1718年）闰八月壬子

刑部侍郎李华之等疏报："陕西平凉府属静宁等州县地震，臣等遵旨赈恤。今总督鄂海续报巩昌府属秦州等五州县地震，臣等往勘，如果灾重，亦应赈恤。"得旨："此续报秦州等五处地震，亦著察明散赈。"

（卷281　745页）

康熙五十七年（1718年）闰八月戊辰

谕户部："朕临宇五十七年，凡师行转饷及灾祲偶见，靡不谨怀忧，切蠲免赈济，稠叠加恩。盖治安天下惟期民生得所，而欲民生得所，必以敷恩宽赋为急也。三年以来，因策妄阿喇布坦狂逞跳梁，发遣大兵屯驻西边，一切军兴征缮，虽动支正供钱粮，不使累及闾阎，而转轮挽运，陕西百姓劳苦急公，实堪悯恤。又庄浪等处地震，随经特遣部院堂官驰往察赈。而用兵之后，尤宜格外施仁，抚绥黎庶，应将陕西巡抚、甘肃巡抚所属通省各府、州、县、卫、所钱粮、米豆、草束悉予蠲免。目今系有军务之时，除米豆、草束外，其康熙五十八年应征地丁银一百八十八万三千五百三十六两有奇，并历年积欠银四万七百五十七两有奇，著一概蠲免。尔部速行文该督抚，通行晓谕，实心奉行，务俾均沾德惠以副朕笃念民劳，拯恤灾伤至意。如有不肖官吏，蒙混私征，泽不下逮者。该抚严察指参，从重治罪。"

（卷281　745页）

康熙五十七年（1718年）九月己卯

谕议政大臣等："在噶斯一路驻扎之阿齐图等带领兵丁一千，业已进藏，所剩兵丁一千，有西安之佐领禅播等带领，驻扎柴旦木地方。今届秋时，探知策零敦多卜等设兵处，便可发大兵进剿，若谓彼兵趁冬雪之际，轻兵来至噶斯一路，惊扰青海，而遽将进取西藏之兵撤回噶斯，则彼且谓得计，亦未可定。朕意驻扎肃州之总兵官李耀、汉仗好。今闲住肃州，若令李耀带领兵丁前赴噶斯，今冬在彼防守似有裨益。尔等公同确议具奏。"寻议复："噶斯地方甚属紧要，若止添拨李耀之兵五百名为数尚少。见今西宁驻扎兵多，应将都统阿尔纳带至西宁之满洲兵八百余名发往柴旦木地方驻扎，给与鸟枪、火器等物，甚为得用。其副都统唐色患病留在西宁，俟病痊听调外，令都统阿尔纳至柴旦木地方统辖满洲、绿旗兵丁，与总兵官李耀、护军参领神保公同商议行事。则防守之兵既增兵势，而此方水草良便，马匹亦可过冬。又穆鲁斯乌苏之地，除副都统宗查布等之兵外，更无兵驻扎其间，所设各站兵数尚少，不无盗窃马匹，以及断截文邮之事。且陆续解送大兵粮饷亦属可虑，应将甘肃抚标鸟枪步兵六百八十名派往。除古木一站，另有土司兵三百名驻防外，其余十七站，各添设兵丁四十名，以资防守。"从之。

又谕山西巡抚及平阳总兵官："大同总兵官各标下，著派步兵一千名，令副将参将等管辖，发往甘州。若明年进兵可用之于看守之处。此发之兵各赏给银两。"

（卷281　747页）

康熙五十七年（1718年）九月己丑

理藩院议奏："青海贝勒戴青和硕齐、察罕丹津等来朝请安，应照例赏赉鞍马、银币。"得旨："察罕丹津当人心疑惧之际，委身效顺，甚属可嘉。著封为多罗郡王。"

（卷281　748页）

康熙五十七年（1718年）九月壬辰

免甘肃凉州、古浪等五卫所本年份旱灾额赋有差。

（卷281 748页）

康熙五十七年（1718年）十月丁未

谕议政大臣等："明岁大兵进剿，将军富宁安一路满洲兵丁颇少，宜再增添以壮兵势。著将京城之满洲兵，每佐领派五名发往至甘肃等处驻扎，喂养马匹整备，以便临时调遣。此派往之人每佐领派护军二名、委充护军一名、披甲二名。除行围用过马匹外，其余佐领下喂养之马匹，并户部从前所买之马匹，令其查明，再令户部将库银拨十万两购买马驼应用。"

（卷281 749页）

康熙五十七年（1718年）十月庚申

先是议政大臣等奏："请派出之兵由何路发往。"奉旨："往西安一路为第一起，往宁夏一路为第二起，往宣府、大同、神木、榆林沿边一路为第三起。如此三路前去则易于应付草束。"至是奏请出兵日期，上命护军统领吴世巴委署护军统领噶尔弼带领第一起兵，于十一月十五日起程，驻扎庄浪。副都统宗室赫石亨宝色带领第二起兵于十一月二十九日起程，驻扎甘州。抚远大将军允禵带领第三起兵，于十二月十二日起程，驻扎西宁。各于驻扎处喂养马匹。"

（卷281 750页）

康熙五十七年（1718年）十月甲子

谕议政大臣等："四川巡抚年羹尧，自军兴以来，办事明敏，又能度量西去进剿之兵，会同青海公丹仲之人运食物、米粮接济，殊属可嘉。从前四川地方亦曾设总督。年羹尧系巡抚，止理民事，无督兵责任。见今军机紧要，将年羹尧授为四川总督，如明年大兵前进，则由松潘一路进发。而在成都驻扎之满洲兵止有二千，为数甚少。将荆州之满洲兵再派一千前往成都驻扎预备。此满洲兵俱令都统法喇管辖。所派一千兵之缺，著挑选余丁一千名，令其披甲充补。"

（卷281 750页）

康熙五十七年（1718年）十月丁卯

命四川总督年羹尧仍管理四川巡抚事务。陕西、四川总督鄂海为陕西总督。

（卷281　751页）

康熙五十七年（1718年）十月甲戌

都统延信等疏言："八月二十一日，土司杨如松率领兵丁五百名解送粮饷，至穆鲁期乌苏地方，陡遇准噶尔贼人，将千把总三名、兵丁四十八名伤害。杨如松等冲突而出。今具呈情，愿效力行走。又土司陆华龄、祁显邦率伊土兵前赴军前，经今数月，俱受圣主隆恩，何敢徒食钱粮，求指示效力行走。因令杨如松驻扎那兰撒兰地方，陆华龄等驻扎古木地方，查拿贼寇，其被贼伤害之千把总及兵丁，俟查明议奏。"从之。

（卷281　752页）

康熙五十七年（1718年）十二月壬子

户部议复陕西总督鄂海疏言："西宁等处驻扎大兵，所需米豆关系紧要，若临时采买，恐米价腾贵，请于平、巩、宁夏等处各仓所贮粮石拨米四万石、豌豆六万石运至兰州、庄浪，以备军需。应如所请。"从之。

（卷282　756页）

康熙五十八年（1719年）二月戊午

青海多罗贝勒达颜故，遣官致祭。

（卷283　766页）

康熙五十八年（1719年）二月癸亥

议政大臣等议："送往甘肃之五千骆驼应送至宁夏，令巡抚绰奇拨派官员，并兵丁在察罕托灰水草佳处牧放。冬时进口，在宁夏支领草料喂养。"得旨："此事议未周详。骆驼何必交付汉人。仍令蒙古大臣侍卫并兵丁看守牧放。冬时亦在与骆驼相宜之处牧放，何必支领草料。著另行详议具奏。"寻议："送往甘肃之五千骆驼应令沿路拨派官兵，递送至鄂尔多斯地方。此送骆驼之散秩大臣殷扎纳策零并侍卫等，各分两路，一出张家口，一出杀虎口。徐送至鄂尔多斯时，带领伊处官兵在水草佳处牧放。冬时亦仍在与骆驼相宜之处牧放，以备巡抚绰奇、侍郎色尔图调拨。"从之。

（卷283　767页）

康熙五十八年（1719年）二月辛未

议政大臣等议复都统法喇等疏言："里塘地方与打箭炉甚近，若遣官招抚，自当归顺。巴塘民心亦与里塘相似。遣官一员先至里塘，宣示威德。彼若倾心向化，即令开造地方户口清册。继至巴塘，亦照此行。若有观望不前者，于青草发时以兵临之，必不敢相抗。应挑选成都满兵五百名，令协领等带领。绿旗提标兵一千名，化林永宁兵五百名，令永宁副将等带领，一同深入。虽巴塘以外亦可传檄而定。若义木多地方亦来归顺，则离藏甚近。甚会兵取藏之处，一面知会西宁、云南领兵大臣，仍一面星夜请旨。应如所奏。令法喇领兵赴打箭泸驻扎，遣人招抚。如观望不前，令法喇留兵在打箭炉，带领官兵前进，攻取里塘、巴塘，即驻扎巴塘。其护军统领温普应调取回京。成都既有满洲兵丁应自京城派大臣一员前往成都，令其管领。"得旨："军前大臣甚多，著派护军统领噶尔弼就彼驰驿，作速前赴四川，与年羹尧一同办理军务。法喇离打箭炉切近，即令领兵前往。余依议。"

（卷283　767页）

康熙五十八年（1719年）二月癸酉

议政大臣等议复都统法喇疏言："蒙古地方及西藏人民皆借茶养生。贼人即踞藏地，非茶断难久居。我皇上悯念青海与里塘、巴塘人众，非茶难以度日，将作何定数，分晰禁止之处，令臣等详议。臣等思唐古忒之人，亦皆为贼所迫胁，难禁其养生之物，但松潘一路茶价甚贱，青海一带积茶必多，应暂行严禁，俟其恳请时再酌定数目，令其买运。至打箭炉外最近者为里塘，遣官招抚，令营官造其所管番寨户口清册，酌量定数，许其买运。巴塘以外亦照此例。其打箭炉一路当视番情之向背，分别通禁。应如所奏。"从之。

（卷283　767页）

康熙五十八年（1719年）三月乙未

议政大臣等议复："抚远大将军允禵疏参吏部侍郎色尔图，奉旨料理西宁兵饷，并不实心办事，任意迟延推诿。纵令家人与笔帖式戴通，包揽运米之事。通同扣克银两，将满洲、绿旗兵丁苛刻，情殊可恶。请将色尔图等严审确拟。再色尔图亏空甚多，粮饷事关紧要，伏乞另派贤能大臣一员前来办理。应如所奏，将色尔图严审定拟。见今巴尔库尔有巡抚绰奇、噶什图二人，应将噶什图调赴西宁办理粮饷事务。噶什图所办之事令前往种地之侍郎海寿兼管。"从之。

（卷283　769页）

康熙五十八年（1719年）三月庚子

封青海贝勒察罕丹津为多罗郡王。

（卷283　769页）

康熙五十八年（1719年）四月乙巳

议政大臣等议复抚远大将军允禵疏言："据都统延信等称，准噶尔与青海之人联姻已经多年。大将军若领兵出口外，我兵所出之多寡，青海人等一知则准噶尔之人即得闻知矣。今年暂且停兵不进，则口外驻扎似可不必。又据自喀喇乌苏回来之参将述明等称，准噶尔贼众虽与我兵交战，亦甚畏惧，其土伯特之人为贼所迫，虽与我兵对敌，俱将鸟枪举高放过。当贼之背后，则向我等营中放空枪。揆此则可知土伯特之人实心感戴皇恩。今既扬称三十万大兵进剿，差使前往大事可成。谨将伊等报明之处奏闻请旨。查都统延信等既称大兵不必出口，应令在西宁驻扎。至于作何料理驻扎以及留兵若干，所留官兵马匹于何处牧放等事，俱令大将军酌量而行。"从之。

（卷284　770页）

康熙五十八年（1719年）四月庚戌

户部议复陕西总督鄂海疏言："甘肃边地额征粮草居多，银两数少，且有全征粮草并无银两者。今奉恩蠲免地丁，仍征粮草，独甘民不得均沾实惠。请将康熙五十三、四、五、六等年未完旧欠粮草概行蠲免。应不准行。"得旨："甘肃所属地方康熙五十三、四、五、六等年民间旧欠银、米、草豆著尽行豁免，务令得沾实惠。"

（卷284　770页）

康熙五十八年（1719年）四月壬戌

议政大臣等议复靖逆将军富宁安疏言："自巴尔库尔至哈密，每站俱安设马匹。自哈密以外之那秦起至布隆吉尔之间，伊托忒、巴尔楚忒等十处俱系瀚海，是以每站安设骆驼递送事件。从前自策妄阿喇布坦处来投顺之人及伊所差之使人，送往京师时，将巴尔库尔台站内马匹送至哈密。又自额敏处拨取马匹送至布隆吉尔，方乘驿马，送至京城。嗣后陆续投顺人多，或再有差来使人，巴尔库尔驿马及额敏之马必不敷供应。请行令甘肃巡抚绰奇在预备安站马内，拨送一百三十匹。于巴尔库尔之站添马五十匹，哈密之站添马八十匹。不令应付一切事件，止酌给自策妄阿喇布坦处来投顺之人及差来使人乘骑。应如所请。"从之。

（卷284　772页）

康熙五十八年（1719年）四月戊辰

议政大臣等议复："抚远大将军允禵疏言：'臣遵旨不出口外，驻扎西宁，相机而行。将每佐领下鸟枪护军各一名，令公策旺诺尔布带领驻扎凉州，每佐领下护军各一名，令副都统宝色带领驻扎宁夏之喀喇沁等处。蒙古兵令都统楚宗带领，俱到索落木驻扎。将庄浪驻扎每佐领下马兵各一名，令都统汪悟礼、副都统伊礼布带领，凉州所剩每佐领下鸟枪马兵各一名，令副都统宗室赫世亨宗查布带领，俱到波罗和邵驻扎，以之宣扬声势。再将宗室等分派，令平郡王讷尔素、公诺音托和撵慧、简亲王之子永谦、镇国将军敬顺、苏尔臣、奉恩将军华玢、闲散宗室吴尔浑等前往波罗和邵驻扎。此各路兵马，俱令于四月尽间起程，于九月内进口喂马。自阿什罕之站起，前至索落木安十五站，每站各设马二十匹。自索落木之旁通柴旦木之路安五站，应各设马十五匹。每站派设固原之绿旗兵各十名，青海之兵亦各派设十名。再据策旺诺尔布称，若调取青海之兵六百名在军营左近驻扎，则于巡守并汛界之差遣等事甚有裨益。是以行令青海首领于伊等两翼各派兵三百名，将兰州所剩护军一百二十九名、马兵八百七十一名俱调赴西宁驻扎。查见今既调兵赴口外驻扎，则汛界巡守之事甚要。应将所调青海之六百名兵令在汛界巡守之处，不时小心防守。仍令扬言大兵目下两路进剿。'"从之。

议政大臣等议复甘肃巡抚绰奇疏言："见在甘凉喂养之四千九百骆驼暂且不用，令喂养骆驼官员等带领兵丁择水草佳处牧放。其购买之一千六百余骆驼随到，即分与牧放骆驼之官员等，令其牧放。再甘凉所喂之马骡，并驻扎甘州之山西一千步兵所带马驼，见今既无使用之处，亦令其出青于文到日停给草料，应如所请。"从之。

康熙五十八年（1719年）五月丙戌

以詹事傅缮署理甘肃按察使司事务。

康熙五十八年（1719年）六月丁未

四川总督年羹尧疏报："探得西海各部落近因贝勒达颜病故，各有吞并之意。又闻策零敦多卜见令左哨头目春木盆尔，带六百余兵，过喀喇乌苏河前往青海。又闻发兵八千来藏，已至业尔根克里野地方。臣思自藏至打箭炉，南路险远，北路平近。里塘见有大兵，南路可以无虞。惟北路宜预为之防。臣等已调兵防守中渡河口，又酌调提标兵丁于打箭炉附近地方驻扎，防守霍耳一路。报闻。"

康熙五十八年（1719年）六月乙丑

抚远大将军允禵疏报："公策旺诺尔布等将出西藏而来之扎穆扬善木巴等，送至西宁。遂询，据扎穆扬善木巴等称，策零敦多卜、三济等领兵驻扎在藏，闻得三济于三月间回策妄阿喇布坦处去，再策零敦多卜闻大兵分路进剿，恐不能支，欲于五月间遁回。报闻。"

康熙五十八年（1719年）七月乙未

议政大臣等议复抚远大将军允禵疏言："办理军饷之原任侍郎色尔图等，扣克军粮，应将色尔图照失误军机律拟斩。笔帖式戴通拟绞。俱解部，监候秋后处决。应如所拟。"得旨："色尔图依拟应斩，戴通依拟应绞，俱仍锁禁西宁，遇有苦差之处差遣。"

又议复抚远大将军允禵疏言："原任都统胡锡图带兵来时，沿途索诈官吏，骚扰百姓。进藏之时人马伤损。回时不亲自率领兵丁，先行进口。应将胡锡图枷号鞭责，解送京城完结。应如所拟。"得旨："胡锡图仍锁禁西宁，遇有效力之处，发往效力。"

康熙五十八年（1719年）九月庚寅

议政大臣等议复甘肃巡抚绰奇疏言："据料理巴尔库尔事务道员李宜麟等称，康熙五十七年在杜尔博尔金等处种收之青稞，运至军营五千五百余石，需脚价银二万三千三百余两。自哈密运至军营七千九百余石里带之米，需脚价银三万一千八百余两，共需银五万五千余两。恳请拨给，以便挽运。应将现今军需银内拨发，令其作速挽运。并将塔尔那秦等处计算程途远近，每石应给脚价银若干之处，令该道员等查明办理。查先年收获之粮运至军营并未雇运。应行文将军富宁安，将种地之处离军营近者作速运到，远者作何给与脚价之处，定议具奏。"从之。

（卷285　782页）

康熙五十八年（1719年）九月乙未

谕议政大臣等："此次差往西边胡毕图等前来回称，策零敦多卜等及土伯特众喇嘛民人，俱言在西宁见有新胡必尔汗，实系达赖喇嘛之胡必尔汗。天朝圣主将新胡必尔汗安置在达赖喇嘛禅榻上座，广施法教，实与众人相望之意允协。且土伯特处时有瘴气，厄鲁特之子孙不能滋生，多生疾病，有何贪恋之处。惟恳天朝圣主将法教速为广施。观此情形，似乎易结。今将新胡必尔汗封为达赖喇嘛，给与册印，于明年青草发时送往藏地，令登达赖喇嘛之座。送往时著大臣带满洲兵一千名、蒙古兵一千名、土番兵二千名、绿旗马兵一千名、步兵一千名前去。其行粮、牲畜接续之处，令大将军办理。再由巴尔喀木带四川满洲兵一千名、绿旗兵一千名、土番兵酌量派往，其行粮、牲畜接续之处，令年羹尧办理。青海王、贝勒、贝子、公等亦带领属兵或一万、或五六千送往前去。策零敦多卜等若实为法教，自必俟达赖喇嘛登禅榻后，然后前去。若不行等候遁走，即为无耻之贼。此行大将军带领兵马在梭罗木周围水草佳处驻扎，兼令其照管青海家属。四川兵二千名出口驻扎，兼照管王察罕丹津行装。事关甚大。将此旨传谕大将军处，令伊等公同确议具奏。又青海王、台吉等令大将军传集一处晓谕。唐古特国内，达赖喇嘛、班禅法教原系尔祖上设立。今策妄阿喇布坦无故将拉藏杀害，令寺庙喇嘛各自散去，将众鄂里格一路截断，令达赖喇嘛禅榻空虚。从前尔将此新胡必尔汗称为达赖喇嘛之胡必尔汗。若安置在达赖喇嘛禅榻为法教广施之事，我等愿舍命效力，业经保奏。土伯特之喇嘛、民人及阿木岛地方喇嘛等俱亦称为达赖喇嘛之胡必尔汗。皇上将此胡必尔汗特封为达喇喇嘛，于明年一同送往藏地，令登禅榻，将法教广施，放开众鄂里格一路，令其贩卖茶布。此正宜效力之时。尔等应各带兵丁与送去之大臣会同一处前去。尔等之意如何。令伊等各陈己意，会盟划一具奏。俟会盟完时，令都统延信、楚宗公策旺诺尔布、侍读学士常授等由固关前来京师具奏。"

（卷285　783页）

康熙五十八年（1719年）十月丙午

刑部等衙门议复查办理西宁军饷："陕西巡抚噶什图题参李锡等七人借欠库银一案。李锡系拟立决之犯，李廷臣系拟斩监候之犯，白澄、张育徽系拟绞监候之犯。佟国勷、祖业弘系革职之人，武廷适系致仕之人。俱奉旨发往军前效力赎罪。反推诿事故，借军需银六万六百余两。今又呈称力竭不能应付，以致迟误军务，殊属可恶。应将李锡等从重治罪。但西宁见在用兵，李锡等仍留彼处效力行走，如仍前不悛，照原拟取来京城正法。佟国勷、祖业弘、武廷适另行议罪外，其所借库银，行令各该旗、督、抚查明伊等家产，作速变价偿还。如有隐匿，将承查大臣各官，一并从重治罪。"从之。

（卷286　785页）

康熙五十八年（1719年）十月丙辰

吏部题："甘肃巡抚绰奇已派办理军饷。其巡抚印务请派官一员署理。"得旨："著内阁学士花鄯前往署理。"

（卷286　786页）

康熙五十八年（1719年）十月乙丑

议政大臣等议复靖逆将军富宁安遵旨复奏："查杜尔博尔金因离营近，是以将历年所收之谷，派令满洲、蒙古、绿旗官兵，以己力运至营中。并未动用钱粮雇运。图呼鲁克康熙五十五、六、七等年官种所收之谷，俱用官驼轮流运至营中，亦未动用钱粮雇运。至运送图呼鲁克所种之青稞，原应将脚价雇运到营，但图呼鲁克处所系旷野之地，难以雇觅夫、骡、车辆，兼之支放兵丁青稞，需用紧急，因将图呼鲁克应雇运之三千一百九石青稞，用官驼运送至营。将驼台应运之三千余石之谷，照依运送。图呼鲁克青稞之脚价雇运至营。再查主事达理等，捐种青稞一千八百十六石，理应以己力运送到营，乃止交送哈密仓内，仍动用钱粮七千二百余两，雇运到营，应交与侍郎海寿。著落主事达理等照数追取，令在运粮等项事务使用。又查自哈密来巴尔库尔之路，已成通衢，聚集之人亦多。应将自哈密雇运到营脚价每石减银五钱，给银三两五钱。额敏在塔尔那秦所种青稞，运至哈密脚价每石减银三钱，给银一两七钱。又自哈密运送至营，亦每石减银五钱，给银三两五钱，共减银四千四百两有奇。见应给脚价银三万九百两有奇。请令甘肃巡抚绰奇照数速行解送，交与侍郎海寿。将哈密收贮裹带之粮七千九百五十石，并额敏在塔尔那秦所种之青稞六百八石雇运至营。其在图呼鲁克、塔尔那秦等处，捐种人等应交之谷，著侍郎海寿令捐种人等，以己力运送至营。应如所请。"从之。

（卷286　786页）

康熙五十八年（1719年）十二月丙辰

议政大臣、军前召至大臣、九卿等公同议奏进藏一事。得旨："此议尚未周详，只议西地进兵，并未议及阿尔泰、巴尔库尔两路之兵。两路兵会合取吐鲁番。若乌鲁木齐难以堵塞看守，应将两路之兵会合袭击，或各减骑进入震慑。从呼尔拉之处袭击，则彼必畏惧，自然弃此牧放牲畜之处而去。再闻知西地大兵进剿，并两路兵袭击，不但惊惶无措，亦且首尾不能相顾矣。额驸阿宝所属厄鲁特兵五百名、察哈尔兵四百名，令带往取藏。此柴旦木所有之兵，亦令前往取藏。大将军留驻穆鲁乌苏三千兵内，令派兵一千前进。大将军处之兵若少，将京师每佐领下派出护军二名、马兵一名，于二月内起程，前往西宁。今新胡必尔汗奏称，各处俱有禅床，皆可安设。若为我兴兵，实关系众生。此或是新胡必尔汗之意，或是青海台吉等畏惧策妄阿喇布坦，密嘱新胡必尔汗奏，亦难预知。倘新胡必尔汗与青海台吉等意同，此新胡必尔汗不可送往。青海台吉等若无此意，必将新胡必尔汗送往，安设禅床，广施法教，令土伯特之众诚心归向，则策零敦多卜自畏势逃遁。我师进藏定立法教之后，或留兵一二千暂行看守，或久住，则土伯特之众即如我兵。纵策妄阿喇布坦、策零敦多卜发兵前来，伊系劳苦之兵，我则安逸之兵，即可剿灭。朕意如此，事关重大，不可急迫，从容周详定议为是。今若照众大臣议，惟行看守。自西宁至四川、云南，内外土番杂居一处，西藏之人皆系土番，伊等俱是一类。倘藏地被策零敦多卜占据，则藏兵即是彼之兵丁，而边疆土番岂能保全。尔等暂且看守之议不合。著另行周详定议具奏。"

（卷286　790页）

康熙五十八年（1719年）十二月庚申

谕议政大臣等："古北口、宣化二镇兵丁壮健，著每处各派兵五百名发往西宁。尔等议奏。"寻议："将古北、宣化二镇兵各派五百名。古北口之兵令副将韩良辅带往，宣化之兵令副将陈栋带往。俱于二月内起程前往西宁。"从之。

（卷286　791页）

康熙五十八年（1719年）十二月辛酉

谕户部："朕惟治天下之要务，首以乂安民生为先，故自御极以来，于闾阎疾苦无不博咨广询，涣敷休泽。其有动民力之处，尤恻然轸念，刻不能忘。盖六十年如一日也。比年因策妄阿喇布坦狂逞跳梁，兴兵征剿，远历边陲。其沿边数处师旅屯驻，一切虽皆支用正项钱粮，而协办转输行赍运送之事，民力劳瘁。朕心时切悯念。曾将陕西、甘肃所属康熙五十八年额征地丁银一百八十八万两零，历年旧欠银四万两零，特沛恩纶，悉行蠲免。而沿边各州、县、卫、所军行既多，飞挽之劳，办赋复滋催科之扰，若非格外加恩，小民恐致失业。所有沿边一带陕西所属府谷、神木、安塞、绥德、米脂、安定、吴堡、保安、榆林、保宁、常乐、双山、鱼河、归德、向水、波罗、怀远、威武、清平、葭州、龙川、镇靖、镇罗、宁塞、靖边、柳树涧、安边、砖井、定边、饶阳、水堡、高家堡，甘肃所属山丹、高台、古浪、庄浪、西宁、肃镇、宁夏左屯、中屯、平罗、中卫、灵州、宁州、平凉卫、固原州、镇戎、西安、阜城、甜水、河州、兰州、洮州、宁夏前卫、平凉县、固原卫、河州卫、兰州卫、庆阳、凉州卫、永昌卫、镇番卫、甘州左卫、右卫、肃州卫、镇彝所等六十六州、县、卫、所、堡康熙五十九年钱粮、米豆、草束俱宜蠲免，但目今系有军务之时，除米豆、草束外，将康熙五十九年额征银九万八千一百两零尽行蠲免。尔部行文该督抚，通行晓谕，实心奉行。务俾均沾德惠，以副朕曲轸边民之至意。倘或借端科派，泽不下究，该督抚严察指参，从重治罪。尔部即遵谕行。”

议政大臣、军前召至大臣、九卿等遵旨议复：“送往新胡必尔汗兵八千，为势稍弱，应再添兵四千。令额驸阿宝亲身带厄鲁特兵五百名，副都统常龄带察哈尔兵四百名同往。其柴旦木驻防之都统阿尔纳处二千兵内派一千五百名，令侍卫阿齐图等带领前往。大将军留驻穆鲁斯乌苏三千兵内，拨派一千六百名。此进藏之兵共一万二千名，派大臣一员授为将军，给与印敕，令其统理。新胡必尔汗封为达赖喇嘛，应给印敕、名号等项，令各该处议奏。都统延信、楚宗、公策旺诺尔布、侍读学士常授等回时，令与大将军商酌。青海台吉等若实心送去，即将新胡必尔汗与兵马一同前往。若俟事定之日送去，令暂住滚穆布木庙内。先遣大兵将藏地攻取，令阿宝所领之五百兵并察哈尔四百兵、满汉二千兵、青海二千兵，俱驻扎看守。再令都统法喇等酌量带兵，由巴尔喀木一路前进。噶尔弼、年羹尧亦派兵二千名，发往法喇军前。都统武格带往兵内挑选满兵一千、绿旗兵二千。满兵令都统武格、副都统吴纳哈统领。绿旗兵令总兵官赵坤、马会伯统领，前往与法喇之兵会合。应于何日起程，何地会合之处，令大将军咨行商酌，约会一同前进。再将阿尔泰二万兵内挑选一万五千，令裹带三月口粮，于六月下旬自布喇罕、布鲁尔两处前进。若策妄阿喇布坦不行防备，即深入袭击。若知觉防备，将兵速行带回。巴尔库尔一万三千内挑选一万，令三千兵轻骑袭击吐鲁番，二千兵轻骑袭击乌鲁木齐。所余五千兵令其徐徐前进，接济袭击乌鲁木齐之后。此袭击之兵俱令裹带两月口粮，于七月初旬与阿尔泰之兵约定前进。其袭击之兵及驻扎之兵，令何人统领。进藏之兵于军前大臣内派何人为将军，及西宁等处提督总兵官内，将何人派往之处。伏候谕旨。”得旨：“此议甚详。事务关系重大，著行令大将军等与青海台吉等公同定议具奏。”

（卷 286　792 页）

康熙五十八年（1719 年）十二月壬戌

议政大臣等遵旨议奏：“京城满洲兵每佐领派鸟枪护军一名、护军一名、鸟枪马兵一名，派护军统领一员、副都统二员统领，每旗派护军参领一员，每翼派鸟枪护军参领一员，骁骑营之火器营各派参领一员委为夸兰大，前往西宁。所派大臣官员支给五年俸银，兵丁支给二年钱粮，令其置办。将骁骑营兵作一起，令副都统一员统领。护军作一起，令护军统领一员、副都统一员统领，俱于明岁二月内起程。再查从前曾令山西大同、平阳等处绿旗步兵一千名在甘州预备。今派一万二千兵进藏，明岁若送达赖喇嘛登禅榻，即令此一千步兵前往看守。"从之。

（卷 286　793 页）

康熙五十九年（1720 年）正月壬申

谕议大臣等曰："太祖、太宗时，满洲兵凡遇征战，马匹、口粮自备行走，所向立功，并无迟误。今官兵行走处，马匹、口粮、器械等，俱给帑置办，且以为不足，而怨咨生焉。此皆由该管官不行严饬之故也。朕办理军务，阅历甚多。向时攻取岳州，但从陆路抵御，许久不克。朕谕令于洞庭湖务备船只，以水路遏贼。贝勒察尼奏：'湖中风浪甚大，船不能行，恐有碍于兵丁。请撤战船。'朕谕以岳州城已被困，不久即下，若将战船撤回，贼得由水道往来，何能有得岳州之期哉。于是不撤船兵，严饬看守，未几而岳州下矣。再征讨云南时，满汉官兵合计四十余万。贝子章泰等离云南城四十里安营，一面临湖，一面抵山，并未设兵湖中，断其水路，致贼寇米粮照旧运行，城内并无危急。后赵良栋率宁夏兵至，云我等大兵连营四布，不就近速战，迨至日久，米粮不继。满兵无妨，绿旗兵何以存立耶？章泰云：'皇上豢养之满洲岂可轻进，委之于敌。且尔兵远来，亦宜休养，何可令其伤损。'赵良栋不从章泰之言，自率标兵前往力战，夺取得胜桥。而赵良栋之兵亦瘁甚矣。章泰又向赵良栋云：'尔兵已瘁，应暂撤回，令总督蔡毓荣率兵看守。'赵良栋云：'我死战所得之地肯交与他人看守乎。'因此章泰亦进军围城，贼兵被逼而出。在桂花寺地方与我兵接战，大败之。吴世璠等仓皇失措，无所逃匿，乃自杀。余贼献城投降。此亦由决于进战乃得成功也。再出征乌阑布通时，阿密达因天晚撤兵，云皇上必不以撤兵故，遂杀我等。将兵撤退索额图，明珠选勇士数百人，近身防护。勇士云，挑选我辈原拟或战或追，讵意止令防护，共生忿怨。后中路出兵时，令大臣官员等会议进兵之处，众皆谓不可，独朕与费扬古以兵为可进，决意进兵。及至科图地方，众皆不欲前发。大臣等劝朕撤兵，朕谕以祭告天地太庙社稷，亲统兵前来，不见贼踪如何骤行撤去。不允所请，将兵前进。噶尔丹闻我兵威，甚是惊惧，鼠窜而去。朕选兵令马思喀为将军，尾追噶尔丹，又遇西路兵攻击，大败之。朕将中路初次运到之米，遣明珠速送至费扬古军前，二次米亦即令续送，三次米内朕但留十八日口粮，余俱送西路军前。是以西路兵丁未至饥馑，得保全而回。彼时若轻信大臣等言，中道撤兵，则两路兵丁安得立功奏凯耶？今观领兵大臣官员等，只为保身之计，不以国事为重，内存私意，彼此争论不和。又向兵丁等沽名市恩，多取口粮，及不能驮载，至于抛弃全无珍惜之意。如此居心行事，可乎？朕之满洲兵俱极精练，全在领兵者将国家之事专心办理，不图安逸，赏罚严明，则断无错误。进兵西藏时，色楞不候众人独自前往。额伦特亦随后追至，为国家奋不顾身。虽至失机，岂可论伊等进兵太速乎？今策旺诺尔布系差往策应之兵，而迟延不前，虽伊所统兵丁善全而归，伊属下之兵，固然感念，于国事有何裨益。惟西路阵亡兵丁朕甚为怜悯，当分别加恩。至大臣官员等在部院衙门，亦能清廉自守。若行军大事，又非仅清廉自守者能胜任也。朕年少时，每于讲武练兵等事，违命者必惩以法内外大小，悉知儆惕。由此观之，训练之事不可疏忽也。兹众喀尔喀及青海等俱服朕之风化，而策旺阿喇布坦之人霸占藏地，毁其寺庙，散其番僧。青海台吉理应弃命忘身，奋勇致讨。乃伊等口称维持黄教，却无实心效力之人。策零敦多卜领兵在藏，以我兵隔远，不能往救。朕思伊等兵步行一年有余，忍饥带馇尚能到藏，我兵顾不能至乎。今满汉大臣咸谓不必进兵。朕意此时不进兵安藏，贼寇无所忌惮，或煽惑沿边诸番部，将作何处置耶？故特谕尔等，安藏大兵决宜前进。"

（卷287　794页）

康熙五十九年（1720年）正月丁酉

调西安将军宗查布驻防西宁，平郡王讷尔素驻防古木等地方。

（卷287　797页）

康熙五十九年（1720年）二月癸丑

先是，抚远大将军允禵复奏："臣遵旨传集青海王、台吉等会议进兵安藏，及送新胡必尔汗往藏之事。其青海王、台吉等皆同心协力，情愿派兵随征，并请封新胡必尔汗掌持黄教。"至是，命封新胡必尔汗为弘法觉众第六世达赖喇嘛，派满汉官兵及青海之兵送往西藏，其四十九旗扎萨克并喀尔喀泽卜尊丹巴胡土克图等，亦令遣使会送。"

（卷287　798页）

康熙五十九年（1720年）七月癸酉

陕西总督鄂海遵旨回奏："陕西西安等四府一州，连年丰收，百姓并无流离。惟延安府属沿边堡所去秋薄收。甘属凉州等处康熙五十七年歉收，臣俱经题报。至于地方之事，不敢逐事奏闻，重烦圣心。谨将五十七、八两年被灾地方，借给银米实数，明白陈奏。报闻。"

（卷288　807页）

康熙五十九年（1720年）九月丁丑

吏部议复："署理甘肃巡抚盛京户部侍郎花鄯疏参，平凉府知府蒋兆龙才力不及，应照例降二级调用。"得旨："西边正值军务之时，地方不肖官员或多有意规避，情愿降调及离任回籍，又希图效力复职者，此辈不可不惩。蒋兆龙著革职，永不叙用。自后凡有此等官员，俱著照此例议处。"

（卷289　812页）

康熙五十九年（1720年）九月壬午

免陕西甘肃所属会宁等一十七州、县、卫、所康熙五十八年份旱灾额赋有差。

（卷289　813页）

康熙五十九年（1720年）十月庚戌

谕户部："朕自御极以来，无日不以民生为念，凡闾阎疾苦，必详加咨访。至于地方偶遇灾伤，一有所闻，即行蠲赈，抚恤备至，务期黎庶遂生乐业，优游化日。六十年来，夙夜孜孜，未尝稍释也。迩年因西陲用兵，师行粮从，虽刍粟悉支正供，丝毫无扰民间，然转输必需民力，劳苦宜恤。曾将康熙五十八年陕西、甘肃所属额征地丁银一百八十八万两零，历年旧欠银四万两零，康熙五十九年沿边各州、县、卫、所额征银九万八千一百两零，屡沛恩纶，尽行蠲免。近闻二年歉收，民有艰于粒食者。办赋急公，力何能支。若非涣敷德泽，无以培养穷民。是宜特颁浩荡之恩，用申勤求民瘼之念。著将陕西、甘肃所属各州、县、卫、所除应征米豆草束外，康熙六十年应征地丁银一百八十八万三千七百四十雨零，通行蠲免。尔部速行文该督抚，遍行晓谕，实心奉行，务俾均沾实惠。如有不肖官吏阳奉阴违，泽不下究者，该督抚严察题参，从重治罪。"又署抚花鄯奏称，甘肃地方数年歉收，粮草价值腾贵，兵丁采买维艰。朕念兵丁效力行间，劳瘁堪悯，准预给半年兵饷。著即行文附近省，分拨银三十万两，速解甘抚颁发，以副朕笃念民劳，优恤军士至意。尔部即遵谕行。"

定西将军噶尔弼疏报："臣等领兵至拉里地方，探知吹穆品尔寨桑带领贼兵二千六百人，由章米尔戎一路来拒我师。臣等议乘其不备，先取墨朱工喀地方，于八月初四日，臣率满汉官兵自拉里前进。王师所至，望风响应，随有朱贡之胡土克图献地来降，次日进取墨朱工喀，赏赉第巴头目，安辑民人。臣遣千总赵儒等往谕第巴达克杂来降，又喇嘛钟科尔头目亦陆续来降。臣等随令第巴达克杂聚集皮船，于八月二十二日渡河。复令侍卫讷秦等率领官兵分为三队，二十三日五鼓时分起程，进取西藏。传西藏之大小第巴头目，并各寺庙喇嘛聚集一处，宣示圣主拯救西藏民人至意，随将达赖喇嘛仓库尽行封闭。西藏附近重地扎立营寨，拨兵固守，截准噶尔之往来行人及运粮要路。随据三庙之坎布将各庙所有准噶尔之喇嘛，共一百一人擒献，内有为首喇嘛五人。据第巴达克杂及三庙坎布等首告，彼皆策零敦多卜授为总管之喇嘛，于是将此五名喇嘛即行斩首，其余九十六名准噶尔之喇嘛尽行监禁。"得旨："噶尔弼等遵朕指授，率领官兵历从古用兵未到之绝域，各加奋励，克取藏地，将准噶尔人等信用之逆恶番僧五人正法，抚绥唐古特、土伯特人民，甚属可嘉。在事将军以下，兵丁以上，俱著从优议叙。"

谕兵部："朕惟国家绥义地方，爱养兵民，实系紧要。朕自临御以来，夙兴夜寐，无时不以军民生计为念。比年策妄阿喇布坦蠢动跋扈，侵我哈密，殃及拉藏，占取藏地，骚扰土伯特、唐古特人民。再吐鲁番之人皆近四川、云南一带边境居住。准噶尔人等若将吐鲁番侵取，又将土伯特、唐古特人民煽惑，侵犯青海，不但难于应援，亦且难于取藏。是以调四川、云南满汉官兵，由拉里前发。西路大兵由青海进藏，官兵俱感朕豢养之恩，遵朕指授，各加奋励，直抵险远绝域，克取藏地，殊堪轸念，应大沛恩泽。四川、云南满汉官兵从前所领俸饷，俱著免其扣取。仍遣堂官将取藏之四川、云南官兵每人赏银十两，即给本人妻子，以示朕轸恤官兵劳苦之至意。尔部即遵谕行。"

康熙五十九年（1720年）十月丁巳

靖逆将军富宁安疏言："今岁阿尔泰、巴尔库尔两路官兵袭击策妄阿喇布坦边境，将军延信等进兵安藏，各遵皇上指授，大振军威。贼人闻之，心胆俱碎，或因窘迫之故，遣使投降，诈为缓兵之计，亦未可定。臣愚以为贼性奸诡，即使投降不足为信。请乘胜于来年大举进剿。查见在巴尔库尔之兵，及固原、甘肃等处预备驻扎之兵，不下一万七千，请于此内派选精兵八千名，由额伦哈必尔汉一路前进，六千名由吐鲁番、阿尔会一路前进。酌带三月口粮。其安设驿站之事，交巡抚绰奇预行料理。又巴尔库尔之草厂胜于各处，所有安台运米驼马及调遣兵丁驼马，若早至巴尔库尔牧放三月，则驼马肥壮，有益军务。其来年进兵之期，作何策应之处，臣再与阿尔泰一路大臣会议奏闻。"得旨："交与议政。"寻议政大臣议："应如将军富宁安所奏，来年大兵进剿，一切军务宜预行齐备。至进兵之时或直捣贼巢，或扼据形胜，须临期相机而行。其大将军所领兵内，应再派三千名添发富宁安处，并行文与阿尔泰一路将军，伊等之兵作何会合前进，亦令详议奏闻。"得旨："此事著行文允禵及富宁安、傅尔丹、祁里德等，将来年进兵之处互相商酌，详加定议具奏。"

（卷289　817页）

康熙五十九年（1720年）十月戊午

户部等衙门遵旨议复，陕省歉收速行赈济之事："应将西安、延安、兰州分为三路。差大臣三员，部院满汉贤能司官十二员，动户部帑银赈济。兰州二十万两，延安十五万两，西安十五万两，由驿递运送散赈地方。又会同督抚等率领地方官，将陕属常平仓存贮粮六十九万二千石、甘属常平仓存贮粮六十七万二千石，酌量动用。自散赈之日起至麦收之日，银粮兼赈，令百姓均沾实惠。至西安地方紧要，米石应令多贮。除见今施世伦具题运送十万石外，将河南截留康熙六十年漕米内再拨十万石，令巡抚杨宗义运至西安存贮备用。"得旨："此事不必差遣堂官，著派出司官，将银两交施世纶总管，公同赈济。余依议。"

（卷289　817页）

康熙五十九年（1720年）十月辛酉

议政大臣等议复抚远大将军允䄉疏言："八月二十三日，官兵进藏之后，探知策零敦多卜等贼兵已自克里野一路遁去。请将驻守噶斯布特尔之兵，及驻防青海土兵均行撤回。应如所请。但策零敦多卜等性甚奸狡，虽已经逃遁，或乘隙侵扰青海地方，亦未可定。应令大将军仍派兵二千驻扎于青海相近形胜之地，侦探防守。"从之。

（卷289　818页）

康熙五十九年（1720年）十月癸亥

议政大臣等议复靖逆将军富宁安疏言："据军前副都统觉罗英柱、常寿、提督路振声等呈称，明年大兵进剿，一切军器马匹应行预备。请借支官兵一年俸饷银共三十五万九千四百二十余两，于每季、每月给发俸饷时，将伊等所借之银扣补还项。如蒙圣恩谕允，祈即敕谕甘肃巡抚绰奇，按数运送军前。明年如果进兵，即将此银两预行借给，否则存留军前，为每年军饷备用。应如所请。"从之。

（卷289　818页）

康熙五十九年（1720年）十一月癸酉

免陕西泾州本年份雹灾额赋有差。

（卷290　819页）

康熙五十九年（1720年）十一月辛巳

谕大学士、学士、九卿等："朕于地理从幼留心，凡古今山川名号，无论边徼遐荒必详考图籍，广询方言，务得其正。故遣使臣至昆仑西番诸处，凡大江、黄河、黑水、金沙、澜沧诸水发源之地，皆目击详求，载入舆图。今大兵得藏，边外诸番悉心归化。三藏阿里之地，俱入版图，其山川名号，番汉异同，当于此时考证明核，庶可传信于后。大概中国诸大水，皆发于东南诸莫浑乌巴西大干内外，其源委可得而缕析也。黄河之源，出西宁外枯尔坤山之东，众泉涣散不可胜数，望之灿如列星，蒙古谓之敖敦他拉，西番谓之梭罗木，中华谓之星宿海，是为河源。汇为萨陵、鄂陵二泽，东南行，折北，复东行，由归德堡积石关入兰州。岷江之源，出于黄河之西巴颜哈拉岭七七喇哈纳，番名岷尼雅克撮，汉书所谓岷山在西徼外，江水所出是也。而禹贡导江之处在今四川黄胜关外之乃裙山，古人谓江源与河源相近。禹贡岷山导江乃引其流，非源也。斯言实有可据，其水自黄胜关流至灌县，分数十支至新津县复合而为一，东南流至叙州府与金沙江合流。金沙江之源，自达赖喇嘛东北乌尼尹乌苏峰流出。乌尼尹乌苏峰中华谓之乳牛山也，其水名穆鲁斯乌苏，东南流入喀木地，又经中甸入云南塔城关，名金沙江，至丽江府又名丽江，至永北府会打冲河东流，经武定府入四川界，至叙州府流入岷江，经夔州府入湖广界，由荆州府至武昌府与汉江合。汉江源出陕西宁羌州北嶓冢山，名漾水，东流至南郑县为汉水，入湖广界东南流至汉阳县汉口，合岷江。此诸水在东南诺莫浑乌巴西大干之内，源发于西番，委入于中国也。澜沧江有二源，一源于喀木之格尔几杂噶尔山，名杂裙河。一源于济鲁肯他拉，名敖母绰河。二水会于察木多庙之南，名拉克裙河，流入云南境为澜沧江，南流至车里宣抚司名九龙江，流入缅国，澜沧之西为喀喇乌苏，即禹贡之黑水，今云南所谓潞江也。其水自达赖喇嘛东北哈拉脑儿流出，东南流入喀木界，又东南流入怒彝界，为怒江，入云南大塘隘更名潞江。南流经永昌府潞江安抚司境入缅国。潞江之西为龙川江。龙川江之源从喀木所属春多岭流出，南流入云南大塘隘，西流为龙川江，至汉龙关入缅国。此诸水在东南诺莫浑乌巴西大干之外，皆流入南海也。又云南边境有槟榔江者，其源发自阿里之冈底斯东达木朱喀巴卜山，译言马口也，有泉流出为雅鲁藏布江，从南折东流经藏危地，过日噶公噶儿城旁合噶尔诏母伦江，又南流经公布部落地入云南古勇州，为槟榔江，出铁壁关入缅国。而冈底斯之南有山名郎千喀巴卜，译言象口也。有泉流出入马皮木达赖，又流入郎噶脑儿。两河之水西流至桑南地。冈底斯之北有山名僧格喀巴卜，译言狮子口也。有泉流出西行，亦至桑南地，二水合而南行，又折东行至那克拉苏母多地，与冈底斯西马卜家喀巴卜山所出之水会马卜家喀巴卜者，译言孔雀口也。其水南行至那克拉苏母多地，会东行之水，东南流至厄纳忒可克国，为冈噶母伦江，即佛法所谓恒河也。佛国记载魏法显顺恒河入南海，至山东之渤海入口，应即此水矣。梵书言四大水出于阿耨达山，下有阿耨达池。以今考之意即冈底斯是，唐古特称冈底斯者犹云众山水之根，与释典之言相合。冈底斯之前有二湖连接，土人相传为西王母瑶池，意即阿耨达池。又梵书言普陀山有三，一在厄纳忒可克之正南海中，山上有石天宫，观自在菩萨游舍，是云真普陀。一在浙江之定海县海中，为善财第二十八参观音菩萨说法处。一在土伯特，今番名布塔拉山也，亦谓观音见身之地。释氏之书本自西域，故于彼地山川亦可引以为据也。禹贡导黑水至于三危。旧注以三危为山名，而不能知其所在。朕今始考其实，三危者犹中国之三省也，打箭炉西南达赖喇嘛所属为危地；拉里城东南为喀木地；班禅额尔德尼所属为藏地，合三地为三危耳。哈拉乌苏由其地入海，故曰导黑水至于三危，入于南海也。至于诸番名号，虽与史传不同，而亦有可据者。今之土伯特即唐之突厥，唐太宗时以公主下降，公主供佛像于庙，今番人名招、招者，译言如来也。其地犹有唐时中国载去佛像，明成化中乌斯藏大宝法王来朝，辞归时，以半驾卤簿送之。遣内监护行。内监至四川边境，即不能前进而返。留其仪仗于佛庙。至今往来之人多有见之。此载于明实录者。尔等将山川、地名详细考明具奏。"

（卷290　819页）

康熙五十九年（1720年）十二月壬子

以原任甘肃提督师懿德为銮仪卫卫仪使。

（卷290　823页）

康熙六十年（1721年）正月丁卯

议政大臣等议复："四川总督年羹尧遵旨议奏：'云南进藏绿旗兵丁，应自乍了以东之萨木墩与川兵分路而回。其自云南进藏之江宁杭州满兵，自打箭炉回至成都，再由水路而回。其撤回之西宁满汉大兵，应令至成都喂养马匹，再自宁羌州一路回至西宁。今定西将军噶尔弼、平逆将军延信属下官兵，已自藏陆续起程，应将打箭炉之满兵撤回成都，再两路官兵一时聚集成都，若必待同行力难照应。请将办事与管兵者留与兵马同行，如都统法喇、侍卫迈徒等无事之员，令其先期进京。'俱应如所奏。其自西宁进藏之满洲兵马赴兰州驻扎喂马，听候调用。绿旗兵丁各回原处。"从之。

（卷291　825页）

康熙六十年（1721年）三月乙丑

岷州卫法藏等六寺番僧丁均的落旦等进贡方物，宴赉如例。

（卷291　829页）

康熙六十年（1721年）三月己丑

谕议政大臣等："藏地甚属紧要。见在虽有蒙古、绿旗兵三千名驻彼，但延信已将将军印信带回，并无将军统管兵马，又无满兵驻扎。不可不加筹划。云南有副都统噶什所领满兵一千，著派五百名并四川歇息之绿旗兵五百名发往。速行文延信，令其前往藏地。延信及云南、四川兵到藏后，如彼地食物米粮稀少，可将喀喇沁、翁牛特兵撤回。西宁公策旺诺尔布，仍驻彼处。著议奏。"寻议政大臣等议复："留驻云南之江宁、杭州满兵应令都统武格、副都统吴纳哈领兵五百名，仍从云南进藏之路前进。四川歇息之绿旗兵，应令总督年羹尧、将军噶尔弼派总兵官副将二员，领五百名仍从打箭炉前进。将军延信停其前往西宁，令带将军印回至四川，带领四川兵进藏，总统驻扎。"得旨："依议。前令原任云南总督蒋陈锡、巡抚甘国璧接应进藏兵粮饷，赎罪效力。若尚未去，令与此兵同往，如已赴藏地，令应付此兵粮饷效力。"

（卷291　835页）

康熙六十年（1721年）三月庚寅

抚远大将军允禵疏言："据三路将军报称，各路之马驼粮饷俱甚充足，器械俱已齐备。官兵各思奋力进剿。值策妄阿喇布坦人心惶惑，恐惧震动之时，乘此进兵，可以直捣其巢穴，扫荡无遗。"得旨："著议政大臣、满汉九卿、詹事科道会同详议具奏。"寻议：'将靖逆将军富宁安之兵，调在乌阑乌苏地方，驻扎捍御。富宁安所领兵内，派七千名交散秩大臣阿喇衲、甘肃提督路振声由乌阑乌苏一路前进，取吐鲁番。既得之后，令富宁安于阿喇衲所领兵酌量派出，严加防守。但进取吐鲁番兵马微少，应于振武将军傅尔丹处选兵三千，拨过富宁安一路。振武将军傅尔丹、征西将军祁里德，各于本处驻扎预备。再于祁里德所属兵内派三千名前往，以收取策妄阿喇布坦及吴梁海等逃窜之人，倘若无人即行撤回，合兵一处。设或此际，策妄阿喇布坦内变起衅，或有逃来归顺之人，得策妄阿喇布坦确信三路将军，相机即约大兵前进。可以捣其巢穴矣。"得旨："议政大臣等所议甚是。朕意亦如此筹算。将此行文与大将军，令三路将军各行定议具奏。"

（卷291　836页）

康熙六十年（1721年）四月壬寅

青海厄鲁特固山贝子车臣戴青罗卜臧达尔扎、辅国公罗卜臧达尔济故，各遣官致祭。

（卷292　839页）

康熙六十年（1721年）四月己酉

命奉差陕西赈济漕运总督施世纶确查甘肃所属穷民，量给谷种，俾得及时耕种。

（卷292　840页）

康熙六十年（1721年）五月壬戌

议政大臣等议复抚远大将军允禵疏言："驻扎巴尔库尔之兵征取吐鲁番，其策妄阿喇布坦之人必然震恐，逐渐投顺来归。但甘州、肃州等处之满洲绿旗兵见俱拨往巴尔库尔。应将臣处所有之兵带进甘州、肃州驻扎，为其声援。查肃州地方褊小，甘州稍觉广阔，应令大将军允禵带领见在西宁所有之兵前赴甘州驻扎，办理调遣之事，至西宁地方紧要，应派大臣一员驻扎管理。"得旨："依议，著大将军允禵派一要紧大臣驻扎西宁管理。"

（卷292　841页）

康熙六十年（1721年）五月辛巳

户部等衙门议复奉差陕西赈济漕运总督施世纶疏言："陕西四月无雨，秋成可虑。查先豫省运至米十万石，督臣已具题借支驻防兵饷，所存无几。请速催豫省将后运米石运到平粜。再拨河南、湖广米各十万石，运至陕西存贮备用。俱应如所请。"得旨："依议速行。"

（卷292　842页）

康熙六十年（1721年）五月甲申

抚远大将军允禵疏言："奉旨派大臣一员驻扎西宁办事。查西安将军宗查布前曾调驻西宁，再侍读学士常授，办青海事业已有年，其可否派驻之处请旨定夺。"得旨："常授著理藩院额外侍郎，驻扎西宁办事。宗查布著赴大将军允禵处听候调遣。"

（卷292　843页）

康熙六十年（1721年）六月丙申

议政大臣等议复抚远大将军允禵疏言："臣今赴甘州，将西宁所有兵丁带去，请将自西宁进藏回来之满洲兵丁，调赴西宁驻扎。查从前曾奉谕旨，自西宁随平逆将军延信进藏撤回之满洲官兵，俱令回京，则此项满洲兵丁，应即回京，请于驻扎凉州喂马之披甲内，量拨数百名在西宁驻扎，即令侍郎常授管理。"从之。

（卷293　846页）

康熙六十年（1721年）六月壬子

议政大臣等议复西安将军宗查布疏言："臣遵旨赴抚远大将军允禵处，但见今西安左翼满洲副都统常寿、汉军副都统邓奇，章俱在巴尔库尔军，前右翼满洲副都统员缺，尚未补授。汉军副都统班岱年老患病，请差大臣一员前赴西安管理将军印务。查西安右翼满洲副都统员缺已经补授，驻扎西宁办事副都统觉罗伊礼布，应以将军印务交与伊礼布署理。再班岱既系年老患病，应调回来京。"从之。

（卷293　846页）

康熙六十年（1721年）六月己未

旌表甘肃所属烈妇阎耀斗妻何氏，乡村贫妇，拒奸不污，母女惨毙。给银建坊如例。

（卷293　848页）

康熙六十年（1721年）八月戊辰

免甘肃静宁州本年份雹灾额赋有差。

（卷294　852页）

康熙六十年（1721年）九月丁巳

蒙古王、贝勒、贝子、公、台吉及吐伯特酋长等奏："西藏平定，请于招地建立丰碑，以纪盛烈，昭垂万世。上允所请。御制碑文曰：'昔者太宗文皇帝之崇德七年，班禅额尔德尼、达赖喇嘛、顾实汗谓东土有圣人出，特遣使自人迹不至之区，经仇敌之国，阅数年，始达盛京，至今八十载。同行善事，俱为施主，颇极安宁。后达赖喇嘛之殁，第巴隐匿不奏者十有六年。任意妄行，拉藏灭之，复兴其法，因而允从拉藏、青海群众公同之请。中间策妄阿喇布坦妄生事端，动准噶尔之众，肆行奸诈，灭坏达赖喇嘛，并废第五辈达赖之塔，辱蔑班禅，毁坏寺庙，杀戮喇嘛，名为兴法而实灭之。且欲窃据土伯特国。朕以其所为非法，爰命皇子为大将军，又遣朕子孙等调发满洲、蒙古、绿旗兵各数万，历烟瘴之地，士马安然而至。贼众三次乘夜盗营，我兵奋力击杀，贼皆丧胆远遁。一矢不发平定西藏，振兴法教，赐今胡必尔汗册印，封为第六辈达赖喇嘛。安置禅榻，抚绥土伯特僧俗人众各复生业。于是文武臣工咸谓王师西讨，历瘴疠险远之区曾未半载，辄建殊勋，实从古所未有。'而诸蒙古部落及土伯特酋长亦合词奏曰：'皇帝勇略神武，超越往代，天兵所临，邪魔扫荡，复兴蒙古，向所尊奉法教，坎麻藏卫等部人众，咸得拔离汤火，乐土安居。如此盛德大业，非臣下颂扬所能宣馨。请赐御制碑文，镌勒招地，以垂永久。'朕何功焉，而群众勤请不已。爰纪斯文，立石西藏。俾中外知达赖喇嘛等三朝恭顺之诚，诸部落累世崇奉法教之意。朕之此举所以除逆抚顺、绥众兴教云尔。"

议政大臣等议奏："据驻扎西藏额驸阿宝移称，青海索罗木地方之西，有郭罗克部落唐古特等肆行劫掠往来行人，曾将驻扎索罗木兵马匹盗窃而去。查郭罗克地方与归附我朝之多隆汗地方相近，应行令多隆汗晓谕伊等，嗣后宜遵守法度，不得仍前肆行。倘伊等不遵训谕，请即发兵前往，将首恶之人惩治。令多隆汗于伊属下之人拣选有才干者，使为郭罗克部落之首，则西宁、青海等处往来使人及商贩之人，俱获安静。应如所请。"得旨："额驸阿宝请将郭罗克部落惩治，所言甚当。郭罗克地方近四川松潘一路，与多隆汗接壤。应行文总督年羹尧、提督岳钟琪等，著向多隆汗处详询郭罗克地方形势若何，发兵进剿用力几何。如易于攻取，即令岳钟琪带领松潘兵进剿。倘地险势众，应酌量派遣满洲、蒙古兵丁，及附近之察罕丹津处，亦令派兵协助前往进剿。著大将军允禵、侍郎常授、总督年羹尧、提督岳钟琪，会同定议而行。"

先是，刑部题福建巡抚吕犹龙疏言："署甘肃巡抚事盛京户部侍郎花善，将故杀张丑之田三十六，并不审拟具题。擅将田三十六照斗杀，律拟绞援赦减等，发往福建殊属不合，应将署甘肃巡抚花善交与吏部严加议处。"得旨："花善甚是糊涂，办理此事大谬。著交与该部议处。"至是，吏部议复："应将花善降二级调用。"从之。

（卷 294　859 页）

康熙六十年（1721 年）十月癸亥

议政大臣议复："四川陕西总督年羹尧疏言：'郭罗克各寨有隘口三处，俱属险峻，利用步卒，不宜骑兵。若多调官兵，恐口外传闻使贼得潜为准备，不如以番攻番，量遣官兵带领较为便易。臣向知郭罗克附近之地，如杂谷等处，土司、土目亦皆恨其肆恶，愿出兵助剿。臣自陛辞回任，即与提臣岳钟琪商议，遣官约会杂谷土司等。据称宜及时进剿，恐冬天雨雪冻阻难行。适据额驸阿宝移文，奉旨命臣与岳钟琪酌量进剿机宜。臣遵即移咨提臣，令速赴松潘，选领镇兵出口，并督率土兵前进。其西宁满洲兵，及青海蒙古等兵不必再行调遣。'应如所奏。"从之。

（卷 295　862 页）

康熙六十年（1721 年）十月丙寅

命理藩院侍郎常授、甘肃按察使巴袭管理西宁柴旦木等处军饷事务。

议政大臣等议复："抚远大将军允禵疏言：'贼厄鲁特侵犯吐鲁番为我兵所败，鼠窜而去，来年不可不大举进剿，尽行翦灭。但事关重大，请容臣轻装赴京，恭请训旨。'应如所请。"得旨："大将军允禵令其来京，将印交与平郡王讷尔素。此际若策妄阿喇布坦属下，有自相离溃，率众来归者，则大将军停止来京，可速赴肃州。将军祁里德亦令来京，将印交与都统图拉。将军傅尔丹军前之前锋统领丁寿、护军统领觉罗涂拉，亦令将伊等事务交明来京。将军富宁安亦令于军中派一可托大臣来京。俱于年内到京，以便指示来年大举进剿方略。"

（卷 295　862 页）

康熙六十年（1721 年）十月戊辰

议政大臣等议复："料理粮饷事务陕西总督鄂海疏言：'臣遵旨前至甘州料理粮饷。甘州等处山多田少，所获粮草无多，不得不预为多备。今河南、湖广之粮，已运至陕西，请于此内运米六万石、豌豆四万石，半送甘州，半送凉州。臣前在西安时，因各仓无存贮豌豆，以粮更换豌豆起运。请交与总督年羹尧照前料理。'应如所请。"从之。

（卷 295　863 页）

康熙六十年（1721年）十月辛未

命光禄寺卿卢询署甘肃巡抚事。

（卷295　863页）

康熙六十年（1721年）十二月甲申

议政大臣等奏："总督鄂海先经办理甘州粮饷，今鄂海前往种地，应将办理粮饷事务交与绰奇兼理。"从之。

（卷295　868页）

康熙六十一年（1722年）四月戊午

议政大臣等议复靖逆将军富宁安疏言："嘉峪关外布隆吉尔之西，古所谓瓜州、沙州、炖（敦）煌郡之处，而蒙古人呼为库库沙克沙。昔曾建筑城池，屯兵耕种，至今旧址尚存。田土广阔，宜于牧放马畜，兼有河水，若于此处屯田，驻扎绿旗兵三四千名，设总兵官一员管辖，则通党色尔腾之路，既可控扼，而于诸处遣用，俱属有益。应行文将军富宁安，会同总督年羹尧、提督路振声将派往官兵造城屯田之处，确议奏闻。"从之。

（卷297　878页）

康熙六十一年（1722年）四月戊辰

陕西凉州总兵官李中白以病乞休，允之。

（卷297　879页）

康熙六十一年（1722年）四月庚午

调陕西兴汉总兵官述明为凉州总兵官。升陕西河州副将董玉祥为兴汉总兵官。

（卷297　879页）

康熙六十一年（1722年）五月癸巳

议政大臣等议复："靖逆将军富宁安疏言：'臣接准部咨，今岁大兵移驻乌鲁木齐地方，粮饷马畜能否备办，来年大兵进剿，马畜口粮能否接济，其阿尔泰遣往官兵一万二千名，以及随役自十月起支给粮米，若不敷用，应作何增运之处，令臣与总督年羹尧、巡抚绰奇会同定议具奏。臣身在军营，相机而行，未敢擅离，因移咨总督年羹尧、巡抚绰奇速行定议。康熙五十四、五十五两年，臣在肃州办饷，除按月支给官兵外，又备进剿裹带随运之粮二万一千余石，运贮军前。自去年三月运到军粮缺少，因令道员王全臣将原贮之粮通融散给，又给与吐鲁番官兵羊只。继而运到之粮愈少，臣又令王全臣采买米粮、青稞等项，并将银两折算配给，是以自去秋以至今夏不致贻误。见今巴尔库尔、吐鲁番、科舍图、俄隆吉等四处，所有满洲、蒙古绿旗官兵共二万一千一百名，计算随役共三万三千四百九十名，每月需粮六千六百九十余石。自阿尔泰遣往官兵一万二千名，计算随役约二万五千名，每月需粮五千石。今年巴尔库尔耕种青稞，用过籽粒二千石，至秋成或可获粮二万石。吐鲁番新垦地亩，所获粮数难以预定，今支给吐鲁番官兵粮米，自五月以来便不能接济。臣因移咨协理将军阿喇衲，乘回人所种地亩成熟，于六月初旬催其收获，借给官兵，俟米粮运到时照数给还。或将我兵在吐鲁番种获之粮补给。似此酌量设法，庶可接济无误。'应如将军富宁安所奏，令伊酌量设法办理。惟是吐鲁番种地之处，不可不严为防守。前经议政议遣步兵五千名至彼防守，今年若进兵至乌鲁木齐，令将军等酌留官兵，看守田亩。若不进兵，则看守田亩之兵不可无马，应令将军等将马兵酌量派留，照看田地，兼备剿戮潜来侵犯之贼。其米粮足用与否，亦令将军富宁安查明议奏。"从之。

（卷297　881页）

康熙六十一年（1722年）五月辛丑

封青海故多罗贝勒罔楚克阿拉卜坦弟达锡策零为固山贝子。

（卷297　882页）

康熙六十一年（1722年）五月己酉

议政大臣等议复："四川陕西总督年羹尧疏言：'康熙五十四年西陲用兵，原任提督师懿德，奏请将固原、延安、兴汉及西安城守营武弁、马步兵丁共派拨二千名，驻扎甘肃沿山一带地方，历七载有余，未经出口。今边口关隘各已驻兵，而甘州又有自京遣往之满洲兵，与直隶山西绿旗兵丁驻防。其驻甘肃之固原、延安、兴汉、西安等处绿旗官兵，别无调遣，恳令各回本汛。'应如所请。"从之。

（卷297　883页）

康熙六十一年（1722年）七月戊子

议政大臣等议复："靖逆将军富宁安疏言：'先经臣将青稞、糜米籽种运送吐鲁番处，分给兵丁播种。今据大定总兵官张弘印呈称，回人之田俱于正月栽种，青稞、糜子已得滋长，我兵种植既已逾期，见今苗禾又复被旱。又据协理将军阿喇衲呈称，籽种到日已迟，未及播种，俱充作官兵口粮支给等语。臣思回人所种之粮成熟，可催令刈割，借给我官兵，俟粮米运到偿还。但须至八月，方能收获，未收以前不可不预为给与。吐鲁番所有官兵应给粮米六分，青稞、麦子四分。今运到者尽属粮米，除照常运送六分外，其青稞、麦子四分应交与潼商道王全臣购买麦面配给。'应如所奏，令将军富宁安速行料理。再四川、陕西总督年羹尧、甘肃巡抚绰奇疏称，吐鲁番之兵驻扎甚远，不比巴尔库尔之尚近，请乘此炎热草盛之时，将粮米多为起运，广行积贮。应速行文总督年羹尧等，将伊等起运之粮星夜催趱，无致贻误。"从之。

（卷298　885页）

康熙六十一年（1722年）七月壬寅

议政大臣等议复："四川陕西总督年羹尧疏言：'据西藏驻扎之喇嘛楚尔齐木臧布及西藏办事之知府石如金等呈称，在藏官兵不睦，因公策旺诺尔布软弱，副都统常龄、侍读学士满都、员外郎巴特麻等任意生事，除将原文缄封呈览外，若大兵不可即撤。应令满都巴特麻自备行粮，由西宁口外撤回。若大兵撤回，应将官员留藏，侦探信息。沿途仍安设驿站，递送公文，并于义木多设兵声援，以安达赖喇嘛等众。'查西藏被贼扰害，蒙圣主独断，发兵征剿。今藏地已定，土伯特、唐古特等俱得拯救。留兵防守乃年羹尧听信喇嘛及知府微员捏造之语，阻挠毁谤将军大人官员，擅奏撤兵，冒昧已极。应将年羹尧严加议处。"得旨："侍读学士满都、员外郎巴特麻，与知府石如金、喇嘛楚尔齐木臧布，俱著由西宁一路前来。满都员缺，著署理西安布政使事塔琳，往藏跟随将军印务效力。其在藏驻扎之四川绿旗兵丁恐其生事，著署理巡抚事务色尔图进藏管辖，在彼驻扎。色尔图、塔琳著年羹尧速行文，令其驰驿前往。四川巡抚员缺，朕另行补授。至西安布政使事务，著年羹尧举伊所知之人，令其署理员外郎巴特麻员缺。行文大将军将彼处章京拨派一员，即令速行进藏，与公策旺诺尔布一同办事。"

（卷298　887页）

康熙六十一年（1722年）七月壬子

议政大臣等议复："靖逆将军富宁安疏言：'臣准部咨，见今大兵移驻乌鲁木齐地方。其各营军器整齐，及马匹能否足用之处，令臣查验具奏。今据都统睦森、副都统萨尔禅、智勇、甘肃提督路振声等回称，伊等所属护军、骁骑、绿旗兵丁一应军器、马匹俱各完足，无致贻误等语。又据副都统英柱、常寿等呈称，从前袭击吐鲁番等处，马驼稍有疲损，因以俸饷借抵购买补足，预备进剿。今二年有余，汛防差使马驼又不无少亏，仍于见支行粮外借给库银买补马驼。此所借之库银于将来应给行粮内，按月坐扣清完等语。臣请允其所呈，借给官兵银十二万六千九百九十五两，令其买补缺额马驼。'应如富宁安所请，令陕西巡抚噶什图如数解送军营，暂行收贮，俟大兵进剿，准其借与购补马驼。其存留之官兵停其借给，照常收贮。"从之。

（卷298　888页）

康熙六十一年（1722年）八月庚辰

谕大学士等："据署理甘肃巡抚卢询奏称，六七月连次得雨。又复概称甘肃所属地气寒凉，见今夏麦正在收获，有五六分者，有七八九分者。米价尚未能平。朕临御寰区，殷殷以生民为念。凡各省人至，必详询雨泽及收获分数。今年闻甘州、肃州田禾甚嘉，年羹尧折奏朕已洞悉。且雨泽虽数百里之内尚有不同，况甘州、肃州所属地方辽阔，有数千里乎。卢询并不详察，听信浮言，以奏折断不发出，将阖属地方一概草率具奏。卢询于地方事务漫不经心。奏朕之事不加敬慎，妄行陈奏，甚属狂妄浮躁不堪。殊玷署理之职，著严饬行，如再冒昧陈奏，著拿解交送刑部。"

（卷298　890页）

康熙六十一年（1722年）九月戊子

谕扈从大学士、尚书、侍郎、学士等曰："据陕西巡抚噶什图奏称：'陕西亏空甚多，若止于参革官员名下追补，究竟不能速完。查秦省州县火耗每两有加二三钱者，有加四五钱者。臣与督臣商议，量留本官用度外，其余俱损补合省亏空，如此则亏空即可全完等语。'朕谓此事大有关系，断不可行。定例私派之罪甚重，火耗一项特以州县官用度不敷，故于正项之外，量加些微。原是私事。朕曾谕陈瑸云：'加一火耗，似尚可宽容。'陈瑸奏云：'此乃圣恩宽大，但不可明谕，许其加添。'朕思其言，深为有理。今陕西参出亏空太多，不得已而为此举。彼虽密奏，朕若批发，竟视为奏准之事。加派之名朕岂受乎。特谕尔等满汉诸臣共知之。"又谕曰："朕抚御寰区，时以生民为念。凡各省将军、督抚、提镇差遣进折之人及从外省来者，必询问雨旸收获与米粮物价。今年五月间，因京师钱价甚贵，故将应给兵丁月饷银钱兼发，至今尚未得平。昔年因钱价贵，管理钱法侍郎陈廷敬、阿兰泰、佛伦、马世济等条奏，奸宄图利，毁钱作铜，以致钱值腾贵。如将制钱铸重一钱，则钱价即平，于民甚便。九卿照陈廷敬等所奏议复，准铸小钱。朕迟至数月未肯准行。是时科尔坤、佛伦屡奏，将制钱铸小，甚有裨益，始从其请。迨后私铸甚多，朕以制钱仍应照旧铸大者为善，故特降谕旨。而九卿请鼓铸大钱，将小钱销毁。朕念小钱行之已久，今又专行大钱，未知于民有无利益。暂令大小兼用，试行三年一次奏闻。于是大小兼行，自后钱价并未见增，于民亦甚便利。此皆朕所理之事也。再从前商人办买铜斤，钱价尚平，自赵申乔奏请交八省督抚采买，遂致迟误。部臣将迟误官题参。朕以采办铜斤改交八省，初行之始，若将违限官治罪，似属冤抑，故暂行宽恕。其后铜斤虽陆续解送，而不能全到，有误鼓铸矣。铜斤少则鼓铸误，鼓铸误则钱价自贵。凡事不可执一，须随时制宜。鼓铸一事从前屡经更改，今钱价何故骤贵，如何使之得平，交九卿詹事科道会同确议具奏。可否鼓铸小制钱与大制钱兼用，其一并议之。"

（卷299　891页）

康熙六十一年（1722年）九月甲午

谕扈从大臣等："总督年羹尧将亏空钱粮各官题参革职，其亏空钱粮至今不能赔补。今又因办理军需，陕西巡抚噶什图、总督年羹尧会商将民间火耗加征垫补等情题请。第民间火耗只可议减，岂可加增。朕在位六十一年，从未加征民间火耗。今安可照伊等所题加增乎。且亏空钱粮之数虽多，见今未有实在垫补之处。由此观之，西安库内未必有存贮银两。今值此军机需用之际，而伊等以有亏空，延捱不敢题请，或致有误紧要军需，亦未可定。著交议政大臣会议。将户部库银拨送西安。即彼处库内有银亦令收贮，如库内无银，军机需用之处一面动用，一面奏闻。"

（卷299　892页）

世宗雍正皇帝实录

《清雍正实录（一）》

康熙六十一年（1722年）十二月己卯

谕总理事务王大臣等："噶斯遣兵驻扎，特为防范策妄阿喇布坦之人侵犯青海。今噶斯一路官兵无事，可将驻扎年久之人撤回。其新往官兵内，验看汉仗好者，移至巴尔库尔效力，再量留兵丁，驻防噶斯一路之处。尔等详议具奏。"寻议："噶斯现有满洲绿旗兵共一千六百八十七名，应行文将军宗查布，令其挑选满洲绿旗兵五百名，暂于噶斯一路驻扎防守，其余兵丁俱撤回原处。贝勒色卜腾扎尔、盆苏克汪扎尔、达颜之子达锡策零驻守处，既与噶斯相近，伊等兵丁亦令预备，如有用兵之处，与青海、西宁等处兵丁一并调遣。"从之。

（卷2　65页）

雍正元年（1723年）正月乙酉

平郡王讷尔素折奏："十二月二十四日，辅国公延信到甘州。臣遵旨将抚远大将军印敕交明，于二十五日起程赴京。"奏入报闻。

（卷3　80页）

雍正元年（1723年）正月辛卯

署理抚远大将军事务辅国公延信折奏：'甘州所屯兵丁，除京城满洲兵外，有预备调遣鄂尔多斯兵三百名，及宣化兵五百名，古北口兵四百八十名，山西兵五百九十名，陕西榆林兵一百九十名，分屯各处。现今并无调遣，请俱令撤回本处。'奏入报闻。

（卷3　82页）

雍正元年（1723年）正月壬辰

谕总理事务王大臣、议政大臣等："青海台吉策零董洛卜著封为贝勒。自西陲用兵以来，青海之王以下，台吉以上，各著劳绩。皇考曾降旨，俟凯旋之日，再行计功。今青海王、台吉等历年效绩，作何加封施恩之处，察明议叙具奏。"

（卷3　82页）

雍正元年（1723年）二月丙辰

命驻柴旦木将军宗查布往署大将军延信军营效力。都统宗室西伦图往柴旦木办理撤兵事务。

（卷4　96页）

雍正元年（1723年）二月己未

补行山西、甘肃二省康熙六十年份大计，贪酷官一员，不谨官三员，罢软官二员，年老官七员，有疾官四员，才力不及官三员，浮躁官三员，分别处分如例。

（卷4　97页）

雍正元年（1723年）二月甲戌

升四川川东道胡期恒为陕西西安布政使司布政使。

陕西西安按察使永太缘事革职，擢陕西临洮府知府王景灏为陕西西安按察使司按察使。实授傅德为陕西甘肃布政使司布政使。擢四川成都府知府刘世奇为陕西甘肃按察使司按察使。

（卷4　109页）

雍正元年（1723年）二月乙亥

总理事务王大臣等遵旨议复："自西陲用兵以来，青海王台吉等俱各效力，应酌加封赏。亲王罗卜藏丹津应加俸银二百两、缎五匹；郡王戴青和硕齐察罕丹津应封为亲王；贝勒额尔得尼厄尔克托克托奈应封为郡王；贝子巴尔珠尔阿喇布坦、墨尔根戴青拉查卜应封为贝勒；辅国公噶尔旦达锡、敦多卜达锡应封为镇国公；吹拉克诺木齐亦应封为贝勒。其贝勒阿尔布坦温布应加俸银一百两。公诺尔布彭苏克应加俸银五十两。此外领兵进藏以及驻防噶斯柴旦木人员应行文该将军查明具奏，分别加赏。"从之。

追封青海贝子丹忠为郡王。遣官致祭，赐银二百两，以其领兵进藏著有劳绩也。

（卷4　110页）

雍正元年（1723年）三月甲申

谕总理事务王大臣等："在藏之兵或撤回，或于通藏之路驻扎及西宁所余官兵撤回之处。集议以闻。"寻议："西藏地方因策妄阿喇布坦妄行扰乱，用申天讨。平藏之后，留兵防护，恐屯扎日久，唐古特等供应繁费，应将驻藏官兵尽行撤回。察哈尔及额驸阿宝之兵丁，应令公策旺诺尔布、都统武格、阿宝等统领，由西宁路遣回。阿宝在军营年久，应令伊与策旺诺尔布等一并来京。其江宁、杭州兵丁，令副都统吴纳哈带领，由云南遣回。四川绿旗兵丁令副将李现光带领，由打箭炉遣回。至两路适中之义木多系通藏大路，应于四川绿旗兵内挑选一千驻防。应令总督年羹尧于川陕总兵副将内拣选管辖。再阿里地方甚属紧要，今康济鼐亲身赴藏同隆布奈等料理藏地。其阿里地方无人办事，应交康济鼐派出效力之人，奏闻赏与职衔，协助防守。再查西宁有绿旗兵六千，防守地方已属足用。其都统汪悟礼带领京师之兵，应尽行撤回。"得旨："额驸阿宝令其带领兵马前往游牧地方，休息数日，再令来京。"

（卷5　112页）

雍正元年（1723年）三月戊子

调镶蓝旗蒙古副都统满丕为正红旗满洲副都统；升正黄旗护军参领博尔吞为镶蓝旗蒙古副都统；王府长史林柱玉为镶红旗汉军副都统；陕西西宁总兵官王以谦为镶白旗汉军副都统。

（卷5　115页）

雍正元年（1723年）三月庚寅

调刑部右侍郎黄叔琳为吏部左侍郎。升署陕西甘肃巡抚光禄寺卿卢询为刑部右侍郎。以甘肃布政使傅德署理甘肃巡抚。

（卷5　116页）

雍正元年（1723年）三月辛卯

解四川布政使戴铎任。升吏部郎中罗殷泰为四川布政使司布政使。擢知府衔管甘州同知事彭振翼为四川按察使司按察使。

江西南赣总兵官马良灿缘事革职。调陕西兴汉总兵官董玉祥为江西南赣总兵官。升四川永宁副将吴正安为陕西兴汉总兵官。调四川重庆总兵官杨尽信为陕西西宁总兵官。四川松潘总兵官路振扬为四川重庆总兵官。升四川化林副将周瑛为四川松潘总兵官，带兵驻扎乂木多地方。

（卷5　116页）

雍正元年（1723年）三月癸巳

吏部遵旨议复："直省督抚兼衔。查川陕总督统理西安、甘肃、四川三处事务，控制番羌。两江总督统理江苏、安徽、江西三处事务，地连江海。俱应授为兵部尚书兼都察院右都御史。其余总督及各省巡抚仍照旧例。由各部侍郎以及别项官员补授总督者，俱改为兵部右侍郎兼都察院右副都御史。由侍郎补授巡抚者，亦改为兵部右侍郎兼都察院右副都御史。由学士、副都御史及卿员、布政使补授巡抚者，俱授为右副都御史。由左佥都御史补授巡抚者改为右佥都御史。永为定例。"从之。

（卷5　117页）

雍正元年（1723年）三月辛丑

谕户部："陕省自军兴以来，大兵驻扎，运送粮饷，供支草豆，无一不需民力。皇考每为轸念。今当大沛恩膏，子惠元元。所有康熙六十年以前陕西全省，除借给籽种，著该督抚查明定议，分年带征外。其余凡有民屯卫所实在未完银米豆草，悉予蠲免。倘有不肖官吏以亏空捏称民欠，滥邀旷典者，一经发觉，罪在不赦。该部作速行文，毋得迟留。"

（卷5　121页）

雍正元年（1723年）四月辛酉

撤甘州侍卫火器营官员兵丁，令伯钦拜率领回京。

（卷6　129页）

雍正元年（1723年）四月壬戌

又谕："陕省数年以来，军需、钱粮至今尚未奏销，皆由承办之人不顾国帑，惟图利己，恣意贪婪之所致也。猝令奏销即互相推诿，迟延日月，设法掩饰。若使事事如此，效尤成风，则承办钱粮之人安知畏惧乎。兰州藩库军需奏销，仍著折尔金造册，西宁大兵处巡抚办理之钱粮，仍著噶什图造册。其原造册官员，该部查明奏闻，发往噶什图处。著噶什图带往西宁清查销算。"

以陕西宁夏总兵官范时捷署理陕西西安巡抚。升陕西汉中副将杨起元为陕西宁夏总兵官。仍署理陕西甘州提督。

（卷6　129页）

雍正元年（1723年）五月庚辰

命都统宗室西伦图拣选西宁绿旗鸟枪兵五百名，并柴旦木兵丁，带往察罕托罗海地方驻扎。

（卷7　140页）

雍正元年（1723年）五月乙酉

兵部议复甘肃巡抚绰奇奏："同知迟煐等应赔驼只银两。又游击王兆万等倒毙驼只，俱应勒限追赔。"得旨："此项驼只买备已久，原牧养官员亦有身故者，且俱系微员，著落伊等赔补，势必不能。著俱从宽免。"

（卷7　142页）

雍正元年（1723年）五月戊子

调陕西甘肃按察使刘世奇为四川按察使司按察使。四川按察使彭振翼为陕西甘肃按察使司按察使。

（卷7　144页）

雍正元年（1723年）五月己丑

谕川陕总督年羹尧："现今驻扎甘州兵丁无多，护军统领吴世拔尽可管辖。都统楚宗不必管理。著在甘州效力。"

（卷7　144页）

雍正元年（1723年）五月丁酉

以陕西汉中副将黄喜林署理陕西西宁总兵官。

（卷7　146页）

雍正元年（1723年）五月庚子

谕总理事务王大臣等："青海台吉，兄弟不睦，倘边境有事，大将军延信驻扎甘州，相隔遥远。朕特将一切事务俱降旨交年羹尧办理。若有调遣军兵，动用粮饷之处，著防边办饷大臣及川陕、云南督抚提镇等，俱照年羹尧办理。边疆事务，断不可贻误。并传谕大将军延信知之。"

（卷7 149页）

雍正元年（1723年）六月庚申

谕户部兵部："朕惟治安天下，欲兵民并得其所，必以敷恩减赋为要。比年以来，策妄阿喇布坦狂逞逆命，发师致讨。四川、陕西进藏官兵，历经险远，往返万有余里，甚属劳苦。朕深悯念，其倒毙驮载马匹价银及口外沿途与西藏留驻兵丁，续补驮马价银，著悉免追赔。又西陲军兴以来，民间急公趋事，供应差役，实厪朕怀。闻陕西、甘肃二属各州、县、卫、所地丁银两，每一钱额外征收三厘。米每斗额外征收三合，以为备荒之用。此项徒有加赋之名，而无赈济之实，著自雍正元年始，将额外征收银米永行停止，如有旧欠，亦悉予蠲除。务俾均沾实惠，以副朕笃念兵民至意。"

（卷8 156页）

雍正元年（1723年）六月壬戌

署抚远大将军贝子延信折奏："据青海郡王额尔得尼厄尔克托克托柰来称，罗卜藏丹津等领兵来侵，率兵交战四次，属下人多阵亡，其余亦行逃散。又将牲畜劫掠，今率妻子来投。乞赐救援等语。臣令伊等暂住苏油口内。"奏入报闻。

（卷8 157页）

雍正元年（1723年）六月甲子

署抚远大将军贝子延信折奏："青海公噶尔丹达锡来至甘州。据称，率弟台吉鄂齐尔、台吉阿旺达克巴领兵与贝勒阿尔布坦温布等相拒，我兵败散，贼人肆行抢夺，来投进口等语。臣已令噶尔丹达锡暂与伊叔额尔得尼厄尔克托克托柰同居。"奏入报闻。

（卷8 158页）

雍正元年（1723年）六月戊辰

命青海已故贝子丹忠家口及属下人员回居原游牧之地，令亲王察罕丹津管辖。其属下寨桑等素著勤劳，俟秋凉时，来京加赏。

（卷8 159页）

雍正元年（1723年）七月己卯

谕驻扎西宁办青海事务兵部左侍郎常寿："据贝子延信奏报，亲王罗卜藏丹津、贝勒盆苏克汪扎尔等，率兵四千，抢夺王额尔得尼厄尔克托克托奈等。尔宜遣人劝阻，令其和好。若罗卜藏丹津借此侵犯边塞，则不可不加惩治。此事或尔亲往和解，或遣贤能官员、喇嘛等，往彼和解。尔悉心筹划，与年羹尧商酌而行。"

（卷9 164页）

雍正元年（1723年）七月丙戌

工部议复川陕总督年羹尧疏奏："布隆吉尔地方，北连哈密，西接沙州，去嘉峪关约五百余里。请建城一座屯兵驻守，则柳沟、赤金始得屏捍。应如所请。"从之。

（卷9 168页）

雍正元年（1723年）七月己丑

谕署抚远大将军贝子延信："尔移书与额尔得尼厄尔克托克托奈等，称钦奉谕旨，青海台吉皆系顾实汗之嫡孙。自我朝太宗皇帝时，顾实汗与达赖喇嘛和好，恭顺效力，至今百年。蒙我皇考施以恩宠，加封名号，普加庇护。后经策妄阿喇布坦败坏黄教，围困西藏，杀害拉藏，且复谋侵尔等，于是我皇考遣发大兵，同尔等送达赖喇嘛至藏，振兴黄教。今罗卜藏丹津无故称兵，以王等不入伊党，自相侵害。朕仰体皇考眷念顾实汗子孙之意，其罪未明，尚不忍即加征讨。已遣侍郎常寿往问罗卜藏丹津所行情事。若罗卜藏丹津知罪悔过，朕当定其是非，和解尔众。仍令尔兄弟照旧居住青海。如果罗卜藏丹津不遵朕旨，侵犯边塞，岂可不遣兵征剿。今王之属下人等尽被抢掳，穷困投至甘州。朕闻之不胜恻然，特遣郎中通智办给王公并属下人等，廪饩牲畜，令从丰厚。王等在彼安居，不须忧虑。朕断不使尔等稍有拮据也。可如是往谕，并译蒙古文发往。"

（卷9 170页）

雍正元年（1723年）七月己亥

以陕西固原提督李麟为銮仪卫銮仪使。调陕西凉州总兵官述明回京。升陕西西宁总兵官杨尽信为固原提督，办理凉州总兵官事务。以都统噶尔弼暂署固原提督。实授黄喜林为西宁总兵官。

（卷9 175页）

雍正元年（1723年）七月甲辰

免陕西凉州古浪所属大靖地方康熙六十年份雹灾额赋有差。

（卷9 177页）

雍正元年（1723年）八月庚午

命往青海侍郎常寿折奏："臣于七月二十二日抵亲王罗卜藏丹津驻牧之沙拉图地方，恭宣谕旨，令伊等兄弟罢兵和睦。据罗卜藏丹津诉称，戴青和硕齐察罕丹津、额尔得尼厄尔克托克托奈，欲霸占招地，捏言我遣使准噶尔，欲同策妄阿喇布坦背叛，以为谗害。是以众台吉等不服，会盟兴兵，并备言戴青和硕齐等过恶，拟于数日起程渡河，与决胜负。臣察其情形，势难和好。后据察罕丹津诉称，罗卜藏丹津兴兵逐额尔得尼厄尔克托克托奈于内地，今勒令众台吉聚兵于巴尔托罗海处，意欲独占西招青海地方。其兵大约不过一万二三千名，其党率多勒从。若渡河前来，定即力拒等语。又据众蒙古告称，罗卜藏丹津勒令众等呼伊为达赖混台吉，其余台吉俱令呼旧日名号，一概不许称呼王、贝勒、贝子公封号。细揣其意，先灭额尔得尼厄尔克托克托奈，再灭察罕丹津，独占青海。会同众台吉奏请赏伊汗号，驻占招地，遥管青海，显然可见。至问遣往准噶尔处使人音信。据云，准噶尔以青海人等不足凭信。又云，准噶尔兵丁已至噶斯口前，九月内可至青海等语。今将臣所见情形与罗卜藏丹津所呈蒙古字奏章二本，并与臣蒙古字书一封密奏。"得旨："此事甚大，行在总理事务王大臣、议政大臣详议，并发往在京之总理事务王大臣、议政大臣等，详议具奏。"

（卷10 191页）

雍正元年（1723年）八月甲戌

总理事务王大臣等遵旨议奏："罗卜藏丹津久怀异志，纠众盟誓。皇上念伊祖顾实汗恭谨效顺，不即加罪，特遣侍郎常寿谕以利害，前往和解。罗卜藏丹津并不听常寿之言，欲与戴青和硕齐察罕丹津交战。又冀望汗名号，又私称伊为达赖混台吉，殊属背逆。现今伊欲往察罕丹津处争战。应调遣西宁之兵，俟罗卜藏丹津渡黄河时，于渡口邀截其后。至松潘兵丁，请令提督岳钟琪带领前往，就近应援，以张声势。其西路军务应行文年羹尧，详加定议办理。"从之。

驻扎西宁侍郎常寿折奏："亲王戴青和硕齐察罕丹津领兵与罗卜藏丹津相持，势难抵敌，率妻子属人一百四十余名，来至河洲老鸦关外。臣即令其进边居住，其余人众，令伊寨桑管束边外防守要隘。"奏入报闻。

（卷10　193页）

雍正元年（1723年）九月丁亥

升川陕督标中军副将田畯为陕西凉州总兵官，前往军营协助提督路振声办事。以陕西固原提杨尽信仍署理陕西凉州总兵官。

（卷11　204页）

雍正元年（1723年）九月己丑

谕川陕总督年羹尧："侍郎常寿奏报，亲王罗卜藏丹津攻王察罕丹津已渡黄河，肆行猖狂。或遣使与策妄阿喇布坦，期约作乱，或欲窥取西藏，皆事所必有。军务宜预先筹度。尔宜将西宁、松潘、甘州等处军兵整备，务期剿灭。罗卜藏丹津自夏间作乱以来，人马疲乏，若不乘此时击之，迟延日久，则贼人得以蓄养气力。尔其尽心筹划，克奏肤功。"

（卷11　204页）

雍正元年（1723年）十月戊申

谕兵部："据川陕总督年羹尧奏称，青海罗卜藏丹津恣肆猖狂，臣领兵于九月二十日自甘州起程，十月初间至西宁，相机行事等语。总督年羹尧既往西宁办理军务，其调遣弁兵之任甚属紧要，须给大将军印信，以专执掌。著将贝勒延信护理之抚远大将军印，即从彼处送至西宁，交与总督年羹尧。其贝勒延信现有防守甘州沿边等处事务，将库内现存将军印信，著该部请旨颁发一颗送给。"寻议："应将平逆将军印信送给贝勒延信。"从之。

敕谕抚远大将军年羹尧："我朝自创业以来，皆效法列祖用兵纪律，无往不施仁德。孟子云：'仁者无敌。'统兵者之大义，莫要于此。罗卜藏丹津系青海一台吉。自伊祖顾实汗以后，敬谨恭顺，请安进贡。至扎什巴图尔台吉慕圣祖仁皇帝德化，叩觐天颜。蒙圣祖仁皇帝念及顾实汗从前敬谨恭顺，晋封扎什巴图尔为亲王，叠沛隆恩。及病故后，令伊子罗卜藏丹津袭封。罗卜藏丹津宜仰体宠眷，效法祖父，敬奉法纪。乃妄逞强梁，弟兄骨肉自相仇敌，欺陵亲王戴青和硕齐察罕丹津、郡王额尔得尼厄尔克托克托柰等，恣行倡乱。朕甫闻其事，即遣侍郎常寿前往令伊等讲和修睦。罗卜藏丹津等宜遵朕旨，式好无尤。乃肆意称兵，侵袭亲王戴青和硕齐察罕丹津、郡王额尔得尼厄尔克托克托柰等，杀戮抄掠，以至察罕丹津等情急投入内境。显负朕恩，悖逆天常，扰害生灵，诛戮不可少缓，故加天讨，遣发大兵，声伐罗卜藏丹津。朕欲拯救西域生灵，大张天威，特命尔为抚远大将军，统领满洲、蒙古绿旗大兵一切事宜。尔与苏丹、岳钟琪、常寿等酌定方略，公同计议而行。勿当事会而致失机宜，勿恃兵强而轻视逆寇。密侦远探，罔或疏虞，各路大兵暨蒙古兵丁，听尔调遣。凡遇有警，即遣发官兵，应援扑剿，防备诈降。如罗卜藏丹津敢于抗拒，即行剿灭。其党内亦有惧罗卜藏丹津之势，胁从而行者，伊等果悔罪来归，即行宽宥。有能擒斩罗卜藏丹津来归者，分别具奏。有情急来归者，加意抚恤。其不抗拒者毋加杀戮。须严禁兵将，凡经过地方，勿得骚扰百姓，勿离人父子、夫妇，勿淫人妇女，勿掘人坟墓。降附者勿得侵取其物，勿拆毁庐舍祠宇，勿扰害庙内番僧，副朕戡乱靖逆之意。官兵或临阵退缩，贻误军机，尔会同商议。官员以下，即以军法从事示众。官兵犯小过者径行处治。勿泯没官兵功绩，勿宽纵违犯之人，赏罚务极严明。尔酌量调遣各路大兵，将罗卜藏丹津歼剿廓清，安靖边圉。斯称委任。尔务宜殚竭心力，早奏肤功。钦哉。故敕。"

（卷12　216页）

雍正元年（1723年）十月壬戌

抚远大将军年羹尧折奏："西藏撤回额驸阿宝所领蒙古兵丁、马匹、军器皆不堪用，且阿宝身有残疾，应令回原处。定西将军公策旺诺尔布带领之察哈尔兵，汉仗俱好。将察哈尔兵拣留四百名交都统武格管辖，其余交策旺诺尔布带领起程。再都统西伦图现驻于东郭尔庙，甚属无益。伊所领京城兵在外日久，马匹、器械俱已缺乏，交侍卫班领阿齐图带领发回。西伦图汉仗犹好，请留军前管辖察哈尔前锋兵。西宁现在满洲兵无几，应令署西安将军公普照派鸟枪、骁骑四百名，前锋一百名，交副都统觉罗伊礼布带领，速赴西宁。再，用兵不可无参赞大臣。前锋统领苏丹经事颇多，岳钟琪总统绿旗土司兵丁，请授为参赞大臣。至青海之事，并请侍郎常寿、一等侍卫达鼐参议。"奏入报闻。

（卷12　222页）

雍正元年（1723年）十月丁卯

抚远大将军年羹尧折奏："青海罗卜藏丹津等聚集各台吉肆行边外。臣已札令义木多总兵官周瑛，率兵截其往藏之路。但罗卜藏丹津急即遁至穆鲁乌苏等处，亦未可定。臣令靖逆将军富宁安，调都统穆森往吐鲁番驻防，调吐鲁番驻防副将军阿喇衲带领满洲、蒙古绿旗兵二千名，由噶斯一路前往截杀。若罗卜藏丹津实心恭顺，即将此二千名暂驻布隆吉尔。再查布隆吉尔地方，驻防兵甚少，四围皆系厄鲁特。喇布坦巴苏泰每令伊属下人，截夺台站马驼。应令绿旗兵二千名，调往布隆吉尔交参将孙继宗管辖。若用兵，即令率所管兵丁剿灭喇布坦巴苏泰，与副将军阿喇衲会合，共截罗卜藏丹津。如此，贼人不能脱逃。而布隆吉尔地方，亦甚坚固。"奏入报闻。

（卷12　225页）

雍正元年（1723年）十月癸酉

抚远大将军年羹尧折奏："十月十九日，贼人来侵镇海堡。臣令都统武格，率察哈尔兵、西安满洲兵援救。二十日，厄鲁特兵二千名、番贼一千余人围堡。二十一日至二十三等日，贼人陆续添兵，日夜转战。臣将前锋统领苏丹所领兵丁，交参将宋可进等，带领军前效力满洲绿旗官员，于二十五日前往援救。贼众六千余人，或据堡前之山，或在谷中埋伏。我兵分队奋攻，炮伤贼人甚多，贼人败走。镇海堡内满洲、察哈尔绿旗兵齐出截杀，贼人四散逃去，共杀伤厄鲁特六百余人，我军阵亡五人，被伤六人。再，多巴之囊素阿旺丹津从前叛归卜藏丹津，今为我兵擒获，理应正法，但军务未完，暂行监禁。"奏入报闻。

（卷12　228页）

雍正元年（1723年）十一月戊寅

总理事务王大臣等议复，抚远大将军年羹尧奏称："罗卜藏丹津率兵四五千名，进攻西宁之南川口。因守口兵少，贼人冲入，防守兵见贼势众，即据申中堡，贼人围堡，堡内囊素潜与贼通，欲凿墙而入。守备马有仁等奋力抵御。臣令参将宋可进、游击元继尹等率领弁兵往援。贼人迎战，我兵内外夹攻，歼杀厄鲁特番兵九十余名，贼人败遁。因申中堡囊素助贼攻战，尽皆杀灭。所获贼人器械马匹俱赏给兵丁外，我兵阵亡七人，随加赏恤。俟各处调齐兵丁，臣即见机剿灭。但甘州兵少力弱，查喀尔喀厄尔得尼王各扎萨克离甘州甚近。乞调蒙古兵三千名协驻甘州，以壮军威等语。查喀尔喀厄尔得尼王各扎萨克兵丁，调往甘州，虽属近便，但冬令严寒，喀尔喀等散处遥远，应停其调遣，请就近派鄂尔多斯兵五千名，令副都统花色等带领，归化城土默特兵五百名，令副都统查克旦等带领，大同镇兵一千名，总兵官马觌伯带领前往甘州。其马觌伯员缺，查永北镇总兵官马会伯现在京师，应著驰驿往赴大同署理。"从之。

（卷13　230页）

雍正元年（1723年）十一月癸未

抚远大将军年羹尧折奏："据随侍郎常寿之千总马超群等回称，常寿于初九日至罗卜藏丹津所驻巴颜布拉克地方。罗卜藏丹津云，是月十五日，我等在察罕托罗海地方会盟再议，十七日行至和尔地方。薄暮时，忽有二三千贼人突至，将侍郎常寿及辎重劫去。笔帖式多尔济愤贼陵辱，拔刀自刎等语。常寿现被禁堪布庙中。"奏入报闻。

（卷13　233页）

雍正元年（1723年）十一月丙戌

抚远大将军年羹尧折奏："北川新城有逆贼二千余据住。游击马成辅击杀逆贼甚众。臣令副将王嵩、参将宋可进等带领兵丁三千往援。贼据山抵拒，我兵奋力攻击，破贼六营，贼遂败走。再，庄浪为河西五府总路，东西两山俱番人游牧之地。此内谢尔苏一伙最强，厄尔布一伙助其行恶，贼恃山高林密以为巢穴。其地最险者系棋子山、茨尔沟二处。臣调集凉州兵二千、土司鲁华龄兵一千、各处乡兵一千，令凉州总兵官杨尽信、凉庄道蒋洞管领，四面夹攻。斩贼人数百级，俘获其妻子。番贼奔入铁保城，生擒厄尔布贼首鲁木受等二人及谢尔苏贼首坎柱等六人，俱已审明正法。臣见余贼无几，将兵调回西宁。守备王福晋、把总陈昌及兵丁二十余人阵亡，其被伤人数俟查明详报。"得旨："据奏侵犯西宁之南川、西川镇海堡、北川等处，逆贼厄鲁特罗卜藏丹津被官兵协力奋攻，剿杀殆尽，贼众堕赠逃窜，并将庄浪等处截路行劫之贼番击败擒获。大将军年羹尧调遣指授，官兵俱各夺勇，实心效力，殊属可嘉。此次立功报效，阵亡受伤官兵，俱著注册。俟事平之日，该部从优议叙。"

（卷 13　234 页）

雍正元年（1723 年）十一月丁亥

抚远大将军年羹尧折奏："西宁北川上北塔、下北塔二处，蒙古、回子占地数百里，丁众粮裕，素怀异志。臣令千总马忠孝前往下北塔，将所有三十村庄回目锡拉墨尔根等，俱已招抚。马忠孝等又带领兵一千名，往剿上北塔贼众，擒获头目阿布多吴园厄尔克喀等，即行正法。其余回人俱已招抚。马忠孝等请俟大兵凯旋议叙。"奏入报闻。

抚远大将军年羹尧折奏："察罕丹津在河州居住，罗卜藏丹津欲行劫掳。臣令少卿花善，带领察罕丹津妻子，并伊属下人等移至兰州居住。"奏入报闻。

（卷 13　235 页）

雍正元年（1723 年）十一月辛卯

谕理藩院："据大将军年羹尧奏称，青海台吉索诺木达什，在布隆吉尔地方，由罗卜藏丹津处脱身来归等语。向者索诺木达什尽忠效力，乃被叛贼罗卜藏丹津诱擒。今闻伊已来归，良慰朕怀。索诺木达什先与驻扎柴旦木地方之官兵一处效力，继又往西藏军前竭诚报国，深属可嘉，特沛殊恩，著封为贝子，给与上等产业，加意抚绥。并著大将军传谕，俾知朕意。"

（卷 13　236 页）

雍正元年（1723 年）十一月癸巳

抚远大将军年羹尧折奏："厄鲁特、番子贼众在新城堡等处，往来劫夺。据陆续报称，守备李国强、外委冯光永俱阵亡。把总李孝身受重伤，兵民俱被掳掠。臣调西宁总兵官黄喜林等，领兵前往征剿罗卜藏察罕等贼，共杀伤奇嘉寺逆贼五百余名，喇嘛、番子一千余人，获贼头目七名，器械、驼马、牛羊无算。因时值寒冷，臣令黄喜林等撤兵至西宁。"奏入报闻。

（卷 13　237 页）

雍正元年（1723年）十一月己亥

抚远大将军年羹尧条奏进剿青海事宜："一、预备进剿兵丁。请将陕西督标西安、固原、宁夏、四川、甘州、大同、榆林、土默特、鄂尔多斯、巴尔库尔、吐鲁番等处兵丁共挑选一万九千名，令提督岳钟琪等分领，从西宁、松潘、甘州、布隆吉尔四路进剿。一、防守边口。土司兵二千名及西安满兵五百名留守西宁各边口，陕西抚标兵五百名防守永昌，西安满兵五百名防守甘州，其布隆吉尔旧有兵一千名应仍留驻防。至副将张成龙现领兵五百防守巴塘，其里塘止驻兵二百，请将四川抚标兵三百名增派防守。再令署松潘镇副将张英、副都统黑色领兵一千五百名出松潘口，在黄胜关驻扎。云南提督郝玉麟领兵二千名驻扎义木多，则罗卜藏丹津等断不敢前往巴尔喀木等处。一、购买马驼。臣在陕西买马一千匹甚不敷用，请令在归化城、张家口采买，或将太仆寺上都打布孙脑儿孳生马匹解送三千匹。巴尔库尔挑送驼二千，再于甘、凉、肃州等处采买一千五百，则兵丁进剿之时，可无贻误。一、贮备军粮。臣在西安虑青海有事，已预买米六万石，将来自不致有误。一、精炼火器。请将景山制造之火药，每驼以一百八十斤计算，赏给一百驼，于明年正月内解送西宁。"得旨："总理事务王大臣、议政大臣会议具奏。"寻议："大将军年羹尧所奏进剿贼寇、调遣兵马、坚守隘口、备足粮饷等款，均应如所请。其所请马数外，再增一千匹解送。至火药于所请额数外，增送一倍。再行文郝玉麟即由中甸带兵前往义木多驻扎。其中甸地方应令总督高其倬简选总兵官一员，带兵五百名前往驻扎。"从之。

（卷13　239页）

雍正元年（1723年）十二月己酉

予阵亡四川提督康泰祭葬，谥壮勇。陕西凉州总兵官康海、直隶宣化总兵官司九经祭葬，俱赠署都督同知。

（卷14　246页）

雍正元年（1723年）十二月壬子

内阁学士拉锡希布以老疾乞休，加侍郎衔致仕，以原任甘肃按察使巴锡为内阁学士兼礼部侍郎。

（卷14　247页）

雍正元年（1723年）十二月丙辰

抚远大将军年羹尧折奏："察罕丹津之婿喇卜坦寨桑巴图等属下一千四百余户，及丹忠属下七百余户俱从罗卜藏丹津处脱逃来投，仍令往原处居住。"奏入报闻。

（卷14　248页）

雍正元年（1723年）十二月戊午

抚远大将军年羹尧折奏："墨尔根戴青拉查卜之子察罕喇卜坦、旺舒克喇卜坦二人率众来投云，我父墨尔根戴青拉查卜闻大兵前来，逃往巴尔喀木地方。再堪布诺门汗亦率属人来投。查墨尔根戴青拉查卜与罗卜藏丹津并力抢掠察罕丹津，情属可恶。已令察罕喇卜坦遣人唤回伊父，俟到日审明请旨。堪布诺门汗系边口内塔儿寺喇嘛，乃察罕丹津亲侄，唆令罗卜藏丹津叛逆，又令伊等喇嘛与我兵交战。虽势穷来投，情难姑恕，到日臣即行正法。"奏入报闻。

予故陕西凉州总兵官述明祭葬如例。

（卷14　249页）

雍正元年（1723年）十二月癸酉

抚远大将军年羹尧折奏："西宁一带番贼俱经剿灭，惟南川口外郭密九部肆行截抢。臣广行招抚，只有沙克都尔阿拉布坦率三部来投，具余部落仍行恣肆，其呈库、活尔贾二部暴戾尤甚。岳钟琪带来瓦斯杂谷之兵，熟习山路。臣前令岳钟琪在归德堡，将上寺东策布、下寺东策布之助恶贼番剿抚兼施，已俱安插。即移师进剿郭密番贼，搜捕贼穴，将呈库一部攻杀殆尽，活尔贾等部首恶已诛，其余尽皆投降。"奏入报闻。

（卷14　255页）

雍正二年（1724年）正月丁丑

抚远大将军年羹尧折奏："十二月十三日罗卜藏丹津送侍郎常寿回营并呈奏章一函。笔帖式多尔济被贼掠去，仗义捐躯。请施恩优恤，以示鼓励。"得旨："侍郎常寿乃简任西宁办理青海事务之员。伊并不将罗卜藏丹津谋叛情形奏闻，一切军务悉推诿于年羹尧。又擅弃西宁，轻往青海，为罗卜藏丹津所获。及罗卜藏丹津将伊释放，复靦颜生还，溺职已甚。著将常寿拿解西安监禁。至笔帖式多尔济被贼擒获，不屈身死，甚属可嘉，著交部照殉节例议叙，仍著大将军年羹尧照例予祭。"

（卷15　257页）

雍正二年（1724年）正月戊寅

谕抚远大将军年羹尧："朕前曾降旨，罗卜藏丹津被困时必将常寿送回请罪，今果将常寿送回矣。罗卜藏丹津从此又以甘言巧恳阻滞吾兵，亦未可定。罗卜藏丹津乃辜负国恩，与吾兵对敌之叛贼，国法断不可宥，不得因伊曾封王爵稍存疑虑。再与罗卜藏丹津同谋之王、贝勒、贝子、公等既经背叛，其爵即宜削除。伊等或来归顺，或被擒获，不必更论其先曾封爵，但论其行事之轻重，可宽者从宽，应治罪者治罪。办理奏闻。"

（卷15　257页）

雍正二年（1724年）正月甲申

谕理藩院："西海逆贼罗卜藏丹津一事，喇嘛等理宜将叛乱之人善言开导，令其和辑，不致起事，戕害生命，是为维持佛教。如其不能，亦应呈明该将军等各自闭户安居，岂意反助西海悖逆之人，竟纠合数千喇嘛手持兵刃，公然抗拒官兵。及至溃败，犹不降顺，入庙固守，以致追杀覆灭，有玷佛教甚矣。钦惟太宗文皇帝时，第五辈达赖喇嘛遣使入觐，极为恭顺。及世祖章皇帝时，将第五辈达赖喇嘛延至京师，封为瓦齐拉达喇达赖喇嘛，蒙被殊礼。百年以来，法教兴隆，皆我朝之恩赐也。前者准噶尔寇犯招地，杀戮僧徒，拆毁寺庙，圣祖仁皇帝遣发大军，恢复招地，俾达赖喇嘛重安法座，佛教复兴。如此隆恩，喇嘛并不感激，反助悖逆之人，凶恶已极。于佛门之教尚可谓遵受奉行者乎。将朕此旨遍谕各处寺庙、喇嘛，并住居蒙古扎萨克处之大小喇嘛等知之。"

（卷15　258页）

雍正二年（1724年）正月辛卯

谕兵部："副将孙继宗领兵在布隆吉尔等处同游击潘之善大败青海逆贼。孙继宗著赏给总兵官职衔，俟有陕西总兵官缺出题补。"

（卷15　259页）

雍正二年（1724年）正月甲午

抚远大将军年羹尧折奏："张家胡土克图之胡必尔汗，原住西宁东北郭隆寺，属下喇嘛甚多，素与罗卜藏丹津、阿尔布坦温布和好。本年正月，郭隆寺众喇嘛忽聚兵操演，臣随给示禁止。而寺内喇嘛传令东山一带番人，约于是月十一日齐集拒战。臣见反形已露，急宜剿灭，随遣提督岳钟琪会同前锋统领苏丹、副都统觉罗伊礼布等统兵进剿。尚未至郭隆寺，而贼众已于十二日驻营哈拉直沟迎敌。我军直前奋击，斩贼数千，据其三岭，毁其十寨。副将宋可进、总兵官吴正安、黄喜林等各有斩获，随沿途毁其七寨，焚其房屋七十余所。次日抵郭隆寺，寺外山谷间伏贼千余人皆逃入洞内，我兵施放枪炮，复聚薪纵火。贼俱熏死。计前后杀伤贼众共六千余名，随毁郭隆寺。并究张家胡土克图之胡必尔汗消息，众喇嘛已预先携往大通河西杂隆地方。臣即将达克玛胡土克图正法。此次效力弁兵及阵亡受伤者，俟查明咨部。"得旨："效力官兵，俟事竣议叙。其劳绩尤著之官弁，俱著加衔二等。"

（卷15　260页）

雍正二年（1724年）二月壬子

抚远大将军年羹尧折奏："青海贝勒罗卜藏察罕、贝子济克济扎布、台吉滚布色卜腾纳汉伊席、罗卜藏察罕之母率领伊等妻子及贝勒策凌敦多卜之姊投至西宁。随酌给茶叶、大麦等项，仍令往口外驻扎讫。臣思罗卜藏丹津欲威胁懦弱，以益兵力，众人尚在游移，若不乘机派兵前往，则来投之人，势难保全。臣令提督岳钟琪、总兵官吴正安、黄喜林、侍卫达鼐、副将王嵩、宋可进、纪成斌等领兵六千名，分二路进剿，前锋统领苏丹留于西宁军营办事。"奏入报闻。

（卷16　272页）

雍正二年（1724年）二月戊午

谕总理事务王大臣等："青海之事不日告竣，而策妄阿喇布坦亦属恭顺，其撤回各路之兵及固守地方之事，应预行定议。额驸策凌、贝勒博贝俱在阿尔泰驻扎年久，地方情形皆所悉知。现皆在京，可详询阿尔泰一路兵丁，如何撤回，及驻防兵丁应于何处安设之处。确议具奏。"寻议："策妄阿喇布坦于伊使垂纳木喀去后，中心悦服，遣使诚恳前来，甚属恭顺。然永固边陲之策，宜预为筹划。查阿尔泰一路，振武将军传尔丹军前现在兵丁共三千八十二名，征西将军祁里德军前现在兵丁共六千九十八名，俱应撤回各本处。查先奉圣祖仁皇帝谕旨，喀尔喀边疆系与策妄阿喇布坦及鄂罗斯接壤，交将军及喀尔喀王等会议。茂岱察罕叟尔、扎克拜达里克两处俱系紧要形势地方，相应驻兵，已经盖造城二座。后以乌阑古木地方广阔丰腴，可以屯田，于是又遣哨兵于彼种地、修城屯驻。但乌阑古木直抵阿尔泰山前，与茂岱察罕叟尔、扎克拜达里克及喀尔喀游牧处相隔千里，应停其在乌阑古木驻兵，仍于茂岱察罕叟尔、扎克拜达里克两处派京城满洲兵二千名防守，四年一换，蒙古兵二千名永远屯驻。满洲兵请于京城佐领内选派一千七百四十二名，其不足兵丁于八旗汉军炮手内均派充补。蒙古兵请于八旗游牧、察哈尔佐领内挑选一千名，再于右卫佐领内挑选七百名，其不足兵丁请于归化城土默特佐领内酌派充补。此四千兵应派将军一员、副都统一员，统领将军在察罕叟尔驻扎，副都统在扎克拜达里克驻扎。应铸给驻防茂岱察罕叟尔等处地方将军印信，其察哈尔右卫归化城蒙古兵二千名俱设总管等管辖，于两城左近游牧驻扎。至阿尔泰军前现有喀尔喀扎萨克兵二千名，应暂行存留，交与王丹津多尔济、额驸策凌、贝勒博贝等统领调遣。丹津多尔济应铸给管辖喀尔喀左翼兵丁副将军印信，策凌应铸给管辖喀尔喀中路兵丁副将军印信，博贝应铸给管辖喀尔喀右翼兵丁副将军印信。军营一应器械盔甲交与兵部、工部制给，俸饷、马驼等项按员令户部支赏。京城满洲兵于明年四月内起身，令将军副都统带领出张家口，由中路行走。察哈尔右卫归化城兵令总管等带领，各随其便，游牧前去。至茂岱察罕叟尔、扎克拜达里克两处，地亩丰腴，应俟将军到彼，派兵耕种，并令官商范毓馪等挽运米石，备支给口粮之用。其屯种事务，奏派大臣一员，铸给办理茂岱察罕叟尔、扎克拜达里克两处兵饷关防，俟四年与将军一同更换。再阿尔泰两路兵内，令传尔丹挑留五千名，暂行驻扎，其余今岁七八月间，令征西将军祁里德统领撤回，并将征西将军印敕带缴。至阿尔泰现在所设军台俱系僻路，且瀚海辽阔，水草不佳。查张家口抵朱尔辉、翁机、推河甚近，水草亦佳，应遣大臣一员，将台站挪移安设。庶于驿站人员牲畜俱有裨益矣。"得旨："尔等所议，令傅尔丹处暂留兵五千名。阿尔泰既有喀尔喀之兵，著留四千名。余依议。并行文大将军年羹尧知之。"

抚远大将军年羹尧折奏："据岳钟琪报称，二月初八日领兵出口，闻巴尔珠尔阿喇布坦在乌阑博尔克地方，即分兵三路进剿。及至其地，贼人已经逃遁，遂令总兵官吴正安率兵由北路，总兵官黄喜林、副将宋可进率兵由中路，岳钟琪、侍卫达鼐率兵由南路往追贼人，副将王嵩、纪成斌等各率兵搜山。岳钟琪追至伊克哈尔吉地方，阿尔布坦温布逃入哈尔吉山中。我兵进山，遂擒获阿尔布坦温布，黄喜林擒获巴尔珠尔阿喇布坦并其叔伊克喇布坦。今追剿贼首罗卜藏丹津，不可迟延，即携擒获之阿喇布坦等三贼，进剿并收抚逃散部落。"奏入报闻。

（卷16　276页）

雍正二年（1724年）二月甲子

抚远大将军年羹尧折奏："罗卜藏丹津背叛，阿冈部落贼番每探报内地信息。臣令凉庄道蒋泂等率兵四路进剿。擒、斩人口、牲畜无筭，即将贼首阿冈囊苏正法。"得旨："蒋泂著加按察使衔。"

（卷16　278页）

雍正二年（1724年）二月丙寅

云贵总督高其倬疏报："中甸地方原系丽江所属，后为青海占去，领逆贼罗卜藏丹津伪札。臣遵旨令提臣郝玉麟带兵驻扎中甸，其番夷人等随即投缴伪札，归诚纳土。现在详细安抚，清理疆界。"得旨："郝玉麟遵旨，率兵至中甸，扬威驻扎，宣布德意。中甸番夷头目，欢忻感激，率众三千五百户，男妇一万七千五百名，喇嘛一千十四人投诚纳土。高其倬复遣官安抚，殊属可嘉。俟青海事竣之日，议叙具奏。"

抚远大将军年羹尧折奏："据岳钟琪报称，二月十四日领兵至席尔哈色地方，知吹拉克诺木齐现在天城察罕哈达居住，因即派兵前往，擒获男妇、牲畜甚多。吹拉克诺木齐于十四日带三百余人乘夜遁往噶斯地方，其属下都喇尔寨桑及扎锡敦多卜之母带领属下人口、马匹逃遁，被台吉盆苏克注扎尔等擒获投献，即赏给伊等缎匹银两，令带领蒙古兵五百名往噶斯一路追擒吹拉克诺木齐，并令守备刘廷彦等带兵同往。再访得罗卜藏丹津仍在原处居住，大兵务于十九日至伊所住地方进剿。"奏入报闻。

（卷16　278页）

雍正二年（1724年）二月丁卯

抚远大将军年羹尧折奏："据凉庄道蒋洞报称，石门寺喇嘛浑囊苏山丹等所属多卜藏马贾等部落，从前佯称归顺，潜与谢尔苏厄尔布二部落逃散人等，倚石门寺为巢穴，肆行劫掠等语。臣随令蒋洞率领绿旗、土司及民兵分为五路进发。至石门寺奋勇齐击，杀死喇嘛、番贼六百余人，搜寺得盔甲五十余副，刀枪撒袋等物甚多。因即将寺焚毁，收兵而还。"奏入报闻。

（卷16 279页）

雍正二年（1724年）二月癸酉

抚远大将军年羹尧折奏："楚克赖纳木扎尔率伊子策凌敦多卜及属下一千余户前来投顺，臣赏给茶叶、大麦等物，仍令往伊克乌阑、和邵等处照旧居住。"奏入报闻。

（卷16 281页）

雍正二年（1724年）三月癸未

抚远大将军川陕总督年羹尧奏报："二月初八日遣奋威将军岳钟琪率大军往剿青海逆贼罗卜藏丹津。由布尔哈屯直抵贼巢额母讷布隆吉地方，分兵一千往北路柴旦木，预截贼众逃往噶斯要路。岳钟琪率兵从南路尾追二十日，探知贼众逃往乌兰穆和儿地方。及至其地，贼众复逃往柴旦木地方。又分兵一千追逐，大军随后沿途进击。擒获罗卜藏丹津之母阿尔太喀屯及其妹夫克勒克济农藏巴吉查等并男女、牛羊无数。二十二日至柴旦木，罗卜藏丹津带二百余人逃窜潜匿。随分兵至乌兰白克地方，擒获吹拉克诺木齐扎锡敦多卜并男女、驼马无算，其助乱之八台吉等亦并擒获。现今罗卜藏丹津之母及贼党阿尔布坦温布等八人及归降之盆苏克汪扎尔等四人俱解送军前。青海部落悉经平定。"奏入报闻。

（卷17 286页）

雍正二年（1724年）三月甲申

谕总理事务王大臣等："青海逆贼罗卜藏丹津之事。大将军年羹尧、奋威将军岳钟琪以及兵丁皆奋勇杀贼，于十五日内即能将逆贼剿灭平定，殊为可嘉。年羹尧著授为一等公，再赏一精奇尼哈番。岳钟琪著授为三等公。凡效力官兵俱加优恩策勋外，著户部动用钱粮二十万两，送至大将军年羹尧处，分别官兵效力等次赏给，以示格外加恩之意。"

（卷17　287页）

雍正二年（1724年）三月壬辰

抚远大将军年羹尧折奏："据副将军阿喇衲报称，阿拉布坦苏巴泰等截路抢夺，宜行歼除。臣令总兵官孙继宗、喀尔喀扎萨克通摩克等率兵进剿。至哈拉脑儿，知阿拉布坦苏巴泰等逃往阿禄巴尔虎，即进兵追至推墨尔地方。贼人拒敌，被官兵击败，尽弃牛羊，止率妻子逃去。"奏入报闻。

（卷17　290页）

雍正二年（1724年）三月丙申

以青海平定，遣官告祭天、地、宗庙、社稷、奉先殿。

抚远大将军年羹尧遵旨议奏防守边口八款："一、大兵在巴尔库尔、吐鲁番地方驻扎日久，今策妄阿喇布坦恭顺遣使，虽事属未完，而兵可暂撤。臣请于巴尔库尔、吐鲁番兵丁内选满洲、蒙古、绿旗兵暂于巴尔库尔驻扎二千名，吐鲁番驻扎一千五百名，再令绿旗兵二千名驻扎哈密地方，其余兵丁俱撤回原处。一、布隆吉尔筑城，原为驻兵防守疆界，臣请于布隆吉尔令总兵一员统兵五千名驻扎，分为五营，其游、守、千、把等官照例增设。沙洲离伊孙察罕齐老图之口相近，地方紧要，应分一营官兵驻扎。其哈密地方窄隘，容兵甚少，应俟巴尔库尔、吐鲁番驻防兵丁撤回后派出镇标游击一员、千总一员、把总二员、兵五百名防守，每年轮班派往，其驻兵新城。乞钦定嘉名，以垂永久。一、布隆吉尔出嘉峪关五百余里，口外募兵一时难得，现有甘、凉、肃三州应撤回之兵丁，请即令驻扎其地，其眷口俱官给路费送往，遇有兵丁缺出由该营余丁内挑选充补。一、布隆吉尔驻扎官兵俸饷若由内地运往，于钱粮殊多糜费。查从前赤金卫、柳沟所等处曾募人种地。今应于每营派余丁二百名，每人官给牛二只、籽种四石、口粮三石，第二年再给半分，至第三年但给半分籽种，过三年后，不必再给此项地亩，即作伊等恒产。不论米、麦、青稞，收粮三石以为兵丁月饷。一、布隆吉尔、沙洲民间事务不可不设文官管理。赤金、靖逆二卫旧设通判、同知，应留通判一员兼管二卫。另于布隆吉尔增设卫守备一员，沙洲增设卫千总一员，令专管种地事务。其靖逆卫同知令移驻布隆吉尔，均属肃州道统辖。一、肃州总兵官四营共有兵三千二百名。肃州在口内，布隆吉尔既有大兵驻扎，其肃州兵丁于口外分守台站，事件甚少，应将肃州镇标兵拨出一营八百名归入布隆吉尔，再将柳沟所兵一百名、靖逆卫兵一百名俱拨入布隆吉尔兵丁数内。靖逆卫设都司一员。赤金卫、柳沟所各设千总一员，俱属布隆吉尔总兵管辖。一、布隆吉尔、沙洲原系蒙古地方，赤金卫、柳沟所亦曾为伊等游牧之所。因大兵在外，我兵种地驻扎，若大兵撤后，仍令伊等游牧行走，必至争竞生事。查布隆吉尔南山内空地甚多，应派大臣一员带领贤能章京分地令其居住，庶内外地界分明。一、宁夏地阔田肥，原设总兵官驻扎，遇哈密有事，将满洲兵由内派往，路途遥远，甚属无益。宁夏贺兰山之外，离哈密不甚遥远，宜于宁夏令满洲兵驻防。其驻兵若干及官员数目，俟西宁事完，臣亲加审视，详细定议，再行奏闻。"得旨："此事甚巨，著议政大臣等各抒己见，详加定议具奏。"寻议："抚远大将军年羹尧八款，分晰详明，俱应如所请。"从之。

（卷17　292页）

雍正二年（1724年）三月辛丑

礼部议复："青海构逆，天兵往剿，为期二旬悉经平定。边陲安辑，大军凯旋。应如诸王大臣所请，皇上择日升殿，行庆贺礼。"得旨："此次平定青海，实由我皇考简用将帅之得宜，豢养弁兵之有素。伊等感恩效力，克奏肤功。此皆谟烈贻留，岂可为朕有乎。朕缵承前烈，守而弗违，应行典礼，勉从所请。俟告祭陵寝后择日具奏。"

（卷17　294页）

雍正二年（1724年）三月癸卯

抚远大将军年羹尧折奏："据侍卫达鼐报称，三月初三日与副将纪成斌等搜寻罗卜藏丹津属人，探得夹木灿堪布喇嘛在布代山后藏匿，恐由西藏一路逃遁。遣人往调台吉济木巴等派蒙古兵往西藏邀截。即率兵前进至梭罗木地方，夹木灿堪布等拒战败遁，我兵随后剿杀，济木巴台吉等抄路迎贼，将夹木灿堪布、垂扎木素二人擒斩枭首，送至军营。"奏入报闻。

（卷17　295页）

雍正二年（1724年）四月乙巳

以青海平定，遣官告祭暂安奉殿、孝陵、孝东陵、景陵。

叙平定青海功。除已授大将军年羹尧为一等公、将军岳钟琪为三等公外，授参赞苏丹、总兵官宋可进为三等阿达哈哈番，总兵官黄喜林为二等阿达哈哈番，按察使王景灏、总兵官周瑛、副将王嵩、纪成斌为拜他喇布勒哈番，提督郝玉麟、总兵官武正安为拖沙喇哈番，以侍卫达鼐为副都统，授拜他喇布勒哈番，其余有功将士各升赏有差。

（卷18　296页）

雍正二年（1724年）四月己酉

以青海平定，遣官告祭永陵、福陵、昭陵。

（卷18　298页）

雍正二年（1724年）四月戊午

以青海平定功成，上御太和殿，诸王、贝勒、贝子、公、文武官员上表，行庆贺礼。

（卷18　305页）

雍正二年（1724年）四月癸亥

总理事务王大臣议奏："青海大捷，应献俘于太庙，恭请皇上临御午门受俘。"得旨："平定青海实乃皇考留贻之功，故捷音到日，恭告景陵。今造逆首恶吹拉克诺木齐、阿尔布坦温布、藏巴札布等三人槛送来京。朕令议献俘太庙之礼以慰列祖在天之灵，诸王大臣等乃议请受俘，归功于朕，非朕本意也。可否只行献俘，不行受俘之礼。诸王大臣等再察典礼具奏。"寻议："出师凯旋，执获丑类，献于庙社，即受俘于廷，历代行之。大典攸昭，应请允行。"从之。

宗人府参奏："贝子允禨差往西宁居住，擅自遣人往河州买草，踏看牧地，抗违军法，肆行边地。请将允禨革去固山贝子，其所有属下佐领撤出为旗下公中佐领。"得旨："允禨革去贝子，撤出佐领之处，俱著宽免。"

（卷18　306页）

雍正二年（1724年）四月丁卯

抚远大将军年羹尧折奏："河州口外铁布等寨番人皆系青海所属，劫掳道路，恣意妄行。臣派遣署河州副将岳超龙等带兵进剿，攻取四十一寨，剿服三十七寨，杀伤番贼二千一百余名，擒获人口、牲畜无筭，皆赏给官兵。"奏入报闻。

（卷18　306页）

雍正二年（1724年）闰四月癸未

以平定青海所获叛逆俘囚吹拉克诺木齐、阿尔布坦温布、藏巴札布三人解送至京，行献俘礼，遣官告祭太庙、社稷。

（卷19　312页）

雍正二年（1724年）闰四月丙戌

王以下文武百官齐集午门前，设卤簿，鸣金鼓。上御午门楼前楹，升宝座受俘。兵部官率解俘将校，将平定青海所获叛逆俘囚吹拉克诺木齐、阿尔布坦温布、藏巴札布三人白练系颈，跪伏。兵部堂官奏："所获俘囚，谨献阙下。"上命交刑部，于是刑部官领旨，兵部官引俘押出。王以下文武各官行礼毕，上回宫。是日，赐解俘官各蟒缎、朝衣、帽、靴，加赏银百两，兵丁各赏银二十两。

（卷19　314页）

雍正二年（1724年）闰四月己丑

升陕西洮岷副将黄起宪为江西南赣总兵官。

（卷19　315页）

雍正二年（1724年）五月甲辰

谕兵部："陕西地属雍凉，人才庄健，强勇者多，骑射娴熟，胜于他省。每科乡试取中不过三十名，而入学额数亦与他省不相上下。额少人多，不无屈抑。自雍正四年乡试为始，西安、甘肃武举各加中十名，其武童入学额数若通省俱加，恐有冒滥。照文童改学例，令督抚会同学臣查明技勇最优之州县，酌量数目，奏请加额。"

（卷20　318页）

雍正二年（1724年）五月丙辰

谕诸王大臣等："廉亲王允禩今日具奏贝子允裪事，又将议处满丕事一并具奏，谓之无心可乎。再，议处满丕案内并不将总兵等官取供，遽行草率拟罪，向来定例有如此者乎。皆因前日朕于马尔齐哈案内言及苏努之故，是以间日一次，欲以扰乱朕心耳。从前皇考时审讯与允裸相面之张明德，供出赖士普奇一案。皇考在乾清门降旨曰，苏努之祖阿尔哈图土门贝勒褚英薨逝时，太宗特降谕旨云，此人若在，必乱国家，大抵此一宗枝向日原有嫌隙，即如苏努于我父子兄弟骨肉之中谗谮离间，暗中钻营，惟扰乱国家是务。朕防之有年矣。尔等其知之，每事留意。此谕旨乃众阿哥及诸大臣等所共闻也。朕即位后，于苏努格外加恩，晋封贝勒，伊子勒什亨委署领侍卫内大臣，亦冀伊等感朕宽大之恩，迁善改过耳。讵意勒什亨并不感戴，仍祖护贝子允禵，扶同隐匿，将所交事件故为迟延。及朕将勒什亨派往西宁，伊弟乌尔陈指称武备院奏事入内，于朕前显露愤恨之容。勒什亨系获罪之人，例不得奏请训旨，而乌尔陈将伊兄引入紫禁城内，殊属不合，是以并将乌尔陈同伊兄发往军前。今苏努以七十病故，退有后言，是仍念伊等旧日党与，扰乱国家之心毫无悛改也。苏努不可留在京师，煽惑众心。著革去贝勒，其属下佐领著撤回，存贮公所。止留伊府佐领，著伊同在京诸子于十日内带往右卫居住。到彼之后，若不安静自守，仍事钻营，差人往来京师，定将苏努明正国法。"

（卷20　323页）

雍正二年（1724年）五月庚申

抚远大将军年羹尧奏报："庄浪之谢尔苏部落番人，首倡为恶，擅据桌子山、棋子山。又凉州南崇寺之沙马拉木扎木巴等与蒙古通连，去年曾抢掠新城张义等堡。再，郭隆寺、郭莽寺逃出之喇嘛煽惑西宁之纳朱公寺、朝天堂、加尔多寺番人，与庄浪番贼串通，并不归顺。臣与奋威将军岳钟琪及在西宁大臣等商议，派绿旗、土司兵共分十一路，于四月十五日由西宁进发。后据岳钟琪等陆续报称，纳朱公寺喇嘛番人俱经投顺，即于朝天堂添设小张家胡土克图居住，至加尔多等番人，派副将纪成斌、张玉、总兵黄喜林等分兵四路直抵贼穴，杀贼数百，其余死于沟河者甚多，寺亦焚毁。又据游击马忠孝、王大勋等杀贼于和石沟，游击王序吉、范世雄败贼于石门口。凉庄道蒋洞歼贼于喜逢堡，而前锋统领苏丹率兵至旁伯拉夏口，番人假称来投，察其情形可疑，令人侦探，则众贼伏匿放枪，遂率官兵直抵贼穴，杀贼甚众。

又凉庄道蒋洞，搜剿棋子山，破贼于巴洞沟。土司鲁华龄杀贼于天王沟，前后被剿殆尽，其为首谢尔苏之番贼阿旺策凌，被先密寺喇嘛擒获解送。岳钟琪又领兵至镇羌，探得贼人俱在木茂山，即派员率兵截阻，杀贼甚众，其余贼人竟弃妻子逃去。随留总兵官宋可进、凉庄道蒋洞统率绿旗、土司民兵五千名暂驻防守。又守备马光在宽沟地方杀贼二十余人，众俱逃散。再查先密寺番人顺逆无常，且与棋子山贼穴相连，恐后日复聚贼生事。是以令伊等喇嘛番众俱移于加尔多寺之外居住，其先密寺即行焚毁。此次阵亡受伤绿旗、土司官兵及所抚番人户口数目，俟查明造册，另行咨部。"奏入，得旨："桌子山、棋子山番贼甚属凶顽，倚恃地方危险，屡行劫掠。大将军年羹尧筹划调遣，令奋威将军岳钟琪等统率官兵进剿，于山险林密之处奋战五十余日，尽行剿灭。黾勉效力，克奏肤功，永靖边塞，甚属可嘉。此次勋绩，著将大将军年羹尧及岳钟琪等弁兵，俱从优议叙。"

（卷20　325页）

雍正二年（1724年）五月壬戌

又谕："自西陲逆贼罗卜藏丹津等背弃国恩，招集同恶，残其骨肉，侵犯边城。朕命年羹尧揆度机宜，指麾将士，犁庭扫漠，迅奏肤功。惟逆贼犯塞之初，边民略被骚扰，克敌之后，居民安堵，不知有兵。且士马有饱腾之欢，闾阎无转运之苦，支用钱粮，一无糜费。昨因野番掠劫成性，出没无常，又令奋威将军岳钟琪领兵搜捕余孽，将士用命，于深山林木之中转战五十余日，俱已荡平。从此锋镝永清，疆圉开拓。今具奏善后事宜十三条，又定禁约青海十二事。运筹周密，措置精详，朕心嘉悦之。至其所奏善后诸事，皆合机宜。惟新辟地方宜广屯种，而欲令五省有罪之人，发往开垦。恐此等之人未必习于耕种，又无室家，可以羁留于边塞之处，少当留意耳。尔等一并悉心妥议具奏。"

（卷20　329页）

雍正二年（1724年）五月戊辰

总理事务王大臣等遵旨议复："抚远大将军年羹尧条奏青海善后事宜十三条：一、奏称青海各部落人等，宜分别功罪，以加赏罚也。从前罗卜藏丹津侵犯内地时，贝勒色卜腾扎尔及贼人侵犯西川、南川时，尝报信息，并未出兵协助，即首先投诚，并引策凌诺尔布罗卜臧察罕等来投。台吉噶尔丹戴青始终未助贼人，且与贝勒盆苏克汪扎尔力战吹拉克诺木齐，又随大兵出口，亦为效力。扎萨克阿喇布坦系察罕丹津之婿，随大壮军进剿效力，均应请加封爵以示鼓励。应如所请。色卜腾扎尔晋封郡王，噶尔丹戴青封为固山贝子，阿喇布坦封为辅国公。又奏称俘获之诺颜格隆乃图尔古特台吉，今已为喇嘛，随提督岳钟琪在军前效力。贝勒盆苏克汪扎尔从前虽助逆贼，后知悔过投诚，擒贼赎罪，应与投诚之公策凌诺尔布留其原封之爵，以示宽大。应如所请，各复伊等原爵。又奏称辅国公罗卜臧察罕、台吉济济克扎布虽经投顺，从前与贝子阿喇布坦、巴尔朱尔阿喇布坦扰乱内地，请革爵为民。贝勒策凌敦多卜、贝子拉查卜虽经投诚，但久助逆贼，应降其所封之爵，以示惩戒。应如所请。罗卜臧察罕、济济克扎布革爵为民，策凌敦多卜降为固山贝子，拉查卜降为镇国公。一、奏称青海部落宜分别游牧居住也。请照依内扎萨克编为佐领，以申约束。每百户编一佐领，其不满百户者为半佐领，将该管台吉俱授为扎萨克。于伊等弟兄内拣选，授为协理台吉。每扎萨克俱设协领、副协领、参领各一员，每佐领俱设佐领、骁骑校各一员，领催四名。其一旗有十佐领以上者，添设副协领一员，佐领两员，酌添参领一员。倘蒙俞允，请将一等侍卫副都统达鼐暂留办理。其每年会盟，奏选老成恭顺之人委充盟长，不准妄行私推，以致生事滋扰。均应如所请。一、奏称朝贡交易宜按期定地也。请自雍正三年起，于诸王、台吉内派定人数，令其自备马驼，由边外赴京，请安进贡。青海诸王、贝勒应分作三班，三年一次，九年一周。其与内地之人互相交易之处，则定以每年二月、八月，二次交易，俱以边外为集。世选得西宁西川边外有那拉萨拉地方，请指定为集，不准擅移。届期仍令总兵官饬委营弁领兵督守，如有擅进边墙者即行惩治。应如所请。但各蒙古需用茶叶、布面等物，交易之期过远，必致穷乏，应令四季交易。又奏称罗卜藏丹津所属垂寨桑系首先归顺之人，应令于松潘口外驻牧，授为土百户职衔。丹忠部下寨桑噶隆色卜腾达什等率领数百余人，赴松潘投顺，现驻潘州，应给以千户、百户文凭。均应如所请。一、奏称喀尔喀厄鲁特之四部落，宜不属青海也。查伊等原非被掳之人，今青海诸王、台吉内之投降者，咸归仁化，助逆者俱已被擒。而喀尔喀内有随大兵投降者，宜乘此军威远振，将不愿为青海属人之喀尔喀等照青海例，编旗分为佐领，添设扎萨克等，分驻剿灭逆贼之旧地。其情愿归本处者听其自便，则青海之势可分，而喀尔喀台吉等无不感恩报效。应如所请。一、奏称西番人等宜属内地管辖也。查陕西之甘州、凉州、庄浪、西宁、河州，四川之松潘、打箭炉、里塘、巴塘，云南之中甸等处皆系西番人等居住牧养之地。自明以来，失其抚治之道，或为喇嘛耕地，或为青海属人，交纳租税惟知有蒙古，而不知有厅、卫、营伍官员。今西番人等尽归仁化，即系内地之良民，应相度地方，添设卫所，以便抚治。将番人心服之头目给与土司千、百户，土司巡检等职衔分管，仍令附近道厅及添设卫所官员管辖。其应纳粮草较从前数目，请略为减少，以示宽大。至近边居住帐房、逐水草游牧者，仍准伊等照旧游牧。均应如所请。一、奏称青海等处宜加约束也。查青海巴尔喀木、藏危乃唐古特四大部落顾实汗据占此地。以青海地面宽大，可以牧养牲畜，喀木地方人众粮多，遂将伊子孙分居此二处，伊则在青海游牧居住，喀木地方为伊等纳贡。藏危二处从前原施舍为达赖喇嘛、班禅喇嘛香火，今因青海叛逆取此一带地方，交四川、云南官员管理。达赖喇嘛向差人赴打箭炉贸易，每驮向乂木多、乍了、巴塘、里塘居住喇嘛索取银两不等，名为鞍租。至打箭炉始行纳税，请饬达赖喇嘛等不准收受鞍租，并饬打箭炉收税官员亦免其纳税。再，每年请赏给达赖喇嘛茶叶五千斤，班禅喇嘛减半赏给。均应如所请。一、奏称喇嘛庙宇宜定例稽察也。查西宁各庙喇嘛多者二三千，少者五六百，遂成藏污纳垢之地。番民纳喇嘛租税与纳贡无异，而喇嘛复私藏盔甲、器械。前罗卜藏丹津侵犯时，喇嘛等带领番民与大兵抗衡。今臣于塔儿寺喇嘛内之老成者拣选三百名，给与大将军印信执照，谕令学习清规，请嗣后定例，寺庙之房不得过二百间，喇嘛多者三百人，少者十数人，仍每年稽察二次，令首领喇嘛出具甘结存档。至番民之粮应俱交地方官管理，每年量各庙用度给发，再加给喇嘛衣服银两，庶可分别其贤否，地方官得以稽察。均应如所请。一、奏称陕西边防宜严界限也。查边外自黄河入中国之处至于河州、西宁、兰州、中卫、宁夏、榆林、庄浪、甘州等，其间水草甚佳，林麓茂密，乃弃此不守，以致蒙古等占据大草滩之地，将常宁湖为牧厂，是以各处相通，竟无阻碍。请于西宁之北川边外上、下白塔之处，自巴尔托海至扁都口一带地方创修边墙，筑建城堡，则西番人等肆行据攘之区，悉成内地。又肃州之西桃赍河、常马尔鄂敦他拉等处俱膏腴之地，应令民人耕种。布隆吉尔地方修城驻兵之后，可渐至富饶。至宁夏险地，无过于贺兰山。顾实汗之诸孙及额附阿宝等向俱在山后居住游牧，今竟移至山前。请令阿宝等严饬所属，仍照前在贺兰山后居住游牧，则山前营盘水、长流水等处俱为内地。均应如所请。一、奏称甘州等处宜添设官弁也。查甘州、西宁疆界相连，应于此二处设立营汛。至于青海巴尔处盐池，自古原系内地，后竟弃为塞外。蒙古等至西藏噶斯等处必于此处经过，应速取回。于新设边内大通河设立总兵一员，兵三千名，管辖中、左、右三营。于大通南边设立参将一员，兵八百名。大通北边设立游击一员，兵八百名。盐池地方设立副将一员及左、右都司二营，兵一千六百名。四川边外单噶尔斯地方，移镇海营参将驻扎，兵一千名。再，拉科暗门等处各设守备一员，兵二百五十名。恒铃子地方移南川守备驻扎兵五百名。南川旧营留千总一员，兵一百名。至西宁地方，宜改设同知，移西宁通判驻扎盐池，令其办理税务。再，河州保安堡应设游击一员，千、把总各一员，兵四百名。归德堡应添设把总一员，兵二百名，俱隶西宁总兵道员管辖。则蒙古等不敢觊觎，番民等亦有所依仗。均应如所请。一、奏称打箭炉等处亦宜添设官弁也。查青海既已平定，应将巴尔喀木处人等悉行收集，除罗隆宗之东义木多、乍了地方俱隶胡土克图管辖外，其余番众头目等俱应给与印信执照，与内地土司一体保障。打箭炉之外木雅吉达地方应设总兵，游守，千、把等官，兵二千名。雅龙江中渡处设守备一员，千总二员，兵五百名。里塘、巴塘之吹音等处设守备一员，兵二百名。里塘地处四冲，应设副将一员，都司一员，兵一千二百名。鄂洛地方，各路咽喉，应设参将一员，兵六百名。巴塘系形胜要地，应设游击一员，兵五百名。宗都地当云南孔道，应设参将一员，兵一千名，俱令新设之总兵统辖，以为云南、四川两省声援。又青海所属左格等处番人应亟移于内地。再，阿巴之土司头目墨丹住等带兵进剿，屡次建功，应给与安抚司职衔，不隶青海管辖。又黄胜关外潘州旧城应设游击一员，兵六百名。河巴地方，山河围绕，应设副将一员，都司一员，兵一千五百名。黄河两边渡口应设守备一员，兵三百名，悉隶松潘总兵统辖。里塘添设同知一员，令其管理兵粮，收纳番民贡赋，则南至滇省，北至陕省，俱可援助。均应如所请。一、奏称边地弁兵宜归并裁汰也。查西宁地方设立总兵，留兵四千，即可敷用，应裁五百名归并于大通镇属甘、凉、庄浪等处，其余营汛兵丁可裁一千名。宁夏既添驻满兵，其绿旗兵丁亦可裁汰一千，改为四营，将后营游、守、千、把等员补入大通镇标。四川重庆、川北二镇应改设副将，都司，守备，千、把等员，裁汰总兵官二员，游击六员。遵义、夔州两协游击各二员亦行裁汰。化林副将一员，额兵一千名，应改为游击一员，留兵五百名。均应如所请。一、奏称边内地方宜开垦屯种也。查西宁边墙内俱属可耕之田，布隆吉尔地方现在修筑城垣，请将直隶、山西、河南、山东、陕西五省军罪人犯尽行发往大通、布隆吉尔等处，令其开垦。查西宁本处人民与驻大通三千兵丁之子弟亲戚，情愿往种者正不乏人，大通河地方不必发遣犯人，惟布隆吉尔地方远居边外，愿去之人甚少。应如所请。行文刑部并直隶、山西、河南、山东、陕西五省，佥妻军犯内除盗贼外，有能种地者即发往布隆吉尔地方，令地方官动支正项钱粮，买给牛具、籽种，三年后照例起科。一、奏称番人部落宜加抚绥也。今兵事已竣，臣应遵旨回西安办理三省事务，暂令奋威将军岳钟琪驻扎西宁，留兵四千名，听其管束。其抚远大将军印信，现今策妄阿喇布坦遣使请罪，应俟撤回各路将军时，臣即行恭缴，收贮内库。再，甘州地方黄番各部落乘此军威，收聚抚绥，亦可抵御青海。臣同岳钟琪会商，俟七八月马匹肥壮时，亲率兵丁由西宁口外到甘州地方，招抚番民。均应如所请。至年羹尧奏请禁约青海十二事：一、朝见进贡，定有限期。一、不准自称盟长。一、番子唐古特人等，不许扰累。一、喀尔喀辉特图尔古特部落不许青海占为属下。一、编设佐领不可抗违。一、内外贸易定地限时。以上六事，臣等已于善后事宜内议定。其余六事：一、背负恩泽必行剿灭。一、内地差遣官员不论品级大小，若捧谕旨，王、公等俱行跪接，其余相见，俱行宾主礼。一、恪守分地，不许强占。一、差员、商贾往过不许抢掠。一、父没不许娶继母及强娶兄弟之妇。一、察罕诺门汗喇嘛庙内不可妄聚议事。均应如所请。"得旨："所议甚属周详，依议。"

雍正二年（1724 年）六月甲申

以军前正黄旗蒙古都统苏丹署理陕西西安将军。奋威将军四川提督岳钟琪兼理陕西甘州提督印务。升西宁总兵官杨启元为陕西固原提督。川陕督标中军副将王嵩为陕西宁夏总兵官。

（卷 21　342 页）

雍正二年（1724 年）六月乙酉

礼部题请撰拟平定青海碑文，勒石国学，颁发直省，以昭功德。碑文曰："我国家受天眷命，抚临八极，日月所照，罔不臣顺。遐迩乂安，兆人蒙福。乃有罗卜藏丹津者，其先世顾实汗自国初稽首归命，当时使臣建议界以驻牧之地，其居杂番羌，密近甘凉。我皇考圣祖仁皇帝睿虑深远，每廑于怀，既亲御六师，平定朔漠，威灵所加，青海部落札什巴图尔等震詟承命。圣祖仁皇帝因沛殊恩，封为亲王，兄弟八人，咸锡爵禄，羁縻包容，示以宽大。而狼心枭性不可以德义化，三十年来包藏异志。朕绍登宝位，优之锡赍，荣其封号，尚冀革心，缉宁部众。而罗卜藏丹津昏谬狂悖，同党吹拉克诺木齐、阿尔布坦温布藏巴札布等实为元恶。谓国家方宏浩荡之恩，不设严密之备，诞敢首造逆谋，迫胁番羌，侵犯边城，反状彰露，用不可释于天诛。遂命川陕总督太保公年羹尧为抚远大将军，声罪致讨。以雍正元年十月师出塞，自冬涉春，屡破其众。凡同叛之部落，戈铤所指，应时摧败。招降数十万众，又降其贝勒、贝子、公、台吉等二十余人。朕犹闵其蠢愚，若悔祸思愆，束手来归，尚可全宥。而怙恶不悛，负险抗违，乃决剪灭之计。以方略密付大将军年羹尧调度军谋，简稽将士，用四川提督岳钟琪为奋威将军，于仲春初旬，祃牙徂征，分道深入，捣其窟穴。电扫风驰，搜剔岩阻，贼徒仓皇糜溃，穷蹙失据。罗卜藏丹津之母及谋逆渠魁悉就俘执，擒获贼众累万，牲畜、军械不可数计。贼首逃遁，我师逾险穷追，获其辎重人口殆尽。罗卜藏丹津子身易服，窜匿荒山，残喘待毙。自二月八日至二十有二日仅旬有五日，军士无久役之劳，内地无转输之费，克奏肤功，永清西徼。三月之朔，奏凯旋旅，铙鼓喧轰，士众诉喜。四月十有二日，以倡逆之吹拉克诺木齐等三人献俘庙社。受俘之日，臣民称庆。伏念圣祖仁皇帝威灵震于遐方，福庆流于奕叶，用克张皇六师，殄灭狂贼。

行间将士亦由感激湛恩厚泽，为朕踊跃用命。斯役也，芟夷凶悖，绥靖番羌，俾烽燧永息，中外人民，胥享安阜。实成先志，以懋有丕绩。廷臣上言，稽古典礼，出征而受成于学，所以定兵谋也。献馘而释奠于学，所以告凯捷也。宜刊诸珉石，揭于太学，用昭示于无极，遂为之铭曰：天有雷霆，圣作弧矢。辅仁而行，威远宁迩。维此青海，种类实繁。锡之茅土，列在藩垣。被我宠光，位崇禄富。负其阻遏，祸心潜构。恭惟圣祖，虑远智周。眷念荒服，绥抚怀柔。朔野既清，西陲攸震。爵号洊加，示之恩信。如何凶狡，造谋逆天。鼓动昏憨，寇侵于边。惟彼有罪，自干天罚。桓桓虎貔，爰张九伐。王师即路，冬雪初零。日耀组练，雷响鼙钲。蠢兹不顺，敢逆戎旅。奋张螳臂，以当齐斧。止如山岳，疾如雨风。我战则克，贼垒其空。彼昏终迷，曾不悔戾。当翦而灭，斯焉决计。厉兵简将，往捣其巢。逾历嵚崟，坦若垌郊。贼弃其家，我絷而获。牛马谷量，器仗山积。蹇兔失窟，何所遁逃。枯鱼游釜，假息煎熬。师以顺动，神明所福。旬日凯归，不疾而速。殪彼逆谋，悬首藁街。献俘成礼，金鼓调谐。西域所瞻，此惟雄特。天讨既申，群酋慑息。囊戈偃革，告成辟雍。声教遐暨，万国来同。惟我圣祖，亲平大漠。巍功焕文，迈桓轶酌。流光悠久，视此铭辞。继志述事，念兹在兹。"

（卷21　342页）

雍正二年（1724年）六月丁酉

陕西庄浪红山堡报恩寺都纲闫老藏哈板旦进贡，赏赉如例。

（卷21　348页）

雍正二年（1724年）六月庚子

升陕西西安按察使王景灏为四川巡抚。陕西洮岷道黄焜为西安按察使司按察使。

（卷21　349页）

雍正二年（1724年）六月辛丑

抚远大将军年羹尧折奏："据岳钟琪报称，进剿棋子山、桌子山谢尔苏属下番贼，杀伤贼目班第马牙并贼众甚多，其余皆败奔山内。随派署总兵官宋可进统兵进剿。贼番头目嘎住带领男妇老小共一千一百六十二口来投，已准其投服。但仍居桌子山，恐日久生事，请移于土司鲁华龄地方，令严行约束。其四川、陕西绿旗、土司官兵俱已撤回。"奏入报闻。

（卷21　349页）

雍正二年（1724年）八月乙亥

抚远大将军年羹尧折奏："据岳钟琪报称，副将张玉带领绿旗、土司官兵出口至归德堡，其双篷、攒都、泽盖、博拉等处番人头目各带属下人投顺。又至萨喇地方，分兵二路进剿拉扁上下二寨，杀伤无数回贼，余俱就抚，照旧安插。"奏入报闻。

（卷23　364页）

雍正二年（1724年）八月丙子

抚远大将军年羹尧奏报："青海之事已定。从前调集驻防凉州等处西安满洲兵一千名，柴旦木调回之察哈尔兵一百名，驻扎松潘之四川满兵五百名，驻扎甘州之鄂尔多斯土默特兵一千名，驻扎山丹之大同兵一千名，驻扎布隆吉尔之满洲、蒙古乌喇索伦、察哈尔厄鲁特兵二千名，俱令原管将弁陆续统领撤回本处。"奏入报闻。

（卷23　364页）

雍正二年（1724年）八月戊戌

谕兵部："青海既平之后，凉州、庄浪所有贼番以次剿抚，官兵效力，历著功勋。今大将军年羹尧等奏称乘川兵回汛之便，并将归德至松潘口外一带番族，或剿或抚，悉无梗化，殊属可嘉。在事有功人员，著于剿抚桌子山之外，另行议叙。"

（卷23　376页）

雍正二年（1724年）九月甲辰

谕各省将军、督抚、提镇等："朕前曾下谕旨，各省自副将以下、游击以上，除地方有紧要事务及曾经引见之员外，将仪表修伟、素有声名者，每省陆续保送四五人，轮流来京引见。今河北镇总兵吴如译将伊该管官弁尽行送京引见，以致地方无人，营伍空虚，殊非朕意。嗣后各省应陆续保送，每次不得过四五人。将伊操守如何及整练营伍如何之处，据实密奏。其战阵有功而筋力就衰者，不必来京。将伊练兵及操守之处亦据实密奏。至陕西、甘肃、四川、云南现在办理军务，不必来京引见。"

（卷24 377页）

雍正二年（1724年）十月己丑

工部尚书孙渣齐缘事革职。升甘肃巡抚绰奇为工部尚书，仍留肃州办理军需事务。

（卷25 392页）

雍正二年（1724年）十月辛卯

升甘肃布政使傅德为内阁学士兼礼部侍郎。

升陕西西安布政使胡期恒为甘肃巡抚。郎中诺穆浑为陕西西安布政使司布政使。陕西甘肃按察使彭振翼为甘肃布政使司布政使。陕西西安粮盐道张适为甘肃按察使司按察使。

（卷25 394页）

雍正二年（1724年）十月乙未

理藩院议复："厄鲁特多罗郡王额驸阿宝呈称，自伊祖顾实汗归诚向附至今百年，受圣祖仁皇帝隆恩安居乐业。因青海兄弟妄乱生事，致干天讨，臣等理应一并殄灭，复荷宽恩，存留游牧。臣请于青海处赐闲旷之地居住，管理青海人等，不致复萌乱心等语。查阿宝之父巴图尔额尔克济农和洛里自青海来归，封为贝勒。阿宝承袭，后于平定西藏有劳，封为郡王。应如王请。见有贝子丹忠所居之地甚为宽大，即令阿宝驻牧，并令大将军年羹尧派员赍饷，助其移徙安插。"从之。

（卷25 395页）

雍正二年（1724年）十月丙申

增陕西省各学取进文武童生额数。文童，凤翔、庆阳、平凉三府，蒲城、华阴二县及宁夏卫俱照府学额，各取进二十名。咸阳、乾州、鄠县、武功、同州、兴平、肤施、清涧、洛川、宝鸡、城固、兴安州、泾州、安化、会宁、文县、伏羌、秦安十八州县，凉州、镇番二卫俱升为大学，各取进十五名。三水、商州、安定、葭州、汧阳、沔县、镇原、盛宁、礼县九州县俱升为中学，各取进十二名。武童，凤翔、平凉、庆阳三府，华州、咸宁、长安、蒲城四州县，宁夏、甘州行都司等卫，各取进二十名。甘州、同州、兴安、固原、咸阳、鄠县、肤施、岐山、城固九州县，宁夏中卫、后卫、灵寿、庄浪、山丹、肃州、凉州、靖远八卫所，各取进十五名。商州、蓝田、神木三州县，榆林、永昌、镇番、靖边、高台、镇彝六卫所，各取进十二名。

（卷 25　396 页）

雍正二年（1724 年）十月丁酉

又议复川陕总督年羹尧奏言："甘肃之河西各厅，自古皆为郡县，至明代始改为卫所。今生齿繁庶不减内地，宜改卫所为州县。请改宁夏卫为宁夏府，其所属左卫改为宁夏县，右卫改为宁朔县，中卫改为中卫县，平罗所改为平罗县，灵寿所改为灵州，宁夏中路厅改为宁夏水利同知，西路厅应仍旧驻扎中卫，以资弹压，俱隶宁夏府管辖。西宁厅请改为西宁府，所属西宁卫改为西宁县，碾伯所改为碾伯县，西宁通判专管盐池，即为西宁盐捕通判，西宁之北川应设一卫为大通卫，俱隶西宁府管辖。凉州厅请改为凉州府，所属凉州卫改为武威县，镇番卫改为镇番县，永昌卫改为永昌县，古浪所改为古浪县，庄浪所改为平番县，庄浪同知经理茶务应仍其旧，俱隶凉州府管辖。甘州厅请改为甘州府，所属左、右两卫改为张掖一县，山丹卫改为山丹县，高台所改为高台县，以肃州之镇彝所并入，俱隶甘州府管辖，其肃州卫事务即令肃州通判管理，靖远卫事务改归靖远厅管理，所有卫所之守备、千总及旧有大使三员悉行裁去。均应如所请。以上四府设知府四员，经历四员，知州一员，吏目一员，知县十四员，典史十四员。其大通卫设守备一员，张掖县添设县丞一员。至各处教职，或添设或改移，应令该督抚确查另议。"从之。

（卷 25　396 页）

雍正二年（1724 年）十一月乙丑

议叙平定青海及擒获桌子山、棋子山番贼功，加大将军年羹尧一等阿思哈尼哈番世职。

吏部议复川陕总督年羹尧等疏言："延安府属三十营堡，绵亘千余里，除神木厅所辖东路黄甫川等十营堡应照旧分管外，查榆林城堡厅所辖中路十堡内双山、常乐、保宁、归德、鱼河五堡，俱环绕榆林镇城。今榆林卫守备、千总既裁，应将郿州州同移驻镇城，改为分驻榆林州同，将榆林卫并双山等五堡地方民事俱交该州同经管。其向水、波罗、怀远三堡以波罗为适中之地。今西安都司经历既裁，应将该经历改为葭州州同，驻扎波罗，为分驻波罗州同，兼管向水、怀远二堡。又清平、威武二堡壤地相接，应于威武添设威武巡检司一员，兼管清平堡。所有榆林税课大使应行裁去，其税务归榆林道兼摄。至靖边厅所辖西路十堡，惟靖边所与定边为扼要重地，而定边离盐场堡二十里，盐贩由此出入，应设专员巡缉。查定边东有砖井堡，西有盐场，宜川邑非繁剧，应将宜川县县丞移驻定边，为分驻定边县丞兼管砖井、盐场二堡。且盐场堡原系延属地方，旧设管理盐务之宁州州同及盐场大使，俱系庆阳府属宁州管辖，以致呼应不灵。应将州同掣回宁州，盐务改归靖边厅就近经管，而令定边县丞稽查私贩，其盐场大使亦归靖边厅管辖。又靖边东为镇罗堡，西为宁塞堡，靖边事繁民众，今靖边厅千总既裁，请将延安府经历司移驻靖边，兼管镇罗、宁塞二堡。再镇靖一堡路当孔道，应添设巡检司一员，为镇靖巡检司，兼管龙州一堡，将榆林驿丞事务裁归城堡厅兼管。其安边、柳树涧二堡，幅员辽阔，必得弹压之员。应将宁州州同改为绥德州州同，移驻安边，兼管柳树涧堡，为分驻安边州同，归延安管辖。均应如所请。"从之。

（卷26　409页）

雍正二年（1724年）十二月庚寅

旌表陕西平凉县烈妇王应亨妻沈氏拒奸不辱，投缳殒命。给银建坊，入祠致祭如例。

（卷27　419页）

雍正三年（1725年）正月丙辰

谕总理事务王大臣等："目今甘州无事，著贝勒延信赴西安将军任，其平逆将军印信赍送来京。甘州兵丁著宁夏副都统阿林前往管辖。楚宗著来京。

（卷28　423页）

雍正三年（1725年）正月辛酉

谕大学士等："蔡珽身为巡抚，纵情任性，将所属知府蒋兴仁威逼自尽。

经年羹尧参奏，朕始知之。降旨诘问，蔡珽屡次蒙混陈奏，罪实难逭，因交与塞尔图将此案情节一一查出。本到内阁，应票拟严旨。乃大学士等以蔡珽已于开矿案内革职，将此本票拟该部知道，庇护蔡珽之意显然。及刑部议罪，拟以枷责具奏。蔡珽曾为大吏，有罪当置之于法，枷责殊失国体，此不过巧为开释之意。国法所在，恩威当自朕出，臣下以意为轻重，徇情市德可乎？后经刑部将伊按律拟斩。今奏蔡珽已到京，请旨监禁。朕思蔡珽所犯系年羹尧参奏，今若将蔡珽置之于法，人必以朕为听年羹尧之言而杀蔡珽矣。朝廷威福之柄臣下得而操之，有此理乎？即如岳周之罪，本应即行正法，因系年羹尧所参，故改为监候。再，四川巡抚王景灏乃年羹尧所荐，王景灏在军前办事出力，及来京陛见，朕观其才干可用，故简任巡抚以观其后效。朕之存心，大公至正，是非功罪，惟求其当。且罪疑惟轻，功疑惟重，宁可使人谓朕听年羹尧之言而用王景灏，断不可使人谓朕听年羹尧之言而杀蔡珽。著将蔡珽从宽免罪，并将始末谕众知之。"

（卷28　424页）

雍正三年（1725年）正月壬戌

谕大学士等："前因蔡珽有病，复有蒋兴仁一事，将伊革职。今召令入见，并无疾病，伊学问尚优，著补授都察院左都御史。"

（卷28　425页）

雍正三年（1725年）正月癸亥

谕吏部："览年羹尧将驿传道金南瑛等参奏。金南瑛曾经大学士朱轼保题，在会考府行走，怡亲王亦曾奏荐，朕是以拣选任用。年羹尧遽行题参，必有错误，金南瑛著仍留任。去岁年羹尧来京陛见时，朕将文武官员拣选多人命其带往，只令学习事务，并非悉令补用也。且伊等历俸甚浅，亦未至于即用。今年羹尧将金南瑛等参奏，特欲出缺，用朕所命往之人，此断乎不可。著降旨年羹尧，此次命往之人，如有缺出，不得即行题补，虽委署印务，亦著请旨再行。又本内所参官员俱系胡期恒详揭。胡期恒朕未识面，此所参官员，朕亦未知其人。除金南瑛外，其余官员著胡期恒带领来京具奏，伊等员缺暂且不必补人。甘肃巡抚印务著甘肃布政使彭振翼署理。"

（卷28　425页）

雍正三年（1725年）正月丙寅

升陕西凉庄道蒋洞为山西按察使司按察使。

（卷28　427页）

雍正三年（1725年）正月戊辰

谕兵部："朕前降旨，甘州延信之缺著阿林前往。今策妄阿喇布坦之使将到，阿林不甚威重，著都统查克旦前往甘州居住，可赏银二千两，令其速行料理，驰驿前往。"

（卷28　428页）

雍正三年（1725年）二月己巳

定布隆吉尔为安西镇，设总兵一员，标下五营，游击五员，守备五员，千总十员，把总二十员，兵五千名。

（卷29　430页）

雍正三年（1725年）二月庚午

升陕西神木副将孙继宗为陕西安西总兵官。

（卷29　430页）

雍正三年（1725年）二月己丑

谕抚远大将军年羹尧："据岳钟琪奏称，青海郡王额尔得尼厄尔克托克托奈所属部落穷困流离，资生窘乏。亲王戴青和硕齐、察罕丹津等所属部落，虽稍能存活，亦属贫穷。尔身为抚远大将军，凡西陲军务，调发粮饷，绥辑远人，皆尔之责，理应酌量事势缓急、人口多寡，尽心筹划办理。乃仅发银一万两赈济，此诸部落流离失所之众岂万金所能遍给，是知尔于诸务皆未实尽其心矣。托克托奈等遭叛贼抢夺，投命来归，全赖安插得所，俾其衣食有资。今尔既不能筹划于未然，又不克拯济其现在，如诸部落内或有一二人窘急，万难自存，潜逃远匿，窜入策妄阿喇布坦之地者，朕必重治尔罪。"

（卷29　437页）

雍正三年（1725年）二月癸巳

谕大学士等："进剿青海桌子山等处兵弁，其人才可观，技勇优长者，著将军岳钟琪拣选保奏守备二员、千总二员、把总二员、马兵四名，总兵官黄喜林、王嵩、纪成斌、宋可进、孙继宗每人保奏守备一员、千总一员、把总一员、马兵四名。文到，限三日书名报部，候旨调来，引见录用。"

（卷29　439页）

雍正三年（1725年）二月丁酉

上召诸王、满汉文武大臣等入，谕曰："朕因贝子允禵行事悖谬，在西宁地方纵容家下人生事妄为，特发谕旨，著都统楚宗往彼约束。今据楚宗折奏，臣至西大通，允禵并不出迎请安。良久，始令臣进见。允禵气概强盛，形色如前，并无忧惧之容。臣令出院跪聆谕旨，允禵并未叩头，即起立向臣云：'谕旨皆是，我有何说。我已欲出家离世，有何乱行之处。'其属下人等亦毫无敬畏之色等语。朕遣楚宗到彼传旨，约束其属下之人，原恐其生事骚扰，且冀其改悔前愆，遵守法度，曲为保全。乃允禵肆行傲慢，全无人臣事君之礼，且称出家离世等语。其意以为出家则无兄弟之谊，离世则无君臣之分也，荒诞不经如此。朕弟兄中如允禔、允禩、允禟、允䄉、允禵等，在皇考时结党妄行，以致皇考圣心忧愤，日夜不宁。皇考宾天时，允禵从西宁来京，并不奏请太后安，亦不请朕安，反先行文礼部，问其到京如何行礼仪注。及在寿皇殿叩谒梓宫后，见朕远跪不前，毫无哀戚亲近之意。朕向前就之，仍不为动。彼时拉锡在旁掖之使前，伊出遽将拉锡骂詈，复忿然至朕前云'我本恭敬尽礼，拉锡将我扯拽。我是皇上亲弟，拉锡乃掳获下贱，若我有不是处求皇上将我处分，若我无不是处，求皇上即将拉锡正法，以正国体'等语。朕亦不意其咆哮无礼至此也。及梓宫奉移山陵时，朕因允禵倨傲不恭，且与拉锡、佛伦争闹，降旨训诫，而允禩忽从帐房中出，劝令允禵跪，而允禵即跪，是事事听从允禩之言，为其指使，此其明验也。又允禵妻病故，朕厚加恩恤。乃伊奏折中有我今已到尽头之处，一身是病，在世不久等语。朕思允禵恭代朕躬奉祀景陵，任至重也。又以贝子加封王爵，有何屈抑，而出此怨望之语乎。又允禵身为大将军，将不应支用之钱粮滥支数万，以市恩邀誉，而不知有违定制，例应赔补，此皆国帑所关，何得任意侵取乎？至若允䄉奉旨送泽卜尊丹巴胡土克图至张家口外，乃托病不行，又私与允禵暗相往来，馈送马匹。允禵回书，有事机已失，悔之无及之语，悖乱已极。允䄉又私行禳祷，将雍正新君字样连写入疏文之内，甚属不敬。盖由允禩等私结党援，牢不可破。朕若一经讯诘，则国法难容。朕居心宽大，不忍为此，务欲保全骨肉，不事深求，仰体皇考之心为心也。阿灵阿、鄂伦岱二人原系允禩等之党首，罪恶至重。从前怀毒逞奸，上费皇考无限慈怀，屡干圣怒，当日因允禩得罪，在遥亭地方，将伊门下太监审讯。供云：'阿灵阿、鄂伦岱乃我主子之党，问此二人便知。'彼时阿灵阿、鄂伦岱在傍，无言可辩，颜色改变，但随口支吾抵饰，岂能欺君父与众耳目乎？戊子年拿问允禩，既而宽赦。次年春皇考从霸州回銮，自行宫启行至南红门。言及鄂伦岱等结党之事，皇考震怒，沿途切责鄂伦岱，行至三十里而圣怒未解，鄂伦岱悍然不知畏惧，亦无一毫爱君之心。朕在傍悚惕不安，向娄征额云，圣躬初愈，今又震怒于风沙中。行三十里若少顷圣驾出，又复动怒。尔先行奏劝，我当随同奏恳。及圣驾出，而鄂伦岱仍悍然向前迎立以触圣怒，致皇考复严加切责。娄征额进前奏劝，朕遂泣奏云：'皇父圣体初愈，此等悖逆之人，何足屡烦圣心。乱臣贼子，自有国法。若交与臣，便可即行诛戮。'恳奏再三，皇考之怒方解。又在热河时，皇考圣体违和，大臣侍卫等俱请安，求瞻仰圣颜，惟鄂伦岱并不请安，且率同乾清门侍卫等每日较射游戏。鄂伦岱悖恶多端，每事干犯圣怒。皇考行围哨鹿时曾悉数其罪，令侍卫五哥鞭责之后，令其前往边地料理驿站。伊到彼处，并不抚恤驿站之人，反将驿站事务败坏，致蒙古等不能存活。朕即位后，闻知其事，特加恩赏赉数万金，另遣员前往料理，以苏蒙古之困。鄂伦岱种种罪恶俱行宽免，从驿站调回，仍令为领侍卫内大臣，又为都统。伊之父祖，朕皆厚加恩典，鄂伦岱并无感激报效之念，在朕前并无一语奏谢。鄂伦岱引见本旗袭职人员，明知罪人之子例不得承袭，乃违例带来引见，朕亦宽免其罪。伊身为火器营统领，乃于操练兵丁之处并不亲到一次。去年伊从鄂罗斯回来，奏请将苏尼特为贼之台吉数人调来京师披甲。朕谕以不如仍留本处，交扎萨克王等自能管束，令其悛改，如不能悛改，再依尔等所奏行。鄂伦岱并不遵照朕旨，乃自行缮写，内有云皇考时调来披甲，朕心不忍等语。其意以为皇考欲行之事，朕不忍行，欲将归过皇考之名加之于朕也。朕有朱批谕旨，降与阿尔松阿者，令鄂伦岱转交，乃鄂伦岱于乾清门众人前将朕谕旨掷之于地，且极力党护阿尔松阿，将其死罪承认在身。此等顽悍之状有是理乎？朕每召诸王大臣等颁发谕旨，鄂伦岱从未有一次点首心服。前召旗下大臣面谕云，近日大臣等办事，将从前积习已改十之七八，若再整顿一二年便可全改。朕尝虑向来恶习恐非诛戮一二人不能挽回，今看来可不用诛戮矣。为此朕心甚喜，诸臣无不点首，喜动颜色，惟鄂伦岱略无喜容，俯首冷笑。昨因办理旗下之事，在众人前将一原当侍卫之人问鄂伦岱。鄂伦岱并未认识，妄奏云：'此人平常。'朕责以欺罔，鄂伦岱奏云：'我信口回奏。'含忿摇头，故激朕怒。由此观之，总因伊私相依附之人未遂其愿，故将怨望皇考之心怨望于朕。鄂伦岱之罪与阿灵阿等，虽置极典不足以蔽其辜。朕念系皇祖妣皇妣之戚属，其父又经阵亡，不忍加诛，从宽发往奉天，令与阿尔松阿一同居住。伊既远离京师，庶不致遇事生波，煽惑朝政。嗣后大小臣工若有怙恶不悛，暗附其党者，朕必明正其罪，置之重辟，使伊等党援解散，无附会济恶之人，正所以典为保全之计。总之，朕兄弟中积习沉锢，既不能慑之以威使其迁改，而加意施恩又终不能使之感化，朕衷深为抱愧。不过竭尽朕之心力，晓谕内外臣工，令伊等不能为害于国家。若必尽拔根株，朕心实有所不忍，宁可使天下后世议皇考及朕优容寡断，过于姑息耳，不得议皇考与朕见不及也。朕种种苦心，上天垂鉴。皇考在天之灵照察，惟欲尔等满汉文武大臣共知朕心，天下后世亦共知朕心耳。"

（卷29　441页）

雍正三年（1725年）三月壬寅

以陕西洮岷副将张元佐署四川松潘总兵官。

（卷30　447页）

雍正三年（1725年）三月乙巳

兵部议复川陕总督年羹尧疏言："桌子、棋子等山为匪类潜匿之所，相度形势，惟他拉渡川东通庄浪，西通刀林。又仙米寺四围之山林木丛茂，盗贼俱由此路出没，应于他拉渡川有水之地设立游击一员，千总一员，把总二员，马步兵五百名，请即移凉州高古城游击等员调兵驻防。仙米寺应设立守备、把总各一员，马步兵三百名，请即移高沟堡守备、黑松堡把总调兵驻防。应如所请。"从之。

（卷30　450页）

雍正三年（1725年）三月辛酉

川陕总督年羹尧以日月合璧、五星联珠具本奏贺。得旨："年羹尧所奏本内字画潦草，且将朝乾夕惕写作夕阳朝乾。年羹尧平日非粗心办事之人，直不欲以朝乾夕惕四字归之于朕耳。朕自临御以来，日理万几，兢兢业业，虽不敢谓乾惕之心足以仰承天贶，然敬天勤民之心时切于中，未尝有一时懈怠，此四海所知者。今年羹尧既不以朝乾夕惕许朕，则年羹尧青海之功，亦在朕许与不许之间而未定也。朕今降旨诘责，年羹尧必推托患病，系他人代书。夫臣子事君必诚必敬，陈奏本章纵系他人代书，岂有不经目之理。观此则年羹尧自恃己功，显露不敬之意。其谬误之处断非无心，此本发与年羹尧，令其明白回奏。"

（卷30　461页）

雍正三年（1725年）三月癸亥

谕大学士等："甘肃巡抚胡期恒，朕素不识其人。因西海初经平定，必得熟悉边方情形者，畀以巡抚之职。朕询问年羹尧，伊即荐胡期恒，谓可胜任。前年羹尧曾荐王景灏求令陛见，及王景灏来京，朕观其才具，实属可用，是以此番荐举胡期恒朕亦不疑，即用为甘肃巡抚。后见揭参金南瑛等七人，朕察其情节，甚不允协。且年羹尧于王景灏则请令陛见，于胡期恒则不请令陛见，是殆欲借王景灏一人使朕信其言之不诬，遂可荐举胡期恒之类以肆其蒙蔽也。今胡期恒来京，所奏之言皆属荒唐悖谬，观其人甚属卑鄙，岂特不称巡抚，即道府之职亦属有玷，著革职。甘肃巡抚员缺著将军岳钟琪兼理。"

（卷30　461页）

雍正三年（1725年）四月丙子

谕议政王大臣等："策妄阿喇布坦来求吐鲁番之地。曾谕将从前内附为首者令其迁入内地。今将军穆克登奏言，吐鲁番处共有一万余人，若但迁首领数人而不迁其所属之人，则伊等生计必致艰难，且伊所属之内愿移入内者不下四五千人等语。朕思瓜州、沙州地方甚宽，亦必用人耕种，若有愿移者即在此居住，给与一二年养赡，令其耕种。罗卜脑儿地方亦照吐鲁番例，有愿移来者亦随为首之人一并移来，不愿者仍留本处。著议奏。"寻议："归顺之回子若再给与策妄阿喇布坦，恐致扰累，所以愿移者甚众。应令其在布隆吉尔地方、沙州、瓜州等处种地。其建立村庄养赡之处，行文将军富宁安等详议办理。再，罗卜脑儿回子皆水居打鱼为生，此内有愿陆居为生者，请照吐鲁番例一并移来。"从之。

（卷31　468页）

雍正三年（1725年）四月己卯

谕大学士等："近来年羹尧妄举胡期恒为巡抚，妄参金南瑛等员，骚扰南坪寨番民，词意支饰，含糊具奏，又将青海蒙古饥馑隐匿不报。此等事件，不可枚举。年羹尧从前不至于此，或系自恃己功故为怠玩，或系诛戮过多致此昏愦。如此之人安可仍居川陕总督之任。朕观年羹尧于兵丁尚能操练，著调补浙江杭州将军。川陕总督印务著奋威将军甘肃提督兼理巡抚事岳钟琪速赴西安署理，其抚远大将军印著赍送来京，奋威将军印如无用处亦著赍送来京。

调陕西西安巡抚石文焯为陕西甘肃巡抚。以西安布政使图理琛署西安巡抚。

以陕西宁夏总兵官王嵩署陕西甘州提督。

（卷31　470页）

雍正三年（1725年）四月己丑

谕大学士等："朕从前将御前侍卫拣发年羹尧处，特欲其效力军前，遇有紧要事务备其驱策，并非供伊之随从也。乃伊将朕拣发之侍卫不用于公务，俱留伊左右使令，带至西安，以侍卫摆对，前引后随，又令侍卫为伊坠镫，是诚何心。向年圣祖时，富宁安、傅尔丹处皆有拣发侍卫，从未闻将军等将侍卫作奴隶使令也。督抚并无跪接大将军之例。伊去年来京陛见，又未带有大将军敕印，而途中令总督李维钧、巡抚范时捷等跪接。伊系征剿青海将军，青海之叛逆王、台吉等则可令其下跪，至并无罪犯蒙古王等亦令下跪。阿宝系扎萨克郡王，本朝之额附，亦竟令其下跪。伊如此僭越无知，是诚何心。著年羹尧明白回奏。"

（卷31　479页）

雍正三年（1725年）四月丙申

议政王大臣等遵旨议复："奋威将军岳钟琪折奏：'查大将军年羹尧条奏内

称，青海与内地之人，每年定于二、八月贸易两次，择定那拉萨拉地方为交易之所。'经议政大臣议，改四季交易，已觉宽容。今查亲王察罕丹津、公拉查卜等诸台吉部落居住黄河之东，切近河州，去松潘亦不甚远。向来原在河州、松潘两处贸易。今若止令在于那拉萨拉一处，恐不足供黄河东西两翼蒙古易卖。莫若仍令在河州、松潘贸易，终觉稳便。河州定于土门关附近之双城堡，松潘定于黄胜关之西河口。此二处地方俱有城堡、房屋，地方宽阔，水草俱好，利于互市，可为永久。再查郡王额尔得尼厄尔克托克托奈、郡王色卜腾扎尔等诸台吉部落，住牧黄河西边，相近西宁，请将贸易之地移在西宁口外丹噶尔寺。至蒙古贸易，全借牲畜，每在六月以后，请每年不定限期，仍听不时贸易，则蒙古商贩均获利益矣。查岳钟琪所奏，甚属周详。应如所请。"从之。

（卷31　482页）

雍正三年（1725年）五月戊申

怡亲王允祥等遵旨议复："原任大将军年羹尧奏称，臣在西宁时，因边外波罗冲可克之盐池，青海蒙古人等运来边内贸易，西宁军民赖食此盐。臣奏设副将一员，兵一千六百名，驻防彼处，将西宁通判移驻，管理盐务在案。见今郡王额阿宝移在波罗冲可克地方驻扎，官兵若仍住彼处，恐其生事。应将臣原议设立官兵驻扎盐池之处，请行停止，其管理盐务之通判亦请裁去。应如所请。"从之。

（卷32　485页）

雍正三年（1725年）五月己酉

镶白旗汉军都统范时捷参奏原任大将军川陕总督年羹尧欺罔贪婪五款："一、运米至军前，侵蚀脚价银四十余万两。一、管理捐纳驼米，勒取私费，婪银三十万两。一、违旨勒派属员公捐俸工。一、与将军、督抚文书擅用令谕，直书官名。一、保举题补各官悉多营私受贿。应将年羹尧并通同欺罔之桑成鼎、金启勋、胡期恒及伊家人魏之耀、严大等一并敕部提拿，严行审究治罪。"得旨："著年羹尧明白回奏。"

（卷32　486页）

雍正三年（1725年）五月辛亥

谕吏部："前年羹尧奏称，陕西郃阳县有盐枭，甚是凶恶，必得用兵弹压。遂调集兵丁，令河东运使金启勋前往料理。金启勋不告知该处人民，竟率兵骤至郃阳县地方，黑夜围堡，致无知男妇等多惊惶无措，有自缢、投崖、溺井而死者。范时捷先经折奏，朕将范时捷原折发与年羹尧，令其明白回奏，而年羹尧希图蒙混，反奏称并未伤损一人，金启勋料理此事，甚属妥协。迨范时捷再行折奏，复令年羹尧查明。今始将金启勋领兵围堡逼死人口名数奏闻。金启勋附合年羹尧生事扰民，甚属可恶。著将金启勋革职拿问，并将范时捷、年羹尧奏折发与史贻直、高其佩等审理。"

（卷32　486页）

升陕西洮岷副将石云倬为江西南赣总兵官。

（卷32　487页）

雍正三年（1725年）五月丙辰

青海贝子策凌敦多卜故，遣官致祭。

（卷32　491页）

雍正三年（1725年）六月丙子

吏部等衙门议复："原任川陕总督年羹尧等疏言，陕西宁夏等卫所，新经改设郡、县，请分设宁夏、西宁、凉州、甘州四府教授、训导各一员，取进文、武童各十二名，廪增各四十名，一年一贡。灵州学正一员，取进文童十二名，武童十五名，廪增各三十名，三年两贡。宁夏、宁朔二县教谕各一员，取进文童各十五名，武童各二十名，廪增各二十名，两年一贡。中卫县教谕一员，取进文童十二名，武童十五名，廪增仍照旧额，三年两贡。西宁县，教谕一员，取进文、武童生各八名，廪增各二十名，两年一贡。武威县，教谕一员，取进文、武童生各十五名，廪增各二十名，两年一贡。平罗、碾伯、古浪三县，训导各一员，取进文、武童生各八名，廪增各二十名，两年一贡。高台县教谕、训导各一员，取进文童十五名，武童二十名，廪增二十名，两年一贡。永昌、镇番、山丹三县教谕各一员，童生照题定之额取进，廪增仍旧，两年一贡。平番县训导一员，童生照题定之额取进，廪增仍旧，两年一贡。张掖县教谕一员，童生照题定之额取进，廪增出贡，照宁夏例行。应如所请。"从之。

（卷33　502页）

雍正三年（1725年）六月癸巳

改陕西平凉、固原二卫归平凉府管辖，庆阳卫归庆阳府管辖，临洮、河州、兰州三卫、归德一所归临洮府管辖，洮州、岷州、靖逆三卫、西固一所归巩昌府管辖。从署甘肃巡抚彭振翼请也。

（卷33　512页）

雍正三年（1725年）七月丙申

谕大学士等："年羹尧从前题奏西藏、青海等处军功议叙文武官员多冒滥不实，朕所深知。今特施宽大之恩，凡有军功议叙文武官员若系年羹尧任内冒滥题奏者，无论已升、未升、已授、未授，俱准速行据实自首。其官职卑微不能自达者，俱交该督、抚、提、镇赍送。此皆出自年羹尧悖逆擅作威福之举，与伊等无干，朕皆从宽宥释。若仍隐匿不首，一经发觉，定行严加治罪。再，此等无军功者既可以效力议叙题补，则实在立功人员亦必有挟私抑遏，不行议叙者，俱著将所以挟私之故详细呈首。"

（卷34　513页）

雍正三年（1725年）七月丁未

谕大学士等："年羹尧自任川陕总督以来，擅作威福，颠倒是非，异己者屏斥，趋附者荐拔。又借用兵之名虚冒军功，以朝廷之名器，徇一己之私情。目今事事败露，不可悉数。其所用匪类，如陕西官员内则有延安府知府李继泰、宁夏同知赵健、河州知州许启盛、三原县知县刘子正、南郑县知县严世杰，四川官员内则有川东道金德蔚、永宁道周元勋、保宁府知府王国正、重庆府同知杨文斌、建昌卫通判崔鸿图、邛州知州张纯、巴县知县周仁举、游击年悦。此等官员平日侵蚀军需，剥削民膏，谄媚上司，苛刻地方，实为两省之害。著即行文该省，调取伊等来京引见定夺。又如年羹尧数年来参革及降调之文武官员甚多，其中自有冤抑。著吏、兵二部一一查明缮折具奏，候朕亲览，酌其情节，降旨调来引见，使年羹尧不得肆其蒙蔽，而伊等不致受其诬陷，且以为罔上行私无知之大吏戒，并为钻营党附无耻之属员惩。再如川陕两省副将以下、千总以上等武官，经年羹尧冒滥题补者俱著岳钟琪详查，择其尤劣者参奏。"

（卷34　516页）

雍正三年（1725年）七月辛酉

封青海扎萨克台吉阿拉布坦为辅国公。

（卷34　522页）

雍正三年（1725年）七月癸亥

谕理藩院："青海和硕亲王察罕丹津疏请来京，意甚恳切。今年郡王额尔得尼厄尔克托克托奈与察罕丹津应轮班来京，来时著侍郎鄂赖各赏银一千两。明年郡王色卜腾扎尔、贝勒盆苏克汪扎尔、贝子索诺木达什俱应轮班来京。来时王赏银一千两，贝勒赏银八百两，贝子赏银六百两。"

（卷34　523页）

雍正三年（1725年）八月丁亥

以故青海固山贝子策凌敦多卜子丹巴袭爵。

（卷35　534页）

雍正三年（1725年）八月辛卯

以江西南赣总兵官宋可进署陕西甘州提督。

（卷35　536页）

雍正三年（1725年）九月戊戌

陕西甘肃按察使张适缘事革职，升刑部郎中钟保为陕西甘肃按察使司按察使。

（卷36　539页）

雍正三年（1725年）九月己酉

谕宗人府："普照之子恒冉现在承袭公爵，其家原不应有二公，向因普照在军前效力，尚属勤谨，且年羹尧之妻系普照兄女，朕因年羹尧青海之功，又念普照原系承袭公爵之人，是以特授为辅国公。今年羹尧如此背负朕恩，其普照之公爵著不必承袭。"

（卷36　541页）

雍正三年（1725年）九月辛亥

议政王大臣等遵旨议复："一等侍卫副都统达鼐折奏，臣奉旨将青海人等编设旗分、佐领，颁赐恩赏。准奋威将军公岳钟琪咨明，遵旨到西安，署理总督印务，其奋威将军印敕已差官驰驿送京，西宁留驻一千兵交臣办理军情事务。现今青海人等感戴皇恩，守法畏惧。西宁镇标绿旗兵丁可以调遣敷用。请将西宁留驻陕督标兵三百名，固原提标兵二百名，四川提标兵三百名，宁夏镇标兵二百名俱令撤回原处。应如所请。"从之。

雍正三年（1725年）九月丙辰

吏部议复："川陕总督岳钟琪疏参原任川陕总督年羹尧将甘州、巴尔库尔等处官员应行奏请钱粮之事，诳称此非交代事件，并不交代明白。应将年羹尧所有一等阿达哈哈番降为拜他拉布勒哈番。"得旨："年羹尧所有职衔俱著革去。"

雍正三年（1725年）十月丁亥

陕西甘肃布政使彭振翼缘事革职。升陕西甘肃按察使钟保为甘肃布政使司布政使。陕西平庆道李元英为甘肃按察使司按察使。以陕西粮驿道许容署理陕西西安按察使司按察使。

雍正三年（1725年）十月辛卯

署川陕总督图理琛疏参："四川巡抚王景灏前在西宁地方经手办理军需，于年羹尧冒销军需银两之处，朦胧具奏，请将王景灏解任质审。"得旨："王景灏从前依附年羹尧相助为恶，凡年羹尧种种贪暴劣迹，王景灏事事阿附，朕知之甚悉。以年羹尧之势力，王景灏不能抗拒，固属不职，然当此之际亦有出于不得已之处。朕念王景灏年力方壮，才亦可用，姑从宽免其解任，予以自新。年羹尧任内凡系王景灏经手之项，著逐一据实开明造册，移送陕西督抚，以凭确核，毋得丝毫蒙混隐漏。伊若能痛惩前非，洗心改过，朕自照旧任用。倘仍复瞻徇私党，不实心为国出力，必严加治罪。"

雍正三年（1725年）十二月甲戌

议政大臣刑部等衙门题奏："年羹尧反逆不道，欺罔贪残，罪迹昭彰，弹奏交至，案牍等邱山之积，罪恶逾溪壑之深。臣等谨将其罪案列款陈之。其大逆之罪五：一、年羹尧与静一道人、邹鲁等谋为不轨。一、将朱批谕旨辄敢仿写进呈。一、见汪景祺西征随笔，不行参奏。一、家藏锁子甲，又私行多贮铅子，皆军需禁物。一、伪造图谶妖言。其欺罔之罪九：一、邠阳用兵致死无辜良民八百余口。奉旨查问，始奏并无伤损一人，后又止奏出六人。一、纵容私人边鸿烈等恣行骚扰，激变番民，不即参奏。一、捏参都统武格等镇海堡失律。一、西安起身，私嘱咸宁令朱炯买人保留。一、通同赵士河作弊，将刘以堂假冒赵勋名字赴武功县任，巧饰具奏。一、将幕宾张泰基父子、赵士河之弟赵淇及伊兄年法尧并高之傅等共十八案，冒入军功。一、家人魏之耀家产数十万金，年羹尧安奏毫无受贿。一、西宁效力者实止六十二员，册报一百零九员。一、将退役王治奇名字冒入军功，令他人顶替，选授广德州州判。其僭越之罪十六：一、出门黄土填道，官员穿补服净街。一、验看武官用绿头牌引见。一、会府龙牌前设床正坐。一、用鹅黄小刀荷包，擅穿四衩衣服。一、衣服俱用黄包袱。一、官员馈送，俱云恭进。一、伊子穿四团补服。一、凡与属员物件，令北向叩头谢恩。一、总督李维钧、巡抚范时捷跪道迎接，受之不辞。一、令扎萨克郡王额驸阿宝下跪。一、行文督抚书官、书名。一、进京陛见，沿途垫道叠桥，铺面俱令关闭。一、坐落公馆，墙壁俱彩画四爪龙。一、辕门鼓厅画四爪龙，吹手穿缎蟒袍。一、私造大将军令箭，又将颁发大将军令箭烧毁。一、赏赐动至千万，提督叩头谢恩。其狂悖之罪十三：一、两次恩诏到陕，并不宣读，亦不张挂。一、奏折在内房启发，并不穿朝服大堂拜送。一、同城巡抚不许放炮。一、勒娶蒙古贝勒七信之女为妾。一、以侍卫摆对，前引后随，又令坠镫。一、大将军印不肯交出。一、妄称大将军所行之事俱循照俗例而行。一、纵容家人魏之耀等穿朝服、补服，与司道提镇同坐。一、在仪征地方，违旨逗留。一、勒令川北总兵王永吉告老。一、与行止妄乱之沈竹、戴铎结党怀欺，煽惑众听。一、袒庇私人马德仁，阻回石文焯参本。一、将本内朝乾夕惕故写夕惕朝乾。其专擅之罪六：一、邠阳县建筑城堡不行题请，擅发银两。一、将侍卫李峻等题请委署守备，奉旨不准题补，又不即行调回。一、擅用私票一万二千张作引十二万道行盐。一、将奉旨停捐雍正二年俸工仍令照旧公捐。一、拿获私盐李乾胜擅令销案。一、面嘱董玉祥将患病守备何天宠不令照例填注军政。嘱李维钧勒令陆篆接受王允猷亏空。其贪黩之罪十八：一、题补官员，受谢仪四十余万两。一、勒索捐纳人员额外银二十四万两。一、受赵之垣金珠等物值银二十万两。一、取受乐户窦经荣银两。一、受宋师曾银一万两，并玉杯等物。一、遍置私人、私行盐茶。一、私占咸宁等十八处盐窝。一、取受葛继孔馈送古玩。一、受傅泽沄贿，明知亏空，不行查参。一、勒令四省效力人员，每员帮银四千两。一、受参革知府栾廷芳贿，欲带往陕省。一、将抢掠各番衣服等物奄为己有。一、私征新抚各番雍正二年租粮。一、蒲州盘获私盐，计值一万两入己。一、差家人高四贩买马匹。一、令家人颜泰将马匹发兴安各镇，勒取重价。一、委典史朱尚文贩买木植。一、令马起龙卖茶，得银九万九千余两。其侵蚀之罪十五：一、冒销四川军需一百六十余万两，又加派银五十六万两。一、冒销西宁军需四十七万两。一、运米四万石至军前，冒销脚价四十余万两。一、侵用康熙六十年起至雍正三年俸工银十四万九千余两。一、借名建筑布隆吉尔城垣，冒销钱粮。一、隐匿夔关历年税银八万八千两，又加派军需粮规五万余两。一、将拿获私茶，罚赎银四万余两入己。一、侵用河东盐政盈余捐修银五万六千余两。一、将现贮西安未运米一万石，捏称运至西宁，冒销脚价四万六千余两。一、将宁夏各卫所贮仓耗一万四千石并不题报，并留宁拴养马匹工料银一万五千两入己。一、侵用城工余剩银一万六千余两。一、买贮咸长等八县米，浮销价银一万五千余两。一、抄没塔儿寺硼砂、茜草等物，私自变价一万四千余两。一、侵用纪廷诏等捐解银一万两。一、砍取桌子山木植，借称公用，存贮入己。其忌刻之罪六：一、现任职员，陵虐遣调，任用私人，夺缺委署。一、军前官兵支给口粮，不先咨明晋抚，欲致其迟误获罪。一、将绰奇会商军饷清字咨文，差赵成谎说非交代事件，欲致岳钟琪迟误军需。一、捏参程如丝贩卖私盐，杀伤多人。一、欲荐李维钧为巡抚，设计诱陷赵之垣。一、遏抑阿炳安等军功共六案。其残忍之罪四：一、出示访拿曹猪头，该县将冯猪头错解，并不复实，即行枉杀。一、无故将笔帖式戴苏锁拿监禁。一、急欲出缺，劾参金南瑛等七员庸劣病废。一、将台吉济克济扎卜等不善于安辑，致伊等困苦失所。以上各款，供状昭著，谨按律内，凡谋反不分已未行，皆凌迟处死。又大不敬者斩。诈传诏旨者斩。大逆知情故纵隐藏者斩。官员交结紊乱朝政者斩。妻子为奴，财产入官。官吏人等挟诈欺公，妄生异议，擅为更改，变乱成法者斩。造谶纬妖书妖言者斩。假与人官者斩。伪造茶盐引者斩。在外大小各衙门官但有入递进呈实封公文至御前，而上司官令人于中途邀截取回者斩。侵盗钱粮入己数满三百两者斩。有一于此，法所不宥，而年羹尧所犯至九十二大罪。内外文武诸臣，合口齐声，耻同覆载。伏请皇上将年羹尧立正典刑，以申国法。其父及兄弟、子孙、伯叔、伯叔父、兄弟之子年十六岁以上者，俱按律斩。十五岁以下及母女、妻妾、姊妹及子之妻妾给付功臣之家为奴。正犯财产入官。仍将臣等审讯年羹尧恶迹昭示中外，以为天下万世人臣反逆不道、欺罔贪残者戒。"得旨："年羹尧不臣之心显然，但因丧心病狂，昏愦颠倒之所致。邹鲁乃无知小人，相与谋逆之情虽实，而事迹尚未昭著。朕念年羹尧青海之功，不忍加以极刑，著交步军统领阿齐图，令其自裁。年羹尧刚愎残逆之性，朕所夙知。其父兄之教，不但素不听从，而向来视其父兄有如草芥。年遐龄、年希尧皆属忠厚安分之人，著革职，宽免其罪。一应赏赉御笔衣服等物俱著收回。年羹尧之子甚多，惟年富居心行事与年羹尧相类，著立斩。其余十五岁以上之子，著发遣广西、云、贵极边烟瘴之地充军。年羹尧之妻系宗室之女，著遣还母家去。年羹尧及其子所有家资俱抄没入官。其现银百十万两著发往西安交与岳钟琪、图理琛以补年羹尧川陕各项侵欺案件。其父兄族人皆免其抄没。年羹尧族中有现任候补文武官者，俱著革职。年羹尧嫡亲子孙将来长至十五岁者，皆陆续照例发遣，永不许赦回，亦不许为官。有匿养年羹尧之子孙者，以党附叛逆例治罪。著内阁明白记载。邹鲁著改为立斩，其亲弟兄子侄著全妻发往黑龙江给与披甲之人为奴。其余皆从宽免。"

领侍卫内大臣公马尔赛、步军统领阿齐图恭捧谕旨。谕年羹尧："尔亦系读书之人，历观史书所载，曾有悖逆不法如尔之甚者乎？自古不法之臣有之，然当未曾败露之先，尚皆假饰勉强，伪守臣节，如尔之公行不法，全无忌惮，古来曾有其人乎？朕待尔之恩如天高地厚，且待尔父兄及尔子并尔阖家之恩，俱不啻天高地厚。尔扪心自思，朕之恩尚忍负乎？授尔为川陕总督，又用尔为抚远大将军，将西陲之事全畀于尔。事事推心置腹，文官自督抚以至州县，武官自提镇以至千把俱听尔之分别用舍。朕意以尔实心为国，断不欺罔，故尽去嫌疑，一心任用。尔乃作威作福，植党营私，如此辜恩负德于心忍为乎？即如青海之事，朕命尔于四月间备兵，尔故意迟延，又命于八月进兵，尔复羁留不往，及朕严加催督，然后进兵，孤军冒险，几至失机。又如阿喇衲所领之兵，尔令其由噶斯地方前进，以险恶必不可行之路，令其行走，岂非欲陷害阿喇衲乎？又如尔令富宁安将骆驼三千余只从巴尔库尔送至布隆吉尔，为无用之需，岂非设计欲陷害富宁安乎？又如令岳钟琪之兵调至西宁，其经由之路，尔指令舍近就远，故意使其纡道数千里，欲使蔡珽运粮不及，岂非欲巧陷蔡珽乎？此皆国家军务大事，而尔视为儿戏，借此以快私忿，尚得谓之有人心者乎？又如尔所奏善后十三条，于不应造城之处建议造城，于不应屯兵之处建议屯兵，并无一件有益于地方之事。为国家筹划边机，如此草率错乱是诚何心？如青海用兵以来，尔之残杀无辜、颠倒军政等事，朕尚皆未令入于廷臣议罪之条。即就廷臣所议九十二条之内，尔应服极刑及立斩者共三十余条，朕览之不禁堕泪。朕统御万方，必赏罚公明，方足以治天下。若如尔之悖逆不臣至此，而朕枉法宽宥，则何以彰国家之宪典，服天下之人心乎？即尔苟活人世，自思负恩悖逆至此，尚可以对天地鬼神，觍颜与世人相见乎。今宽尔殊死之罪，令尔自裁，又赦尔父兄、子孙、伯叔等多人死罪，此皆朕委曲矜全莫大之恩。尔非草木，虽死亦当感涕也。"

科尔沁和硕达尔汉亲王和硕额驸罗卜藏滚布，和硕卓礼克图亲王阿尔坦格勒尔，喀尔喀扎萨克厄尔得尼毕什勒尔图汗和硕亲王多罗额驸策旺扎布，扎萨克和硕亲王固伦额驸敦多卜多尔济，青海厄鲁特和硕亲王戴青和硕齐察罕丹津，科尔沁多罗扎萨克图郡王撒胡喇克，多罗冰图郡王伊锡班第，敖汉多罗郡王垂穆品尔蒿齐忒，多罗郡王雅穆聘尔，鄂尔多斯多罗郡王喇锡班珠尔，喀尔喀扎萨克副将军多罗郡王和硕额驸策凌，厄鲁特多罗郡王车零旺布，青海厄鲁特多罗郡王额尔得尼厄尔克托克托柰，扎鲁特多罗贝勒毕鲁瓦，乌朱穆秦多罗贝勒策卜登，阿禄科尔沁多罗贝勒汪扎尔，科尔沁多罗贝勒多尔济，巴林固山贝子扎锡纳木塔尔，翁牛特固山贝子鄂齐尔，阿霸垓固山贝子策伶东洛卜，喀尔喀固山贝子巴忒玛旺扎尔，土默特固山贝子哈穆罕巴雅斯呼朗图，喀尔喀扎萨克固山贝子策旺诺尔布，厄鲁特扎萨克固山贝子多尔济色卜腾，扎鲁特镇国公察罕伶华，翁牛特镇国公索讷木，乌朱穆秦镇国公彭苏克拉布坦，科尔沁辅国公固山额驸拉锡，辅国公乌尔呼满尔，喀尔喀辅国公通摩克，扎萨克辅国公根敦，和托辉特扎萨克辅国公沙克扎，辉特扎萨克辅国公巴济，喀尔喀扎萨克一等台吉齐妄班珠尔、达尔济雅、根敦、巴朗、班珠尔多尔济等来朝。

（卷39　568页）

雍正三年（1725年）十二月辛巳

铸给驻扎青海副都统达鼐总理青海番子事务关防。

（卷39　575页）

雍正三年（1725年）十二月壬午

以陕西安西总兵官孙继宗署陕西甘州提督。调署陕西甘州提督宋可进署陕西安西总兵官。

（卷39　576页）

雍正三年（1725年）十二月癸巳

赐朝正外藩科尔沁、翁牛特、敖汉、喀尔喀、乌朱穆秦、阿禄科尔沁、阿霸垓、巴林、扎鲁特、吴喇忒、奈曼、苏尼特、四子部落、鄂尔多斯、喀喇沁、蒿齐忒、郭尔罗斯、厄鲁特、土默特、和托辉特、辉特、青海厄鲁特、阿霸哈纳、杜尔伯特、毛明安王、贝勒、贝子、公、额驸、台吉、塔布囊等及内大臣、大学士、侍卫等宴。

（卷39　583页）

雍正四年（1726年）正月丁酉

谕诸王满汉文武大臣等："允䄉平日居心诡诈，行事乖张。从前罪犯多端，不可悉数。朕不忍执法治罪，令其居住西宁，望其醒悟改悔。乃怙恶不悛，诡诈如故。其门下亲信之毛太、佟保将编造字样之书信，缝于骡夫衣袜之内寄往西宁，被九门捕役拿获。该提督奏闻，朕见体制怪异，有类西洋字迹，因遣人询问西洋人。据西洋人称，此种字体亦不能识认，朕因遣人询问允䄉之子弘旸。据弘旸称：'去年十一月佟保来京，我父亲寄来格子一张，令我学习，照样缮写书信寄去。我向佟保学会了，因此照样写信寄往。'等语。从来惟敌国之人，差遣奸细往来，偷传信息，造作隐语防人知觉。允䄉在彼，朕何曾禁其寄书，亦未禁其往来之人。若果安分守法则所寄书无不可以令人共见，何至于别造字体，巧编格式，暗藏衣袜之内，居然为敌国奸细之行耶？前朕见允禵诸子中惟弘旸尚觉老实，故留京料理伊之家务，不料其诡谲亦如此。允禵名下应赔公项银十三万两有零，乃假作窘迫之状，百计迁延，而以所得撰叙之银数百万两带往西宁，恣意费用。凡市买物件，不论贵贱，随人索价，即如数与之。以此要结人心，不知意欲何为。即今毛太家中搜出借券八十余纸，其借与众姓之银至十万余两，则允禵之窘迫与否，不问可知矣。又如从前楚宗至彼宣旨，允禵站立不跪，自称出家离世之人。今观造作字样，暗通书信等事，出家离世之人顾如是乎？允禵寄与弘旸书，擅用朱书，弘旸书信中称伊父之言为旨意，种种不法之处昭然。又如允禵曾寄信允禩有事机已失之语，洵足骇人听闻。当时幸邀天祖皇考之灵，伊等不得肆其奸谋，乃伊等之福。倘若机会不失，伊等首领尚得保乎？毛太、佟保、六雅图、那丹珠、云敦、克什图俱系允禵亲信之人。允禩、允禵、允禟等匪党固结，人所共知，佟保岂有不知之理？昨将佟保等从出兵处撤回，朕面下旨意询问，允禵若有冤抑之处，著即陈辩。若实在行止妄乱亦著启奏。并问伊等或仍愿在允禵处，或不愿在允禵处，亦据实启奏。伊等佥称，允禵行止妄乱，我等愿为朝廷出力等语。朕因其陈奏，是以各授官职。今允禵造作字样，行踪诡秘，伊等竟不奏闻，情实可恶。著将毛太、佟保等交与顺承郡王及蔡珽、拉锡、阿齐图、查郎阿、高其佩、常明公同审讯。其允禵未往西宁以前之事朕不究问，自到西宁以后如何妄为及何人管理此等书札之事，俱令据实供明。若仍隐匿不行供出，立将伊等正法。"

（卷40 587页）

雍正四年（1726年）正月乙卯

甘肃巡抚石文焯题："岷州卫土司马天骥故，请以其子马绣承袭。"下部知之。

（卷40 598页）

雍正四年（1726年）二月甲子

调靖逆将军富宁安来京陛见。以领侍卫内大臣镶蓝旗蒙古都统办理甘州事务查克旦署理靖逆将军印务，归化城右翼副都统伊席泰办理甘州事务。

（卷41 602页）

雍正四年（1726年）二月辛未

理藩院奏青海亲王察罕丹津等起程北归日期。得旨："察罕丹津等既欲于十一日起程，著初十日至圆明园陛见。伊等俱因青海之乱被贼抢掠，此时回去恐牲口盘费不足，著将内库银各赏给一千两。"

（卷41　605页）

雍正四年（1726年）二月癸酉

谕诸王大臣等："贝子鲁宾在西宁时，谄媚允禵。允禵曾遣伊屡次寄书与允禩往来，同谋奸宄。今在众人前询问时，鲁宾仍感允禩之恩，蒙混具奏，理应即行正法。但伊父止一子，伊又无子，若将伊正法，必致断绝其嗣矣。朕不忍绝人之嗣，鲁宾著从宽免死，并伊妻妾俱著监禁高墙。"

（卷41　606页）

雍正四年（1726年）三月乙未

敕封青海水神为灵显青海之神。

青海厄鲁特扎萨克辅国公诺尔布彭苏克故，遣官致祭。

（卷42　617页）

雍正四年（1726年）三月戊戌

升直隶天津副将管总兵官事徐仁为正蓝旗汉军副都统。调山东兖州总兵官赵国瑛为直隶天津总兵官。升直隶三屯副将柏之蕃为山东兖州总兵官。调四川川北总兵官潘之善为陕西安西总兵官。陕西安西总兵官孙继宗为四川川北总兵官，仍署陕西甘州提督。署陕西安西总兵官宋可进仍署陕西凉州总兵官。

（卷42　618页）

雍正四年（1726年）三月己亥

陕西固原提督马焕缘事革职。升四川重庆总兵官路振扬为陕西固原提督。调陕西西宁总兵官黄喜林为四川重庆总兵官。升江西袁州副将周开捷为陕西西宁总兵官。

（卷42　618页）

雍正四年（1726年）三月己酉

调贵州提督马会伯为陕西甘州提督。升云南临元总兵官杨天纵为贵州提督。调云南永顺总兵官孙宏本为云南临元总兵官。升浙江严州副将霍升为云南永顺总兵官。

甘州提督路振声以老疾乞休，允之，加太子少保、兵部尚书衔，致仕。

（卷42　622页）

雍正四年（1726年）三月癸丑

正白旗汉军副都统金铎缘事革职。以直隶古北口提督何祥书为正白旗汉军副都统。升署陕西凉州总兵官宋可进为直隶古北口提督。

（卷42　623页）

雍正四年（1726年）三月乙卯

以陕西安西总兵官潘之善署四川提督。

（卷42　624页）

雍正四年（1726年）三月戊午

兵部议复甘肃巡抚石文焯疏言："各省军犯俱发河西及平、庆、临、巩四府各卫充伍。今各卫俱改为州县，止有赤金、靖逆、大通三卫，若充发太多，恐致疏纵。请照河东各卫归并各该府管辖之例。令该州县专管，庶无疏虞。应如所请。"从之。

（卷42　625页）

雍正四年（1726年）四月癸酉

谕议政王大臣等："据差往策妄阿喇布坦处众佛保等奏称，臣等与策妄阿喇布坦议定疆界，仍欲以索尔毕岭至唐奴山阴之哈喇巴尔鲁克山为界等语，其事暂且不能完结。朕思巴尔库尔吐鲁番之兵丁理应撤回，著议奏。"寻议："策妄阿喇布坦怙恶不悛，辄敢指占地方以图幸得，乃自取灭亡也。皇上爱惜官兵，以出征年久，令即撤回。应将巴尔库尔吐鲁番官兵俱行撤回，但撤回之后，策妄阿喇布坦或遣人往哈密地方盗取马匹牲畜亦未可定。查哈密地方现驻兵五百名，应于安西兵内再拨五百名，派副将、游击各一员，管辖驻扎。令其远设斥堠，严加防范。俟哈密建城完工，将五百兵再行撤回。安西将军富宁安前降旨调回陛见，应带领大兵来京。再，甘州现有京城满洲兵三百余名，亦令都统查克旦带回，并撤所设军站，其自嘉峪关以至安西、沙州、哈密，应留军站以备递送。"从之。

（卷43　630页）

雍正四年（1726年）五月戊申

召入诸王大臣、九卿等，谕曰："历年以来，朕之数弟，昏昧无知，不安本分。其奸伪逆乱之行，尔众大臣从前虽略晓一二，何能尽知。尔等且不能尽知，外间小人又何由知之伊等为人存心行事。朕因三四十年共在一处，知之甚悉。伊等僭妄之心，悖逆之行，及其党与于国家大有关系。阿其那等历年伤皇考之心，不孝不忠，结为党援，扰乱国家，其罪倍甚于二阿哥。从前阿其那、塞思黑、允禵、允禩等共为党与，包藏祸心，将不守本分诡随之人，百计千方，引诱交结。又将生事克乱、喇嘛、僧道、医卜、棍徒、优人之属，种种贪利小人，留心收揽，重利贿买，各致死命。且在各处称扬伊等美名，串通内外奸伪之人，希图大位。有不入其党者，即妄加危言以恐吓之，故不为其所笼络，不为其所欺蒙者盖少。国家被其扰乱，人心受其蛊惑，外则与阿灵阿、鄂伦岱、苏努、七十、赫寿等乱臣结党往来，内则与皇考御前侍卫拜唐阿、太监等钻营交结，探听一切喜怒信息。若非我皇考神明圣智，心如金石，未有不为伊等诡秘之计所动摇者。伊等奸伪之计，皆我皇考所洞悉，乃穷困怀羞，凶心益逞，当皇考高年，反种种激怒，无所不至。圣躬憔悴成疾，皆阿其那等不忠不孝，奸伪结党，种种可诛之所致也。知臣子者莫如君父，我皇考因阿其那不孝不忠，恶贯满盈，深用震怒，曾谓阿其那为乱臣贼子，乃吴三桂之再世，父子之恩绝矣。此等之旨，难以尽录。皇考之旨甚明，伊等皆得罪于宗庙、社稷、皇考之人，国法所当诛者也。朕即位以来，将伊等罪过俱从宽宥。凡事教训，冀伊等解散党与，去其僭妄之心，改其悖乱之行，将阿其那封为亲王，简用重任，总理事务。阿其那仍不改其觊觎悖逆之心，奸伪之行，凡朕所交之事俱有意欲败坏之，事事以美誉自居，欲将恶名归之于朕。其悖逆之心，无少改悔处，具为朕所觉察。伊但凶心稍萌，朕即显然晓示于众，故伊计穷力绌，知其悖逆之心，奸伪之行，断不能施布。意欲朕加以诛戮，或可有玷朕名誉之万一，以泄其忿。种种扰乱，全无人臣之体，竟至在众大臣前发誓，公然诅咒，连及朕躬，举动狂悖，一至于此也。封阿其那为亲王之时，伊妻家之亲为伊贺喜，阿其那即云，何喜之有，我头不知落于何日等语，朕不知其何心而出此言。再阿其那在拘禁之处向看守太监云，我向来在家每餐止饭一碗，今饭加二碗，我断断不愿全尸以殁，必使见杀而后已等语。岂有身为臣子，而如此暴虐悖逆之理耶？再，阿其那于皇考在日，不能承欢奉事，以叨君父之矜怜，不能保其贝勒之爵禄，不能不犯锁拿之罪。伊之乳公、乳母之首领不能保，妻子不能保，家财不能保，则阿其那之才具福分显然可知。夫阿其那以此才具福分兼以不孝不忠，挟其奸伪之心，恣其所行之事，倘至此大位，岂能上安宗庙、社稷，报答祖父之恩，泽被生民之众哉。果系诚心为大清国之人，未必愿阿其那位登大宝也。至塞思黑乃系痴肥臃肿，矫揉妄作，粗率狂谬，卑污无耻之人。皇考从前不比之于人数，弟兄辈亦将伊戏谑轻视，即阿其那亦知伊庸昧无能，特引诱愚弄使出奴力。塞思黑因阿其那事败，未称伊等之心，数年间挺身觊觎大位者，亦阿其那将伊怂恿之所致也。朕即位以来，因思伊等断不可置之一处，将伊遣往西大通居住，原欲令其更改恶心逆行也。伊觉朕之宽仁，断不肯伤伊等身命，不但不改其悖逆之心，反种种妄乱，敢行自古人臣未行之事，敢言自古人臣未出之言，只欲激怒朕心，务令诛之而后已。至于带给允禵书札内有机会已失、悔之无及等语，数千里寄此等悖逆书信，毫无畏惧。如此不法，是诚何心。仰蒙圣祖皇考隆恩，豢养臣子三四十年之恩泽，岂有因未遂僭妄之私，即怨望君父，与国为仇，如此悖逆肆行有是理乎。且伊蠢然无知，行事悖谬，不量己才，不知羞耻，以不足比数之人贿买棍徒。而小人惑于流传之言，以为塞思黑可邀大位，致使众口纷纷，此亦世所罕闻也。而伊亦公然自受，恣口乱言，自古以来亦未有不自度量，觍颜无耻，悖谬干法如塞思黑者也。至允禵生性糊涂急暴，不知天高地厚之人。皇考知伊在家必然生事，特远遣出征在外者。允禵乃信阿其那、塞思黑之唆诱，顿萌大志。自古有大志之人，岂有不愿身名美善之理。而允禵于出征处，妄费国帑，肆行贪饕，骚扰地方，又钻营塞思黑，令在皇考前巧为设法，取青海台吉之女，逐日醉饮，种种淫乱贪污之行众皆知之。允禵身为大将，而所行之事，有国法在，有皇考洞鉴在，有公论在，自当黾勉图功，粉饰邀誉，强为忍耐，遂伊愿望之心，而乃丑行不法，至于如此。似此伎俩人品，若至大位，恣任其意，何所不为，岂能为国家万姓造福也。不过私心令伊同党中不忠不孝，奸宄乱国，当诛之数人侥幸而已，非国家之福也。朕即位后即降恩旨，将允禵唤回。允禵于未到京之时，即露种种狂悖。于到京之日，向朕轻躁妄行，状类棍徒，其罪不可枚举。朕皆宽宥施恩，于皇妣梓宫前封伊为王。全不思报朕恩，并不改伊等朋党之初心，逆志益恣，向朕种种欺妄，暴虐之心倍加。近者，蔡怀玺投伊院内字帖，内开二七变为主，贵人守宗山，以九王之母为太后数语。允禵不行奏闻，将要紧字样裁去涂抹，但交与总兵范时绎，令不论如何完结，且云，并非大事。看其如此悖乱之行，即史书内亦属希有。至于允禩，但知索取民财，争夺买卖，交结内侍，种种宵小刻薄，无耻劣行之处，难以屈指，举国共知。阿其那将此等人亦行设法牢笼，令其出力，以为羽翼。阿其那等心怀奸恶，扰乱国政，煽惑人心，邀买美名，结交匪类，遍处称扬伊善，不过欺人而已，岂能欺上天、皇考乎？阿其那等承欢皇考者何处？效力者何处？有裨国家者何处？利济军民者何处？施恩臣工者何处？有益兄弟者何处？且当皇考圣明在御之时，阿其那为皇子，何得交结外人，不曾与政事，有何善足称，遂至人目之为佛者何故耶？此皆伊等所结朋党作乱之徒，招摇惑众，小人愚昧，入其机变，不审始末虚实之所致，甚显然也。伊等如果有善可据，朕此数言又安能掩没伊等之善行乎？但众多愚昧，伊等存心行事已久，众人被其欺惑者深。朕若不如此明白降旨，分析伊等奸伪之术，凶恶之性，不孝不忠之行，众皆难以知晓。今众人但将伊等果如何好，如何似佛之处，稍为揣度，则若梦之醒，咸自晓然也。且当皇考之时，朕若欲似伊等结党不能得人耶？若欲似伊等邀名不能致誉耶？若欲效伊等之所行，岂力不能为之人耶？只因上天照鉴可畏，皇考恩德甚重，朕心不忍忘负，是以但宁静守分，敬谨孝顺于皇考之前。朕自幼时诸兄弟俱恭敬朕躬，朕于兄弟中亦并无私嫌，而朕亦从无希冀大位之念。此皇考所深鉴，众人所共知也。昔朕之兄弟中往往有得罪皇考者，朕身为之解释调停，以宽解皇考之怒。凡此不可枚举，现今诸王与皇考亲近侍卫俱悉知之。朕非邀名，亦非为伊等，乃实为君父年高，仰体圣躬之故，是以坚持心志而行之耳。莅位以来为因国家利害所关，但欲伊等改其凶悖之性，以及于善耳。设使朕先便有希冀此位之念，今已登此位矣，又于伊等何仇乎？朕从前若有被兄弟凌辱或致朕于恶地，或于朕有亏伤处，如此等私怨，倘有一事，倘有一人，亦必不能掩众人之耳目。皇考在时，朕赖皇考之恩，平安尊荣已四十五年。与此等不肖弟辈岂但并无仇隙，即些微一言之不合亦未有也。朕临御以来日夜念皇考之恩，付托之重，于政事竭力勤求已经四载。尔众大臣朝夕在廷，觌面奏事，岂有不知之理。自古帝王未有如我圣祖皇考之勤政者，即皇考之勤亦无自朝至暮办事之理。但朕甫登大位，因素性于事不好干预，臣工皆所未识，政务皆所未经，念皇考付托之重大，恐其陨越遗漏，故尔精勤求治，自晨至暮，总无间断。伊等不得窥朕之瑕隙，于元年、二年间造言，有谓朕每日早理事，日中即醉饮者，又有谓朕日中酒醒，日昃方理事者。朕当时即已闻知，诸卿宁不闻乎。朕从不能饮，若彼时即降谕旨，似乎弭谤，亦谓流言虚实，历久自明，故未即降谕旨。经今日载，朕从前不饮之处众已共知。伊等见朕勤理政事，又皇考以大业付托朕躬，奸恶之徒遂欲以不美之名加之于朕，以有过加之皇考，欲使天下扰乱不已，故又造此等无稽之言传播声扬。今郭允进作书抛入塞楞额轿中，内云十月作乱，八佛被囚，军民怨新主，又谓朕自即位以来，遭旱潦饥荒之灾等语。观此实乃阿其那、塞思黑、允禵、允䄉等朋党之奸逆，凶恶之小人，行乱作恶之书办。皂隶旗棍等贪取货财，讹诈寻事，惯于钻营之徒，见朕将部院衙门及各省私弊尽行除革，政治肃清，此辈宵小之人不能行其劫掠讹诈之事，始移恨于朕。不惮法度，不畏死亡，特造此等悖乱之语以摇动人心，扰乱国家，欲使朕心疑畏，将此辈恶棍朋谋之人，容忍宽假之意。朕以圣贤大公至正之道治天下，焉有因此等悖逆之言遂尔畏惧宽假之理乎？谓阿其那为佛者，岂以其不孝不忠，如鬼如蜮之行乎？不然，伊又有何等忠孝仁慈之美行耶？似此凶暴恶诈奸险之佛，诚自古所未闻者。况水旱疾疫，世所有者，此辈如此妄言，倘偶逢其事，众即以其言为验而信之矣，所关甚巨。朕即位三年以来，幸叨天贶，众所知者，此岂可以假饰之事乎？倘非皇天眷佑，稍合此辈造作之言，又不知如何造作谤讪矣。如直省去岁偶值水灾，朕即发粟数百万石赈救，又令修治堤塘，大开水利，因轸念元元之故，动用数百万帑金，使直省数百万黎民竟若无灾，不致艰食。直隶通省百姓之感戴亦难掩众人之耳目。天下军民，朕爱之俱如赤子，自临御以来所以推恩于军民者甚备。天下之人何故不戴朕恩，反生怨恨也，且不知怨朕何事也，岂即以惩治阿其那等当诛之奸类故乎？如朕即位三年有一事可致军民之怨，朕万岁后何以见我皇考在天之灵。朕如有致军民可怨之处，众人即当明言。今者内有郭允进之辈，外有蔡怀玺之徒，任意造作各样谣言，实国家之蟊贼，不可以不正法也。我朝自太祖、太宗肇造区宇，至我皇考百有余年，满洲等世沐恩膏。朕承皇考之命，嗣此鸿基，天惟一日，国止一君。八旗人等亦惟感戴大君，一心事朕而已。似此不忠不孝之辈扰乱国家，妄行不法，乱臣贼子之居心行事。八旗之人，聆朕晓谕之旨，当必骇然深烛其行事之悖乱，当切齿而共恨之者。嗣后尔等各部院衙门八旗之内有如此等妄造语言，摇乱人心者，汝等加意访拿，诛殛数人，群小自然戒惧，不敢妄为矣。倘知之闻之，故作不知，被他处拿获审出时，将隐匿之人照犯人一例治罪。塞楞额陈奏甚是可嘉。大凡微贱小人，不知国家之大义，怀奸隐匿以示私恩，如塞思黑、允禵等，以关系己身之事，值此等妄言之人，尚故作不知，纵之以示宽仁，非国家之叛臣贼子而何，且置法纪于何地乎？从前诸王大臣请将阿其那、塞思黑、允禵即行正法，断不可留，所奏甚为得理。此辈包藏异心，挠乱国政，乃获罪于宗庙、社稷与我皇考之人，理应正法。但伊等历年结成党与，妄造语言，蛊惑人心久矣。阿其那等种种奸诈恶逆之事，中外及八旗军民人等尚未得遍知。此事乃关系皇考及朕躬之事，今故将此辈奸恶，不忠不孝大罪，备悉言明，使中外之人昭然尽晓，即将此辈正法亦属当然，日后亦不得议朕。即姑留之，不过少延其性命耳，亦无所关碍。汝等谨记此旨，录出奏览后传与京城内外八旗军民人等一体知之。"

（卷44 652页）

雍正四年（1726年）六月甲子

康亲王崇安及诸王、贝勒、贝子、公、满汉文武大臣等公同议奏："阿其那罪状四十款：阿其那秉性奸险，立心诡诈。康熙四十七年冬圣祖仁皇帝圣体违和，奉旨检视方药，阿其那毫无忧色，医药之事，漫不关心。惟与塞思黑、允禵等促坐密语，情状叵测。及圣躬平复，毫无喜色，反有目前虽愈将来之事奈何等语，惊骇听闻。众所共知者一也。素蓄异志，听信相士张明德诳言，遂欲谋杀二阿哥，希图储位。又与大阿哥暗蓄刺客，谋为不轨。众所共知者一也。趋奉裕亲王福全，令其保荐。及二阿哥既废，揆叙与廷臣，暗通消息，各人手心俱写一八字。众所共知者一也。诡托矫廉，而凡有用财收买人心之处皆取之。于塞思黑托人重价购书，夸其好学，九流术士，招至家中，藏之密室，厚加赏给，俾各处称扬。众所共知者一也。平日受制于妻，一日与何焯共谈，任听伊妻门外大笑，不知省避。又将何焯之幼女私养宅中以为己女。众所共知者一也。二阿哥初废时希冀储位，邪谋日炽，结党钻营。及事情泄漏，圣祖仁皇帝震怒，提拿发审，问所犯情由俱已显著。圣祖仁皇帝召集诸王大臣等细数其奸恶，降旨革去贝勒，为闲散宗室。众所共知者一也。康熙五十三年冬，圣祖仁皇帝驻跸遥亭，阿其那遣人以将毙之鹰进献。又称伊在汤山等候进京，并不请旨，行止自由。圣祖仁皇帝愤怒，严讯伊之护卫及太监等，朋党奸谋，尽行显露。其太监冯进朝供称鄂伦岱、阿灵阿系伊逆党。彼时鄂伦岱、阿灵阿理屈辞穷，仓皇退避。圣祖仁皇帝降旨云：‘朕与伊父子之情绝矣。’众所共知者一也。是日，圣祖仁皇帝又降旨谕众阿哥云，八阿哥允禩大背臣道，觅人谋杀皇太子，竟未念及朕躬也。前朕患病，诸大臣公保八阿哥，朕甚无奈，只得将不可册立之允礽放出。五载之内，极其郁闷。允禩仍望遂其初念，与乱臣贼子等结成党与，密行奸险。谓朕年已老迈，岁月无多，及至不讳。伊曾为众人所保，谁敢争执，后日必有行同狗彘之阿哥，仰赖其恩，为之兴兵构难，逼朕逊位而立允禩。若果如此，朕惟有含笑而殁已耳。朕深为愤怒，特谕尔等众阿哥俱当念朕慈恩，遵朕之旨，始为子臣之理。允禩因不得立为皇太子，恨朕切骨。伊之党与，亦皆如此。二阿哥悖逆屡失人心，允禩则屡结人心，此人之险实百倍于二阿哥也。此圣祖仁皇帝之谕旨。众所共知者一也。又因伊乳公雅齐布之叔厥长吴达礼与御史永泰同出关差，永泰所给银两不多，阿其那不顾国体，将永泰私行棰楚。圣祖仁皇帝将雅齐布赏与公主，阿其那背旨潜留雅齐布在京，致将雅齐布夫妇正法。嗣后圣祖仁皇帝曾降谕旨云，允禩因朕将雅齐布正法，遂欲为伊乳公报复，与朕结仇愈深矣。为臣子者竟敢与君父结怨成仇，逆乱已极。众所共知者一也。又自知种种不法，惟恐搜其字迹，家中恶党书札悉行焚烧，将圣祖仁皇帝朱批折子一并销毁，悖逆不敬。众所共知者一也。二阿哥复行拿禁之后，阿其那径到圣祖仁皇帝御前密奏云：‘我今如何行走，情愿卧病不起。’圣祖仁皇帝知其志望非分，作此试探之语，降旨切责。众所共知者一也。见储位未定，与塞思黑、允禵、允䄉交结弥固，必欲遂其大志。谲诈万端，致圣祖仁皇帝愤恨感伤，时为不豫，不孝之罪，上通于天。

众所共知者一也。既革贝勒之后，暗以银马等物要结汝福等人入党，又密同太监李玉擅革膳房行走之厄穆克托。又与翰林何焯固结匪党，盗取名誉，潜蓄异心。众所共知者一也。阿其那母妃丧时，凡事逾礼，沽取孝名，已及百日尚令人扶掖而行。而受塞思黑、允裸、允禵等每日轮班送饭，豕羊狼籍，筵席喧器。脱孝后，面貌愈加丰硕。圣祖仁皇帝降旨切责云：'虚伪不孝，实属奸诡。'众所共知者一也。康熙五十五年秋，阿其那偶患伤寒，正值圣祖仁皇帝自热河回銮，冀以病症幸邀宽宥，故托大病，恳求魏珠谎奏，将所停俸米赏给。病愈仍称病重，魏珠往看，乃下炕迎接，在地叩谢，奸伪无耻。众所共知者一也。康熙五十六年春，阿其那病痊，圣祖俯垂慈悯将赐食物，遣人降旨云，尔病初愈，不知何物相宜，故未敢送去。而阿其那忽起疑端，谓未敢二字承受不起，即往宫中叩恳。圣祖仁皇帝复降旨切责，僭分妄疑，大亏孝道。众所共知者一也。外作矫廉，内多贪鄙，数遣护卫太监等私向赫寿、吴存礼、满丕索要银两。众所共知者一也。圣祖仁皇帝宾天时，阿其那并不哀戚，乃于院外倚柱独立凝思，派办事务，全然不理，亦不回答，其怨愤可知。众所共知者一也。皇上龙飞御极，情敦同气，冀其改过自新，念其尚有才干，晋封亲王，俾同总理事务。阿其那全无感激，受恩之日，出口怨诽。众所共知者一也。自蒙恩委任后，挟私怀诈，遇事播弄，冀以归过主上，摇惑众心，如奉移圣祖仁皇帝梓宫，诳请裁减人夫一半，意欲迟误山陵大事。众所共知者一也。皇上孝思罔极，特命莽鹄立恭写圣祖仁皇帝御容，供奉瞻仰。阿其那乃奏称不当供奉，语言狂谬。众所共知者一也。任理藩院时，科尔沁蒙古乃累朝近亲，蒙圣祖仁皇帝六十年厚恩，其台吉等叩谒梓宫，阿其那令人于边口拦阻，致蒙古呼天号泣。众所共知者一也。任上驷院时，心怀叵测，请减内厩历来所蓄马匹。众所共知者一也。任工部时，盛京陵寝所用红土，旧例自京采买运送。阿其那奏请折银就彼采买，借节省脚价之名，轻慢陵工。众所共知者一也。监造列祖神牌，漆流金驳，全不经心，实大不敬。众所共知者一也。预备祝版之案朽烂不堪，制造军前之器钝敝无用。众所共知者一也。雍正元年春，桃汛将发，耍儿渡等处河工关系紧要，地方官正值办理陵工大事，乃奏请将河工交与地方官，不令监督看守，欲使彼此交代耽误，堤岸冲决，殃害百姓。众所共知者一也。皇上乘舆法物以断钉薄板为之，更衣幄次以污油恶漆涂之。众所共知者一也。清查工部钱粮，于应追者反与蠲免，于应免者反令严追，颠倒是非，使人怨望。众所共知者一也。工部说堂之稿将伊抬写，伊看过并不改正，径用印而行，妄自尊大。众所共知者一也。庇护私人，谋集党与，以私财数千金代岳周完公补项，继又以典铺数万金助其作奸犯科。众所共知者一也。包衣披甲额数在御前密奏之时则请裁减，在公廷议复之日则请增添，及至奸伪败露，众怨沸腾，争闹其门。皇上降旨察讯，伊又枉陷无辜，以乱国法。众所共知者一也。阿其那之妻不守妇道，圣祖仁皇帝谕旨甚明。皇上降旨遣回母家，伊女婢白哥劝伊于皇上前谢罪奏恳，乃愤然曰：'我丈夫也，岂因妻室之故而求人乎？'白哥见伊日在醉乡，屡次劝谏不从，遂愤恨自缢而死。逆理昏乱，众所共知者一也。门下太监阎进代伊隐瞒所行不法之事，则厚赏银币。护军九十六据实供吐，违其本意，则立毙杖下。长史胡什吞以直言触怒，痛加棰楚，推入冰内，几致殒命。身为人臣，敢操赏罚生杀之柄。众所共知者一也。清查太常寺奏销黄册迟至一年之久，尚不查奏，违圣旨而轻祀典。众所共知者一也。门上佐领系管理事务之员，阿其那所用哈升乃掳来之厄鲁特，用为头等护卫佐领。众所共知者一也。捏称工部郎中三泰亏欠银两，寻隙参奏。众所共知者一也。皇上所交利益旗下银十万两内擅自动用五六万两，私买人口，益张羽翼。众所共知者一也。奉旨谕令悛改，乃含刀发誓云：'我若再与塞思黑往来，一家俱死。'一家二字，显行诅咒。众所共知者一也。奉旨拘禁宗人府，全无恐惧，反有不愿全尸之语。凶恶之性，古今罕闻。众所共知者一也。塞思黑罪状二十八款：塞思黑行止恶乱，谋望非常，暗以资财买结人心，且使门下之人广为延誉。收西洋人穆经远为腹心，夸称其善，希图储位。众所共知者一也。康熙五十六年冬，圣祖仁皇帝召诸王子面询建储之事，塞思黑陈奏之语背谬，圣祖仁皇帝面加切责。是夜三鼓时，圣祖仁皇帝念及塞思黑之言，益增愤怒，中夜起坐。次日塞思黑即畏惧称病，平日结交近侍，密行伺察探听。众所共知者一也。诈称有疾，私向穆经远云，皇父欲立我为皇太子，是以诈病回避，僭妄无耻。众所共知者一也。圣祖仁皇帝稍加教训，即生怨恚，每云不过革此微末贝子耳。又每云：'如大阿哥、二阿哥一例拘禁，我倒快乐。'出言悖逆。众所共知者一也。因封贝子未遂其望，令秦道然各处称其宽洪大量，慈祥恺悌，图买人心，以谋大位。又密结何图，令其姑赴同知之任，如有用处即速来京。不轨之情，公然出口无忌。众所共知者一也。康熙四十七年，圣祖仁皇帝降旨，凡非本王门上之人俱不许在别王子、阿哥处行走。而塞思黑抗不遵奉，仍复招集私人往来无忌。众所共知者一也。圣祖仁皇帝将阿其那锁拿发审，塞思黑与允禵怀藏毒药愿与同死。又令人携带锁鐪从行，以示同患之意。及阿其那蒙恩宽免，塞思黑当众取出毒药与众人看毕而弃之。固结死党，凶暴悖乱。众所共知者一也。向秦道然言生有异征，又言曾患病见金甲神满屋梁，诡诈妖言，欲惑人以图非分。众所共知者一也。将伊子弘晟认内侍魏珠等为伯叔，窥探宫禁信息，行事卑污。众所共知者一也。允禵往军前时，塞思黑私与密约，若圣祖仁皇帝圣躬欠安，即遣人驰信军前，以便计议。众所共知者一也。伊女聘与明珠之孙永福，索取资财累百万金，夺据各处贸易，贪婪无厌。众所共知者一也。圣祖仁皇帝宾天时，皇上正在哀痛哭泣，塞思黑突至上前，对坐箕踞，无人臣礼，其情叵测。众所共知者一也。梓宫前上食举哀，塞思黑全无滴泪。皇上降旨询问，即出帕忿争，情状不逊。众所共知者一也。允禵往军前时，塞思黑遣太监随从复差人往来寄信。允禵回京时，又差人迎遇大同，暗筹私事。众所共知者一也。又私与允禩、允禵相约，彼此往来密信，看后即行烧毁。图谋不法之处显然。众所共知者一也。圣慈曲加保全，发往西宁居住。伊屡次延挨日期，既到西宁，寄书允禩，内称事机已失，追悔无及。逆乱之语，公然形之纸笔。众所共知者一也。初到西宁时，向穆经远云，越远越好，心怀悖乱。众所共知者一也。伊妻路经山右，纵容手下人骚扰百姓，殴打生员，公行不法。众所共知者一也。应赔钱粮，抗不还项，乃将诈取明珠家财数百万两带往西宁。凡市买物件听人索价，如数给与，图买人心。又越礼犯规，僭称王号。众所共知者一也。纵容属下人在地方生事。皇上特遣都统楚宗往行约束，及楚宗到彼宣旨，伊不出迎接，亦不叩头谢罪，口称我已出家离世之人，种种怨望。众所共知者一也。寄与伊子及所属官员人等字俱用朱批，伊子称塞思黑之言为旨，僭逆已极。众所共知者一也。别造字样，巧编格式，令伊子学习，打听内中信息，缝于骡夫衣袜之内，传递往来。阴谋诡计，俨同敌国。众所共知者一也。太祖高皇帝钦定国书，臣民所共遵守。塞思黑径敢添造七字头，私行刊刻，变乱祖制。众所共知者一也。在西宁时，于所居后墙潜开窗户，密与穆经远往来计议，行踪诡秘。众所共知者一也。又将资财藏匿穆经远处，令其觅人开铺。京中信息，从铺中密送。诡秘若此，众所共知者一也。又向穆经远云：'前日有人送字来，上写山陕百姓说我好，又说我狠苦的话。我随著人向伊说，我们兄弟没有争天下的道理。'穆经远劝将此人拿交楚宗，塞思黑纵之使去。身在拘禁，尚为此悖逆之语。众所共知者一也。具折请安，称奴才弟，折请皇后安亦有弟字。悖谬已极，众所共知者一也。自康熙元年以来，并无民人投充旗下之例。塞思黑不遵法度，隐匿私置民人一百四十七名，又有投充入档者五名，不入档者二十五名。引诱民户，纠合恶党。众所共知者一也。允禵罪状一十四款：允禵性质狂悖，与阿其那尤相亲密。圣祖仁皇帝于二阿哥之案将阿其那拿问时，召入众阿哥，谕以阿其那谋夺东宫之罪，现交议政究审。允禵与塞思黑同向圣祖仁皇帝之前，允禵奏云：'阿其那并无此心，若将阿其那问罪，我等愿与同罪。'圣祖仁皇帝震怒，拔佩刀欲杀允禵，经允祺力劝稍解。将允禵重加责惩，与塞思黑一并逐出。众所共知者一也。康熙四十八年夏，圣祖仁皇帝避暑口外，恐伊等聚党生事，止令阿其那跟随行走。允禵敝帽故衣，坐小车装作贩卖之人，私送出口，日则潜踪而随，夜则至阿其那帐房歇宿。密语通宵，踪迹诡异。众所共知者一也。圣祖仁皇帝知允禵昏愚狂妄必生事端，因遣往军前使不得朋匪为恶，而允禵与阿其那、塞思黑密信往来曾无间断。机计莫测，众所共知者一也。在西边时，取青海台吉等女子日夜纵酒淫乱，不恤军政，修造房屋，劳民费帑。众所共知者一也。指称杂项名色，糜费国帑三四十万，而进兵止到穆鲁乌苏。将所运粮饷迟误，身未到藏，乃于无用之处。伤损官兵千余，马驼死者数千。众所共知者一也。私受哲尔金银六万六千两，将疲瘦马匹留与白讷喂养，令其买办驼只。信用蓝翎铁柱，任其招摇撞骗，向噶什图等索银十二万两。又惧铁柱举发，始终庇护。众所共知者一也。在西宁时，张瞎子为之算命，诡称此命定有九五之尊，允禵大喜称善，赏银二十两。众所共知者一也。将到京师，一切礼仪并不奏请皇上指示。及到京后，不请皇太后安，亦不请皇上安，大亏臣子之义。众所共知者一也。叩谒梓宫，并不哀痛，至皇上向伊哭泣相见，伊并不向前抱膝痛哭，拉锡微加扶携，令请上安，反肆咆哮，奏称拉锡侮慢我，求连我交与宗人府等语。皇上降旨开谕，伊愈加忿怒退出，将拉锡痛骂。众所共知者一也。孝恭仁皇后上宾，皇上仰体慈恩，将允禵晋封郡王，并无感恩之意，反有忿怒之色。众所共知者一也。皇上谒陵回跸，遣拉锡等降旨训诫，允禵并不下跪，反使气抗奏。良久，阿其那见众人共议允禵之非，乃向允禵云：'汝应下跪。'便寂然无声而跪。不遵皇上谕旨，止重阿其那一言，结党背君，公然无忌。众所共知者一也。允禵之妻病故，皇上厚加恩恤，乃伊奏折中有我今已到尽头，一身是病，在世不久等语。怨望非理，众所共知者一也。不以礼葬其妻，乃于居室之后幽僻之处私造两金塔，一为伊妻葬地，一备己身葬地。不遵国制，反从番僧之教，悖理不经。众所共知者一也。奸民蔡怀玺造出大逆之言，明指允禵为皇帝，塞思黑之母为太后，用黄纸书写，隔墙抛入允禵院内。允禵不即奏闻，私自裁去二行交与把总，送至总兵衙门，令其酌量完结。及钦差审问，始理屈词穷，悖乱之心显然。众所共知者一也。以上款迹皆举臣等所知者言之，即秦道然、何图、穆经远三人所供阿其那恶迹，繁不胜书。臣等谨按阿其那等以邪党为足恃，而要结之念弥坚。以大位为可干，而构祸之心不已。不孝不忠，蔑天伦而干国典。罪恶满盈，昭彰耳目，实朝廷之罪人，宗社之蟊贼。圣祖仁皇帝尝降旨严责阿其那云：'乱臣贼子，人人得而诛之。'圣明远鉴，正谓今日。伏乞皇上大施乾断，将阿其那、塞思黑、允禵等即正典刑，以为万世臣子之炯戒。"疏入，得旨："我皇考聪明首出，文武圣神，临御六十余年，功德隆盛，如征剿三藩，平定朔漠，军国大事，皆不动声色而措置帖然。凡属凶顽无不革面革心，望风向化，而独是诸子中有阿其那、塞思黑、允禵者，奸邪成性，包藏祸心，私结党援，妄希大位。如鬼如蜮，变幻千端。皇考曲加矜全宽宥之恩，伊等并无感激悔过之意。以致皇考震怒，屡降严旨切责。忿激之语，凡为子臣者不忍听闻。圣躬因此数人每忧愤感伤，时为不豫。朕侍奉左右，安慰圣怀，十数年来，费尽苦心，委曲调剂，此诸兄弟内廷人等所共知者。及朕即位，以阿其那实为匪党倡首之人。伊若感恩改过自新，则群邪无所比昵，党与自然解散，是以格外优礼，晋封王爵。推心任用，且知其素务虚名，故特奖以诚孝二字，鼓舞劝勉之，盖朕心实实望其改恶迁善也。乃伊办理事务，怀私挟诈，过犯甚多，朕俱一一宽免，未罚伊一月之俸，未治伊家下一人之罪，亦始终望其改过迁善也，迄今三年有余。而悖逆妄乱，日益加甚。时以蛊惑人心，扰乱国政，烦朕心，激朕怒为事。而公廷之上，诸王大臣之前，竟至指天誓日，诅咒不道。不臣之罪，人人发指。朕思此等凶顽之人不知德之可感，或知法之可畏，故将伊革去王爵，拘禁宗人府，将伊家下数人正法。而阿其那反向人云：'拘禁之后我每饭加餐，若全尸以殁，我心断断不肯。'似此悖逆之言，实意想所不到，古今所罕有也。总之伊自知从前所为之罪，久为朕心所洞悉，且为天地所必诛。扪心自问，万无可赦之理，遂以伊毒忍之性度朕，亦不信朕实有宽宥之心，所以故为种种桀傲狂肆之行以激朕之怒。但欲朕将伊即置之于法，使天下不明大义之人或生议论，致朕之声名或有损于万一，以快其不臣之心，遂其怨望之意。朕受皇考付托之重，统御寰区，一民一物，无不欲其得所，以共享皇考久道化成之福，岂于兄弟手足而反忍有伤残之念乎？且朕昔在藩邸时光明正大，诸兄弟才识实不及朕。待朕悉皆恭敬尽礼，不但不敢侮慢，并无一语之争竞，亦无一事之猜嫌。此历来内外皆知者，不待朕今日粉饰过言也。今登大位，岂忽有藏怒匿怨之事，而欲修报复乎？无奈朕昆弟之中有此等大奸大恶之徒，而朕于家庭之间实有万难万苦之处，不可以德化，不可以威服，不可以诚感，不可以理喻。朕辗转反复，无可如何，含泪呼天，我皇考及列祖在天之灵，定垂昭鉴。阿其那与允禔、塞思黑、允祯、允䄉结为死党，而阿其那阴险诡谲，实为罪魁，塞思黑之恶亦与相等。允䄉等狂悖糊涂受其笼络，听其指挥，遂至胶固而不解。总之此数人者，希冀非分，密设邪谋，贿结内外朋党，煽惑众心。行险侥幸之辈皆乐为之用。私相推戴，而忘君臣之大义。此风渐积已二十余年。朕自即位以来，竭力料理，百凡训诫，而又不得不反复谆详告谕众人者，只因伊等所结之奸党、所行之恶迹，惟朕知之最详、最确。故三年以来，感之以恩，惕之以威，百计化导，冀其解散悛改。无如阿其那倡率不从，不但不肯解散悔过，而固结复深。况此奸党之风，如阿灵阿之子阿尔松阿、苏努之子勒什享等，皆继其父志而奸恶过焉。似此毫无忌惮，父子相承，先后济恶，实为国家之大患，必贻后日之深忧者，此不待朕之宣谕，举国之人岂不知乎？伊等既不肯解散改过，若朕此时不将朕所深知灼见者分晰宣谕，昭示天下，垂训后人，将来朕之子孙欲明晰此逆党之事恐年岁久远，或有怀挟私心之辈，借端牵引，反致无罪之人枉被冤抑。况朕之所深知者，在廷之臣未必能尽知之，因三年于兹，朕遇便则备悉训示，明指伊等居心行事之奸险。今在廷诸臣虽知之矣，而天下之人未必能尽知之。此是非邪正所关甚大，朕所以不得不反复周详剖悉晓谕也。诸王大臣等胪列阿其那、塞思黑、允禵各款，合词纠参，请正典刑，以彰国法。参劾之条，事事皆系实迹，而奏章中所不能尽者，尚有多端，难以悉数。今诸王大臣以为邪党不剪，奸宄不除，恐为宗社之忧，数次力引大义灭亲之请者，固为得理。但朕受皇考付托之重，而手足之内遭遇此等逆乱顽邪，百计保全而不得，实痛于衷，不忍于情。然使姑息养奸，优柔贻患，存大不公之私心，怀小不忍之浅见，而不筹及于国家宗社之长计，则朕又为列祖皇考之大罪臣矣。允禔、允祱、允禵虽属狂悖乖张，尚非首恶，已皆拘禁，冀伊等感发天良，悔改过恶。至阿其那、塞思黑治罪之处，朕不能即断，俟再加详细熟思，颁发谕旨。可将诸王大臣等所奏及朕此旨，颁示中外，使咸知朕万难之苦衷。天下臣工自必谅朕为宗社久安长治之计，实有不得已之处也。"

（卷45　669页）

雍正四年（1726年）七月辛亥

宗人府议奏："平郡王讷尔素在西宁军前，贪婪受贿，应永停俸禄。"得旨："讷尔素行止卑污，在军前贪劣素著，及署大将军印务，更肆婪赃。索诈地方官银两，朕向即闻之。因讷尔素与允禵不和，朕意与允禵相善之人故为播扬，欲倾陷讷尔素，所以未即深究治罪，且加恩令办理上驷院事务。乃伊并不追悔前愆，仍犯法妄行，情属可恶。若仍在王列则于诸王有玷。著将讷尔素多罗郡王革退，在家圈禁，其王爵令伊子福彭承袭。"

（卷46　701页）

雍正四年（1726年）九月癸巳

以陕西甘州提督马会伯署四川提督。

（卷48　719页）

雍正四年（1726年）九月乙未

裁甘肃属之平凉、固原、庆阳、临洮、河州、兰州、岷州七卫、西固一所各千总缺，归并各州县管辖。从甘肃巡抚石文焯请也。

（卷48 720页）

雍正四年（1726年）十月辛酉

陕西兴汉总兵官王之俊缘事降调。升陕西河州副将刘世明为陕西兴汉总兵官。

（卷49 736页）

雍正四年（1726年）十月丁丑

户部右侍郎觉罗塞德缘事革职，调礼部右侍郎塞楞额为户部右侍郎。兵部右侍郎莽鹄立为礼部右侍郎。升西安巡抚图理琛为兵部右侍郎。调四川巡抚法敏为陕西西安巡抚。以甘肃提督署四川提督马会伯为四川巡抚。

（卷49 745页）

雍正四年（1726年）十一月辛卯

调山西总督管理巡抚事伊都立为江西巡抚。升直隶布政使德明为山西巡抚。以原任甘肃按察使张适为直隶布政使司布政使。

（卷50 751页）

雍正四年（1726年）十一月辛亥

户部议复甘肃巡抚石文焯疏言："请动支库银二万两收买小钱，开炉鼓铸大钱，即将大钱再收小钱，源源收铸，收尽停止。应如所请。"从之。

（卷50 757页）

雍正四年（1726年）十二月癸亥

户部议复川陕总督岳钟琪疏言："陕甘两属应征丁银，请摊于地亩征收。以雍正五年为始，著为定例。其有以卫改县未经载丁及原有丁银者，按其额赋，均载丁银。至陆续开垦及现今新开渠闸屯垦之处，亦照此粮额一例增载。再，川省地方多系以粮载丁，间有数州县以人载丁之处，亦应查改划一。俱应如所请。"从之。

（卷51 762页）

雍正四年（1726年）十二月丁卯

调直隶古北口提督宋可进为陕西甘州提督。以原任陕西甘州参将加总兵衔郭成功署直隶古北口提督。

（卷51 768页）

雍正四年（1726年）十二月丁亥

　　赐朝正外藩科尔沁、翁牛特、敖汉、四子部落、土默特、扎鲁特、喀尔喀、鄂尔多斯、巴林、阿霸哈纳、阿霸垓、郭尔罗斯、毛明安、克西克腾、苏尼特、吴喇忒、扎赖特、奈曼、蒿齐忒、阿禄科尔沁、喀喇沁、乌朱穆秦、厄鲁特、青海厄鲁特、杜尔伯特、和托辉特、辉特王、贝勒、贝子、公、额驸、台吉、塔布囊等及内大臣、大学士、侍卫等宴。上进酒毕，令左翼科尔沁和硕土谢图亲王阿拉卜县、右翼乌朱穆秦和硕车臣亲王色登敦多卜至御座前，上亲授饮，其余王、贝勒、贝子、公、额驸、台吉、塔布囊等俱令侍卫分觞授饮于坐次。

（卷51　777页）

雍正五年（1727年）正月壬寅

　　以上元节赐外藩科尔沁、翁牛特、敖汉、四子部落、土默特、喀尔喀、鄂尔多斯、巴林、阿霸哈纳、扎鲁特、阿霸垓、郭尔罗斯、毛明安、克西克腾、苏尼特、吴喇忒、扎赖特、奈曼、蒿齐忒、阿禄科尔沁、喀喇沁、乌朱穆秦、厄鲁特、杜尔伯特、青海厄鲁特、和托辉特、辉特王、贝勒、贝子、公、额驸、台吉、塔布囊等及内大臣、大学士、侍卫等宴。

（卷52　784页）

雍正五年（1727年）二月戊寅

　　升陕西凉州总兵官田畯为广西提督。陕西洮岷副将袁继荫为陕西凉州总兵官，仍驻防哈密地方。

（卷53　808页）

雍正五年（1727年）二月辛巳

　　甘肃巡抚石文焯参奏世袭一等精奇尼哈番赵之璧应赔伊父赵宏燮赃银，并不依限交纳，应革去世职，严追还项。得旨："赵良栋宣力疆场，劳绩懋著，是以圣祖仁皇帝将赵宏燮等加恩擢用，畀以封疆重任。乃赵宏燮深负高厚之恩，居官贪劣，赃私累累。其名下应追各项银两，本应将赵之璧革去世职，严追完项，但朕念赵良栋昔日功勋，格外施恩及其后裔，著将赵之璧从宽，免革职衔，其应追银两亦著免追，留与伊等养赡，以示朕优眷功臣之至意。所有承追督催各官，亦免查参。"

（卷53　809页）

雍正五年（1727年）三月壬辰

谕兵部："浙江绿旗兵丁懦弱，骑射生疏，营伍不整。山陕兵丁人才壮健，弓马娴熟者颇多。将陕西各标营兵丁内拣选一百名移驻浙江，分拨各标教习训练。俾浙省兵丁亦知鼓励，于行伍大有裨益。其拨往兵丁内有人才可用，骑射娴熟，能约束教习者，即行拔补千、把总。总督岳钟琪现在四川，尔部行文陕西提镇，将伊等标下及各营兵丁内汉仗弓马俱好，情愿携带家眷移驻浙江者，甘肃、固原二提标各选二十名，肃州、凉州、宁夏、西宁、延绥、兴汉镇标各选十名，共一百名，如无家眷只身愿往者亦准其前往。倘兵丁内不能得愿往之人，即行召募人才壮健、弓马娴熟、愿往浙江者，以足其数。再，兵丁自陕至浙，路途迢远，搬移家口，费用繁多，兵丁难于措办。系西安地方兵丁交与西安巡抚，系甘肃地方兵丁交与甘肃巡抚，酌量家口多少给与足用盘费，务令兵丁得沾实惠。但人多路远，照管需人，文职著于同知、通判内选派一员，武职著于游击守备内选派一员。沿途督送或一齐起程，或分数起前后起程，俟七、八月间前往。各兵抵浙之后一切养赡安置之处，自有浙江巡抚、提督会同料理。"

（卷54　816页）

雍正五年（1727年）闰三月丁丑

恭建圣祖仁皇帝圣德神功碑于景陵，遣官告祭。碑文曰："皇天眷佑我国家，显谟盛烈，世世相承。太祖、太宗肇基东土，缔构鸿图，世祖混一寰瀛，克成骏业。笃生我皇考、皇帝，膺神圣之姿，立君师之极。大德广运，健行不息。至明如日，至仁如天。集皇王之大成，亘古今而首出。书契以来，罕有伦比，以扬列圣之耿光，以裕我无疆大历。服予小子缵承基绪，既奉册宝，恭上尊谥。惟山陵礼毕，宜建穹碑，钦惟我皇考临御六十余年，厚德崇功，布濩宇宙，盈溢简牒。巍巍乎，荡荡乎，不可殚述。谨掇大概，镌勒贞珉，用昭垂于亿万祀。叙曰：'圣祖合天弘运，文武睿哲，恭俭宽裕，孝敬诚信，功德大成。仁皇帝讳玄烨，世祖体天隆运，定统建极，英睿钦文，大德弘功，至仁纯孝章皇帝第三子也。母孝康慈和庄懿，恭惠温穆，崇天育圣，章皇后在妊时，孝庄文皇后见孝康章皇后衣裾若有龙绕，知为毓圣之祥。逮降诞之辰，异香盈室，经日不散，五色光华，与日并耀。宫人内侍，咸所瞻仰，天表奇伟，耳大声洪，双瞳日悬，隆准岳耸，肤理莹白，皎然玉质，举止严重，性度恢宏，敦敏聪明，出言中理。辛丑正月嗣登大宝，时甫八龄。孝庄文皇后问所欲，对曰：'惟愿天下乂安，兆人乐业，共享太平之福。'孝庄文皇后动容嘉叹，知能荷神器，为生民主也。自初读书，十行俱下，略不遗忘。讲幄既开，日与儒臣论难往复，虽烈暑沍寒，未尝暂辍。焚膏继晷，常至中宵。逊志覃思，好古敏求，勤笃甚于儒素。谭经评史，发挥道奥。流览之功，遍于七略，爰及纬象、声律、算数百家之书，莫不触类洞彻，得其精要。故知性知天，察人伦而明庶物。虽一名一物，皆研究精微，而一以贯之。敬天尊祖，禋祀必亲。齐明盛服，率礼无愆。至年逾六十，颇艰拜起。冬至，上辛，祫祭，群臣恳请遣官恭代，犹必亲诣，省视陈设，行迎神之礼。退居斋幄，默致精诚，俟礼毕然后旋辂。天性纯孝，事孝庄文皇后垂三十年，致爱尽诚，委曲周至。从幸时，乘马不离左右。遇道路少仄即下马扶辇，逾岭则扶掖升降，弥加恭谨。康熙二十六年冬，孝庄文皇后圣体不豫，皇考亲尝汤药，席地而坐，目不交睫，衣不解带者三十五昼夜。逮疾大渐，自撰祝词。步祷南郊，请减己算，以延慈寿。伏地诚恳，涕泗交颐，至居庐时，哀瘠过甚，不盥沐者数十日。释服后，仍处偏殿，衣布素，恭送龙辅，每日必步随数里，朝夕恸戚如初丧。终身思慕，每一言及，声泪俱发。事孝惠章皇后垂六十年，备极孝养。省方江南，避暑塞外，必奉銮舆以行。康熙四十九年，孝惠章皇后寿跻七旬，皇考亦年近六旬矣。正月元夕，宫中张灯设宴，躬亲起舞，称万寿觞，中外传为天家盛事。友爱裕亲王等，同问安慈宁宫。每序家人之礼，亲亲之谊，久而弥笃。其疾也，屡亲视之。其薨也，亲临之。宗室中，用其才俊，而礼其高年，无爵位者亦有常廪。自康熙六年始亲政事，未明求衣，日昃忘食。数御门延见公卿，详论得失。综理万几，日有常程，靡所稽滞。尝于巡幸之次章奏未至，秉烛以俟。或于四鼓披览达旦，遂忘寝息。孜孜图治，不自暇逸，历六十余年终始惟一。虚己求言以广视听，片词之善必蒙采录。或星象示异，水旱为沴，即命群下直陈休咎所起，无所隐讳。又命督抚诸臣密奏地方利弊所宜兴罢者，虽在万里之外，周悉情状，视若目前。审官班禄，必惟其当。内自六卿之属，外自县令以上，临轩召见，观其可否，然后命之。其以清修苦节著闻者，立行甄擢，以劝有位。介胄之士无小大必亲试其能，开霁天颜，从容询问，寸长微绩并加奖励，人皆感激自奋。圣性天授，一经觐谒，历久不忘。故文武之选，程才使器，官得其人，人称其职。皇考智勇天锡，庙算如神。三逆未畔之前，即烛其终为悖逆，宜蚤定大计。遣大臣趣召之，吴三桂果反，耿精忠继之。乃宣睿略，简禁兵守荆州、安庆、镇江为声势。命诸王大臣为大将军分道并进，三桂自出至衡州，湖南皆陷。王师扼之于岳州，用战舰据江湖，断贼饷道。三桂忧怖死，遂拔岳州，尽收湖南地。由陕西取汉兴，定四川，明年定贵州，又明年定云南。逆孽自焚，余党悉平。精忠兵出仙霞，旁扰温台。大兵遏之衢州，屡摧其锋，逐北入仙霞，顺流而下，精忠自缚军前。温台贼悉破散，尚之信最后反王师北自韶州，东自潮州蹙之，之信束（束）身乞降。其间孙延龄陆梁于桂林，王辅臣溃乱于宁羌。戈铤所指，不久就俘。当贼势之炽，大江以西，五岭以南，悉为贼踞，烽火几半海内。皇考默运神谟，不动声色，八载之间，再定寰宇，廓清氛翳。耿精忠之乱，郑经自厦门盗踞下游三府，精忠败，大兵乘胜复三府，经遁归厦门。越二年，克厦门，经遁归台湾，以海舟守澎湖为门户。皇考决策命帅，治艨艟，以六月乘北风攻澎湖，再战破之。台湾震詟，乞降，遂以其地为郡县。海氛起于明季，自郑成功巢穴兹岛，传子经及其孙，历三世，出没为闽南患，至是悉靖。察哈尔部布尔尼者，元之遗裔，其先世纳款献传国玺，故荷特恩，尚主封王。父阿布奈渐为狂恣，皇考不忍置诸法，羁诸盛京，俾布尔尼袭封，召之不至，遂以所部叛。遣将率禁旅讨之，两月之内歼厥渠魁，招抚其众，北藩以宁。鄂罗斯凤慕德化，奉职贡，乃其边人罗刹踞雅克萨城，纳我逋逃，以扰索伦。兴师徂征，拔其城，纵其俘，振旅而还。会鄂罗斯之国王遣使上疏谢罪，命大臣往定边界，东北数千里延及海边，胥隶版图。厄鲁特者，元之牧牲人也。其头目噶尔丹，枭桀习战斗，劫服诸番。残回子数百余城，复与喀尔喀构难，潜劫其众，故喀尔喀七旗数十余万众皆称臣内附。皇考亲巡塞外，受其朝谒，锡之名爵，颁谕两部落息兵宁人。噶尔丹顾顽梗弗率，以追喀尔喀为名阑入边界。皇考计安藩服，躬申天讨。以康熙三十五年春，亲统六师由中路直抵克尔伦，料贼必逸而西，别遣大将由西路进兵图拉。噶尔丹闻天兵至，弃其辎重，连夜西奔，恰遇西师于昭莫多，大破之。噶尔丹收合余众，窜伏穷荒。其冬，车驾再出至鄂尔多斯，遣使招附。明年春，又出宁夏，循贺兰山。哈密擒其子以献，其族类丹济拉等潜输诚款。师次狼居胥山，天兵四布，噶尔丹势孤援绝，仰药自尽，丹济拉携其遗骸及子女人口来归，朔漠荡定。其兄子策妄阿喇布坦素与噶尔丹有隙，乘其南发潜据其地，诱致逋逃，种类渐滋。因图青海诸部及西域诸番，暗遣人攻拉藏，杀之，掠据藏地。皇考以太宗文皇帝时班禅额尔得尼、达赖喇嘛知东土有圣人，遣使归命，追念厥诚，不可以勿救，于是分遣将帅率西宁诸路之兵自青海入，四川、云南之兵自拉里入。整旅前驱，不遗一矢，遂定藏地，复达赖喇嘛之位，安西域之众。其他西番诸国无不欣喜感戴，委贽恐后。轸念东南水患，屡勤翠华，躬视河淮。每步长堤，或驾小舟周回观览。高下险易，了若指掌。授策河臣，罔不奏效。开中河以避黄河百八十里之险。治下河则疏人字、芒稻河，注之江。浚虾须诸沟注之海，治清河则培高堰，塞六坝以蓄其势。开张福口、裴家场以畅其流，治黄河则浚云梯关以通海口。筑挑水坝，开陶庄引河以导其北向，筑减水坝，修盐河以泄其旁溢。于是淮不东漫而北敌黄，黄不南灌而东趋海。下河七州县化浸为沃，农桑偏（遍）野，漕艘商舶，上下数千里，安若衽席。其在畿辅之内则堤子牙，而漳、滏、滹沱无泛滥，开柳岔口而芦沟不横决。皆皇考频年巡省，面授经划，用讫于成绩。勤求民瘼，凡所在旸雨之期，封疆大吏随时奏闻，偶有旱潦无不周知。赈恤之恩，不稽旬日。筹划详尽，溥遍优渥，故虽有愆伏，而民忘其灾。远至蒙古诸藩，并厪睿虑，分遣使臣，教以网罟耒耜之利，俾知鲜食艰食。每闻积雪荒歉，即赐之牲畜米粮，咸获赡给。康熙三十六年，朝鲜以大饥告，截河南漕米由登州泛海，发盛京仓储，合水陆运致数万石，平粜赐赍。凋瘵尽起，举国忭庆，蠲租之诏，无岁不下。所在灾伤见告即与减除，积年逋负辄免追征。积算无虑亿万计，人用底于殷阜。四十八年，特敕递免天下地丁钱粮，三岁而遍。八埏之内次第沾被，宽仁之泽，浃于黎烝。隆冬停流遣之期，盛夏解囹圄之禁。法司奏谳，多所矜释，和气熏陶，万方康泰。至于三藩之乱，所全宥不可胜纪。明降敕谕，尚之信、耿精忠罪大恶极，法应及族，但念尚可喜、耿仲明航海归诚，著有劳绩，其兄弟俱从宽免罪，属下人有父兄子弟在贼中者，一无所问。又如噶尔丹子女赦勿诛，俾子有室，女有家，仍官其子。自秦汉以来，叛逆之条，蔓及宗室，横枉无辜。皇考弘旷荡之恩，遂除二千年诛戮惨酷之弊，慎兹祥刑，复于三代。兴行教化，申之以告诫，御制训饬士子文，刊于学宫。圣谕十六条颁于州县，训词深厚，丁宁周至，士习民风，于焉丕变。崇敬先师，表章前贤。东巡狩至于兖州，亲诣阙里，致祭孔子，拜跪之仪，有加于往代。广贤裔博士之封，宋儒周邵二程张朱，皆称子而不名。升朱子祀于堂，寿考作人，开乡会试者各二十有二科。髦俊蔚兴，相继辈出。增江浙入学名数，广直省乡试解额。文思光被，苗猺之秀，隶籍黉宫。岛上君长，遣子弟就业辟雍，穷山越海，靡然向风。右文稽古，命儒臣纂修周易折中，图象卦爻之缊，亲加论定。又修书诗春秋传说汇纂，性理精义。朱子大全，经籍之道，焕然大明。又亲授词臣，考订律历，历得合天，律谐真度，诚万世不易之法。按北极之高，测地理南北东西差，得皇舆全图。其他所编辑，卷帙繁富，充于内府。听政之暇，喜操翰墨，文成典诰，诗为雅颂。书迹神运天矩，为百代楷模。闿五钧之弓，射大镞之矢，发则必中，中必洞贯。文事武备，并臻其极，所谓天纵之圣又多能也。致敬前代，礼逾常典。自夏商以迄元明帝王，膺历服者咸入庙而享祀焉。前后南巡，亲祭明孝陵者三，又欲封其后裔，俾承世祀。予小子只奉遗言，锡之侯爵。公卿大臣，戎行将帅，多服官至四五十年。皇考眷待耆旧，恩礼优渥。凡朝会享，庞眉皓首，济济盈庭，三代而下，诚为盛典。皇考自幼龄奉孝庄文皇后慈训，凡饮食起居，视听言动，皆有矩度。盛德自然，周旋中礼，端扆莅政，天颜肃穆。虽宫庭闲宴，一言一笑，不以假人。太和元气，充于四体。冬不垆而自温，夏不扇而手足未尝濡汗。正衣冠，尊瞻视，终日俨乎若思。逮于耄龄，圣敬日跻，敦尚俭素，衣不辞浣濯，食不取珍异，宫掖人数至少，光禄寺一岁所费较之前代仅十之一。服御器用，历久不易，未尝以故敝弃遗。巡幸所至，不烦民间一物。宫室舟舫，纯用朴斫，无丹青之饰。秉德谦冲，自平定三逆，肃清朔漠，凯旋告功，及五旬、六旬万寿节。五十、六十年宝历。国家大庆，诸王公文武臣僚，大学生徒，京兆耆老屡请恭上尊号。云集阙下，备陈丹恳，皇考频下谕旨，让而弗居。于戏，惟我皇考躬备圣德，久道化成，风教翔洽，锡福烝人，胥跻于仁寿。乃至鸟兽草木咸若，守成之业，恢于创造。拓开疆宇，广袤各数万里。在昔未宾之国重译踵至，戴天履地，含生负气之伦，莫不尊亲，自有生民，盖莫盛于斯日者。然且兢兢业业，缉熙单心，敬上天之明威，察下民之视听。焦劳万务未尝以天位为乐，忧勤惕厉以迄于终身。是所以接尧舜禹汤文武孔子之心传，优入圣域，而仁覆天下也。康熙六十一年十一月甲午崩，圣寿六十有九。雍正元年九月丁丑葬景陵。谨拜手稽首而作颂曰：维我皇清，上天眷命。二仪凝祉，三朝笃庆。皇考绍烈，建中表正。宣聪宣明，乃神乃圣。翼翼昭事，仰格高穹。化将道赞，祭以诚通。虔承九庙，孺慕两宫。大孝备矣，至德光融。爰在冲年，夙成睿智。致泰之基，征乎言志。日就月将，古训是嗜。理数兼该，穷源抽秘。万几在御，八表君临。克勤于政，无逸为箴。求衣忘食，日昃宵深。虑周禹迹，事廑尧心。广听并观，树旌建鼓。无情不达，有善必取。四门攸辟，百司式叙。文采珪璋，武罗貔虎。苞有三蘖，怙势悖恩。默运神机，载奠乾坤。旆麾烽息，弩指鲸奔。提封式廓，截海为藩。元裔速辜，不修厥职。禁旅一临，凶渠伏殛。罗刹扰边，边师讨贼。拔城纵俘，感恩怀德。维彼枭雄，构难比邻。比邻内附，稽首称臣。敢抗明诏，怙恶不悛。天子三征，扫荡边尘。蠢兹遗孽，构氛西徼。自恃荒遐，狂跳纵暴。堂堂天兵，何幽不到。底定三危，恩同再造。瑶池之水，昆仑之冈。穷域绝漠，越海逾洋。书传所记，咸我昄章。敷天率土，无不来王。眷念河淮，频乘四载。既安二渎，亦通百派。一授成功，万世永赖。胥乐同忧，仁膏遍沛。周诗时迈，虞典岁巡。省方询俗，辇路生春。蠲租赐复，岁有恩纶。惠心溥渥，益道平均。旸雨偶愆，恩泽已布。朔漠朝鲜，同沾膏露。象魏既悬，鸡竿屡树。贯索其空，桁杨可厝。德惟善政，道在遗经。纡御东鲁，亲奠两楹。礼明乐备，桧柏增荣。光华复旦，天下文明。覃心四府，研精儒术。典籍大兴，英髦踵出。爰在玑衡，协时正日。玉振金声，审音调律。海涵地负，大哉王言。鸾鸑凤翥，焕乎宸翰。文经武纬，异用同源。道高能博，艺备德尊。历代帝王，祀典弥厚。备列几筵，光延笾豆。修敬前朝，亲临钟阜。三恪垂封，烝尝有后。功勋耆旧，恩礼优容。庞眉皓首，济济雍雍。抈谦克让，川受谷冲。穆穆其敬，安安其恭。六幕启宇，八垓肇域。维我皇考，忧劳靡极。三灵集祜，五纪膺历。维我皇考，克勤不息。贻我臣庶，食德难忘。贻我子孙，卜世无疆。昌瑞之山，峰峙川长。功德穹碑，天日同光。'"

（卷55 837页）

雍正五年（1727年）五月壬午

谕议政王大臣等："安西新设重镇，其兵马钱粮系按季赴兰州支领，但边陲重地，恐有一时需用之处。朕意欲拨银数万两交与安西总兵官存贮备用，哈密亦著存贮数千两，倘有需用，准该镇一面奏闻，一面动用。尔等会同定议具奏。"寻议："安西兵马钱粮酌拨银四万两，交贮该镇，其哈密遇有需用亦于此项内拨给。"得旨："著于四万两之外再拨银二万两以备兵丁平时通融之用。不必具奏，仍于发饷时照数扣除。"

（卷57 875页）

雍正五年（1727年）七月丙寅

刑部议奏："山西猗氏县奸民令狐士义因受塞思黑资给还乡，志存叛逆，挟橐远赴西宁。语多狂悖，合依大逆律，凌迟处死。"得旨："令狐士义著改为立斩枭示。"

（卷59 904页）

雍正五年（1727年）七月辛未

吏部议复署甘肃巡抚钟保疏言："口外赤金、靖逆、柳沟厅卫所各员已照边俸论升至新设之安西厅卫，及归德所一缺，更远于赤金等处，请照边俸之例五年升用。应如所请。"从之。

（卷59 905页）

雍正五年（1727年）八月甲申

议叙土司随师进剿青海等处功。杂谷宣抚使同知板第儿吉加宣抚使衔。瓦寺安抚使桑朗温恺加宣抚使同知衔。庄浪指挥佥事鲁华龄，三寨指挥佥事丹坝、扎什、双岸、朗柯四员俱加指挥同知衔。包坐千户桑柱等俱加指挥佥事衔，及各土目、土兵等赏赉有差。

（卷60 912页）

雍正五年（1727年）八月乙酉

议政王大臣等议复："川陕总督岳钟琪疏言：'西宁北川口外、大通川、白塔川及野马川之测尔兔地方，城垣营房，渐次告竣，其应设官兵应预为酌派。臣查肃州镇属永固城等营、凉州镇属永昌等营，向因逼邻边境，设马六步四，或马、步各半。今大通镇营扼险拒要，肃州口外又设安西重镇，表壮声威，则永固等营皆属内地。应将肃州、凉州二镇所属永固、永昌等十八营，马兵量裁九百六十名。连宁夏镇标后营近已裁去马兵六百名，共裁马兵一千五百六十名。大通镇有控制援剿之责，应照马、步各半之例，设马兵一千名，步兵一千名。测尔兔游击逼近边境，路通青海，应设马兵三百二十名，步兵四百八十名。白塔川参将与西宁北川营相去止五十里，距大通镇不过一百余里，声气响应，应设马兵二百四十名，步兵五百六十名。'均应如所请。"得旨："西大通等处初设兵丁，甚属紧要。其应添设参将、游击、守备、千总等官，著岳钟琪于陕西武官内应题补者，具题调补。"

（卷60　912页）

雍正五年（1727年）八月己亥

裁陕西洮阳驿、武威驿、永昌驿、古浪驿、南大通驿、西宁驿、嘉顺驿、巴古驿、王铉大坝驿驿丞九员。添设宽沟驿、三眼井驿、营盘水驿驿丞三员。从护理甘肃巡抚钟保请也。

（卷60　917页）

雍正五年（1727年）八月壬子

户部议复："川陕总督岳钟琪疏言，沙州招民垦种。臣檄甘肃布政使钟保转饬平、庆、临、巩、甘、凉、西七府及肃州厅，各于所属酌量补招，务足二千四百户之数。但所招之民户远近不一，臣恐有误春作，已令安西镇派拨兵丁代种籽粒二千石。今所招之户至彼者一千四百一十九户，其未至彼者七百二十九户。已过播种之期，请补足二百五十二户，俟明春一并发往，每户各分地土百亩，给以籽种六石。应如所请。"从之。

以故青海扎萨克辅国公诺尔布彭苏克养子达锡班珠尔袭爵。

（卷60　925页）

雍正五年（1727年）九月己未

谕议政王大臣等："康济鼐属下厄鲁特等原系青海之人，曾降旨与达赖喇嘛，令将此等人交副都统马喇、内阁学士僧格移于青海地方居住。尔等行文与岳钟琪，将四川布政司库银动用一万两，酌派官兵送往西藏，交与马喇、僧格备办口粮，赏移居之厄鲁特等。"

雍正五年（1727年）九月庚申

理藩院奏称："青海贝子噶尔丹代青诺尔布病故，无人承袭，伊妻请以侄贝子达锡策零兼袭伊夫世职。查贝子无兼袭两职之例，应无庸议。"得旨："噶尔丹代青诺尔布于青海罗卜藏丹津之事，著有功绩，因议叙封为贝子。今既病故，伊兄弟两家止有贝子达锡策零一人，著从优加恩，并两贝子职晋封为贝勒，世袭罔替。"

雍正五年（1727年）九月乙丑

调浙江布政使孔毓璞为陕西甘肃布政使司布政使。升河南按察使彭维新为浙江布政使司布政使，内阁侍读学士李秉忠为河南按察使司按察使，湖广武昌道吕耀曾为四川按察使司按察使。

吏部议奏："甘肃布政使护理巡抚印务钟保因固原州偶遇骤雨，城墙旧砖剥落，田禾略被冰雹，尚未成灾，乃并不确查，冒昧具奏，殊属不合，经提督路振扬目睹情形，据实陈明，钟保应降三级调用。"得旨："钟保由司官之职，朕加恩擢用至布政使。伊到任以来专务虚名，并不实心办事。上年详办兵粮一案，将国家钱粮市恩邀誉。今年秋审，又将因奸杀死亲夫之重犯拟以缓决，刑罚颠倒，见者无不骇异。至于折奏错误乖张之处，不可枚举，一味柔软沽名。钟保著革职，以为人臣负恩溺职者之戒。"

雍正五年（1727年）十月乙酉

谕内阁："向来甘肃估拨兵粮，其每年某州县应拨若干，并应支何营兵丁，多寡远近之间，总无一定，皆听每年酌估，以致胥吏作奸，上下其手。近闻该督抚等将放粮之州县与领粮之营汛，酌量派定，以除积弊。但平居无事之时，支放皆有定额，倘遇用兵筹饷之际，需用粮石不在定额之数，若不预定章程，恐不肖官吏临时又开纳贿营私之路。著该督将甘肃所属州县额征粮石之多寡与营汛之远近，逐一计算。应如何估拨，悉心酌定，使支放皆奉成规，不萌钻营规避之念，则于官弁兵民均有裨益。"

（卷62　945页）

雍正五年（1727年）十一月癸丑

谕议政王大臣等："现今西藏颇罗鼐带兵报康济鼐之仇，与阿尔布巴战斗相持，应特派大臣领兵料理。曾经缮写谕旨颁给达赖喇嘛，其来年大臣前往应带领兵丁。目今预备，俟青草发萌时前去。此所派兵丁著议政王大臣等议奏。从前派兵时，除官赏置办预备恩赐银两外，其稍有不足者多指伊等俸饷支借。今次所派官兵应停其借给，著从优赏赉。其料理藏内军机事务，著左都御史查郎阿、副都统迈禄前去，选派西安满洲兵四百名随往。四川绿旗兵丁著散秩大臣品级銮仪使周瑛带领。陕西绿旗兵丁著西宁总兵官周开捷带领。云南绿旗兵丁交与鄂尔泰酌量选派总兵官一员、副将一员，著留一员在乂木多驻扎，一员领兵进藏。周瑛赏银四千两，周开捷并所派云南之总兵每人各赏银三千两，副将各赏银一千两，参将各赏银五百两，至赏给游击以下等官，尔等酌议具奏。"寻议："大臣进藏料理不可不带兵前往，所带西安满洲兵四百名，应派协领一员，佐领二员，防御二员，骁骑校四员管辖进藏。再派陕西绿旗兵八千名，四川绿旗兵四千名，云南绿旗兵三千名，每兵丁二千名派副将一员，一千名或派参将游击一员管辖，守备、千把等官令该督抚提镇等配合派出，其银两各遵旨从优赏赉。游击四百两，守备三百两，千总二百两，把总一百六十两，马兵二十两，步兵十六两，俱预为备办，俟明年青草发萌时起程。令左都御史查郎阿于明年正月内自京由西安、西宁同周开捷出口进藏。应带部院衙门贤能司官四员，笔帖式四员，理藩院领催二名。各赏给俸禄钱粮，置办前往。"从之。

（卷63　960页）

雍正五年（1727年）十一月庚午

理藩院遵旨议复："泽卜尊丹巴胡土克图请加封泽卜尊丹巴喇嘛，遣官赍捧敕印，送至喀尔喀库伦地方。"得旨："泽卜尊丹巴胡土克图与班禅额尔得尼、达赖喇嘛等之后身出处甚确，应封于库伦地方，以掌释教。朕为普天维持宣扬教化之宗主，而释教又无分于内外东西，随处皆可以阐扬。昔达赖喇嘛与班禅额尔得尼在西域时，其居住青海之厄鲁特顾实汗等实与之邻近，相与护持，故其教盛行于西藏。自此各部落俱为檀越，踵而行之有年矣。盖宣扬释教得有名大喇嘛出世即可宣扬，岂仅在西域一方耶？泽卜尊丹巴胡土克图其钟灵原有根源，乃与达赖喇嘛、班禅额尔得尼相等之大喇嘛也，故众喀尔喀俱尊敬供奉之。且伊所居库伦地方，弟子甚众，著动用帑银十万两，修建大刹封伊后身，俾令住持，齐集众喇嘛，亦如西域讲习经典，宣扬释教。再多伦脑儿地方乃众喀尔喀归顺时我皇考巡狩于此，众喀尔喀齐来朝觐会盟之地也，应造寺宇以表彰之，俾去世之张家胡土克图居住。张家胡土克图者西域有名之大喇嘛也，唐古特人众敬悦诚服，在达赖喇嘛、班禅额尔得尼之上，各处蒙古亦皆尊敬供奉。今其后身禀性灵异，确实可据。著将多伦脑儿地方寺宇，亦动帑银十万两，修理宽广，使张家胡土克图之后身住持于此，齐集喇嘛亦如西域讲习经典，以宣扬释教。蒙古汗、王、贝勒、贝子、公、台吉等既同为檀越。朕如此推广教法，建造寺宇，一如西域令喇嘛居住讲习经典，于伊等蒙古之诵经行善亦甚便易。盖礼佛行善无分远近，宣扬释教之处愈多，则佛法可以日广。即泽卜尊丹巴胡土克图、张家胡土克图皆前世达赖喇嘛之弟子，伊等岂肯忘其宗派耶？"

（卷63 969页）

雍正五年（1727年）十一月戊寅

议叙镇海堡截击罗卜藏丹津并守护城池各员弁功，分别加衔纪录，阵亡兵丁照例恤赏有差。

（卷63 974页）

雍正五年（1727年）十二月甲申

遣官祭甘肃河源之神。

（卷64 977页）

雍正五年（1727年）十二月丁亥

诸王大臣等审奏延信罪状二十款："查延信向与阿其那、阿灵阿、拉锡、普奇等结为党羽，与二阿哥为敌，党援之罪一。奉旨询问年羹尧之处，并不据实揭报，为之徇隐具奏，党援之罪二。在西宁时，阳为不附和允禵，掩人耳目，而阴与允禵交结，党援之罪三。及复令其进藏时，钻营年羹尧，代伊解释保奏，党援之罪四。延信原系阿其那、阿灵阿、苏努等同党，奉旨交问，伊身为将军贝勒明知其事，反将无干之汉人路振扬举出，党援之罪五。遵奉阿其那，倾心效顺，称阿其那朴实，称阿灵阿为人杰，将伊女与阿尔松阿结亲，党援之罪六。捏造逆言，告知年羹尧，希脱党谋，党援之罪七。当御前昂然伸足，大不敬之罪一。皇上谕旨训责，坐听不行跪聆，大不敬之罪二。时届万寿圣节不俟庆祝，辄自起程回任，大不敬之罪三。在西安时不遵谕旨，将地方要务并未奏闻一事，大不敬之罪四。假捏病状，扶杖行走，及令伊署大将军印务，弃杖前往，欺妄之罪一。谕旨训练士卒，不行钦遵，反怀怨望，将士卒混行痛责，扰乱国政之罪一。奉旨询问应否进藏之处，并不实心筹划，但云路有烟瘴，希图惑众，扰乱国政之罪二。在将军任内，不亲加训练，只图晏逸，负恩之罪一。妄行保题官兵一百九十余人，市恩邀结人心之罪一。在甘州时，值青海用兵，乱行调动远处兵丁，几致可危，失误兵机之罪一。身为将军，闻贼寇临边，并不发兵，迨新城子失陷之后，始行发兵，失误军机之罪二。将拿到逆贼阿扯布坦温布属下蒙古七人并不究审，竟行释放，失误军机之罪三。进藏时将国帑十万两入己，贪婪之罪一。以上各罪案，延信俱自认不讳，请按律斩决，以彰国法。妻子发往右卫，财产入官。所属佐领下人等交该旗办理。"得旨："延信从宽免死，著与隆科多在一处监禁。伊子不必革去宗室，凡闲散宗室原有在王府佐领兼辖之例，伊等著入显亲王府佐领管辖驱使。至伊属下佐领人等原从显亲王家下分出，仍著赏与显亲王。家产不必入官，伊有种种贪赃亏缺银两，著将伊家产交与旗下大臣等查明还项。"

（卷64　980页）

雍正五年（1727年）十二月甲午

准噶尔台吉噶尔丹策零遣使臣特磊来朝。颁敕谕一道，令使臣赍回。谕曰："据奏知尔父病故，不胜怅惜。尔父在时将一切事务未得裁处妥协，台吉知尔父负朕之恩为非，遣使远来，朕甚嘉之。方今西藏地方噶隆阿尔布巴等与颇罗鼐等彼此结仇，举兵相拒。朕正在踌躇。尔奏称欲在西域煎茶设供，广行释教以安众生，似属非分。准噶尔乃西北隅一小部落耳，释教之广行与否，岂关尔之煎茶设供耶？朕即位年，尔父奏称宽宥伊罪，言词恭顺，朕以为出于至诚，故欲清理疆界，乃命使二次。尔父反生嫌疑，不能遵奉朕旨。再，罗卜藏丹津乃青海和硕特扎什巴图尔之子。伊骨肉中无故弄兵，互相残害。朕差大臣前往，命各息兵，而罗卜藏丹津乃敢悖我皇考圣祖养育之恩，负朕之德，侵犯内境，被守边轻兵击败，远行逃窜。尔父应即为擒献，始见和好之谊。乃于本地隐匿窝留，是何意耶？由此观之，从前所奏无一诚实之处可知矣。前者罗卜藏丹津乃一愚戾不忠不孝之人，尔父年高历练，力能将伊酌量裁处，可以生之，亦可以制之，必不被伊愚弄。是以不曾勒追。今尔年少，与彼相等，以罗卜藏丹津之志气高傲，不顾恩义，断不肯屈于尔下，守分安居。必将离间尔等，于尔大有不便。尔务须将罗卜藏丹津送来。朕念伊父扎什巴图尔从前劳绩，断不将伊诛戮，仍施恩豢养。尔其只遵朕命，尔台吉应将利害轻重尽心筹划，自立主见。特兹敕谕。"

（卷64　984页）

雍正五年（1727年）十二月壬寅

护甘肃巡抚钟保题："临洮卫土司指挥使赵煜故，请以其侄赵延基承袭。"下部知之。

（卷64　989页）

雍正六年（1728年）正月甲寅

浙江杭州左翼汉军副都统雅斯哈缘事降调。升陕西肃州总兵官杨长泰为浙江杭州左翼汉军副都统。调浙江杭州右翼汉军副都统匡名世为镶白旗汉军副都统。升广东广州参领陈世璠为浙江杭州右翼汉军副都统。山东兖州总兵官刘汝霖为江南京口左翼副都统。调江南苏松总兵官杨国相为山东兖州总兵官。福建金门总兵官林秀为江南苏松总兵官。河南河北总兵官纪成斌为陕西肃州总兵官。升浙江湖州副将冉起凤为福建金门总兵官。江南徐州副将闪文绣为河南河北总兵官。

（卷65　993页）

雍正六年（1728年）正月丁巳

封青海厄鲁特扎萨克台吉罗卜藏察罕为辅国公。

（卷65　994页）

雍正六年（1728年）正月乙丑

以上元节赐外藩科尔沁、敖汉、阿霸垓、乌朱穆秦、喀喇沁、巴林、翁牛特、苏尼特、郭尔罗斯、喀尔喀、奈曼、土默特、阿霸哈纳、厄鲁特、青海厄鲁特、图尔古特、辉特、吴喇忒、扎鲁特、和托辉特王、贝勒、贝子、公、额驸、台吉、塔布囊等及内大臣、大学士、侍卫等宴。

（卷65　996页）

雍正六年（1728年）正月丙子

转礼部右侍郎钱以垲为左侍郎。升甘肃巡抚石文焯为礼部右侍郎。

（卷65　997页）

雍正六年（1728年）二月庚戌

旌表浙江遂安县烈妇毛鸣让妻余氏，夫亡绝粒，矢志完贞。陕西张掖县烈女孙兆麟聘妻韩氏，未婚夫亡，闻讣自缢。各给银建坊，入祠致祭如例。

（卷66　1016页）

雍正六年（1728年）三月庚午

谕议政王大臣等："向来大兵驻扎之处皆有大员办理军需，目今进藏官兵驻扎西宁，著巡抚莽鹄立就近前往料理。"

（卷67　1025页）

雍正六年（1728年）四月乙酉

川陕总督岳钟琪疏言："陕甘两省丁银照各省以粮载丁之例题请，奉旨允行在案。今查应减丁银之朝邑等二十一州县，于未及摊定之先，照原额征收，共银六千七百九十二两，若按户退还则粮户畸零，难于散给，必致胥吏中饱。应请存贮司库以充兵饷。"得旨："该督既称按户退还必滋胥吏中饱之弊，著照所请停其退还，但此项银两系陕民输纳之物，著留贮陕西，于地方公事如积贮兴修之类，有裨益于民者。该督抚酌量奏闻，动支应用，不必拨充兵饷。"

（卷68　1033页）

雍正六年（1728年）四月丙午

调署陕西西大通总兵官湖广提督冯允中署陕西西宁总兵官，仍兼署西大通总兵官印务。

（卷68　1038页）

雍正六年（1728年）五月乙丑

升四川松茂道李世倬为陕西甘肃按察使司按察使。

（卷69　1044页）

雍正六年（1728年）七月戊辰

升陕西肃州总兵官纪成斌为陕西固原提督。陕西洮岷副将樊廷为陕西肃州总兵官。

（卷71　1067页）

雍正六年（1728年）七月戊寅

赈甘肃兰州雹灾饥民。

（卷71　1072页）

雍正六年（1728年）八月乙未

解甘肃巡抚莽鹄立任。以署湖广提督陕西兴汉总兵官刘世明为甘肃巡抚。实授曹勷为陕西兴汉总兵官。以直隶天津总兵官岳超龙署湖广提督。直隶张家口副将张三让署直隶天津总兵官。

（卷72　1080页）

雍正六年（1728年）九月己未

兵部议复川陕总督岳钟琪疏言："西固土司黄登烛坚错，父子济恶，岷州土司赵廷贤朋比为奸，番民不安住牧，情愿改土归流。查黄登烛坚错所管番地，附近西固请将西固州同改为抚夷同知，颁给印信，以资抚驭。赵廷贤所管番地，附近岷州请隶岷州同知管辖。至西固、岷州地连边寨，汛守宜严，请于两土司适中之地令该管洮岷协委、把总二员各拨兵二十名，分驻巡查，俱应如所请。"从之。

（卷73　1090页）

雍正六年（1728年）九月甲子

谕吏部："陕西平凉府知府李桐因察核属员，被知县卓凤诏详揭，经莽鹄立题参已降旨解任质审。今据总督岳钟琪奏称，李桐颇能尽心办理军需，似此能员，题参解任，深可惋惜等语。朕前曾屡升谕旨，督抚大臣当为国家爱惜人才，如有贤能之员不得以小过微愆，遽行参奏，令其废弃。李桐为伊父生日受属员寿屏，此犹情理之可恕者。莽鹄立不念其平日居官，尚能效力，即行参奏，殊非大臣公忠为国之意。李桐著照岳钟琪所请，免其解任候审，仍留原任。"

（卷73　1092页）

雍正六年（1728年）十月己卯

又议复："川陕总督岳钟琪疏言，陕甘二属丁银偏累，向经题准摊入地亩征收，但甘属河东地方粮轻而丁多，河西地方粮重而丁少。若将河东丁银摊入河西，是两处田粮轻者益轻，而重者更重。请将二属各自均派，河东则丁随粮办，河西则粮照丁摊。应如所请。"从之。

（卷74　1099页）

雍正六年（1728年）十月壬辰

调陕西、甘肃巡抚刘世明为福建巡抚。以浙江观风整俗使许容为甘肃巡抚。加浙江粮道蔡仕舢都察院佥都御史衔，为浙江观风整俗使。

（卷74　1106页）

雍正六年（1728年）十月癸卯

以原任甘肃巡抚莽鹄立署正蓝旗满洲副都统，兼署理藩院侍郎事。

（卷74　1110页）

雍正六年（1728年）十一月丙辰

改陕西阶州小川驿归成县管辖，从川陕总督岳钟琪请也。

（卷75　1115页）

雍正六年（1728年）十一月己巳

办理藏务吏部尚书查郎阿等遵旨复奏："查陕省进藏兵丁共八千名，此内除留于木鲁乌苏之东蒿沁察罕哈达兵二千名，坐站兵一千八十名，现至藏兵四千九百二十名。四川进藏兵共四千名，此内除留于黎乌齐兵二千名，坐站兵五百名，现至藏兵一千五百名。云南进藏兵三千名，于罗隆宗留兵二千名，义木多留兵一千名。臣等谨遵谕旨，拣选陕西兵一千名，四川兵一千名，交与驻扎西藏之大臣迈禄、周瑛、副将马纪师，并酌量派出陕西、四川游击、守备、千把等官，令其驻扎，以备差遣。达赖喇嘛于二十三日自藏起程，所撤兵丁分作五队：第一队副将惠延祖带领宁夏兵一千五十名。第二队臣查郎阿、马喇带领西安满洲兵四百名，固原兵五百名，四川兵一百名。副将周起凤将达赖喇嘛在臣队内防护。令副将杨大力带领四川兵四百名前行。第三队参将王有循带领督标兵四百九十名，凉州兵二百三十名。第四队守备戴义雄、潘世喜带领固原兵七百五十名。第五队总兵官周开捷带领西宁兵八百名殿后。以次起程。其云南总兵官南天祥原率领兵一千名驻扎乂木多，今西藏事方平定，且将达赖喇嘛移往里塘，请将乂木多兵丁于藏兵未撤之先暂令驻扎，以便应援。"奏入报闻。

（卷75 1119页）

雍正六年（1728年）十二月己丑

升陕西洮岷副将颜清如为陕西延绥总兵官。

升陕西巩昌府属之秦、阶二州为直隶州。以清水、秦安、礼、两当隶秦州，文、成二县隶阶州。改徽州为徽县，亦隶秦州。徽州原设州判一员改为阶州州判，原设吏目一员改管徽县典史事，原设学正一员改管徽县教谕事。从川陕总督岳钟琪请也。

（卷76 1128页）

雍正六年（1728年）十二月辛卯

户部议复西安布政使署甘肃巡抚张廷栋奏言："甘省由前任巡抚石文焯收买小钱，改铸大钱，扰民已甚，请暂停鼓铸。应如所请。"得旨："从前禁止小钱之时，伊都立曾奏请收买小钱，朕严饬伊都立以民间行使小钱已久，今若将小钱尽收入官，倘一时未能多铸大钱，则民间市易不敷所用，大有不便。伊都立遵朕谕旨而止。甘肃巡抚石文焯又奏请发帑收买小钱，暂开鼓铸。朕批谕云，所陈开铸一事，朕详细斟酌再谕。若因不能禁止小钱，欲借此为良策，恐未必所毁钱铜能敷新铸之用也。小钱之禁不可急骤，暂宽候旨。乃石文焯并不遵奉候朕再降谕旨，复具折恳请收钱开铸。朕以石文焯身在地方，屡次恳切陈奏，必确有所见，是以允其所请，交部准行。不意收钱开铸之弊，烦扰驿站，贻累官民，至于如此，是石文焯之屡奏不过固执己见，文过饰非而已。石文焯身为封疆大臣，不将所行之事筹划万全，遽行屡次陈奏，甚属草率。著将石文焯交部议处。"

青海厄鲁特扎萨克辅国公册凌故，遣官致祭。

（卷76 1128页）

雍正六年（1728年）十二月戊戌

谕兵部："哈密驻防官兵每年轮换，定期于十二月内派往。朕思腊月天寒，草枯水冻，官兵跋涉为难。查从前甘肃官兵驻防哈密有五月内更换之例，今仍著于五月内派往。"

（卷76　1132页）

《清雍正实录（二）》

雍正七年（1729年）正月己未

以上元节，赐外藩科尔沁、翁牛特、四子部落、鄂尔多斯、扎鲁特、喀尔喀、阿霸垓、阿霸哈纳、敖汉、毛明安、克西克腾、蒿齐忒、吴喇忒、阿禄科尔沁、喀喇沁、土默特、厄鲁特、巴林、图尔古特、青海厄鲁特、苏尼特、辉特、乌朱穆秦、杜尔伯特、哈密王、贝勒、贝子、公、额驸、台吉、塔布囊等及内大臣、大学士、侍卫等宴。

（卷77　5页）

雍正七年（1729年）二月丁丑

谕兵部："陕省兵丁年来效力甚多，朕深为轸念。伊等出征之时若因已给行粮，遂扣其坐粮，则伊等妻子在家，难以养赡。嗣后出征兵丁于照例支给行粮外，仍给与坐粮银米，俾免内顾之虑。再，陕西营伍甚属紧要，若兵丁有派出之处，著总督岳钟琪酌量召募充补，另行按名给与钱粮。"

（卷78　12页）

雍正七年（1729年）二月癸巳

谕诸王、内阁、九卿、八旗大臣等："准噶尔一部落，原系元朝之臣仆。其始祖曰额森，额森之子托浑渐至大员，因扰乱元之宗族，离间蒙古，恐获重罪，遂背负元朝之恩逃匿于西北边远之处。元末又煽诱匪类，结成党与，遂自称准噶尔，肆行劫掳。迨至我朝有噶尔丹、策妄阿喇布坦二人，世济其恶，扰害生灵，灭弃释教，造孽多端，不可枚举。当我朝定鼎之初，各处蒙古倾心归顺，共输诚悃，请安纳贡，求为属国，安享太平乐利之福八十余年。惟准噶尔一部落遁居西北五千里之外，扰乱离间众蒙古，肆行劫夺。噶尔丹身为喇嘛，不守清规，不遵佛教，破戒还俗，娶青海鄂齐儿图车臣汗之女为妻，后又潜往青海，贼害伊之妻父鄂齐儿图车臣汗，掳其属下人众。续因喀尔喀七旗内彼此稍有嫌隙，奏恳圣祖仁皇帝为之和解，因遣大臣同达赖喇嘛使者前往。噶尔丹遣人暗探消息，遂以喀尔喀等卑视达赖喇嘛使人为辞，遣伊族内微末台吉多尔济查布将喀尔喀汗台吉等肆行陵辱。喀尔喀汗等怒彼狂悖无礼，会众将彼杀害，噶尔丹遂称杀害伊弟多尔济查布，与喀尔喀构隙，掩其不备，发兵猝击，喀尔喀众溃，纷纷来投。圣祖仁皇帝深为轸念，施恩育养，遣使往噶尔丹处谕以兵为凶器，令其与喀尔喀和好，多方开导。讵噶尔丹冥顽不灵，借追袭喀尔喀之名入犯边汛，彼时即行剿灭，复有何难。我圣祖仁皇帝好生为德，遣使责问。噶尔丹惶愧恐惧，设誓撤兵，乃并不归伊住牧之所，仍潜居克尔伦图拉地方，暗行窥伺。圣祖仁皇帝复遣使降旨，谕以应回原住牧地方。噶尔丹佯称遵奉谕旨，仍乘隙潜掠沿边蒙古之畜牧，众蒙古不获安居。我皇考遂上告天地，亲统大兵，声罪致讨。噶尔丹辄敢逆天与我西路大兵接战，伊军大败，妻子被擒，噶尔丹窘迫自杀。彼时大兵即应直捣巢穴，收其部落，我圣祖仁皇帝恐天下后世有穷兵黩武之议，因而中止。策妄阿喇布坦者，噶尔丹之侄也，与伊叔噶尔丹不相和睦，带领七人潜逃至吐鲁番地方居住。圣祖仁皇帝以策妄阿喇布坦向与伊叔不睦，惧其诛害，遁迹逃生，加以恩泽，伊当感戴归诚。且圣心仁慈，不忍遣兵将噶尔丹余剩部落悉行剿灭，恩加格外，遣使赏给策妄阿喇布坦。彼时策妄阿喇布坦力弱势微，甚为恭顺，其后离间伊之妻父图尔古特之阿王气汗与其子三济扎布。诱三济扎布携带万余户至伊住牧之处，因而强占入己。从此遂不安分，肆意妄行，窥伺青海，扰害生灵，率领贼兵前进，被哈密驻防轻兵击败遁回。策妄阿喇布坦又假黄教为名，潜兵入藏。无故害伊妻弟拉藏汗，毁坏寺庙，杀害喇嘛，抢掠供器，是以特遣大臣前往询问。乃伊愍不畏死，阻兵抗命。使臣率师甚少，兵力单弱，伊得以愈肆猖狂。圣祖仁皇帝仍赐包容，谕令边外两路大兵缓进，屡次遣使，示以圣意，谓策妄阿喇布坦果能悔过恳恩具奏。其时另降谕旨，若仍怙恶不悛，然后将此部落人众悉行剿灭，此我圣祖仁皇帝之本意也。朕绍登大宝，策妄阿喇布坦虽遣使求和，朕知非伊本怀。谕伊来使云，尔归告知尔台吉，朕缵承我皇考大统，尔台吉若欲受我皇考天恩，须尽改前非，遵朕谕旨，定界安居。若欲犯我皇考天威，任尔备兵前来，定当加以天讨。如此降旨分晰利害，遣使前去。又恐策妄阿喇布坦心怀疑贰，将两路大兵尽行撤回。乃伊因此愈生骄傲，于定界一事，妄欲侵占界地。朕又向伊来使降旨云，尔告知策妄阿喇布坦定界一事，实于伊身有益，如遵奉谕旨，即遣使具奏，若不遵谕旨，亦必遣使前来。乃伊并不回奏。此际策妄阿喇布坦身故，伊之长子噶尔丹策零遣使前来，奏闻伊父身故之事，称伊父已经成佛，又称欲使众生乐业，黄教振兴等语。噶尔丹策零不过边远部落一微末台吉耳，使众生乐业，黄教振兴，岂伊应出之语耶？况伊果欲求和，应代伊父谢罪恩，送回青海叛逆潜逃之罗卜藏丹津，以赎前愆。乃并不输诚向化，敢以如许妄诞之词，见之陈奏，此特欲仿效伊父之故辙耳。闻噶尔丹策零甚属凶暴，且西藏阿尔布巴、隆布奈、扎尔鼐等济恶同谋，将实心为国效力之贝子康济鼐杀害。此等叛逆罪状，皆因准噶尔与伊处相近，而逃去之罗卜藏丹津原系伊等姻戚，彼此相依是以敢于悖逆。迨其窘迫仓猝之时，则必投奔准噶尔，亦属显然。因颇罗鼐奋勇直前，截其去路，阿尔布巴等未得前进即被擒获。准噶尔性好抢掠，若留在众蒙古游牧地方，将来必受其害。今朕已将来使遣回，若伊诸事，俱遵旨陈奏。临时，朕另行裁夺降旨，倘仍前推诿，矜张肆恣，负朕屡次遣使开导指示之仁恩，抗玩不恭，将来噶尔丹策零断非安分守法之人，必至生事妄为。况西北两三路大兵尽已撤回，此际伊等如或生事，则我朝如许安享太平之喀尔喀等及办理安插妥贴之青海西藏，必至被其扰害，甚属可虑，且此事乃圣祖皇考注意未完之事。仰赖上天眷佑，圣祖皇考福泽，国帑充裕，官员弁兵，同心奋勇，愿为国家效力，实系可以举行之会。若迟疑不决，定贻后悔。夫用兵者，国家不得已之事也。穷兵黩武为圣帝明王之所深戒，而以大加小，以强陵弱，又仁人君子之所耻而不为者。况准噶尔弹丸之地，又在极北之区，得其土不足以耕耘，得其民不足以驱使，即使灭此朝食亦不足以夸耀武功，此皆朕所熟思而详审者也。但留此余孽不行剪除，实为众蒙古之巨害，且恐为国家之隐忧。今天时人事，机缘辐辏，时不可迟，机不可缓，天与不取，古训昭然。且我圣祖皇考为此筹划多年，未竟其事，兹当可为之时，朕不敢推诿，亦不忍推诿，此朕一人之见也。用兵大事，所关甚重，不可轻率。著诸王、议政大臣、九卿、八旗大臣各抒己见，公同详确密议具奏。"寻议："准噶尔部落自噶尔丹逞凶悖逆，策妄阿喇布坦复肆骄悍，俱已伏冥诛。今噶尔丹策零凶顽踵恶，若留此余孽，则喀尔喀、青海、西藏等处必被其扰乱。伏乞皇上命将兴师，大彰天讨，以除蒙古人民之害。"得旨："诸王、满汉文武大臣等众议佥同，一切应行事宜，著即办理。"

（卷78　18页）

雍正七年（1729年）二月乙未

川陕总督岳钟琪疏言："沙州招徕户民所给牛骡倒毙二百余只，据乡约、户民等呈称，沐恩赏给衣粮、田舍，安居乐业。此项倒毙牛骡情愿公帮买补。"得旨："沙州招徕户民，安集伊始，即知姻睦乡里，有无共济之义，甚属可嘉。但此情愿帮补之人，俱系无业穷民，甫经耕获，未必即有余力，可以济助乡邻。著动支甘省藩库正项钱粮，每牛骡一头给银八两，令本户照数买补。此因伊等敦睦尚义，朕心嘉悦，是以特加格外之恩。著该督即饬该管官，按户查明散给。俾得均沾实惠，并宣谕旨奖励之。"

（卷78　25页）

雍正七年（1729年）二月庚子

免甘肃武威县、兰州厅雍正六年份雹灾额赋有差。

（卷78　28页）

雍正七年（1729年）三月壬子

命川陕总督岳钟琪补给驻防哈密甘肃提镇标兵历年应领盐菜行粮银五万二千八百两。

（卷79　35页）

雍正七年（1729年）三月丙辰

以陕西凉州总兵官袁继荫署陕西安西总兵官。

免甘肃平番县雍正六年份旱灾额赋有差。

（卷79　37页）

雍正七年（1729年）三月乙丑

川陕总督岳钟琪疏言："河州营兵出口巡缉，时值隆冬，借给备办衣装

银共五千二百两。今巡查事竣，应于各兵应领饷内扣还。"得旨："兵丁借支
出口银两著即作为恩赏，免其扣还。"

（卷79　42页）

雍正七年（1729年）四月丙子

谕内阁："川陕总督岳钟琪统领大兵出口进剿之后，甘凉一带营汛绿旗
兵力稍单，著于西安满洲驻防兵丁内挑选一千名暂行移驻凉州。著都统苏
丹、西安副都统尼马善统领。此挑选兵丁可先期预备，候朕再降谕旨。凉州
原有兵房二千余间，著甘肃巡抚量加修理，以备移驻兵丁居住。山西太原府
虽旧有城守满兵，今再从京城派兵五百名至彼一同居住弹压，此所派兵丁著
都统鄂善统领前往驻扎。"

（卷80　45页）

署甘肃巡抚张廷栋题："西宁府碾伯县土同知赵文晖故，请以其子赵尔
良袭职。"下部知之。

（卷80　46页）

雍正七年（1729年）四月丙戌

旌表甘肃兰州烈妇周彩妻马氏，守志嫠居，拒婚自缢。给银建坊，入祠
致祭如例。

（卷80　51页）

雍正七年（1729年）四月庚寅

命仓场侍郎刘于义、山西按察使葛森清查西宁军需钱粮。

免甘肃河州、平凉等三州县雍正六年份雹灾额赋有差。

（卷80　52页）

雍正七年（1729年）四月戊戌

青海厄鲁特扎萨克辅国公达锡班珠尔故，遣官致祭。

（卷80　56页）

雍正七年（1729年）四月辛丑

升陕西肃州为直隶州，兼辖高台一县，裁肃州通判缺。从川陕总督岳钟
琪请也。

（卷80　57页）

雍正七年（1729 年）四月癸卯

宁远大将军川陕总督岳钟琪遵旨议奏："肃州地方甚属紧要，镇臣樊廷领兵出口之后，请将肃州镇印务令兴汉镇臣曹勷署理。曹勷亦系奉旨派出领兵，今仍留署肃镇，其领兵镇臣仍须派补。查川北镇臣张成隆老成练达，晓畅军戎，现今赴京陛见，乞令星速回陕领兵出口，以足原派镇臣四员之数。"得旨："朕思军务关系重大，曹勷明白精壮，乃实心效力之员，应仍令领兵出口。岳钟琪既称张成隆老成练达，晓畅军戎。朕观其人尚壮健，或可胜领兵之任。著于原派总兵四员之外增添一员，即将张成隆派出，令其星速乘驿赴陕，著大将军岳钟琪酌量委用。至于肃州办理军需更关紧要，署督查郎阿相隔路远，巡抚许容又属新任，著湖北巡抚马会伯前往肃州办理军需，一切与督抚等公同计议而行，即带管肃州总兵印务，甚为妥便。其湖北巡抚印务著四川布政使赵弘恩前往署理，四川布政使印务著四川按察使吕耀曾署理，四川按察使印务著四川盐驿道尤清署理。"

（卷 80　59 页）

雍正七年（1729 年）五月丁巳

谕内阁："向来有司官补授之时回避本省，盖因地方密迩，恐其中有嫌疑牵制等弊也。朕思江南之上江、下江，湖广之湖北、湖南，陕西之西安、甘肃，虽同在一省中，而幅员辽阔，相距甚远，定制各设巡抚司道以统辖之，其情形原与隔省无异，则官员选补不过有同省之名，而并无嫌疑牵制之处。况既系同省则于彼处人情土俗较他省之人更为熟悉，未必不于地方有所裨益。嗣后凡江苏、安徽、湖北、湖南、陕西、甘肃诸处府、州、县以下官员得本省之缺不在本籍巡抚统辖之内者，不必令其回避。其相隔在五百里之内者，仍照隔省回避之例，一体遵行。"

（卷 81　67 页）

雍正七年（1729 年）五月壬戌

谕内阁："自本朝开国及平定三藩，廓清朔漠以来，褒忠录功之典最为优渥。凡文武官弁兵丁之效力行间，著有劳绩，及临戎致命，遇敌受伤者，皆赤心报国之人。朝廷沛泽加恩，惟恐不速。乃近年以来，部臣办事，迟缓因循，往往因一二事之驳查，遂将众人恤赏之典，俱致淹滞。即如陕、甘、川省从前攻剿南川、北川、青海桌子山等处之文武官弁兵丁，已经查核明晰，应行恤赏议叙。只因青海等处功加册结内，有原任巡抚王景灏、同知张梅革职离任，所造册结，无印可钤。部议驳查，以致南川等案恤赏之处一并稽延。经朕访察而后知之，夫官弁例应议叙者，不得早沾国恩，固为不可，而阵亡受伤人等迟至数载之后尚未邀帑金之赐，尤可悯恻。著该部速行恤赏议叙。嗣后凡有出兵加恩之案，其中若有应行驳查者，止将应查之人扣除，俟查明补给。不得因一二人之行查而稽迟众人应得之恩典。将此永著为例。又如从前进藏出征之官弁兵丁，若有预借银两而本身阵亡，或在军中受伤病故者，除照例恤赏外，其所预借银两概免追还。"

（卷81　71页）

雍正七年（1729年）五月丙寅

裁陕西凉州府平番县西大通驿驿丞一员，添设县丞一员，兼管驿务，其沙井一驿改隶兰州管辖。从川陕总督岳钟琪请也。

（卷81　77页）

雍正七年（1729年）五月壬申

甘肃巡抚许容疏报："巩昌等府各属州县劝垦本年份田地一千二十四顷有奇。"下部知之。

（卷81　79页）

雍正七年（1729年）六月辛巳

谕兵部："湖广九溪协副将包进忠著补授西宁总兵官。周瑛现今领兵驻藏，著将周瑛撤回，命包进忠前往西藏代周瑛管理。马喇仍著往藏，其藏内事务著马喇、僧格总理，迈禄、包进忠协理。

免甘肃安定县雍正六年份雹灾额赋有差。

（卷82　82页）

雍正七年（1729年）六月癸未

命赏总理西藏事务副都统马喇银二千两，协理西藏事务西宁总兵官包进忠银一千两，以办行装盘费。

（卷82　83页）

雍正七年（1729年）六月乙酉

谕内阁："朕爱养黎元，遐迩一体，而边远之地，小民家计不及近省，尤朕心之所系念。数年以来，甘肃、四川、云南、贵州、广西五省有用兵西藏及剿抚苗蛮等事。其一应军需皆动用公帑备办，秋毫不派及于民间，而粮饷转输亦有资于民力。今藏地、苗疆俱已宁谧，朕心嘉慰，特沛恩膏，著将庚戌年甘肃、四川、云南、贵州、广西额征地丁银两悉行蠲免。其西安各属地方近日亦有预备军需之事，朕心轸念，著将庚戌年额征钱粮蠲免十分之三。此六省督抚大吏宜仰体朕心，转饬所属有司，敬谨奉行，务使闾阎均沾实惠。如有奉行不力，被不肖有司暗饱私囊，或奸胥土棍、强绅劣衿包揽侵蚀者，经朕访闻，必将通省大小官员分别从重治罪。至于国家设官，本以理民，官有恤下之责，民有奉上之义。若设官而不为计及养廉之资，则有司之贤者将窘迫而莫能支，不肖者又横取而无所检，是以酌定将钱粮耗羡均给各官，此揆情度理上下相安之道。但思加恩百姓豁免正赋，若将耗羡一并蠲除，是民虽邀额外之恩，而官员转有拮据之苦。上司或因此稍有宽假则必致巧取苛索于民，流弊种种，转多于耗羡之数，于吏治民生均无裨益。著于庚戌年为始，凡遇特恩蠲免钱粮者，其耗羡仍旧输纳，谅必民所乐从。若因水旱蠲免者，不得征收耗羡。将此永著为例。"

（卷82　84页）

雍正七年（1729年）六月己亥

陕西总督岳钟琪疏奏："陕属设立社仓一事，恳请特颁谕旨，恭录镌石。又拟列社仓条约，并请刊刻木榜，以昭程式。"得旨："朕惟国家建立社仓，原令民间自行积贮，以百姓之资粮济百姓之缓急。其春贷秋偿及滋生羡息，各社自为经管登记，地方有司，但有稽查之责，不得侵其出纳之权，此社仓之古法也。是以各省有请立社仓者，朕皆令其听从民便，毋得强勒捐输，绳以官法，以致便民之举转为民累，所以晓谕各省督抚者不啻至再至三矣。从前岳钟琪在京时，请于通省加二火耗内应行裁减每两五分之数，且暂行征收，发与民间采买谷石，分贮社仓，俟采买数足即行裁减。是于暂收耗羡之中，隐寓劝输之法，实则应行酌减之耗羡，即小民切己之资财。而代民买贮之仓粮，即小民自捐之积贮。此藏富于民之良法，最为切实而易行。是以俞允所请，令其办理。乃陕省官员不知此项谷石本系民资，又未识从前岳钟琪奏请之由，以为收贮在官，即是公物，不肯付民经管。而胥吏司其出纳者，遂有勒买勒借之弊。殊非数年以来朕之周咨详划，多方生养斯民本意矣。今特降谕旨，将朕允从岳钟琪之请并岳钟琪陈奏原委明白晓示。著署督查郎阿、巡抚武格刊石颁布。俾各州、县、乡社小民咸知朝廷经营设法之盖藏，实百姓自为敛散之资用。倘地方官有于社仓谷石创议交官，不交百姓，或指称原系公项，预为公事侵挪之地者，俱以扰挠国政，遗误民生论，从重治罪。其岳钟琪所拟社仓条约，著户部抄录，交与该督抚，分发各州县，刊刻木榜，于各乡社仓竖立，以为永久程式。"

（卷 82　92 页）

雍正七年（1729 年）六月壬寅

免甘肃平凉县雍正六年份雹灾额赋有差。

添设陕西河州协游击一员，千总一员，把总二员，兵八百名，驻扎萨拉地方，把总一员，兵八十名，与原设之守备同驻保安堡地方，俱属西宁镇统辖。从川陕总督岳钟琪请也。

（卷 82　96 页）

雍正七年（1729 年）七月壬戌

谕内阁："直省各营缺额马匹，例用朋扣银两买补。自康熙十年山西、河南、陕西、甘肃、湖广、四川六省营马缺额以招中茶马拨给，所有朋银悉行解部。其后四川、湖广停拨茶马，动朋银买补，陕、甘、晋、豫四省仍领招中茶马。至康熙四十五年停止招中，而四省督抚并未奏请给发朋银，遂致营马凡有倒毙皆各兵买补。前降谕旨，令岳钟琪将陕甘二省营马缺额作何补给之处，定议题复。现交部议，其山西、河南二省尚未降旨。又闻河营马匹亦系兵丁自行买补，著该部一并查议具奏。"寻议："嗣后征剿西藏并安台回营兵丁，凡实在倒毙马匹，著该管提镇核明咨部，照康熙四十五年西安、甘肃、西宁定价，动支朋银给兵买补足额。其陕甘各营倒毙马匹，并准照直省营马例开报，不得过十分之三。再，山西、河南二省以及河营每年亦应准报十分之三。山西照陕西马价，河南照该省驿马价，河标照山东营马价，各动支朋银给兵买补。至定例领马五年，方准免赔，各省应一体遵行。"从之。

雍正七年（1729年）七月壬申

谕兵部："西路一应军需，从前俱系岳钟琪承办。今岳钟琪出口，奸胥猾吏将谓接办之督抚，不能深悉底里，因而于造册奏销之时，影射混淆，不可不预为防范。督抚等受国家封疆重寄，军兴钱粮是其职掌。岳钟琪出口之后，著将军需奏销事件交与陕甘各该督抚，查明正项、公项、应题、应奏之件，逐一察核，陆续报销。但署督查郎阿，巡抚武格、许容俱系本年到任，恐司道以至州县官员胥吏等，因督抚到任未久，不无乘机混淆，或至希图侵冒，或以刻削累民，二者均未可定。著于军务钱粮奏销册籍之外，兼造简明清册。令各司道将某州县、某项工料物料历经详议，批定某等价值，或因时估实在不敷，改照某等价值，某项下共享军需若干，共享公费若干，照折中价节省若干。或不敷若干，逐件于奏销时，将奏销册送督抚复核，分晰题奏。将简明清册邮递巴尔库尔交岳钟琪察实缮写黄册，具折奏闻。朕将奏销册与简明册，一并交与该部查对。若有舛错不符之处，该部分别驳查题参，照例议处。著将此旨即行文与宁远大将军岳钟琪，署总督查郎阿，巡抚武格、许容等，遵照办理。闻陕甘陋习，凡地方公事亦有于事后科派百姓者。此次军需等项悉用公项办理，丝毫不使累及官民。著督抚再行晓谕，使深山僻壤之人一体周知，以杜猾吏奸胥借名苛索之弊。倘稍有派累浮冒之处，该督抚即行访察纠参，若督抚不行查参，经他处发觉者，一并严加议处。"

雍正七年（1729年）闰七月丁亥

兵部议复川陕总督岳钟琪疏言："陕西官兵马匹向例不报倒毙。嗣后请照各省之例，准其开报，不得过十分之三。甘属等处除番民贡马抵补外，其有不敷，亦照例给与马价买补。应如所请。"从之。

雍正七年（1729年）闰七月乙未

免甘肃靖远厅雍正六年份雹灾额赋有差。

雍正七年（1729年）八月庚申

　　陕西宁夏总兵官郭成功年老休致，调署陕西固原提督山西大同总兵官张善为陕西宁夏总兵官。以陕西安西总兵官潘之善署陕西固原提督。

　　　　　　　　　　　　　　　　　　　　　（卷85　139页）

雍正七年（1729年）九月甲戌

　　谕户部："据宁远大将军岳钟琪奏称，自西安起程，历西凤、平、临以至甘、凉等处，小民承办军需，莫不踊跃欢呼，趋事赴公，争先恐后。而靖逆卫屯民于应办草束之外，情愿另备余草运赴大东渠站所堆积，以佐军需等语。靖逆远处边外，人民无几，而自备割运草束，输力效诚，可见师以义行。统领大臣又能令承办军需各员无丝毫扣克，是以舆情鼓舞，相率办公，朕心深为嘉悦。著将靖逆卫庚戌年应征正粮、马粮四百六十石零，大草五千三百八十八束全行蠲免，以示加惠边民急公之至意。"

　　　　　　　　　　　　　　　　　　　　　（卷86　144页）

雍正七年（1729年）九月乙亥

　　议叙陕西平定青海功，在事官员兵丁等升赏、赠恤有差。

　　　　　　　　　　　　　　　　　　　　　（卷86　144页）

雍正七年（1729年）九月戊寅

　　命将甘肃西宁、大同历年军需各案应赔倒毙驼只银两全行豁免。

　　　　　　　　　　　　　　　　　　　　　（卷86　145页）

雍正七年（1729年）九月己丑

　　谕内阁："年来用兵西藏，剿抚苗蛮，一切办理军需，皆动支公帑，而粮饷转输不无资于民力，朕心深为轸念。是以降旨，将甘肃、四川、云、贵、广西五省庚戌年地丁钱粮全行豁免。查甘属之河西四府，如宁夏、西宁及甘、凉、肃以至嘉峪关外之靖逆、赤金、柳沟等卫所，历来额征，俱系粮料草束，与各省额征折色无异。今当用兵之际，虽丝毫不派及民间，而黎民踊跃急公之意，大将军岳钟琪屡次奏闻，甚属可嘉。著将额征本色加恩豁免，以示惠爱边民之至意。"

　　　　　　　　　　　　　　　　　　　　　（卷86　154页）

雍正七年（1729年）十月甲寅

命西安将军常色礼移驻凉州，以署川陕总督查郎阿兼理西安将军印务。

宁远大将军岳钟琪折奏："噶尔丹策零使臣特磊于十月初五日前至陶赖大坂斥堠，臣随派理藩院员外黑色前往，于初六日将来使特磊等十一人带至巴尔库尔军营。据特磊云，原解送罗卜藏丹津前来，行至伊尔布尔和邵地方，遇逃回蒙古三人，称总督今带兵二万从哈密一路前来。是以请示噶尔丹策零将罗卜藏丹津仍回伊里，轻骑减从，赍折前来等语。臣以特磊之言实难凭信，拨参将刘廷琰等将特磊伴送至肃州，加谨防范。"得旨："著刘廷琰伴送特磊赴京。"

（卷87　165页）

雍正七年（1729年）十一月甲戌

议政王大臣等遵旨议复："噶斯地方为准噶尔通青海、西藏之要口，理应拨兵驻守。其办理军需，已奉旨派张廷栋、葛森、鼐满岱、傅宁等。今酌定军营事宜，恭候钦定。一、派拨官兵，京城八旗挑选兵二百名，派前锋参领、护军参领、前锋侍卫、副护军参领、护军校等共二十四员管领。归化城挑选兵三百名，派参领、佐领、护军校、骁骑校等共十员管领。科尔沁等四十三旗挑选兵一千名，派台吉、都统、副都统、参领、佐领、骁骑校等管领。青海等三十旗挑选兵一千五百名，派台吉、官员等管领。其分别支给跟役口粮、马匹、器械、赏赍、粮饷等项，悉照北路大兵之例。一、官兵起程日期，京城八旗兵明年正月起程，归化城兵三月起程，科尔沁青海等旗兵酌量明年青草发生时沿途游牧前往。一、柴旦木至嘉峪关中间应设台站，以便递送文书。一、噶斯地方狭小，可驻兵百名，余俱在柴旦木驻牧。柴旦木之西为得布特里，应驻兵六百名。又西为察罕乌苏，应驻兵四百名。二处皆有水草牧放，更觉声援联络矣。"从之。

（卷88　178页）

雍正七年（1729年）十一月乙亥

升山西按察使葛森为陕西甘肃布政使司布政使，办理噶斯军需。甘肃布政使孔毓璞仍留原任。升巡察山西兵科给事中宋筠为山西按察使司按察使。

（卷88　179页）

雍正七年（1729年）十一月丙子

以兵部尚书路振扬为銮仪卫銮仪使。升湖北巡抚署陕西肃州总兵官马会伯为兵部尚书，仍办理军需，兼管肃州总兵印务。

（卷88　180页）

雍正七年（1729年）十一月丙戌

命甘肃布政使孔毓璞前往甘凉一带地方，就近办理军需。

（卷88　183页）

雍正七年（1729年）十一月乙未

署川陕总督查郎阿疏言："招往安西、沙州等处屯垦民户，统计共有二千四百零五户。所种小麦、青稞、粟谷、糜子等项，计下种一斗收至一石三四斗不等。其余各色种植亦皆丰厚，家给人足，莫不欢忻乐业。臣恐口内奸贩囤户闻粮多价贱，兴贩射利。已令总兵、道员严行查禁，并传谕民户，按一年所需扣存外，其余即在本处粜卖，以济兵丁、商民口食。"得旨："安西屯垦地亩今年人力既勤，天时复稔，各种粮谷俱获丰收，朕心深为慰庆。今查郎阿禁止奸徒兴贩射利，办理甚是，惟是饬令民户多余之谷只许在本处粜卖，尚未妥协。朕思民户盈余之谷，原期粜价，以为日用之资。若本地籴谷者少则出粜未免艰难，不可不为计及。著该地方官酌量本地情形，不必相强，若有将盈余之谷情愿出粜者，著动支官银照时价籴买，存贮公所。明年倘有需用之处，听办理军饷之大臣及该督抚行文支拨。安西现有备用银两即可动用采买，再于西安藩库拨补还项。此朕体恤民户，俾粜谷得价，用度丰裕之至意。著地方官善于奉行，不可勒令粜卖，生事滋扰。"

以故青海厄鲁特扎萨克辅国公册凌子色卜腾达什袭爵。

（卷88　186页）

雍正七年（1729年）十二月癸卯

署川陕总督查郎阿疏言："肃州附近嘉峪关，一应军需兵马俱由嘉峪关出口，必先顿歇肃州，遂致本地米豆、草束昂贵。肃镇标兵额食粮饷，本色少而折价多，不敷籴买之用。请酌量暂为加增，后不为例。"得旨："朕前因宁远大将军岳钟琪之请，特念哈密为军需往来之地，将驻防兵丁增给口粮盐菜。今肃州为大军出口要道，办理军务之员咸集其地，食指繁多未免物价昂贵。著将肃镇兵丁折支米豆，每石于折中一两之外增给银五钱，每草一束增给银一分。自雍正七年秋季起，至大兵凯旋之日，俱照增加价值，每季按名给发，毋得扣克侵渔。统入该年奏销册内，报部查核，以示朕轸念边兵至意。"

（卷89 194页）

雍正七年（1729年）十二月戊申

又谕："康熙五十九年陕省解送驼马进藏，文武官五十员，每员借支肃州公库银五百两，为行装路费之资。本系应给之项，因当时该督抚未经题报，不敢作正项开销，是以各员回陕之时仍于各名下著追补项，至今尚有未完银一万六千八百两。朕念伊等效力戎行，远涉藏地，虽非冲锋破敌者比，而间关行役亦属可悯。著将未完银两概行豁免。其已完者悉给还本员，或交伊之的属，如该员有别项亏欠应追者，即准其抵补，以示优恤劳役之至意。"

（卷89 197页）

雍正七年（1729年）十二月丁巳

礼部议复甘肃巡抚许容疏奏："宁夏、西宁、凉州、肃州四镇，庆、靖二协，平凉、武威二县，册报陕甘各标阵亡官员康海等共三十九员，兵丁任政等共二千一百一十八名，应请照例设位，入昭忠寺致祭。"从之。

（卷89 202页）

雍正七年（1729年）十二月己未

议叙陕西进剿卓子山、棋子山、青海等处在事有功文职官员。原任凉庄道，今升山西布政使蒋泂等各加级，纪录有差。病故之西宁道赵世锡等各准与一子入监读书。

（卷89 203页）

雍正八年（1730年）正月甲申

上元节赐外藩科尔沁敖汉蒿齐忒、扎鲁特、土默特、喀尔喀、翁牛特、鄂尔多斯、阿霸垓、吴喇忒、乌朱穆秦、苏尼特、克西克腾、喀喇沁、巴林四子部落、厄鲁特、青海厄鲁特、图尔古特、奈曼、扎赖特、毛明安阿禄、科尔沁阿霸哈纳、杜尔伯特、郭尔罗斯王、贝勒、贝子、公、额驸、台吉、塔布囊等及内大臣、大学士、侍卫等宴。

（卷90　214页）

雍正八年（1730年）正月己丑

调陕西宁夏总兵官张善为陕西安西总兵官。升湖广黄州副将李绳武为陕西宁夏总兵官。

（卷90　214页）

雍正八年（1730年）二月乙卯

吏部议复甘肃巡抚许容条奏移设州县事宜："一、静宁州属之安定监地方，请改归通渭县管辖，其通渭县治移驻安定监城。一、宁夏府属之花马池请添设州同一员，属灵州管辖。一、兰厅同知请改为河捕同知，专司河桥税、茶法，暨捕盗案件。其平凉府属之固原厅归并固原州管理。一、巩昌府属之岷州厅改为岷州，设知州一员，吏目一员。靖远厅改为靖远县，设知县一员，典史一员，其岷州厅原管之茶务改归洮岷道管理。一、岷州属之勇家等五里及铁谷沟等二处地方请就近归并漳县管理。均应如所请。"从之。

（卷91　223页）

雍正八年（1730年）二月戊辰

谕陕西督抚等："安西沙州等处招民屯垦，原为惠养边民之计。是以累年以来，备极筹划经营，期其得所。今从雍正六年民户到齐之日计算至辛亥年，例当输赋之期，但念小民甫经安插，公私兼顾为难，著宽期二年，于癸丑年升科。俾民力宽裕，俯仰有资，以副朕格外加恩之至意。"

（卷91　228页）

雍正八年（1730年）三月丙子

旌表烈妇，江西建昌县胡治臣妻范氏，因夫逼卖，守节投缳。陕西凉州镇兵张兆斌妻李氏，夫殁边疆，赴井殉死。烈女，江西永丰县周天赐聘妻吴氏，安福县彭隆祖聘妻谢氏，俱未婚夫亡，捐躯殉节。各给银建坊，入祠致祭如例。

（卷92　232页）

雍正八年（1730年）三月乙酉

谕内阁："从前陕甘各标及松潘镇出征兵丁添补衣装，据大将军岳钟琪奏明，动支各兵家口夏秋二季一半饷银制备。今总督查郎阿等奏报俱已制办，运送军前。讫兵丁等效力行间，远征边塞，朕心深为轸念。此所添补衣装、银两，著加恩赏给，不必扣除伊等家口月饷。即行文陕、甘、川三省并大将军处，晓谕兵丁知之。"

（卷92 234页）

雍正八年（1730年）四月丁未

谕内阁："古称黄河之神上通云汉，光启图书。礼曰：'三王之祭川也，皆先河而后海，惟神泽润万国，福庇兆民。'自古及今，功用昭著。我朝自定鼎以来，仰荷神庥，尤为彰显。或结为冰桥以济师旅，或淤成沃壤以惠黎元，或涌出沙洲作天然之保障，或长就堤岸屹永固之金汤。他如济运通漕，安澜顺轨，有祷必应，无感不通。至于澄清六省之遥，阅历七旬之久，稽诸史册，更属罕闻。神之相佑我国家者至矣。朕敬礼之心至为诚切，因念江南、河南等处皆有庙宇，虔恭展祀。而河源相近之处向来未建专祠，以崇报享。典礼亟宜举行。查河源发于昆仑，地隔遥远，人稀境僻，其流入内地之始则在秦省之西宁地方。朕意于此地特建庙宇，专祀河源之神，敬奉烝尝，以答神贶。其如何加封神号及度地建庙一应典礼，著九卿悉心详议具奏。"寻议："史册所载，汉祀河于临晋，宋令澶州置河渎庙，进号显圣灵源公，明以河渎发源昆仑，泽被中土，特行致祭。本朝顺治三年封黄河神为显佑通济金龙四大王之神，康熙三十九年加封为显佑通济昭灵效顺金龙四大王之神。查黄河发源西番枯尔坤山，经河州之长宁驿流入中国。应令该督委员于河州口外，择地建庙，设立神像，春秋致祭。其加封神号内阁撰拟。"从之。

（卷93 245页）

雍正八年（1730年）五月壬午

谕户部："年来甘肃地方办理军需，虽一切动支公帑，丝毫不取于民，而挽运转输不无资于民力，朕心轸念。特将雍正八年额征钱粮悉予蠲免，以示恩恤。今闻该抚许容以兵饷无抵，将历年旧欠勒限一年全完，民间甚为扰累，以致不法之徒，借端生事。许容才具短浅，识见鄙陋，办理此事，甚属错误。夫本年钱粮既经豁免，而仍严比旧欠，大非朕加恩沛泽之意。若云兵饷无抵，自可具题请拨，何得于蠲免之年而行催征之举。除生事民人，应秉公惩治外，著将征比旧欠之处，即行停止。"

（卷94　262页）

雍正八年（1730年）五月癸巳

调署广东巡抚傅泰来京。升贵州布政使鄂弥达为广东巡抚。调云南布政使张允随为贵州布政使司布政使。甘肃布政使葛森为云南布政使司布政使。擢吏部员外郎诺穆图为陕西甘肃布政使司布政使，前往噶斯办理军需。以陕西西安驿传道赵挺元署甘肃布政使司布政使。

命湖广提督冯允中以提督衔管理陕西西大通、西宁两处总兵官印务。实授岳超龙为湖广提督。升湖广沅州副将范毓馪为直隶天津总兵官，署河南、河北总兵官。

（卷94　267页）

雍正八年（1730年）五月乙未

谕理藩院："前往岳钟琪处额驸阿宝带领该旗兵五百名，目今行至何处。著行文阿宝即于彼处驻扎候旨。绰本带领鄂尔多斯兵五百名，亦著行文绰本就近拣水草佳处驻扎候旨。此一千兵著行文询问大将军岳钟琪或今年调往巴尔库尔，或俟明年进兵之前调往，二者孰为有益。并兵丁钱粮足与不足，俱著大将军岳钟琪定议具奏。再，派往噶斯之京城兵、归化城兵共五百名，此时将及到彼。著格默尔带领在噶斯驻扎，富宁亦著前往噶斯与格默尔一并管理。达鼐著来西宁，仍与鼐满岱办理事务。所有扎萨克蒙古等兵著交与达鼐管理，或在锡喇他拉地方，或在从前额驸阿宝奏请驻扎之乌阑穆伦等处，相视形势驻扎，俟明年文到之日前往噶斯。其青海之一千五百兵相近噶斯，今年只在各游牧处预备，亦俟明年文到之日前往噶斯。达鼐既到噶斯管理之后，富宁著回西宁办理事务。"

（卷94　268页）

雍正八年（1730年）五月丙申

议叙攻取桌子山、棋子山军功，喀尔喀扎萨克台吉巴尔汉等赏赉有差。

（卷94　269页）

雍正八年（1730年）五月丁酉

甘肃巡抚许容疏报："文县松坪寨等三十九处番民输诚归化，编里纳粮。"下部知之。

（卷94　268页）

雍正八年（1730年）六月壬寅

敕封陕西河州口外河神为开津广济佑国庇民昭应河源之神。

（卷95　272页）

雍正八年（1730年）六月癸卯

青海厄鲁特扎萨克郡王色卜腾扎尔故，遣官致祭。

（卷95　272页）

雍正八年（1730年）六月己未

谕户部："甘肃地方雍正八年地丁钱粮前已降旨蠲免，其河西四府、州、县暨各卫所额征粮料草束，又经一体免征。朕念新归内地番民向风慕义，愿附版图，其地亩额征本色粮草与河西等处赋税相同，亦应一体蠲除，俾令同沾恩泽。著将雍正八年河东之河州厅、洮州卫、归德所，河西之西宁、凉州府属应征番粮共一万二千有奇，俱加恩蠲免。该督抚即督率所属有司敬谨奉行，俾番民均沾实惠。"

（卷95　276页）

雍正八年（1730年）七月壬申

大学士等议复宁远大将军岳钟琪遵旨议奏："派出牧马之鄂尔多斯青海蒙古兵一千名，请于今年调赴军营。应如所请。"从之。

（卷96　283页）

雍正八年（1730年）七月己卯

裁甘肃巡抚衙门笔帖式一员，从甘肃巡抚许容请也。

（卷96　290页）

雍正八年（1730年）七月辛巳

大学士马尔赛等遵旨议奏："恩赏各镇标兵营运生息备用银两，按数酌拟：陕西西宁镇二万两。凉州镇一万六千两。江南苏松镇一万四千两。陕西宁夏镇、广西左江镇各一万三千两。浙江定海镇、湖广镇、筸镇、彝陵镇，

福建漳州镇、汀州镇，陕西延绥镇，云南曲靖镇、乌蒙镇，贵州古州镇各一
万二千两。江南狼山镇，浙江黄岩镇、温州镇，福建台湾镇、福宁镇，山东
登州镇，陕西肃州镇，广东左右二翼、碣石镇，云南普洱镇各一万两。直隶
正定镇，浙江处州镇，福建海坛镇、金门镇，山西大同镇，陕西兴汉镇，广
东潮州镇，云南鹤丽镇、永顺镇、楚雄镇、开化镇、临安镇各九千两。湖广
襄阳镇，江西南赣镇，陕西西大通镇，广东高州镇，云南永北镇，四川川北
镇、重庆镇、松潘镇、建昌镇各八千两。直隶宣化镇，山东兖州镇，湖南永
州镇，河南南阳镇、河北镇，广东琼州镇，广西右江镇，贵州安笼镇各六千
两。直隶马兰镇、天津镇，江西南昌镇，福建南澳镇左营，广东南澳镇右营
各五千两。行令各镇总兵官会同督抚、提督于该省藩库照数支领料理营运。"
从之。

（卷 96　291 页）

雍正八年（1730年）八月辛丑

叙剿抚河州口外逆番功，官弁兵丁等分别升赏有差。

（卷 97　295 页）

雍正八年（1730年）八月壬寅

予故进剿桌子山、青海等处阵亡游击姬登第、署守备张先志、王伏金祭
葬如例。千总施进禄、傅瑾，把总贺奉金、陈昌、王谷弼、杨之连等各祭
一次。

（卷 97　296 页）

雍正八年（1730年）八月己酉

甘肃巡抚许容疏报："本年六月十五日遵旨于河州口外营建河神庙宇，
即有祥云捧日，五色成文。至七月初五日，自积石关至撒喇城查汉达斯等处
百余里，忽见黄河澄清澈底，凡历三昼夜。官民喜跃称庆，以为从来未有之
上瑞。"得旨："朕从来不言祥瑞。年来各省奏报，庆云、醴泉、凤凰、芝草
之属悉皆屏却，惟务君臣士庶，修德行义，以承天眷，屡颁谕旨详矣。今年
春，降旨于河州口外地方恭建庙宇，以答河神福国佑民之赐。而彼地河流即
昭上瑞，显著休征，益见天人感应之理，捷如影响，若求之不以其道，或以
己事，或出私心，则不但不能感通，且上干明神之怒。惟以公心为昭事之

本，必蒙上天垂鉴而默佑之。其益加勉勖，夙夜敬谨，以受天恩。"

（卷97　297页）

雍正八年（1730年）八月甲寅

诸王、满汉文武大臣等以河州地方黄河澄清，合词奏贺，并请宣付史馆，垂示永久。得旨："朕从来不言祥瑞，谅王大臣等久已深知朕心。朕之祇事上帝神明，惟以公诚一念为昭格之本。果蒙上天垂鉴，频年显示嘉祥，观公诚之感通神捷如此，则怀不公不诚之心者，岂能逃于上天之谴责乎。朕心不但不敢矜夸，且因此倍加乾惕，更愿天下臣工士庶各矢公诚之念，以受上天之恩。著照王大臣等所请，宣付史馆，俾世世子孙臣民恪遵朕训，以绵福泽。"

（卷97　299页）

雍正八年（1730年）十月己酉

谕内阁："办理军需必得熟练之员方为有益。陕甘二省州县官员备办军需，有经手数年者，有经手一二年者，似此熟练人员，若因细过微瑕即行参革，则接任之员初办军务，未免生疏，或至迟误。嗣后陕甘地方办理军需之州县官员，若无大过，其所犯情有可原者，著该督抚揆情度理，量加宽宥。若钱粮微有不清而事属因公者，统俟大军凯旋之后，查核明白，以定功过。"

（卷99　317页）

雍正八年（1730年）十月壬子

谕户部："陕西、四川地方民风醇（淳）朴，历年逋赋甚少。查每年征收钱粮之期四月完半，十月全完，此定例也。朕思四月、十月既届纳课之期，小民必须预先经营，是麦谷未收之时，即为输将之计，或因称贷而受剥于富豪，或因预粜而大亏其价值。且如甘肃地方有征收本色者，若在粮谷未获之前更为竭蹶。历来川陕钱粮既无拖欠之陋习，著将四月完半者宽至六月，十月全完者宽至十一月。俟夏麦秋禾筑场纳稼之后从容完课，俾民力纾徐，以副朕爱养黎元之至意。"

（卷99　319页）

雍正八年（1730年）十月己未

升陕西永固副将张嘉翰为陕西安西总兵官。

（卷99　323页）

雍正八年（1730年）十一月乙酉

以故青海扎萨克辅国公达锡班珠尔伯祖子策凌袭爵。

（卷100　332页）

雍正八年（1730年）十二月戊戌

谕兵部："前因口外用兵，哈密为军需往来之地，特准大将军岳钟琪之请，将驻防兵丁口粮盐菜加恩增给。又准署总督查郎阿之请，将肃镇兵丁折支米豆、草束、银两各行增给。总以肃州、哈密一带地方，兵马往来，物价未免昂贵，故加恩于常格之外也。今思嘉峪关在肃州哈密之间，其地苦寒，所需兵粮皆从肃州转运，事属一体，其营汛兵丁折支、米豆、草束之价俱著照肃镇之例，米豆每石加银五钱，每草一束加银一分。其加增之期亦照肃镇补行给发，以示朕轸恤边兵之至意。"

（卷101　336页）

雍正八年（1730年）十二月癸丑

添设甘肃张掖县驿丞一员，驻扎沙河，兼管沙河、抚夷二驿。高台县驿丞一员，驻扎盐池，兼管盐池、双井二驿。改凉州平城驿兼管之通远驿务归平番县管理。从甘肃巡抚许容请也。

（卷101　340页）

雍正八年（1730年）十二月丁巳

谕大学士等："大将军岳钟琪从西安由肃州前赴军营，途中有调拨兵丁办理军务之处，须用印信行文。前所颁宁远大将军印信留在军营，今特将抚远大将军之印遣员赍送，交与大将军岳钟琪领受。大将军未到军营以前，一切行文俱用抚远大将军印，既到军营以后仍用宁远大将军印，将抚远大将军印缴回。并著大将军岳钟琪接到谕旨印信之日，通行所属知之。"

又谕："凉州驻防满洲兵丁一千名，著右翼前锋统领宗室哈尔吉、原任都统鄂善带领前往肃州。再著西安将军秦布在西安驻防满洲兵丁内挑选一千名，交与副都统僧保、张正文带领前往凉州驻扎。再拨凉州绿旗兵丁一千名，令山西太原总兵王绪级驰驿前往，带领赴肃州。太原总兵印务，著宣化总兵李如柏署理。宣化总兵印务，著三屯营副将高弘荣署理。固原提标兵丁，或拨一千名，或二千名，令大将军岳钟琪酌量调拨。京营副将张存孝著加总兵衔，驰驿前往肃州，听大将军委署统理。宁夏将军印务著刑部侍郎常赉署理。宁夏兵丁著预备一千名，俟有调拨之处，著副都统卓鼐统领前往。此各路所派弁兵及统领之员，俱听大将军岳钟琪调度节制。其办理军需署肃州总兵印务马会伯，亦听大将军派委。张存孝著赏内库银二千两，僧保、张正文、卓鼐、王绪级各赏银一千两。其调拨西安、凉州、满洲及固原提标、凉州镇标各官弁，照例赏给二年俸银，马兵每名赏银三十两，步兵每名赏银二十两。宁夏官兵若有调拨之处，亦照例赏给。"

（卷101　341页）

又谕："朕查陕西临洮府属之保安堡，番民归化多年，按照田亩起科，共额征粮八百一十五石五斗。因该堡向日止设番兵一百二十名，即以应纳之额粮抵作应支之兵食。伊等知种地而不完赋，知充伍而不领粮，相沿已久。嗣因番兵差操未便，于是另募内地民兵二百名以备防汛。即将额征之番粮充作兵丁之月饷，其旧设番兵悉行开除。惟是保安一堡与新附上、下龙布，阿步喇等番族界址相接，新附番族俱按户科粮，每户止纳青稞一斗。而保安则按田起科，以不及千户之番民，岁征粮八百余石，未免多寡悬殊，非朕一视同仁之意。著将保安堡番粮亦照新附番民之例，每户纳粮一斗。征收在仓，留为积贮。其现募之兵丁二百名所需粮料，俱照例给与折色，以示朕加恩番民之至意。"

（卷101　343页）

雍正八年（1730年）十二月戊午

谕大学士等："固原、甘、凉等处兵丁有调拨派遣之用，沿边地方所关紧要，著大将军岳钟琪、署总督查郎阿作速行令，各该提镇于固原、凉州、甘州、宁夏、西宁等处人民内挑选汉仗勇健、弓马娴习者，招募充补兵额。其冲要之处，于原额之外各添设数百名，以备调遣。"

又谕："噶斯地方现有满洲及归化城兵丁五百名，格默尔等带领防守。其从前派出之青海兵丁一千五百名亦著前往，令格默尔等分派驻扎于额尔贡木、柴旦木等处。其扎萨克之官兵著移驻额驸阿宝驻牧相近之处，听阿宝管辖。如有准噶尔信息，力能进剿，著阿宝带领前进，倘力稍不足，即著进边，协同绿旗官兵防守。"

又谕："范时捷著署理陕西固原提督，即速来京请训，驰驿前往直隶古北口提督印务。著銮仪使路振扬前往署理福建陆路，提督石云倬、广东潮州总兵马纪勋著前往陕西肃州，到大将军岳钟琪处，有办理之事。福建陆路提督印务著福建南澳总兵张起云署理，南澳总兵印务著福建金门总兵康陵署理。"

（卷101　343页）

陕西安西总兵官潘之善请假回籍调病，允之。

（卷101　344页）

雍正八年（1730年）十二月辛酉

谕大学士等："据查郎阿奏报，肃州存营马兵只三百名，守兵只四百名，协防之兵更不可少。已飞咨都统鄂善于凉州驻防满洲兵内派兵五百名，遴委协理一员，统领星赴肃州驻扎。再，甘凉提镇二标马步兵丁除原派出兵，并见调应援外，存营兵丁亦有汛防之责，如或另有调遣，不便再于二标派拨等语。查郎阿于凉州驻防满洲兵丁仅拨五百名者，想因未见朕另拨西安驻防满洲兵丁一千名之旨，所以不敢全拨。应仍遵前旨，令哈尔吉、鄂善作速带领兵丁前往肃州。其凉州绿旗兵丁，俟王绪级到后方行带往。此时谅未起程，今或仍可将凉州前派之兵令王绪级带领往肃。或于查郎阿调甘待拨之宁夏兵丁内，令王绪级带领一千名往肃，著大将军岳钟琪、署督查郎阿酌商妥办。至查郎阿所奏摘拨马匹，陕甘各处营马虽有一万八千余匹可供摘拨，然营马亦属紧要，著将上驷院之马一千七百匹解送至西安，交与巡抚武格分发喂养。其摘拨四省营马与采买之马，著岳钟琪、查郎阿先酌定应交与何处收牧，即速行文知会各省。文到之日，再行解送至所指之处交收。再查郎阿奏请西宁粮米拨运肃州一条，西宁地方实关紧要，存贮米粟不可轻动，可令查郎阿知之。将尔等所议马匹粮运一折、查郎阿三折，俱录寄大将军岳钟琪，令其斟酌而行。将此传谕大将军岳钟琪、总督查郎阿知之。"

（卷101　344页）

雍正九年（1731年）正月戊辰

谕内阁："朕思惠黎元之道，莫先于除赋蠲租，使万姓均沾渥泽。陕西、甘肃二省经理军需数年，凡米粮、刍牧、车马、牲畜之类皆动支公帑备办，一丝一粟不使扰民。然朕每念地方既有军务，纵不取办于民财，未尝不资借于民力。而陕甘二省之民人，踊跃趋事，甚为可嘉。年来已屡降蠲赋之旨，兹特再沛恩膏，将雍正九年西安所属额征地丁银蠲免十分之三，甘肃所属额征地丁银全行蠲免。该督抚等可转饬有司，敬谨奉行，务令闾阎均沾实惠。"

以湖广提督兼理陕西西宁西大通总兵官事冯允中专管西宁总兵官印务，正红旗汉军副都统管承泽署陕西西大通总兵官。

（卷102　348页）

雍正九年（1731年）正月己巳

谕大学士等："直隶古北口、宣化镇及督标兵丁内，著总督唐执玉会同提督路振扬拣选马兵一千名，派委官弁，领赴西安。山西太原、大同两镇标营兵丁内，著巡抚石麟会同该镇拣选马兵一千五百名，派委官弁，领赴甘州。河南南阳、河北两镇标营兵丁内，著总督田文镜会同该镇拣选马兵一千名，派委官弁，领赴西安，并听大将军岳钟琪、署总督查郎阿调遣。再，著湖广总督迈柱将附近陕西之标营兵丁预选二千名，听候调拨。此所派弁员俱著赏给一年俸银，再令该督抚等宽裕帮给，兵丁各赏银三十两，给与两个月行粮月饷，马三匹，其派出官弁员缺，该督抚等酌量委署。兵丁额缺即行召募补足，并行令岳钟琪、查郎阿知之。"

（卷102　348页）

雍正九年（1731年）正月庚午

命工部左侍郎马尔泰协办西安军务，正红旗满洲都统德成协办青海噶斯军务。

副都统达鼐折奏："噶斯卡伦见被贼围，臣将关防交与鼐满岱，并调取西宁绿旗兵三百名防范番子。臣亲率兵出边往援柴旦木地方，若贼人败遁即领兵追袭。"得旨："达鼐领兵前往应援格默尔等亦是，但奏称追袭甚属孟浪。巴尔库尔之兵原为捣贼人巢穴而设，噶斯之兵乃为驻防而设。若来犯噶斯之贼兵无多，势均力敌则即行剿杀。倘以劲力扰动青海，则噶斯隘口属无用之地，即撤兵退至近边形胜之处，会集青海之兵驻扎防守。倘贼势颇重，即领兵退入边内。尔从前曾将西宁之兵调拨五百名，今又为番人调兵三百，如果番人有事，尔之三百兵丁何能济乎？兵力宜聚而不宜分，频频分调是何计策。防守边圉，较防守青海尤为急务。目今只宜坚守，切不可急遽躁妄。"

（卷102　349页）

雍正九年（1731年）正月辛未

谕内阁："陕西、甘肃地方办理军需，须用年力精壮、才可办事者命往，以备差委，见在分部学习人员内著该堂官保送，其候补、候选及降革官员，无钱粮未清之案者，汉军人员著该旗大臣拣选保送。满汉大臣等若有深知之人，不论汉军、汉人亦准其举出。若该员身有挂欠处分，果系才能出众，亦准该旗及满汉大臣等保送请旨。此差往人员著交与巡抚武格、许容，协办军需侍郎马尔泰酌量差遣委用。将来办事若好，著该督抚等奏闻，加恩议叙。"

又谕："喀喇沁三旗、土默特二旗著派兵一千名于二月间起程至张家口外形胜地方居住。令贝子僧滚扎卜、塔布囊罗布臧策布登统领前往，预备军营调遣。归化城兵丁著派一千名，令都统艮敦统领，于二月间前赴凉州，听大将军调遣。其恩赏银两、粮饷等项，俱照例给发。"

（卷102　349页）

雍正九年（1731年）正月癸酉

谕大学士等："甘凉二镇皆系沿边重地，必须兵力富足，方可内为保障，外供调拨。著提督宋可进于凉州召募兵丁二千名，甘州召募三千名，如甘州本地不能足三千之数，可于宁夏召募补足。又西宁一镇为青海门户，所关綦重，亦著召募二千名。此召募七千兵丁，俱照例马六步四，支给钱粮。"

宁远大将军岳钟琪遵旨议奏："准噶尔逆贼犯界，所有添拨官兵事宜，臣详加筹划。派出固原提标兵二千名，委令庆阳协副将于义统领。陕西督标兵八百名，抚标兵二百名，檄调山西蒲州协副将沈力学统领，俱令随臣出口。至安西、沙州地处极边，其镇、协标营兵丁派调三千名前赴巴尔库尔，则二处城守单弱，除督臣已调拨甘提标兵一千名外，臣又派甘州兵一千名分拨安西、沙州驻扎。但甘州地方紧要，留汛之兵不敷守御，而西宁为青海门户，亦宜防范。臣会同西安将军秦布派出西安八旗兵丁三千名，令副都统苏穆尔济统领一千名，前往西宁驻扎。再派一千名随后赴甘州驻扎，其余一千名接续起程，暂驻凉州，以候调遣。但西安领兵大员除苏穆尔济，见今派往西宁外只余副都统二员留办公务，不便更行派委。伏乞钦点谙练军机大臣二员，从京城驰赴西安，以便统领兵丁，分赴甘凉。"得旨："朕前调拨凉州驻防赴肃之后，即著于西安满洲兵丁内挑选一千名交与副都统僧保、张正文带领前往凉州驻扎。又念西宁为青海门户，特命副都御史二格驰赴西安，带领绿旗兵一千名，满洲兵一百名，前赴西宁驻防。今岳钟琪将满洲兵一千名拨往西宁，殊可不必。著仍遵前旨，并传谕武格、马尔泰俟二格到日，即于西安绿旗兵内，或督抚两标，或城守之兵共拣选一千名，再会同秦布挑选满洲兵一百名，令二格即行带领前往西宁驻扎。其苏穆尔济带领之满洲兵一千名即令带往凉州，俟僧保到凉之日，苏穆尔济仍回西安。其所拨驻扎甘州之满洲兵一千名，著张正文带领前往，听候调遣。至拨往凉州之兵不必起身前去，仍在西安候旨。西安副都统员缺，著署副都统拉萨立驰驿前往署理。"

宁远大将军岳钟琪又遵旨议奏："甘州、固原、肃州兵丁各派拨出口。甘肃地处边徼，留汛之兵不容单薄，应各召募兵一千名，俱以马六步四补入。西安为省会之区，督抚两标兵丁派调出师，所余无几，应共召募步战守兵一千五百名。至固原标属悉系内地，无庸募补。"得旨："朕屡降谕旨，以甘、凉、肃、西宁等处皆沿边要镇，必得重兵驻防，既可弹镇边陲，又可分拨策应。今岳钟琪仅于甘凉二处议募一千名，想未接到朕之谕旨。又于见今巴尔库尔情形未能确知，是以尚存轻事之意见。固原标属虽系内地，但提标之兵已拨二千名，则自应召募补额。西安督抚标之兵既行召募，则自当仍遵原制，以马六步四充补，不得悉补步兵。可将甘、凉、固原、西宁召募之事传谕范时捷、宋可进，令其办理。其西安督抚两标应募之兵，著岳钟琪、查郎阿、武格、马尔泰仍照马六步四之例，速行募足二千名，以充行伍。"

（卷102　350页）

雍正九年（1731年）正月乙亥

谕大学士等："准噶尔贼人乘我西路军营不备，倾其丑类犯我卡伦，盗赶驼马。总兵官樊廷等领兵二千，转战七昼夜，击杀贼众，又将盗去驼马牲畜夺回。樊廷忠勇冠军，颇得胜算。总兵张元佐、副都统绰般、台吉衮布、三等台吉定咓拉锡领兵应援，奋力夹攻，大败贼人，副将张朝良以孤军被困而能全师出围。凡此将弁，皆见义能勇，致身效力，均属可嘉。樊廷著赏银一万两，给一等阿达哈哈番。张朝良、冶大雄俱著赏银五千两，给拜他喇布勒哈番。张元佐、绰般俱著赏银三千两，给拖沙喇哈番。台吉衮布著封公爵。三等台吉定咓拉锡著授为扎萨克一等台吉。其余有功将弁，俱著大将军岳钟琪查明奏闻，加恩从优议叙。再，著署内务府总管鄂善驰驿前往肃州，于军需银两内动支十万两，令大将军将此番出征弁兵等，查明战功等第，按名赏给。至阵亡将弁兵丁，分晰查明，造册具奏，从优赏恤。该督抚动用正项钱粮于安西地方，建立忠勇祠，将阵亡之将士等设造牌位致祭，俾义烈将士，永远流芳，以示朕崇奖忠勋之至意。"

又谕："准噶尔贼众犯我西路阔舍图卡伦，今虽败遁，或由噶斯一路，遣兵扰乱青海地方，劫掠马驼羊畜，亦未可定。二等侍卫殷扎纳著加副都统衔前往青海，传谕各扎萨克，于左、右翼拣选兵丁一万名，令王额尔得尼厄尔克托克托奈会同王盆苏、克汪扎尔、公阿拉布坦扎穆苏、公阿喇布坦统领，在青海紧要适中之地驻扎。派出之官员，照伊品级赏给半年俸银，兵丁每名赏银五两。再，著内大臣克什图前往青海与王额尔得尼厄尔克托克托奈等一同管理克什图所管阿尔泰一路台站事务。著上都打布孙脑儿总管五十四，张家口管站郎中伦岱办理。"

（卷102　　352页）

雍正九年（1731年）正月癸未

甘肃巡抚许容疏言："甘省地方员缺，冲要居多，且办理军需，俱须干员。请于直隶、山东、河南、山西四省见任同知、通判州县内，令该督抚各拣选才具优长，办事勤敏者五员，咨送来甘，委办差使。遇有要缺，即行题补。"得旨："著照所请行，山东见有赈恤之事，正须干员经理，不必拣选咨送。"

（卷102　　354页）

雍正九年（1731年）二月戊戌

谕大学士等："肃州、甘州、凉州移驻满洲兵四千名，又凉州有归化城兵一千名，尚无统领之员。宁夏满洲兵现今不过六百名，著户部右侍郎傅泰前往署理宁夏将军印务。其肃、甘、凉等处兵丁著常赉前往，给以镇安将军印信，令其统领，仍听大将军岳钟琪调遣。"

（卷103　　359页）

雍正九年（1731年）二月己亥

谕大学士等："常赉统领五千兵丁或应会驻肃州，或应会驻安西，或仍暂分驻于肃、甘、凉等处。尔等行文知照各该处外，再传谕大将军岳钟琪、署总督查郎阿，此五千兵丁如有调遣，俾其自为一队，令常赉统领，不可零星分派，与绿旗兵丁混杂一处，恐满汉彼此推诿，转有未便。留此大队为应援夹攻之师，甚为有益。"

升甘肃布政使孔毓璞为都察院左副都御史，仍留肃州办理军务。

（卷103　　359页）

雍正九年（1731年）二月乙卯

谕大学士等："陕甘二省年来办理军需，虽皆动用正项钱粮，民间无丝毫之费，然输挽粮运，伺候差徭，不无劳苦。朕已降谕旨，加恩奖勉，但必得地方大吏，仰体朕心。凡料理军务固不可任其延缓，而过于迫急未免扰民。查核钱粮固不可听其浮销，而过于苛刻则必致剥民。督抚等大员严紧一分，则州县官必于百姓加紧一倍，如能宽容一分则小民必得一分之惠。武格、马尔泰二人急公之心皆切，但恐诸事过于苛迫，可将朕旨传谕。凡承办州县或于原额之外迟缓无多，而其人之才有可用者，不妨姑示宽容。其开销物料脚运之费亦必斟酌时价，不可刻意核减。但此旨不可宣露于人，恐有不肖之州县，借此迁延浮冒，其渐不可长也。"

（卷103　　367页）

雍正九年（1731年）二月戊午

谕大学士等："准噶尔父子济恶，背天逆理，狡狯百端，为边方之巨患。朕继述先志，绥靖西陲，特遣两路大兵，声罪致讨。数年以来，慎选将士，挽运军需，区划周详，备办饶裕。而三军之气鼓勇直前，人人思奋。朕常教以古昔圣人之训，临事而惧，好谋而成。天道恶盈，谦冲受益。军气当壮，而军心则不可骄。此我将士及在廷臣工所共闻者也。上年正月间，西路大将军岳钟琪奏报，雍正七年十二月二十八日夜，巴尔库尔军营有紫气祥光，绵亘东北，历四时之久，光华绚烂。二月间又据署总督查郎阿奏报，巩昌府属之靖远卫红嘴子地方，乃黄河过渡之所，每年正、二月间，东风解冻，河冰渐薄，冰桥既难行走，渡船又难撑驾，行李停滞，岁以为常。乃今年正月，官运粮车至此，冰忽开融，舟行无阻，诚从来未有之奇遇等语。朕览奏不敢遽以为喜，辄行宣示于外，特命封贮内阁以待大军凯旋，即此可以知朕心矣。此番西路拨派之将士，皆遴选训练之精锐，其气势倍觉壮盛，遂未免有恃强轻敌之心，以致贼人乘我不备，侵犯汛界，抢掠牧场，并伤我兵弁。岂军志骄矜有干盛满之戒，天心特以此示儆耶。上年被贼侵扰之处，朕与大将军岳钟琪等不能计虑于事先，实难辞疏忽之过。至于军营牧放驼马，最宜布置有方。乃以牲畜置于贼人来路之旁，又与大营相隔辽远，被贼人乘机盗窃，则审度形势之谓何，岳钟琪更难辞咎。又如达鼐统领噶斯之兵，曾奏请制办皮套等物以为兵丁手足御寒之具。而西路兵丁去冬出战之时，冒犯冰雪，手足冻伤者多有，则亦大将军未曾留意于平时也。凡此既往之错，追悔无益。从来胜负乃兵家之常，祸福有倚伏之理。从前因疏忽而致亏损，将来自可因小警而成大功。惟望合营将士等以敬慎之心办理戎事，以忠义之勇对越上天，自可仰蒙上帝慈恩，默垂保护。书经云，皇天无亲，惟德是辅。况准噶尔罄其所有甲兵不过三四万之众，即以上年之事论之，小策零敦多卜系伊防守西拉百尔要地之首领，乃于冬间倾其人众犯我卡伦。我军以数百人固守小营，彼不能夺，并不敢萌窥大营之念，仅于中途以全力邀截我师。四路毕集，而我总兵官樊廷、张元佐等以数千人击败彼数万之众，则贼之力量伎俩不过如是而已。盖彼之所长在于偷盗驼马，而我师一时失于防范，遂尔堕其术中，并非彼之兵力有余也。观贼之虚张声势，分兵侵扰噶斯卡伦，窥伺图呼鲁克之粮石。我师以百余人即可防守而追逐之，则更鼠窃狗偷之行，不堪之甚者也。总之行军之道，心不可骄，而气不可馁。凡我将士，务去从前骄矜之心，而鼓将来勇敢之气。候朕徐徐筹划，必有荡寇万全之胜策，俾将士等欢欣鼓舞，奏凯歌而膺爵赏也。其军营得伤患病之兵丁，著用心调治，务令痊可。朕正筹划加恩，使之更换休养，以恤勤劳。著大将军将朕此旨通行晓谕出征将弁兵丁知之。"

又谕："从来备办军需于地方不无劳费，朕深知其弊，惟恐累及民间，是以于征剿准噶尔之举，悉心密筹于数年之前。一丝一粟皆用公帑，而民间并不知国家将有军旅之事，从来未闻预备军需地方，能如此毫不骚扰者也，此天下所共知，更为三秦百姓所深悉者。及至大兵既出，时日既多，挽粟飞刍，脂车秣马，虽不取办于民财，恐不免借资于民力。此亦事势之不得不然。只以准噶尔狡狯凶顽，父子济恶，实蒙古之巨患，为国家之隐忧。若因循苟且，纵贼养奸，则狡寇一日不灭，边境一日不宁，即内地之民亦一日不得休息。此朕熟思详审，至于再三，而出于万不容已者，并非好大喜功。利其民人土地，而为此举也。即以上年之事言之，贼夷先遣使臣诈称求和，及朕降旨暂停进兵，而贼众乘我不备，大肆猖獗。然则此等狡寇，固可置之度外，听其贻害于边方哉，即此愈见圣祖皇考当年不得已之情，朕今日继承先志，不能不办理之苦衷也。惟是国家设兵所以卫民，今因用兵而有不得不资民力之势，朕心实为怜悯，是以年来屡蠲陕甘二省额征钱粮，使群黎均沾膏泽。而三秦绅士庶民感激国恩，兼明大义，踊跃趋事，志切急公，二十年来如一日，朕实嘉之。如昨岁据督抚奏报，甘肃士民等有愿捐车辆以资挽运者，有愿捐草束以供刍牧者，朕皆降旨，一一照数给与价值。而其服劳宣力之诚悃，亦大可见矣。今年添办军需，朕又切谕督抚有司等体恤民情，不得丝毫扰累，其粮饷运费特令加增，倘再有不敷，仍令据实陈奏，无非轸念民劳之意，惟望陕甘二省绅士庶民等欢欣鼓舞，勿懈初心则和气致祥。仰邀天眷，不数年间必见朕功克奏。不但边城内外共享宁静之福，即尔等世世子孙永保安居之乐矣。查雍正九年，甘肃所属额征钱粮业已全行蠲免。西安所属额征钱粮，前降旨蠲免四十万两，著再蠲免四十万两，以昭朕体恤之恩。该督抚务饬有司敬谨奉行，使闾阎同受实惠，并将此旨刊刻颁布，俾陕甘二省远乡僻壤之民共知之。"

又谕："上年腊月，准噶尔侵犯卡伦，署大将军纪成斌调取肃州、安西两路兵三千名前赴军营备用。据署总督查郎阿奏称，两路弁兵起程时，衣装之费分别借给银两，俟将来按数扣除。朕思准噶尔之事起于仓猝，两路弁兵于盛寒冬月前赴军营，日期忙迫，深可轸念。所借银两悉著赏给，不必扣除，并将该弁兵分别加赏银两。著大将军传问伊等，或本人在军营自领，或其眷属在家支领，悉从其便。"

（卷103　369页）

雍正九年（1731年）二月壬戌

　　谕大学士等："国家教养将士，加恩于平时。原欲其有勇知方，缓急可恃，以备干城之选。果能临戎遇敌，奋勇先登，劳绩战功，卓然可纪，尤当沛以殊恩，优加体恤，以奖忠诚而褒壮略也。上年冬底准噶尔之事，总兵官樊廷等已颁谕旨，厚加爵赏，并令战阵有功之弁兵更换休息，中有侵冒冰雪，触犯锋镝，而损伤手足者，令军营加意调治，送回本汛矣。著大将军岳钟琪将此次随樊廷、张朝良等御贼有功之将弁兵丁皆一一查明，应令各回本任、本汛者，著另选拨以代之。朕又思川陕二省，地方数千里，甚为辽阔。今西边有办理军需之事，总督一员，难于控制。向来川省曾设总督，今仍著添设四川总督一员，即以提督黄廷桂补授。四川提督著陕西固原提督纪成斌调补。陕西固原提督著陕西肃州总兵官樊廷升授。陕西肃州总兵官著四川重庆总兵官张朝良调补。四川重庆总兵官著江南漕标副将马义升授。俟石云倬、马纪勋等到军营之后，樊廷等各回新任。纪成斌未回四川之先，其提督印务仍著黄廷桂兼管。"

　　青海辅国公功额喇卜坦故，遣官致祭。

（卷103　373页）

雍正九年（1731年）三月乙丑

　　命左副都御史二格协办肃州军需事务。

（卷104　376页）

雍正九年（1731年）三月丙寅

　　谕大学士等："宁远大将军岳钟琪先后接到所降谕旨，办理诸务虽较之从前所奏略有头绪，而中间尚有错谬之处。如将肃州驻扎之固原、宁夏兵丁二千五百名拨到军营者，原以补缺少原额也，又奏称将此二千五百兵与拨出口之西安兵一千名、凉州兵五百名，驻扎图呼鲁克、毛垓图等处。若北路一有调遣，即将此兵丁从库库拖米一路赴阿济卡伦应援。如四千名兵尚不敷用，再于军营内挑选精兵四千名于哈喇乌苏直赴毕济卡伦应援等语。北路满汉兵丁及察哈尔等处兵丁三万余名，加以喀尔喀数万之众，岂有尚资借于西路应援之理。设贼人果倾其全众，犯我北路，则西路之师，自应直向木鲁河贼人留驻之所及伊尔布尔和邵放卡之处，抢掳其牲畜，剿灭其人众，又何暇分其兵众以作应援之师乎？且阿济、毕济去北路大军之营尚远，贼人岂能越我军营而至，而劳西路应援之兵乎？此等设施，实未妥协。至请将满洲归化城兵丁交与常赉带领至安西驻扎，与朕意相符。及将图呼鲁克粮石运交军营收贮，所议亦为允协。应照所请行。"

（卷104　376页）

雍正九年（1731年）三月乙亥

谕大学士等："宁远大将军岳钟琪、署总督查郎阿因闻贼营脱回兵丁蓝生芝传说，噶尔丹策零带领部落家口移住哈喇沙尔，并有四月初一日小策零敦多卜会兵去犯北路之言，筹划四条具奏。随传问多尔济、波罗特，据称哈喇沙尔系回子所住耕种之处，相近有小城，名科鲁勒克。其地气候炎热，又甚隘小，仅可容千余家，四面系开种田亩，不能牧放。多尔济在哈喇沙尔居住最久，波罗特亦亲听彼地人传说。二人之言的确与否，虽未可必，然大约其地之不甚宽大可知。噶尔丹策零若欲移住于此，必率其全部而来，少亦一二万人，哈喇沙尔果能容此大众乎？且以情理论之，伊里为贼之巢穴，西北与图尔古特、哈萨克接境，实皆贼之仇国。噶尔丹策零又安敢舍其巢穴，而远居于哈喇沙尔乎？如果率其大队住于吐鲁番相近之处，则贼之注意在我巴尔库尔军营，而岳钟琪乃云贼人由吐鲁番一路直侵哈密，截我营站，乘势侵扰安西、肃州沿边一带等语。据多尔济、波罗特俱云，哈喇沙尔至吐鲁番，虽有路径，皆系沙碛。其自吐鲁番至哈密，一由沙碛，大队难行，一沿南山，系一线细路，又须仍从巴尔库尔经过，然后得达。二人之言果确，则贼众不能从哈喇沙尔直至吐鲁番，而吐鲁番一路不能直侵哈密也明矣。设贼人欲侵犯哈密，巴尔库尔大营之大军岂竟任其出入，而令阻截台站，乘势侵扰安西、肃州乎？至云贼人以大队全赴西路，攻我军营。贼势甚众，我军众寡莫敌，当持重戒严，坚壁固守。一面知会北路遣兵应援，一面飞调绿旗、满洲、蒙古兵丁，由无克克岭三面夹击等语。从前事起仓猝，彼时军营兵马无几，是以谕令岳钟琪，倘贼夷以大队再犯，当持重坚守以待应援。今则现在军营马步车兵约有一万九千余名，加以安西、甘肃之兵六千名，续派兵四千名，共二万九千名，是兵不为寡矣。夫樊廷以马步二千敌彼二万，转战七昼夜，犹足以相当，乃以二万九千人之众而云众寡莫敌，何懦怯至此。且从前尚欲直至伊里，捣其巢穴，岂有贼人来至数百里内，而剿杀之策转坚壁而不出乎？独不思我军坚壁不出，倘贼但虚张声势，作攻我军之状，而分其众以侵扰图呼鲁克、塔尔那沁、哈密等处，阻截营站，断我音问，此时将任贼于军营近地肆行无忌乎？岳钟琪又欲以图呼鲁克、毛垓图及安西之满洲、蒙古官兵，由无克克岭合会，夹击贼人。若果至巴尔库尔，贼即败逃，亦从阔舍图一路直走伊尔布尔和邵而遁，无克克岭相去二三百里，安所得夹击之。又云，贼夷或令吉穆察之兵侵犯军营，而以哈喇沙尔之贼侵犯青海。查哈喇沙尔之至青海必由噶斯，噶斯之口甚隘，断不能行。且贼人既遣人侵犯大营，彼岂不虑我军之剿杀，自必留哈喇沙尔之众以为应援，又何敢分其众侵犯青海乎？至虑贼之率其丑类悉赴沙洲等处，尤为背谬。贼若由噶斯、伊孙察罕、齐老图而进，则此数路断难容走万余人，若由大道而来，又不知何法可以越我巴尔库尔军营而过也。岳钟琪于口外地方形势茫然不知，于军务机宜亦觉昏愦。凡巴尔库尔军营筑城之要策及大军剿贼之胜算，并未筹及，而但将旁枝末节盈篇累牍，备极周详，朕披览之下实为烦忧。如蓝生芝所闻，贼人有抢卡伦牲畜、践踏禾苗之语，不思贼人若来抢夺我卡伦牲畜，我独不能剿戮此抢夺之贼乎？贼人可以践我禾苗，我不可以乘其践踏而擒之乎？岳钟琪何以但能虑贼而不知筹己也。又蓝生芝云，哈密回子报信领路等语。哈密回子之不可信由来已久，亦当谅其苦情。盖其力量微弱，遭准噶尔之凌虐，恨之入骨而畏之如虎。其或偶然通信于贼者乃恐惧之至，为将来自全之计。我军固不可不留意堤防，然不可使彼有疑惧之心。我之军力能庇护哈密，哈密自不为贼人所用。岳钟琪不必因蓝生芝之言而深究也。至西、凤二府运粮一事，原因轸念甘肃连年挽运军糈，民间不无烦扰，是以特命范时绎到彼协同巡抚武格、侍郎马尔泰，将西安、凤翔二府米石运至甘肃凉州，以资军食。武格等议行本运之法，俾西、凤二府官民任转运之劳，甘肃地方少得息肩，朕意深以为然。今岳钟琪、查郎阿又为递运之议。是与雍正元年设台盘运相同，将来必有派拨协济之累，或更以交接卸责。至将米石灌水挽沙，从前误累，岂可复蹈。尔等可传谕岳钟琪等知之。"

（卷104　378页）

雍正九年（1731年）四月庚子

　　谕内阁："朕御极以来，继述皇考圣祖仁皇帝乂安区宇之圣心，旰食宵衣，朝乾夕惕，欲使薄海内外休养生息，物阜民安，永戢兵戈，咸登衽席，以成荡平熙皞之治。是以宣猷敷治之间，宏纲庶务。凡有益于民生者，莫不兴举，不便于民生者，莫不屏除。若有几微措置失宜，即五内展转，癙寐难安，岂肯好大喜功，兴兵构难，使百姓有供应之劳，不遑宁处哉。惟是锄暴乃所以安民，抚内必兼乎攘外，此古今不易之至理，帝王治世之常经。凡尔百姓粗通大义者，即莫不知之，不必待高远之识也。惟彼准噶尔一部落原系元朝之臣仆，其始祖曰额森。额森之子托浑渐至大员，因扰乱元之宗族，离间蒙古，惟恐获罪，遂背负元朝之恩，逃遁藏匿于西北边远之地，煽惑匪类，要结党与，自称准噶尔。当我朝定鼎之初，各处蒙古倾心归顺，求为属国，独准噶尔一部落违越于德化之外。至噶尔丹、策妄阿喇布坦二人则尤狡狯凶顽之甚者。噶尔丹身为喇嘛，不守清规，不遵佛教，破戒还俗，娶青海鄂齐儿图车臣汗之女为妻。又潜往青海地方贼害伊之妻父，而掳其人众。又复巧构衅隙，乘喀尔喀之不备，发兵猝击，以致喀尔喀人众溃散，纷纷投我天朝。蒙圣祖仁皇帝施恩抚恤，遣使前往噶尔丹处，谕令戢兵和好，多方开导。乃噶尔丹冥顽不灵，转借追袭喀尔喀之名犯我边汛。彼时即行剿，复有何难。我圣祖仁皇帝至仁如天，好生为德，特遣官员前往责问。是时噶尔丹惶愧恐惧，设誓撤兵，仍复潜住近边，暗图窥伺，且乘间抢掠蒙古牲畜，俾其不获安居。我圣祖仁皇帝始亲统六师，躬行天讨，噶尔丹逆天背理，自速灭亡。此噶尔丹之始末也。策妄阿喇布坦者，乃噶尔丹之侄也，彼时既平噶尔丹，即可锄绝根株，不留余孽。只因我圣祖仁皇帝宽大仁慈，赦罪宥过，且念策妄阿喇布坦素与伊叔不相和睦，情有可原，于是加以天高地厚之恩，将噶尔丹余剩部落赏伊收管。此时伊力弱势微，甚为恭顺，其后则离间伊妻之父子，诱其妻弟携带万余户至伊住牧之地，因而强占入己。由是势力渐增，竟敢肆意妄行，窥伺青海，侵犯哈密。又潜兵入藏，杀害伊妻弟拉藏汗，毁坏寺庙，荼毒人民。我圣祖仁皇帝特遣大臣前往询问，乃伊憨不畏死，阻兵抗命，因使臣率师甚少，兵力单弱，伊得肆其猖狂，此实天下臣民所共愤者。我圣祖仁皇帝仍赐包容，谕令两路官兵姑缓前进以俟其悔罪输诚。若怙终不悛则命将徂征，犁庭扫漠，此我皇考之本意也。朕即位以来，伊虽遣使求和，而诈伪作奸，仍复如故，且将我青海叛臣罗卜藏丹津收留藏匿。朕屡次降旨谕以定界息兵，而伊狡饰支吾，巧幻百出。及策妄阿喇布坦身故，伊子噶尔丹策零继立，其妄乱之性，狂悖之行，更过于其父。其遣使陈奏之词甚属支离妄诞，即如前年西藏阿尔布巴等之戕害康济鼐，亦因与准噶尔地方相近。而逃匿之罗卜藏丹津又系伊等姻戚，彼此相依，是以敢于悖逆朝命，而仗准噶尔以为狡兔之三窟也。似此世济其恶之人，以逞凶挟诈为心，以劫物伤人为事，不可以德感，不可以理喻，无赖无耻，怀逆藏奸，时时欲戕害臣服我朝之蒙古部落，以坏我屏垣。若当此可以经理之会而瞻顾因循，避兴师动众之名，为耽逸偷安之计，将狡寇一日不灭，则蒙古一日不安，边境一日不宁，内地之民一日不得休息，而首先疲于奔命者即三秦之黎庶也。即以上年之事论之，贼夷先遣使臣伪称请和，及朕降旨停兵，以待信息。而彼于深冬冰雪之时，倾其丑类，乘我不备，侵犯汛界，盗窃驼马。然则此等狡寇固可置之度外，听其贻害于将来乎？从来穷兵黩武为圣帝明王之所深戒，而以大加小，以强陵弱，又仁人君子之所不忍为者，况准噶尔弹丸之地，远在极北之区，得其地不足以耕耘，得其民不足以驱使，即使灭此朝食亦不足以夸庙略而耀武功，此皆皇考与朕熟思审处，先后筹划数十年，而出于万不得已者也。惟是地方有军旅之事，厉兵秣马，诸务纷繁，虽不取办于民财，恐不免借资于民力。向蒙皇考轸念秦民劳勚，所以加恩而优恤之者，无待朕之缕述矣。朕御极之元年即将陕甘二省康熙六十年以前民屯卫所未完银、米、豆、草等悉行蠲免，又将旧例应完之三厘三合免其征收。数年以来，西安所属额征钱粮或免四十万，或免八十万，甘肃所属钱粮则连岁全行豁免。他如展纳课之定期，宽带征之旧欠，开垦地亩，修筑河渠，悉动帑金，永为民利。此皆朕之加惠于秦民者，可约略举之也。即以西陲用兵之事言之，北路军需交与怡贤亲王等办理，西路军需交与大将军岳钟琪办理，皆定议于雍正四年者。王、大臣等密奉指示，一丝一粟皆用公帑制备，纤毫不取给于民间，是以经理数年而内外臣民并不知国家将有用兵之举。及至雍正七年，大军将发，飞刍挽粟，始有动用民力之时。朕皆敕令地方有司照数给与脚价，严禁克扣、短发、侵蚀等弊，倘有不肖官员借称军需科派扰民者，著该管大臣即行题参革职。先动帑金，传集百姓，如数给还。朕所以为百姓防患除弊者，亦极严切矣。上年该督抚先后奏称，民人中有愿捐草束以供牧养者，绅衿士庶中有愿捐车辆以资挽运者，朕皆奖以温谕，仍令照数给与价值。去冬贼夷猖獗之后，将来军饷较前未免繁多，又特加添运价，一切军务悉令有司宽裕办理。朕岂肯因戎事紧急，稍涉权宜，使闾阎骚扰于万一哉？意谓三秦众庶，必能谅朕不得已而用兵之苦心，悉朕不忍累民之至意矣。乃近来风闻陕西之民竟有怨朕而私相谤议者，总因十数年来，陕西居住之允禵、塞思黑、年羹尧、延信等皆怀挟异志，包藏祸心，其胁从之党，实繁有徒，如塞思黑之令狐士仪，年羹尧之邹鲁、净一道人，延信之道姑王氏等，皆公然以反叛为众人之倡，则其他匪类之造作妖言，暗中煽动者，又不知其几矣。地方既有奸回之人，而又值军兴旁午，或有司自顾考成，间有奉行不善之处，是以愚民无知，惑于邪说，溺于私情，偶因用力于目前，遂忘受恩于平日。此亦事势之所不免者。夫秦风朴直，自古为然。朴则易被人欺，直则善言易入。只以向来未有宣谕化导之人，而该省督抚以及有司既有刑名钱谷之专责，又有征兵筹饷之军需，簿书鞅掌，难于兼顾。是准噶尔之始末，边防关系之情形，皇考与朕奉天讨罪，除暴安民，万不得已之苦衷，并未家谕而户晓。但听金邪小人摇唇鼓舌，讪谤朝政，变乱是非，无怪乎草野之中被其迷惑者不少也。今朕特颁此旨，遣左都御史史贻直、待郎杭奕禄、署内务府总管郑禅宝率领翰林院庶吉士及六部学习人员、国子监肄业之选拔贡生等前往陕甘二省，开导训谕，觉悟愚蒙。倘合省民人等果能笃尊君亲上之义，消亢戾怨怼之情，将见和气致祥，必邀上天默佑，迅奏肤功，边塞永宁，烽烟屏息。不但尔等安居乐业，俯仰优游，即尔等世世子孙共享升平之乐矣。至于军需各项，悉动帑金，差员办理，不得扣克短少，贻累小民。所降谕旨至再至三。著钦差大臣悉心访察，倘有不遵谕旨，即行题参，或所定官价有不敷用之处，亦即据实奏闻。若兵马经过之地有不遵纪律，骚扰民间者，小过即告知该管大臣惩治，大过即行参奏，不得姑容，务使兵民和洽，内外辑宁，以迓天庥，以副朕念。"

（卷105　387页）

雍正九年（1731年）四月丙午

谕兵部："提督冯允中熟悉边情，老成练达，但闻近患目疾，行走须人扶掖，于训练操防，稍觉未便。西宁一镇，关系紧要，其总兵官事务著德成协同办理。陕西固原提督樊廷现在军前，已降旨令回固原之任。俟樊廷到任后，著署陕西固原提督范时捷协同冯允中办理陕西西宁总兵官事务。"

（卷105　392页）

雍正九年（1731年）四月甲寅

以故青海扎萨克多罗郡王色卜腾扎尔子策凌拉布坦袭爵。

（卷105　393页）

雍正九年（1731年）四月丙辰

予故陕西凉州总兵官袁继荫，祭葬如例。

（卷105　394页）

雍正九年（1731年）五月癸亥

谕大学士等："据殷扎纳、达鼐、德成、冯允中等先后奏称，青海居住之公拉查卜、台吉查汉喇卜滩从梭罗木过黄河，移往他处居住。又闻戴青和硕齐察罕丹津亦往他处迁移，不在海流图地方住牧。因拨派兵丁官买马羊，办理之人不甚妥协，伊等暂行躲避等语。朕因上年准噶尔乘我西路军营不曾防备，倾其丑类，盗窃驼马。因念青海各扎萨克人众，恐遭逆贼侵害，是以谕令派出兵丁，为防护之计，每名赏给银两，为衣装之用。其谕令采买马羊者，原欲使伊等所有牲畜得变价值，可获利益，并非大兵需此些微之助也。前殷扎纳赴西宁时，朕面加训谕，一切派兵采买之事，悉听众蒙古之便，不可丝毫勉强，并虑蒙古王、台吉科派所属之人，谕令严行禁约，岂肯令差往之人逼迫蒙古以从事乎？今拉查卜等无故迁移他往，其中自有情由。必系殷扎纳等不能宣扬朕谕，使众心共晓。而采买马羊又不听从其便，以致拉查卜等心怀疑畏，暂避差徭。虽拉查卜等甚属孟浪糊涂，亦殷扎纳等奉行不善之所致也。今特颁谕旨，晓谕拉查卜等，令其速回本处，并将隐情据实陈奏。再传谕德成、达鼐、冯允中等令其明白开导，善为安辑，并将伊等如何疑畏迁移之处，查明具奏。其余地方事宜，俟侍郎众佛保去时再行详谕。"

雍正九年（1731年）五月甲子

山西巡抚觉罗石麟疏言："太原驻防兵丁五百名内派出三百名前往西宁，所有留营兵丁不敷差委之用。据各旗闲散丁壮塞尔泰等呈称，自租父以来，受国家豢养之恩，情愿不领钱粮，当差效力。臣随选得年力精壮，技艺可观者一百名，不给钱粮，令其承应差使。俟有兵丁缺出，拣选顶补。"得旨："太原各旗闲散丁壮等，既令当差学习行走，自当酌加恩泽，以示鼓励。著每名月给银一两，米三斗，以资其食用。该抚石麟时加教训，务令勤谨效力，黾勉向上。若有名粮缺出，即将伊等拣选顶补，以副朕教养兵丁之至意。"

雍正九年（1731年）五月丙寅

谕兵部："樊廷从军营进口，著即赴陕西固原提督之任，范时捷著仍留固原。俟立秋以后，樊廷乘驿来京陛见，其提督印务仍著范时捷署理。俟樊廷回任后，范时捷再往西宁协办总兵官事务。"

雍正九年（1731年）五月壬申

谕大学士等："镇安将军常赉著从安西前赴军营，与大将军岳钟琪、副将军石云倬等计议进兵事宜。但闻贼人有窥伺陶赖卡伦之信，常赉前赴大营时，途次须小心防范，或带兵丁数百名护送，或探听贼人远遁之后，再行前往，务慎重妥贴。总以七月初旬至营为期。其现在甘凉歇息之归化城蒙古兵一千名，已奉旨令其前赴军营备用。可令原管领之都统艮敦等带领出口，务于七月初旬到营。可传谕查郎阿等并常赉知之。"

雍正九年（1731年）五月乙亥

谕大学士等："从前三月间，贼众有二千余人来吐鲁番，见我兵前往应援，贼兵即先行潜遁。今据大将军岳钟琪奏报，四月间又有贼千余来扰吐鲁番，并有二百余人犯我陶赖卡伦等语。朕看此情形，或者将来贼人由哈喇沙尔潜往噶斯地方。又如上年故智，暗行骚扰，或增添人众，窥伺青海，亦未可定。格默尔等所统兵力未免稍单，朕前次曾有不应调拨西宁兵丁之旨，若此时有应用添兵之处，恐格默尔等亦不敢调取，德成亦不敢派拨。可传谕德成、达鼐、冯允中、管承泽、格默尔、鼐满岱、福宁等，从前所以不令调拨兵丁者，盖西宁军务尚未就绪，自以固守根本为是。今西宁布置已定，兵力有余，若贼人窥伺噶斯，自宜发兵应援。况目前青海蒙古兵丁尚未攒集齐全，即器械等件亦未周备，难以望其捍御贼锋，亦赖官兵为之保护。著德成等就近酌量，倘有用兵之处，或著管承泽、鼐满岱带领前往，或德成另议一二人前往。至官兵派出之后，遇有本地添兵防守之处，即将土兵派出。此旨著德成并谕众佛保、殷扎纳知之。"

（卷106　402页）

雍正九年（1731年）五月庚辰

谕内阁："从前因准噶尔之肆虐吐鲁番，回民畏其侵陵，有情愿移居内地者。谕令地方有司，善为安插抚绥，使之宽裕从容得所。顷闻在肃州居住之回子等田瘠水少，收成歉薄，而所有牲畜亦不敷用，生计未免艰难。此皆经管之员办理疏忽，而该省大臣失于觉察之所至也。著署总督查郎阿将从前办理不善之员，查出题参。其有应行加恩抚恤之处，亦著查郎阿酌定请旨。即将此晓谕吐鲁番移住内地之回民知之。"

（卷106　404页）

雍正九年（1731年）五月己丑

刑部议复甘肃巡抚许容疏言："番民纳些诚心归附，乃被背逆土司黄玺正绑缚攒射，至死不移，忠义可嘉。请照例旌表建立石碑，刊列名姓。仍制牌位入祠致祭，应如所请。"从之。

（卷106　407页）

雍正九年（1731年）六月丁未

靖边大将军傅尔丹折奏："臣等于初九日分队起程之后，遣前锋统领丁寿、参赞马尔萨、副都统塔尔岱等统兵率向道官，前行瞭望贼势，在扎克赛河地方擒获准噶尔贼夷巴尔喀等十二名。据供小策零敦多卜牧场在察罕哈达地方，离臣等军营止三日程途，仅有兵一千，尚未立营防守。大策零敦多卜因途中有病，留驻和博克山。其子多尔济丹巴已于小策零敦多卜山梁前驻扎。罗卜藏策零与噶尔丹策零不和，率领其属大约不往图尔古特，即往青海等语。臣等乘夜进兵，袭击察罕哈达贼夷。"奏入报闻。

（卷107　415页）

雍正九年（1731年）六月戊申

副都统达鼐折奏："青海原扎萨克公墨尔根戴青拉查卜等悖逆逃遁，渡梭罗木河而去。臣等率兵追至河滨，先将其子察罕拉布坦生擒。随整兵往击拉查卜营寨，拉查卜畏威迎降，跪叩投诚。臣等率领由梭罗木河大路回至青海游牧处，其效力之台吉弁兵等查明具奏。"得旨："从前亲王戴青和硕齐察罕丹津一闻伊侄拉查卜逃走，即将拉查卜部下人等收回。察罕丹津历年效力行走，今已老病，仍感恩效力，甚属可嘉。著赐大缎二十匹，再发银一千两，令其酌量赏伊部下效力人等。拉查卜虽系伊兄之子，朕知其素不相睦，至拉查卜之子察罕拉布坦，能知伊父之非，不肯同逃，殊属可悯。拉查卜甚属庸愚，虽无故逃遁，见我兵追赶，即便迎降，罪尚可恕。著将伊送至京师，候将伊逃遁之故问明，将伊交察罕丹津之处。"另降谕旨："其拉查卜公爵，朕尚欲令其子察罕拉布坦袭替。并晓谕知之。"

（卷107　416页）

雍正九年（1731年）六月己酉

谕大学士等："大将军傅尔丹奏称，被获准噶尔丹巴供云，噶尔丹策零之妹夫罗卜藏策零将伊属下三千户带领归至大国噶斯。噶尔丹策零闻知，追赶被败等语。今噶斯正值青海有事之秋，倘罗卜藏策零率众来归，或系贼人诡计，著速行文达鼐、众佛保等，远设巡哨，侦探信息。倘噶斯路途有准噶尔贼人来归者，将我兵整齐预备，务加详审，果系真实，将伊头目数人送至京师，其余人等于汛界内有水草处暂住，从优养赡。一面派兵照管，一面奏闻请旨。"

（卷107　417页）

雍正九年（1731年）六月壬子

署陕西总督查郎阿疏言："西、凤二府拨运甘肃等处米一十五万石，二府民人领运之时，惟恐远涉长途或有亏耗，每石多带一二升以备添补之用。今途次安行，并无亏折，据收粮之员节次具报，正米之外，多交余米或数十石至数百石不等。交足之时，可得米千余石。将米一并收贮，于边储军粮，均有裨益。"得旨："数年以来，秦省民人，运送军需，俱无迟误，是以朕屡次加恩以示优恤。兹因挽运西、凤米粮以资军食，特令加添脚价，务期运送从容，而领运之民人等敬谨承应，于交完正米之外尚有余米交官，其急公敬事之念，甚属可嘉。著该署督等查明交米多寡之数，分别赏赉，务令本人实沾恩赐，勿致胥吏中饱，以副朕加惠秦民之至意。"

协办西宁总兵事务都统德成等折奏："讯问被获逆贼诺尔布里塔尔等，供称青海各部落合谋令我率腾格里兵丁反叛，郡王额尔得尼厄尔克托克托奈之子阿拉布济亦欲作乱，约将青海全军前来救援等语。谨此据供具奏。"得旨："朕料青海王、台吉等世爱国恩，断无负恩背叛之事。亲王察罕丹津一闻伊侄拉查卜遁逃，即遣人追赶。郡王盆苏克汪扎尔闻达锡策零搬移，即率兵将达锡策零带回。郡王额尔得尼厄尔克托克托奈父子宣力行间，伊子协理台吉阿拉布济，见在与恭格一同追擒诺尔布。伊等果有异心，宁肯如此奋勉宣力乎。著将诺尔布、里塔尔俱解送来京。讯明原由，再行办理。"

（卷107　419页）

雍正九年（1731年）六月丁巳

谕兵部："前降旨令陕西固原提督樊廷于秋凉时来京陛见，其印务著范时捷署理。今署陕西西大通总兵官管承泽带领兵丁前往柴旦木地方驻扎，其西大通总兵官印务著范时捷即前往署理。固原提督事务紧要，樊廷到任，且不必来京陛见，候谕旨行。若有应奏事宜，著具折陈奏。"

（卷107　422页）

雍正九年（1731年）六月戊午

甘肃巡抚许容折奏青海事宜："一、青海乱贼必宜严惩。诺尔布等敢行称乱，搅扰台站卡伦，比之拉查卜等之潜逃，罪尤重大。见在抢夺台站之达锡策零已经王盆苏克汪扎尔、公阿喇布坦擒拿，应即治罪。而诺尔布之妻子亦被副都统达鼐押解来宁，其逃遁之众务必俘获，诛其魁首。一、西宁兵马无庸加增。计西宁镇标额兵四千名，城守营额兵二百五十四名，又益之以西安绿旗兵一千名，满兵一百名，又应援兵一千名，而镇海南川等兵亦千有余名。更济之以土兵协防，见在士马富余，守御援剿无虞不足。一、青海地方宜移驻满汉官兵。查西宁至柴旦木地方相去八百余里，而青海居其中。请于适中形胜之地驻兵防范弹压。一、西大通镇急宜专员办理。大通一镇左为西宁唇齿，右为凉甘藩篱，关系綦重。今大通总兵印务虽德成、冯允中公同署理，往来照看，不能分身坐镇。署镇管承泽为人巽懦，恐非将帅之才，请急简贤员掌管印务。一、噶斯统兵大臣宜另行选择。诺尔布等之变，副都统格默尔既不能预先抚驭于前，又不能即行擒剿于后，恐不足以膺兹巨任。查散秩大臣副都统达鼐，办理夷情数载，道里山川亦已熟悉，近复追擒拉查卜等功亦可嘉。或以达鼐专司统领官兵，兼抚夷众，以重职守。一、青海夷人宜导之以大义。皇上怀柔荒服，一视同仁，即采买骆驼、马、羊等类亦就彼之所欲售，优给价值。况兴兵费帑，欲剿灭准噶尔之逆贼者，亦惟恐塞外回夷为其侵暴，取彼凶残，安兹良善。凡经管官员，理宜奉扬德意，明白晓谕，庶夷众咸知。我朝覆庇卵翼之恩，各怀尊君亲上之义矣。"奏入报闻。

（卷107 422页）

雍正九年（1731年）六月己未

谕大学士等："陕西西安督抚标下俱有新募入伍之兵丁，必须勤加操演，始可资战守之用。朕思抚标之兵有抚臣亲自操演，自然技勇日渐娴熟。督臣见驻肃州，其标下弁员又大半随往军营，见驻西安者未必多人，或至训练稀疏亦未可定。侍郎马尔泰办理军需，驻扎西安，著将督标之兵丁随时练习，加意教诲。务使有勇知方，以备国家干城之选。"

（卷107 423页）

雍正九年（1731年）七月癸亥

谕大学士等："噶斯一路甚属紧要。现今交青海、王台吉等，将伊等游牧之处如何保护备御等事定议。其柴旦木地方，不必用青海兵丁驻扎，派内地兵丁四千六百名防戍。"

（卷108 424页）

雍正九年（1731年）七月丙寅

谕大学士等："柴旦木之北伊孙察罕齐老图地方，乃直达安西、沙州之路，为巴尔库尔军营之后户，关系最为紧要。此处或驻兵一千名，或八百名，建筑小城一座，以为捍御。再设卡伦以瞭望贼踪，倘贼人前来，为数无多即可迎战剿杀，若倾其大众而来则报知安西，遣兵应援，合力攻击，此乃防汛万全之策。若城工一时难成，即先添兵丁，为冬月预防之计。一切事宜，著大将军岳钟琪即行定议举行。若岳钟琪已领兵进剿，即著副将军等公同会议办理。"

又谕："驻扎柴旦木副都统格默尔擅离汛地，领兵欲回西宁近边地方，甚属悖谬，理应以军法从事。朕念其派遣弁员追擒青海叛贼诺尔布，著免死，革职，令往腾格里卡伦效力赎罪。"

（卷108　425页）

雍正九年（1731年）七月庚午

大学士等议奏："西宁地方最关紧要，设有调拨兵丁之处，应预为筹划。查庄浪地方系通西宁、肃州之要路，若添兵二千名，将来自便调拨。应将西安驻防之江宁、河南满洲兵内调拨一千名，直隶、河南之绿旗兵内调拨一千名，遣往庄浪驻扎。再将四川预备四千兵内拨二千移驻松潘，以备西宁调遣。"从之。

（卷108　427页）

雍正九年（1731年）七月乙亥

户部议复甘肃提督宋可进疏言："凉州、甘州、西宁三处，遵旨召募兵七千名，俱系贫丁，请借给银两，于季饷内扣还。再请每兵一千名添设千总二员，把总四员，与外委千把分领教演，均应如所请。"从之。

（卷108　432页）

雍正九年（1731年）七月丁丑

又谕："据副都统达鼐、侍郎众佛保奏称，青海之扎萨克等现在聚兵七千名，但器械马匹未能齐备，请拣选三千名，令其一年一换等语。朕所以聚此兵者，特为保全伊等家口及游牧之计，非为征伐调遣之用也。其生计情形，从前俱未闻知。今据达鼐等陈奏，朕心甚为恻然，俟从容料理必有加恩之处。今所聚兵七千名，著选派三千名，照朕从前所降恩旨，官员赏给半年俸银，兵丁各赏银五两。一年一次更换，其更换之官兵亦照此赏给。至兵丁驻防日久，盘费未必接续，著赏给茶叶、缎布等项，及每月所食之青稞，再拨回之兵丁四千名，官员等著赏给三月俸银，兵丁等赏银三两，令其各回游牧之所。准噶尔贼人或来骚扰青海之游牧，不可不防。朕意欲将伊等游牧预行从容迁移，择妥协之处居住，著伊等会同详议办理。贼人由远路前来一无所得，不待战而力尽矣。我内地兵丁与贼交战时，青海三千兵丁但追袭贼后，量力将贼人马匹赶出，所得之马匹，即著赏给赶出之人。仍计所得马匹之多寡，另行加恩议叙。"

（卷108　434页）

雍正九年（1731年）七月庚辰

谕青海王、贝勒、贝子、公、台吉等："尔等俱系顾实汗之子孙，自祖宗以来依附内地边疆，恪顺供职。我圣祖仁皇帝视尔等如子孙，抚育六十余年，宠遇之隆，至优极渥。且念尔等尊崇黄教，是以我朝于达赖喇嘛、班禅额尔得尼备极恩眷。若准噶尔者暗遣贼兵，侵犯西地，杀害喇嘛，毁灭供器，实为黄教之罪人。尔等倘违弃先人崇祀之教，辜负国家历沛之恩，一家之内，兴起兵戎以启贼人侥幸之端，虽愚昧之人亦不出此。前者罗卜臧丹津听信流言，敢行背叛，我朝发兵征剿，逃窜在准噶尔处，困苦辱耻，尔等无不闻知。今尔等若到彼处路途如许遥远，马畜必至疲毙。彼岂能为尔等置立产业，分与游牧地方？令尔等各统所属，依然保聚乎？况准噶尔四面皆成仇敌，终岁争战不休，几用兵之处，必置尔等于前，虐使任意，岂若各守祖父基业，永享太平之为得乎？尔等若不熟计利害，听伊迋诱之词，依附贼人妄思蠢动，将来兴师问罪，必先及尔等。彼时即欲悔祸，国法不尔贷也。朕所以频降谕旨，反复开导，令尔等会集兵丁，小心防守。将属下人早行移入者，实冀保全尔等，非欲调遣尔等为进剿之用也。尔等当思朕爱护安全之至意，详细晓谕属下人等，合力防范。果能遵旨奉行，朕自大沛恩膏。尔等游牧妻子既无吞并之忧，而中外安居，亦永享无穷之福矣。"

（卷108　435页）

甘肃巡抚许容题："平番县庄浪土司指挥佥事鲁公训故，请以其孙鲁甸邦承袭。"下部知之。

（卷108　436页）

雍正九年（1731年）七月己丑

谕大学士等："西路防御贼人之事已屡经降旨，与大将军岳钟琪等预为留心料理。但御贼之道，务须计出万全。朕披览舆图，见军营至肃州中间甚为辽阔，而边外一带如赤金、柳沟、金塔寺、沙州、瓜州等处散处之民人甚多，牲畜亦众。万一贼人乘其不备而侵扰之，则巴尔库尔之大军何可分势于各路堵御。凡此黎元，皆吾赤子，横被掳掠荼毒，于心实为不忍。况抢夺民人之牲畜，即可为贼众之口粮，则与我疲敝贼人之计，亦大相左矣。朕意当令居民预度就近可居之地，一闻贼信即迁移以避之，务期免其侵害。若从前驻兵之处有应添兵力以保护百姓者，亦著大将军即行调拨，但不可分大营之兵势。总之使贼人此次远来一无所获，所谓不战而屈人之兵也。但须善于奉行，安慰民心，勿使惊惶疑惑，以致失所。此朕惟恐边外居民被贼侵害，预筹防范之大概也。至于用兵之道，固以防边固本为先，而机会可乘亦不可失。若但坚壁自守，听其肆行无忌，虽有可乘之机，仍复拘泥成见，则又恐贼势猖狂，将来何所底止。今冬西路既已预备，贼众若来，我师以逸待劳，以静待动。大将军外观形势，内度己力，倘有可乘之机或发兵出击以挫其锋，或堵御隘口以遏其路，或暗中埋伏以出其不意，或赶逐马匹以惊其众心，亦足使贼人丧胆。但万万不可轻举远逐以分兵势。大将军只在大营调度，不可亲身前去，副将军等亦酌量行之。击贼之时，贼人以马兵前来，我师以步兵出击，实胜于马兵。御敌不可弃长就短，是以现在添派北路兵丁，朕将汉军步兵四千名派往，大将军等当共知此意。则派拨各得其宜，且使众人各效其所长，而大功可成矣。朕又细思西北两路大营，乃防边击贼之根本。若果两路大营坚固整齐，不为贼人所摇撼，则彼必瞻顾彷徨，恐我军截其归路，扫其巢穴，不敢肆行无忌。即如今春之率众潜归，不敢久留西路者，恐北路之兵袭其后路也。此番六月之不敢逼近科布多军营者，又恐西路之兵捣其巢穴也。目前贼既得志于北路，伊知北路兵力不能进取，则今冬仍往西路，且增添贼众更多于侵犯北路之力量，俱未可知。总在大将军先事图维，临时权变，勿贪功前进，勿坐失机宜，斯为美善。又如贼人侵犯劫掠，多在风雨阴晦之时。此际天气潮湿，枪炮之火药难出，弓箭之力量软懈，二者均未便利。当多备手枪、挑刀等械以为击贼之具，可助枪炮弓矢之力。将此传谕岳钟琪等知之。"

雍正九年（1731年）八月癸巳

谕大学士等："肃州金塔寺原种进贡之哈密瓜，朕思与其种瓜何如种谷，以资民食。著行文该督抚等嗣后不必进献，并著晓谕彼处人民知之。"

（卷109 445页）

雍正九年（1731年）八月丁酉

谕青海蒙古及番夷人等："朕统御万方，凡中外民人皆一视同仁，莫不欲使之得所。尔等沿边番夷及青海蒙古同受国家抚绥保护之恩，并无岐视。目今准噶尔贼人窥伺边境，或将来侵扰青海蒙古，而黄河以南之蒙古畏避贼锋，投奔近边番夷之地亦未可定。尔番夷等须留心照看，切勿因向日曾有嫌怨，乘其危急而加以戕害。若蒙古中有不法之徒抢掠番人者，许番人用力抵御，不必退缩。将来事定之后，朕自然以理断其曲直，分别赏罚。番人、蒙古皆朕赤子，果能遵朕谕旨，彼此相安，同受朝廷之恩泽，方是尔等之福，思之思之。"

（卷109 445页）

雍正九年（1731年）八月辛丑

署陕西总督查郎阿奏言："陕甘二省正值军兴之际，一应领兵差委，需用将备甚多。仰恳敕部拣发游击十二员，守备十二员，命往陕西以便酌量委署。"得旨："凡在京引见之武弁，稍有可用者，朕即分发各省以备题补委署之用，安得尚有余剩人员数十名之多。朕思上年冬月，陕西固原提督樊廷率领弁兵击败贼众。懋著劳绩，朕已谕令各回内地营汛休息，以示恩恤。凡此有功之人，自有才技优长可膺超擢者。著查郎阿问明樊廷等，秉公拣选，若果奋力行间，人才可用，即以微弁兵丁题补委署游守等缺亦可，不必以越等为嫌。务期举用公当，以副朕奖劳赏功之至意。"

（卷109 448页）

雍正九年（1731年）八月丙午

谕理藩院："青海扎萨克一等台吉恭格效力有年，前罗卜藏丹津叛逆时，在哈麻尔岭奋勇杀贼，今又追擒诺尔布，著加恩封为公爵。"

（卷109 451页）

雍正九年（1731年）八月己酉

谕内阁："雍正七年八月内降旨陕西、四川、直隶、山东、山西、河南等省，所派出征之大小官弁俱系能员。嗣后六省所出之官弁员缺，著该上司委员递行署理，准其算俸，俟凯旋之日，将出征之员与委署之员合并比较，拣选引见，请旨补授。盖欲使效力疆场之人即可得缺升选，而委署称职之才亦得兼收并用，实两全之道也。但今行之二年，委署之员渐多，实授之员渐少，每遇缺出，该管大臣往往以不得合例委署之员，甚费筹度。前经署陕西总督查郎阿请将委署之员越次再行委署，朕已降旨允行。又请拣发游守等官二十四员为陕甘二省之用，朕又降旨令将出征有功新回营汛之人拣选题补矣。今思各省出征之员未能即回本任，而委署之缺日积日多，则题补之法应行变通。著于十缺之中分出三缺，为出征弁员升补之缺。北路者交与大将军马尔赛，西路者交与大将军岳钟琪，拣选题补，其余七缺则将本省之弁员或即行题补或暂行委署，令该管大臣酌量施行。其直隶之缺交与提督路振扬，甘陕二省交与署督查郎阿，河东二省交与总督田文镜，四川交与总督黄廷桂，山西交与石麟。石麟著以巡抚署理山西提督事务，给与印信，通省武弁听其管辖。"

（卷109　453页）

雍正九年（1731年）八月丁巳

谕理藩院："据青海郡王额尔得尼厄尔克托克托奈奏称，年力衰迈，请令伊子代伊在军前行走。额尔得尼厄尔克托克托奈曾经效力之人，甚属可悯。著将伊子内可以袭替王爵者，指出一人，朕加特恩封为长子，令代伊效力行走。"

（卷109　457页）

雍正九年（1731年）八月戊午

调湖广彝陵总兵官杜森统领四川松潘官兵前往西宁。以直隶山永副将冶大雄署湖广彝陵总兵官。

（卷109　457页）

雍正九年（1731年）九月甲子

副都统达鼐等遵旨议奏："青海拉查卜原系贝子，从前罗卜藏丹津叛乱时，余众俱赴西宁，伊独逃往喀木地方，从宽降为公爵。今又无故逃遁，拉查卜理应正法，但伊因畏惧逃遁，追兵一至，即便迎降，请从宽免其正法，将拉查卜交与西宁总兵官，永远圈禁。其长子察罕拉布坦预先归降，请停其承袭公爵，授为扎萨克一等台吉，管领该旗佐领下人。至与拉查卜同逃之扎萨克台吉查汉喇卜滩，向系图尔古特微末台吉，相依亲王戴青和硕齐察罕丹津，因不从罗卜藏丹津叛乱，皇上加恩授为扎萨克一等台吉。乃无故逃遁，追兵既至，尚不迎降，以致被擒。理应正法，但并未乘乱生事，亦从宽交与西宁总兵官加锁严禁。再查汉喇卜滩之族弟协理二等台吉达尔济，见在驻牧居住不肯同逃，请将查汉喇卜滩之扎萨克台吉，令其承袭。则伊属佐领不至改隶他人矣。"得旨：'拉查卜系察罕丹津兄之子，察罕丹津效力有年，著将拉查卜宽免，交察罕丹津管辖。查汉喇卜滩从前征剿罗卜藏丹津亦曾效力，并著宽免，交伊弟台吉达尔济严加管束。余依议。"

（卷110 460页）

雍正九年（1731年）十月乙未

大学士等议奏："西宁撤回台吉滚济扎布所领科尔沁兵七百名，令赴察哈尔八旗昂古里等处适中之地驻扎，应自京城派正蓝旗蒙古副都统黑色同驻，以防盗贼。再，京城预备六千兵丁内请派二千名，令都统萨穆哈、副都统胡琳带领，于张家口外陶赖庙察罕托罗海左近地方驻扎，以便彼此声援。"从之。

（卷111 473页）

雍正九年（1731年）十月己亥

刑部等衙门议奏："据办理青海事务都统德成等擒获叛贼诺尔布、里塔尔，解部审讯。诺尔布系图尔古特一小姓台吉，来至青海，依人生理。于罗卜藏丹津叛逆时，伊父曾效涓埃，皇上格外加恩，不令隶属青海，特授扎萨克一等台吉，又选派柴旦木军前。忽行叛逆，抢劫马匹，拒捕官兵。里塔尔身为佐领，附逆作乱，俱应照律拟斩，解往青海，立决示众。查诺尔布叛逆时，妻子皆在游牧地方，闻信即来请罪，应免其为奴。其胞弟色特尔布穆既不知情，又追捕拉查卜有功，皇上已加恩，令其承袭扎萨克一等台吉。诺尔布妻子即交与色特尔布穆管束养赡。"奏入。得旨："诺尔布、里塔尔俱著解送西宁口外，即行正法，免其示众。余依议。"

（卷 111　475 页）

雍正九年（1731年）十月己酉

青海厄鲁特郡王额尔得尼厄尔克托克托奈折奏："皇上悯臣年迈，特降恩旨于臣诸子之中，异日可袭王爵者，命臣举出一人，加恩封为长子，代臣效力行走。伏思臣长子阿拉布济奉旨领兵住扎柴旦木，因擒获叛逆诺尔布已蒙恩授为一等台吉。臣之三子索诺木丹津年二十三岁，立志向上，守正而行，臣遵旨请将此子袭替。"奏入。得旨："索诺木丹津，著照伊所请封为长子，阿拉布济效力行间，加恩晋封为辅国公。"

（卷 111　478 页）

雍正九年（1731年）十月辛亥

谕理藩院："今年冬令甚寒，额驸阿宝率伊所属人等著暂于青海地方驻扎，俟明春来京。至伊等欲于何处居住，问明再定。公主带领伊子妇于今年由西安一路来京，著行文甘肃、陕西、山西、直隶巡抚等，派选贤员，沿途加意照看护送，并酌量给与口粮、雇骡资助，并将此旨传谕公主、额驸知之。"

（卷 111　479 页）

雍正九年（1731年）十月丁巳

谕兵部："山西大同总兵官徐起凤著来京。大同总兵官员缺著肃州总兵官张朝良调补。肃州总兵官员缺著蒲州副将沈力学补授。沈力学现在军前，著行文大将军，令其到肃赴任。沈力学未到之先，著署永固协副将王成相署理。大同总兵，事务紧要，且近有挑选兵丁之事。张朝良未到之先，著李如柏暂行署理，其太原总兵官印务著石麟委员署理。张朝良到晋时，著石麟酌量，或令张朝良迳赴大同之任，或李如柏在大同办理之事未竣，即令张朝良暂署太原总兵印务。"

（卷 111　483 页）

雍正九年（1731年）十一月丙寅

谕喀尔喀汗、王、贝勒、贝子、公、扎萨克台吉并各属下人等："近日准噶尔贼夷噶尔丹策零寄信与王喇嘛扎卜，称喀尔喀、厄鲁特法教相同，本属和好。及噶尔丹博硕克图时失睦，既而我父追念前好，曾屡奏皇帝，乞将喀尔喀、青海复旧安置。今皇帝欲将我如喀尔喀、青海入于旗下佐领之内，给与封号，以故我等兴兵至此。若能成事则将喀尔喀、青海照旧安置，即不能成事，亦不令统属于人等语。此实系贼夷奸诈离间之诡计。从前尔喀尔喀人等被噶尔丹战败，以致失地。我圣祖皇考悯念尔等归诚，存恤爱养，将喀尔喀诺颜等按伊原品封为汗、王、贝勒、贝子、公、扎萨克，属下人等俱各赐生业，安享富饶，令归原游牧处。尔等之感恩报德，同心效力，乃人所共悉者。准噶尔贼夷出狂悖之言，借安置尔等为词，欲肆行扰乱。即论尔等之封号，亲王、郡王、贝勒、贝子等爵位俱系我朝册封宗室、子孙、兄弟之号，其余臣下虽效力立功，并无封贝子之例。惟四十九旗扎萨克成吉思汗之后，博尔济锦氏台吉等诚心归顺，我太宗皇祖俱赐以宗室封号，视如骨肉，结为姻亲，累世荣宠，何尝视为奴仆乎？至编设旗分佐领，亦欲其易于查考，以便加恩，并恐扎萨克等互起争端之故。今已及百年，何尝役使尔等一人乎？自分旗以来，尔喀尔喀之鄂托克达鲁哈等属，便于查管，遇饥馑则赈济之，行围出兵则厚赏之。可有催征之事乎？此亦尔等所共知者。准噶尔贼夷奸诈狡狯，外托黄教，而扰乱藏地，违背教原，口虽称为青海、喀尔喀两家，而又抢掠尔等，将胡土克图俱欲抢夺，奸恶极矣。且准噶尔一姓自厄尔柏克尼古勒苏克齐汗之后，兴兵扰乱诸部落，残杀博尔济锦氏，几至断绝，至今仇怨未已。今策零敦多卜前来，被尔喀尔喀等剿杀败遁，贼夷怀恨必深，思欲报复，乘隙扰乱。若贼夷之事不定则尔喀尔喀不得安，众蒙古亦不得安。朕是以不惜国帑，发数万大兵远行征剿。绥靖边圉，只为尔等生全之计也。尔属下人等宜仰体朕心，各加奋勉，借朕威力，效法此次进兵之王、贝勒、贝子、公、台吉等。朕必为尔等剿灭贼夷，永保安宁。前者噶尔丹作乱时，尔等互为抢掠盗窃。今又有抢掠盗窃者，此种恶习，甚属愚贱，其务力为悛改。且尔等既属内地多年，共知法度。若舍弃游牧擅行掠窃，干犯王章，何不力战贼夷，立功雪耻乎？即尔等归顺贼夷，亦断不能保全尔等，令尔等安享也。尔等宜熟计之。"

谕青海王、贝勒、贝子、公、扎萨克、台吉等："近日准噶尔贼夷遣策零敦多卜二人领贼众越阿尔泰来侵喀尔喀，欲抢掠克尔伦及劫取泽卜尊丹巴胡土克图，被喀尔喀副将军王丹津多尔济、额驸策凌等率兵分路迎击，剿杀生擒，并获其驼马。贼夷败遁，因转思离间，寄书与喀尔喀善巴岱青王之孙王喇嘛扎卜希图诳诱，扰乱成事。喀尔喀深知贼夷诡计，父子前后一辙，忿怒痛恨，不改初心。今尔青海台吉等久荷圣祖皇考册封位号，褒宠显荣，历有年所。至于编设旗分以便稽查赏赉，复恐扎萨克以强陵弱，互起争端。譬之厄鲁特内有得沁者，有鄂托克者，有扎萨古尔者，有得默齐者，皆为易于管辖而已。尔有饥馑，朕必加周给，随猎行兵必加赏赉，从无征输尔蒙古者，朝廷恩典至优至渥矣，若以封号旗分为贱亦可奏明酌改。且尔厄鲁特之台吉阿巴赖诺颜之子孙现在准噶尔处，果为帅领乎？抑为属下乎？即如罗卜藏丹津降附贼夷，即将伊所属分散为奴，较之受天朝封号，孰荣孰辱。准噶尔原系成吉思汗之奴隶，尔等俱系成吉思汗之弟哈布图哈撒尔之子孙，若以博尔济锦氏诺颜等之先世论之，准噶尔乃尔等之奴隶也。奈何甘心自屈，受制于奴隶乎？可自思之。尔等当知贼夷诡计，劝谕属下，分别利害，令其亦如喀尔喀等之奋勇立功，岂可甘为懦怯，受贼夷蹂躏乎？朕因准噶尔反间致书，故又谆谆降旨。尔等如能遵行则可以保全妻子游牧，永享安宁之福矣。"

（卷112　491页）

雍正九年（1731年）十一月辛未

谕大学士等："自甘州山丹口、肃州金塔寺至额济内、古拉鼐、坤都伦、阿济达巴汉、萨克萨图古里克、红鄂尔阿济尔汗、白格尔等处路程，著侍卫图勒车、乡导侍卫法筹、原任协领根敦扎卜等驰驿前往肃州，将每站水草路程里数，可否设台运粮驻兵，及有辽阔平坦地方可否屯田，并贼众自阿济前来路程，详悉看明具奏。归时仍从坤都伦进山丹口，其凉州边内路程一并详细阅看。图勒车等每人赏银三百两。"

（卷112　496页）

雍正九年（1731年）十一月戊子

刑部议复甘肃巡抚许容条奏："回民居住之处，嗣后请令地方官备造册籍，印给门牌。以十户为一牌，十牌为一甲，十甲为一保。除设立牌头、甲长、保正外，选本地殷实老成者充为掌教，如人户多者再选一人为副，不时稽查。所管回民一年之内并无匪盗等事者，令地方官酌给花红，以示鼓励。

应如所请。"从之。

（卷112　502页）

雍正九年（1731年）十二月丁未

谕大学士等："纪成斌久历戎行，曾有战功，是以朕加恩用至总兵官。后因大将军岳钟琪极力保荐，谓其可以大用，始将伊擢用四川提督，令在西路协赞军务。上年岳钟琪来京陛见，将大将军印信交与纪成斌护理。乃纪成斌堤防疏忽，为贼人所窥，始则盗窃马驼，既则逼近军营，无所忌惮。此时纪成斌一筹莫展，幸赖樊廷等奋力出击，以寡敌众，大挫其锋，贼众始退。纪成斌之罪诚擢发难数，朕犹暂宽其罪，俾得黾勉效力，以赎前愆。乃伊一年以来，怠忽逡巡，每见钦差大臣，但言我实乃巴尔库尔弁兵之罪魁。纪成斌有忝职守，深负朕恩，著革去提督，改为副将，交与岳钟琪。凡有差遣之处，令其效力赎罪，若仍不知愧悔，著即参奏严究。四川提督著陕西延绥总兵官颜清如补授。陕西延绥总兵著陕西沙洲副将张豹补授。纪成斌著补授陕西沙洲副将。"

（卷113　508页）

雍正九年（1731年）十二月乙卯

谕大学士等："今年陕西西、凤二府并同华等州属，挽运甘、凉、西、肃等处兵米十五万石。各运户因驮载牛只疲乏，在甘借领库银一万八千余两，另雇牲畜转运，此项银两，应于运户原籍即行催追还项。朕恐运户中不无力量艰难者，已经降旨，宽以一年之限。今据署西安巡抚马尔泰、布政使硕色等奏称，藩司、衙门有连年平余银两请充公用。朕思运户借领官银，虽系应还之项，然伊等领运兵米如期运到，并无迟误，应加格外之恩，以昭奖赏。藩司、衙门既有平余银两，著照数抵还运户借领之项，免其催追，以示朕体恤秦民之至意。"

（卷113　513页）

雍正十年（1732年）正月丁卯

甘肃巡抚许容奏言："臣以沿边要地或有蠢动加意防范。今准甘提、凉镇各咨称，准署督臣，令贝勒丹中在阿拉克山、阿尔坦特布什等处驻牧，并准其部下人等至边内贸易。又据肃州报称，遵奉署督臣安插公巴济旗下领催哈喇等户口于哈鲁萧地方，给以米面茶封。又据宁夏道府报称，奉署督臣遵旨安插公通摩克、公巴济人众于贺兰山后，并将喀尔喀部落扎萨克台吉鄂穆布济、扎萨克台吉多尔济、王格勒克颜木聘尔、公喇旺、公完舒克等一体安插，支给米面茶封。近又据地方官禀报，镇夷口内红布湖地方住有夷帐，云是巴济公部落，为贼众迫胁，逃避内地。臣闻镇夷口外之巴济公，已叛归准噶尔，而伊等部落言称避贼，岂可深信。置之内地，恐至藏奸。且宁夏地土平漫，仅隔一贺兰山，并无险要。凉之镇番，孤悬塞北，自凉抵肃，径窦繁多。外通边墙，而诸夷渐次逼处，人心难测。在查郎阿、宋可进自必悉心筹划，防范严密，而臣鳃鳃过虑，殊怀隐忧，请嗣后塞外附属诸夷，未奉谕旨安插，而伊等口称避贼内徙者，不许纵令入口。即有力量单弱，不足御贼，而势当应援者，宁可遣兵远护，不宜拔帐近移。伏惟圣裁。"奏入报闻。

（卷114　517页）

雍正十年（1732年）正月庚辰

署陕西总督查郎阿奏言："据大学士等咨称，甘州系沿边要地，贺兰山亦附近宁夏，领催哈喇等二十七户，系叛逆辉特公巴济属下，安插于此，究有未便。应饬令甘、宁文武员弁，严加防范，不时稽查。将来作何安插之处，再行酌议。臣即密令甘提臣宋可进、宁夏镇臣李绳武等会同文员，加谨防范，小心查察。令酌量安插于附近边墙之内，严加管辖，以固疆圉。"奏入报闻。

（卷114　520页）

雍正十年（1732年）二月丙申

以陕西肃州总兵官张朝良署山西太原总兵官。

（卷115　530页）

雍正十年（1731年）二月丁未

谕内阁："朕闻西宁北川口外白塔地方，出产石煤，系附近汉、土、番、回民人挖取贩卖，以为生计。每驮纳税钱三十文，西宁府委员收解充饷，约计每年收银一千九百余两。近因西陲用兵之际，西宁移驻兵弁较前为多，率皆用煤以供炊爨。煤价渐至昂贵。若仍照例征收税银，恐价值不能平减，于兵民均有未便。著将应收税银宽免。该督抚转饬有司实心稽查，倘胥吏人等有照旧私收，或借端需索者，务令察出治罪。"

（卷115 534页）

雍正十年（1732年）三月丙寅

改陕西庆阳、靖远、西凤、潼关、波罗、神木、定边、汉中、永昌、中卫、花马池、河州、洮岷、永固等协中军守备缺，及沙州协左、右营，凤翔城守营，邠州营，盩厔营，富平营，金锁关营，七里关营，绥德营，鄜州营，文县营，碾伯营，向水堡、怀远堡、常乐堡、双山堡、建安堡、高家堡、镇羌堡、安边堡、镇靖堡、新城堡、张义堡、蔡旗堡、安远堡、三眼井堡、横城堡、威远营、清水堡、梨园堡、马营墩堡、碛口堡、孤山堡、大霸堡、保安堡、归德堡、黄墩堡、踏实堡、赤金营、柳沟营、岔口营、岷州营、旧洮堡、西固堡、南川营守备各缺，俱为都司金书。从署陕西总督查郎阿请也。

（卷116 542页）

雍正十年（1731年）四月辛卯

升湖广宝庆副将周起凤为陕西西宁总兵官，统领四川兵丁驻扎西藏，赏银五百两。

（卷117 553页）

雍正十年（1732年）五月甲子

谕大学士等："赵之垣著来京。张体义著给与按察使衔前往肃州，与副将马龙一同办理运粮事务。"

（卷118 563页）

雍正十年（1732年）五月丁卯

又谕："秦省民风醇（淳）朴，朕所素知。苐因近年以来有一二匪类，捏造浮言，妄冀鼓动众听。朕恐无知愚民一时不察，被其迷惑，是以特遣大臣官员等开诚布公，宣谕化导。从前陕甘二省民人，深知感戴国家教养之恩，今复悉西陲不得已用兵之处。聆受谕旨，各皆开悟踊跃，朕心深为嘉悦。但军兴日久，转粟飞刍不可再扰民力。其挽运之价，朕已屡次加添，近闻路径僻远之地，尚有不敷，又或采办草豆等项，时价低昂不等。是该督抚等不洞达朕意矣，向后著悉心体察，有应行奏闻者即据实陈奏，朕自加恩，不使官民等有赔累之苦。著将此旨晓谕陕甘二省官民等共知之。"

（卷118　563页）

雍正十年（1732年）五月戊辰

又谕："巴尔库尔出征之西安满洲兵三千名，宁夏兵一千名，出口已将二年，冬衣不无敝损，应行加恩添补。查庄浪现有存贮皮袍褂三千套，皮帽三千顶。著署督查郎阿、巡抚许容再于兰州添制皮衣一千套，皮帽一千顶，俱于秋间解送军营，赏给西安、宁夏满洲兵，以示朕格外加恩之至意。"

（卷118　564页）

雍正十年（1732年）闰五月丙戌

谕大学士等："朕闻甘省自四月十五以后，风多雨少。河西四府一州多系水田，目下望雨，尚不甚急，河东四府二州则急待甘霖，朕心深为廑念。西边正当用兵之际，军需民食全赖甘肃收成。今入夏以后，雨泽愆期，倘禾稼歉收则所关匪细。可传谕查郎阿、许容等，令其就近酌量情形，为未雨绸缪之计，早为办理。庶诸事从容，于军民俱有裨益。"

（卷119　575页）

雍正十年（1732年）闰五月戊子

免陕西甘、凉、宁、肃各提镇营兵借支银一万八千四百两有奇。

（卷119　575页）

雍正十年（1732年）闰五月戊戌

以原任甘肃布政使钟保协理步军统领事务。

（卷119　579页）

雍正十年（1732年）闰五月壬寅

以原任提督陈天培带领勇健营兵丁往陕西凉州驻扎，给勇健营总统关防。

（卷119　580页）

雍正十年（1732年）闰五月己酉

护宁远大将军岳钟琪奏言："甘、凉、肃州、安西之兵于五月间起程来赴军营。马匹至自长途，未经歇息，恐多疲瘦。拟将马匹暂牧休养，于六月二十间启行前赴穆垒。"得旨："官兵移驻穆垒，从军营起程吉期。京中原择六月初四及六月二十七日。今岳钟琪奏称马匹应暂休养，于六月二十间启行。朕思大军迁移驻扎之际，务令诸事从容，方为有益。著即定期六月二十七日起程，边地虽早寒，然七八月间建筑城工，地土谅不至凝冻也。”

（卷119　581页）

雍正十年（1732年）闰五月甲寅

甘肃巡抚许容奏言：“五月、闰五月间，甘省各属俱陆续得被甘霖，因从前得雨稍迟，豆、麦有薄收之处。其临属之兰州、巩属之靖远、凉属之平番得雨最迟，夏禾麦豆俱已枯槁，止可补种晚禾。”得旨：“朕念甘省备办军需，未免烦劳民力，而各属内又有收成歉薄之州县。意欲将本年甘肃各属钱粮全行豁免，以加惠秦民。但谕旨到日，已届初秋，开征既久，钱粮多已完纳，不能普遍沾恩。凡得雨稍迟之处，著许容将旧欠新赋悉行停征。再与查郎阿悉心计议，或将备办军需州县之钱粮全行蠲免，其中收成稍薄者再加赈恤。其不办军需之州县而收成又复照常者，仍照额赋征收。著会同密议具奏。”

（卷119　582页）

正十年（1731年）六月甲子

予故办理青海噶斯事务正红旗满洲都统德成祭葬，谥勤僖。

（卷120　586页）

雍正十年（1732年）六月癸未

署陕西总督查郎阿、甘肃巡抚许容奏言：“闰五月间，临、巩、平凉、西宁所属州县暴雨冰雹，伤损田禾，西、碾二县麦豆生虫。已委员查勘，加意抚绥。”得旨：“甘省预备军雷，而州县中又有被灾歉收之处，该督抚须多方赈恤，毋使贫民失所。致于西宁乃满汉官兵驻扎之所，口粮草料需用更多，尤宜详审情形，悉心筹划，作何料理之法，期于军需民食，两有裨益。”

署西宁总兵范时捷奏言：“西宁一镇边墙最为紧要，向例交与营汛员弁捐修。原属有名无实，因循日久，未能完竣。臣思冲要之地必须整理完固，庶稽查防范，有所资借。再，西宁镇城乃番夷来往要区，今亦有颓塌之处。随咨商署督臣查郎阿、抚臣许容等，经署督臣委员会同估勘，听署督臣酌议兴修外，合先奏闻。"得旨："西宁城垣、边墙皆应酌量修理，但督臣查郎阿等事务繁多，且相隔路远，难于指示稽查。范时捷驻扎西宁，著就近管理，酌量定议。"

（卷 120　591 页）

雍正十年（1732 年）七月壬辰

谕内阁："甘肃地方年来预备军需，虽事事取办于公帑，而百姓输挽效力，亦甚勤劳。朕心轸念，屡加恩泽。闻今岁兰州、平凉、西宁等府所属州县内有雹损、虫伤之处，已谕该督抚留心赈恤，停止催科。嗣闻从前雨少之处俱已沾被甘霖，秋成可望，朕心深慰。因念甘肃为军需总汇之区，百姓急公趋事，所当格外加恩，以昭朕子惠元元，奖劳赏善之至意。著将河东、河西各属民户、屯户及番民等本年应征各项银米草束一概蠲免，若有已经完纳者，准作来年正赋。该督抚等务体朕心，督率有司，敬谨奉行，俾秦民均沾实惠。倘有豪胥猾吏舞弊作奸，使泽不下逮者，经朕访闻，定将该管大小官员严加议处。"

解陕西甘肃布政使诺穆图任，升陕西宁夏道鄂昌为陕西甘肃布政使司布政使。

（卷 121　595 页）

雍正十年（1732 年）七月戊戌

谕办理军机大臣等："西路军营事务，岳钟琪办理总不妥协，著回京，其宁远大将军印务著署陕西总督查郎阿署理，副将军张广泗暂行护理。查郎阿年来办理军务，事事合宜，克胜大将军之任。但肃州路远，未便来京请训，今特命大学士鄂尔泰驰驿前往肃州，传朕训谕。查郎阿著先期料理，并赏给公用银一万两。陕西总督印务及所办军需事，著直隶总督刘于义前往署理，赏银五千两。朕有训谕刘于义之处，亦著大学士鄂尔泰传旨。许容、范时捷俱著在肃等候。查郎阿起身时，著知会提督樊廷一同出口。"

以浙江总督署刑部尚书李卫署直隶总督。安徽巡抚程元章署浙江总督。湖北布政使徐本署安徽巡抚。原任陕西甘肃布政使钟保署湖北布政使司布政使。

（卷 121　596 页）

雍正十年（1732年）七月己亥

谕仙阁："朕命大学士鄂尔泰前赴肃州计议军务。署将军傅泰著即在宁夏等候，西安将军秦布、侍郎署巡抚马尔泰著于八月内到肃等候大学士，有面传之谕旨。秦布起身时，将军印务著侍郎杭奕禄暂行署理。"

（卷121　597页）

雍正十年（1732年）九月乙酉

谕西路军营将弁兵丁等："噶尔丹策零父子凶顽，世济其恶，戕害臣服我朝之蒙古部落，窥伺我边疆。国家不得已用兵之苦心，已屡经晓谕官弁兵丁等知之矣。夫三军司命在于将帅，朕慎重其选。以岳钟琪乃将门之子，久历行间。从前用兵青海曾有劳绩，且于西陲情形，素为熟练。伊亦自信克当此任，是以命为西路大将军。一切征兵、运饷、选将、设官之事，凡有所请，无不允行，实冀其殚心竭力，奏绩边疆，为一劳永逸之计。岂料伊秉性粗疏，办事阔略。平居志大言大，似有成算，及至临时则张皇失措，意见游移。且赏罚不公，号令不一，不恤士卒，不纳善言，自奉太丰，待下鲜惠。今略举其失机一二事言之。前年冬月陛见入都，军营之事全无料理，以致贼人盗窃驼马，伤我弁兵。嗣后朕时时降旨，谕令慎密周防。乃今年正月贼人越过大营直至哈密及塔尔那沁等处，抢掠牲畜，戕害回民。伊将令不行，调度无术，竟令已入网罗之寇贼由坦道遁逸而去。又如穆垒驻兵之举，实由岳钟琪之奏请，且称愿以全家性命保其万全。乃我兵移驻之始即有贼人潜过穆垒河东，抢掳马匹，伤害官兵。现今运道牧厂时受侵扰，此皆岳钟琪失算误国之昭著者。其他颠倒昏愦，疏忽错谬之处不可枚举。以统兵之人居心行事如此，无怪乎三军之士离心解体，兵气为之不振也。朕思用兵之事关系重大，似此一筹莫展，屡失机宜，则军务何日能竣，我三军之士何时得以休息。用是特降谕旨，将岳钟琪调回京师，以吏部尚书陕西总督查郎阿署理大将军事务，命大学士鄂尔泰亲至肃州，颁赐敕书，指授方略。查郎阿素性忠良，赤心为国，虚怀谦受，能体下情。自办理军需以来，事事妥协，边疆情形皆所深知。一到军营与副将军张广泗、常赉等合志同心，和衷共济，必能运筹决胜，靖寇安边。是在尔将弁兵丁等鼓舞奋兴，急公努力，尽洗从前委靡怠惰之习。合千万之人为一心则忠诚感格，和气致祥，必邀上天之默佑，迅速成功，膺国家优隆之爵赏。是此日之更换将帅，酌改规模，实尔西路军营，通塞否泰转移之机也。今年七八月间，贼兵以三万人侵犯北路，深入厄尔得尼招地方，意欲迎夺喇嘛，掳掠喀尔喀蒙古。我师奋勇前追，杀死贼兵万人，积尸如山，河水尽赤。贼夷乘夜逃奔，抛遗马匹、牛羊、器械不计其数，而我兵受伤者不过十余名，领兵之大小将弁未损一员。此实行间将士合力同心，仰邀天佑之明验也。今贼人既受大创于北路，未必不轻视西路。重整余力，以向巴尔库尔。冬春防范，尤宜严密，不可疏忽。著署大将军等将此晓谕各营将弁兵丁咸使知悉。至岳钟琪屡次失机之罪甚大，律以国法，不容宽贷。又闻军营弁兵无不含怨，著署大将军查郎阿遍行询问军营将弁兵丁等，岳钟琪自领兵以来果属事事乖张，人心共怨否？抑或尚有可取之处否？务使三军之众人人各抒己见，据实举出，即有互异，不妨两奏以闻。"

（卷 123　　616 页）

雍正十年（1732年）九月乙未

谕青海王、贝勒、贝子等："今年七月间，准噶尔策零敦多卜带领三万贼众侵扰内地，被喀尔喀副将军王丹津多尔济等带领满洲等兵二万将贼兵截杀几尽。喀尔喀等既能如此奋勇杀贼，尔等何独不能乎？各宜鼓舞振兴，踊跃效命。贼兵前来侵扰青海，只有噶斯一路。尔等须在紧要隘口预备看守，倘有贼兵前来，务期协力追杀，悉行剿除。将此晓谕尔等部落知之。"

（卷 123　　619 页）

雍正十年（1732年）九月戊申

大学士伯督巡陕甘经略军务鄂尔泰条奏边地屯田事宜："一、总理屯务副都御史孔毓璞请颁给关防，以昭信守。一、客民首报地亩应分别给与工价，每籽种一石，上等地给银二两，中等一两五钱，下等一两二钱。其夫役人等，除每月给与工价、口粮外，每年再加赏银一两，皮衣、皮帽银二两。至所委监种人员暨跟役，每日给银六钱，庶食用有资而驱遣无误。一、屯田所需夫役俱在甘、凉、肃一带雇募，令各地方官出具保结，以免逃逸。其口内、口外，沿途往返，给与口食，并筑土堡一座，酌量可容夫役居住。牛畜亦即于此圈喂。一、屯田各处一应雇募夫役，添补农具，以及给散工价，收获禾稼等事，俱著地方官协同稽查办理，庶免迟延偷窃等弊。一、各项动用银两应令总理屯务大臣奏报。在军需银内动支，另行报销。"从之。

（卷123　623页）

雍正十年（1732年）九月庚戌

大学士伯督巡陕甘经略军务鄂尔泰奏言："边地屯田，最关紧要。查肃州城南九家窑地方有荒地一区，土高无水，不能播种。其九家窑之北上寨、中寨、水堡、上盐池等四堡，俱系熟田，亦因水源不足，兼有漏沙，每岁不过薄收。请于上流凿山开洞，引千人坝之水，逆流而上，以避漏沙，则九家窑荒地可垦。且余水下注，则上寨等四堡熟地更可加倍丰收，于民生军需均有裨益。"从之。

（卷123　624页）

雍正十年（1732年）十月壬戌

陕西甘州提督宋可进缘事革职。以原任西路副将军刘世明署陕西甘州提督。

（卷124　628页）

雍正十年（1732年）十月辛未

谕内阁："直隶、河南等省驿马有每年准报倒毙三成、四成之例，而陕甘两省向因地僻差少，不在准报之中。今西路军兴，羽书络绎，地方有司不无赔补之苦。朕心轸念，除偏僻州县仍照旧例外，其自潼关至西安一路，自西安由秦巩南路、平凉北路至兰州，又自兰州由凉、甘一带至肃州、嘉峪关，由庄浪一带至西宁，又自榆林、延绥、宁夏沿边一带至凉州，各归驿递马匹俱照直隶、河南等省之例，十分之内准报倒毙三分，领银买补，作正项开销。如有过三分之数者，勒令赔补。倘恃恩旨或扣克草料，不加谨饲喂者，著该督抚即行题参。其准报三分之数，俟军务告竣，仍照旧例停止。"

（卷124　636页）

雍正十年（1732年）十月丙子

谕内阁："据安西总兵官张嘉翰奏称，安西本无土著，所有兵丁缺额者一时难以募补。可否将安西靖逆所属卫所军流人犯内择其年力精壮者补充营兵，以实行伍等语。凡军流人犯多系生事不法，身获重罪之人。安西靖逆卫所地方，远在口外，难于管束，此乃从前办理错误，今张嘉翰请于此内召募兵丁更属不合。此等人犯应撤回，改发于口内沿边地方。若陕西口外有从前似此发遣者，俱照安西之例撤回。"

（卷124　637页）

雍正十年（1732年）十月辛巳

大学士伯督巡陕甘经略军务鄂尔泰疏言："肃州为军需总汇，凡押运粮石，解送马匹，最关紧要，必须考核勤惰，分别劝惩，方于军务有益。从前未有定例，以致车马损伤，米石缺少，随时责诘，贻误相仍。请嗣后凡押运粮石出口，如粮数全完，车骡无损者，每一运注册记功一次，二运亦如之，三运纪录一次，四运加一级，五运外委千总准其实授，现任千把守备以应升之缺补用。其押运怠玩者，以次记过、捆责、降级、革职，分别处治。至解送军前马匹，定例处分太轻，而又有罚无赏，无以示鼓励。请嗣后凡解送马匹，每三百匹为一起，如膘力壮健，全无病瘦者，每一起记功一次，二起以至五起皆比照运粮有功之例叙赏。其怠玩者，病瘦十匹以下罚俸一年，倍之者降一级，再倍之者，千总外委捆责，守备革职，俱令在肃带罪效力。如此庶劝惩并举，宽严适中，而军纪以肃，军需无误矣。"从之。

（卷124　638页）

雍正十年（1732年）十月壬午

谕办理军机大臣等："达鼐所掌总理青海番子事务关防著侍郎马尔泰掌管。"

（卷124　639页）

雍正十年（1732年）十一月丁酉

谕内阁："闻陕西甘、凉沿边一带营伍废弛，总督刘于义事务繁多，不能亲身察阅，著礼部左侍郎杭奕禄来往稽查，悉心整顿，给与钦差大臣关防。凡有办理事宜，俱与刘于义酌行。山西近边营伍与陕西相近者，亦著杭奕禄一体稽查，与山西巡抚石麟酌行。工部左侍郎署西安巡抚马尔泰奉差西宁，西安巡抚印务著兵部尚书史贻直署理，内阁学士德龄协办，其军需事务亦著德龄协同史贻直料理。"

（卷125　644页）

雍正十年（1732年）十一月庚子

大学士伯督巡陕甘经略军务鄂尔泰疏言："武备军威，火器最重，贵速利远，火药宜精。若硝味不淡，炭体不轻，磺色不净，而又配合不匀，工夫不细，则气滞不灵，三军难恃以为勇。臣因经由边郡，见各标营堡施放枪炮，火烟不直，且半浓黑，知制药多不如法。曾经严饬指示大略，惟是拣才置料，硝易而磺难，硝贱而磺贵。惜费省工，辄以借口。而陕甘两省素称地不产磺，必赴外省采买，运费工价未免浩繁。肃州极边每磺一斤则价值一钱至二钱不等。军需要地，接济维艰。查肃州嘉峪兰金佛寺堡之所管汛地内南山隘口，抵朱鲁郭。迤逦而西，有硫磺山一座，周围四五十里遍产硫磺。环山远近并无番夷住牧，若委员开采，依法煎熬，合算人工运费，每净磺一斤值不过五分，而出产甚多，用之不竭，不独便利军需，亦足接济陕甘两省标营需用。事关边陲武备，现与刘于义面商，委员经理。一面先支银数百两交总兵沈力学作本开工，理合奏闻。"得旨："开采硫磺，固于军需有益，但行之日久，不无私贩盗卖之弊，著署督刘于义饬令总兵沈力学派兵防护，实力稽查，俟开采足用后奏闻请旨。"

又疏言："甘、凉、肃为军需汇集之地，仓储紧要，请将现行捐纳款项改折本色粮石，在甘、凉、肃等处交纳。"得旨："边地改折米石以便积贮，于军需诚为有益，但在本地采买恐价值腾贵，转不便于军民。除甘、凉、肃本地民人援例者准即以所有粮石交纳外，其他处捐纳人等俱应由他处运交，不得于甘、凉、肃采买，著该督等通饬晓谕，稽察禁止。"

（卷125　646页）

雍正十年（1732年）十一月己酉

办理军机大臣等议复工部左侍郎原署西安巡抚马尔泰奏言："额塞尔津城介在山谷之中，人由各处行走不得见其踪迹。哈尔垓图地方乃各路隘口总会之所，水草亦好，应将额塞尔津城驻扎步兵撤回，合计西宁、大通马步兵丁共派二千名于哈尔垓图，详看耕种地方，令兵丁等作何开垦，并将修葺城堡之处悉加筹划，专交与诺穆图、傅宁办理。再，董科尔寺与西宁相近，现有参将一员，领兵五百名驻扎，无庸添兵。阿布海雅苏地方天气甚冷，不便驻兵。扎哈素泰地方，水草尚好。其西宁居住之西安绿旗兵丁一千名、京师满洲兵丁二百名，臣与达鼐二人轮班，每年十月初带往扎哈素泰等处，驻备策应。至正月间仍回西宁居住，均应如所请。"得旨："哈尔垓图地方驻扎兵丁，著伊礼布统领。尹扎纳、管承泽协同管理，修城种地事务著诺穆图、傅宁办理。"

又议复工部左侍郎原署西安巡抚马尔泰奏言："由四川调至多巴地方驻扎之兵二千名，不耐寒冷，所乘俱系川马，调往口外，殊不得力，置之西宁亦徒费钱粮。查西宁、大通二处除出征及预备兵丁之外，尚有六千余名，足敷防守。倘有应行添兵之处，凉州现有直隶、河南兵一千名可以调遣，请将川省兵丁仍发回本省，各归原汛。应如所请。"从之。

（卷125　648页）

雍正十年（1732年）十二月庚午

谕办理军机大臣等："从前署大将军查郎阿折奏，请将吐鲁番回众在肃州所属王子庄安插，经廷臣议令署总督刘于义等确勘详查，妥协办理。朕思回民等输诚向化，自应选给水土饶衍，气候和煦之地，俾得乐业安居。肃州之王子庄水泉甚少，可垦之地不敷回民耕种。查瓜州地土肥饶，水泉滋润，气候亦和，与回民原住地方风景相似。且现在开垦可种之地甚为宽阔，足资回民耕收。由塔尔那沁迁至瓜州，路不甚远，可免跋涉之劳。著署总督刘于义、巡抚许容将吐鲁番回众即于瓜州安插，其筑堡造房，给与口粮，牛种等项亦即行估办，交原任潼商道王全臣料理。再令查郎阿即于军营派一武职大员先赴瓜州，会同王全臣悉心妥办。回众自塔尔那沁迁移之时，著提督颜清如沿途照看至瓜州，安插事毕，颜清如仍回军营办事。"

（卷126　656页）

雍正十年（1732年）十二月壬申

礼部议复陕西学政潘允敏条奏："陕属新设榆林府学，请照宁夏等府例取进文、武童生各十二名。定边、怀远二县照小学例，取进文、武童生各八名。榆林、靖边原系卫地，今既添设府学，卫县武童旧额十二名应减取四名。平凉府取进童生向附入平凉卫八名，今卫地既归各州县管辖，则卫籍童生应就所归州县考试，其府学二十名额数统于平凉府本属童生考取。同州、华州、绥德、秦州、韩城、郃阳、清涧、秦安、三原等九州县，请照府学取进文童各二十名。商州、澄城、华阴、醴泉等四州县，请照大学取进文童各十五名。岷州照中学取进文、武童生各十二名，该州训导一员移驻西固。固原州及通渭县请照大学，取进文童各十五名。漳县照中学取进文、武童生各十二名。甘、凉二府请照府学取进文童各二十名。永昌县照中学，取进文童十二名。庆阳府之环县照中学取进武童十二名。巩昌府之会宁、延安府之米脂二县俱照大学，取进武童各十五名。均应如所请。"从之。

（卷126　658页）

雍正十年（1732年）十二月丁丑

署陕西总督刘于义疏言："金塔寺地方紧要，存城兵少，经臣奏请将高台之满洲兵五百名移驻金塔寺。廷议以高台之兵现备明春调往大营，请于甘州提标新募兵内拨派，实属允协。但臣等前因时近严冬，一面已知会高台兵自凉州径赴金塔寺驻扎，现在安顿妥帖。金塔寺离肃州仅百余里，较高台更觉近便。请俟此项兵调赴军营之后，再将甘州新兵檄调。"奏入报闻。

（卷126　660页）

雍正十一年（1733年）正月丁亥

办理军机大臣等议复署陕西总督刘于义疏言："驻扎陕西省勇健营兵丁，其中多骄悍不可用之人，请令总兵周一德等甄别挑汰，递回原籍。应如所请。"得旨："朕前以各省民人内必有人才壮健，技勇可观，愿为国家效力，以图上进者。是以特降谕旨，令各省督抚召募拣选，送京训练，以备军旅之用。伊等如果能奋勇出力，建绩立功，将来俱可为干城之寄。故叠加恩赉，于应募后，即各给守粮一分，赡养家口。到京后，拨给房屋居住，月饷银米，从优给发，起程赴陕又各赏衣装路费银两，暂令驻扎近边地方以候差用。俾伊等各展效力之心，并图进身之路，是朕加恩于勇健兵者至为优渥。伊等各自揣量，实为过分，乃其中多有放纵骄悍、生事不法者，上年到京即不安本分，肆行争斗。及令赴陕，沿途又复生事骚扰，该督抚曾具折参奏。而驻扎甘州之后，竟有私自脱逃之人。陈天培又经具奏，此等无赖之徒，固由各省督抚不慎重拣选，滥募充数。总统大员不能严行约束，整饬教导，而在伊等受恩而不知感，自甘废弃，冥顽恶劣，即令调赴大营亦不可用。著总兵周一德即行甄别挑汰，递回原籍，交该地方官严加收管，不令出境生事。

若有心怀怨望，捏造浮言，并恃强肆横，斗殴不法等事，该地方官立即拘拿，禀知督抚提镇，一面奏闻，一面按法究治。至于挑存可用之人，俱应感激朕恩，遵循法纪，嗣后益加黾勉，努力戒行，以图上进。朕必加以恩泽，著将此旨晓谕知悉。"

（卷127　663页）

雍正十一年（1733年）正月庚子

命山西大同总兵官张朝良、陕西凉州总兵官杨瑝前往西路军营行走。以署陕西花马池副将陈弼署陕西凉州总兵官。

（卷127　666页）

雍正十一年（1733年）正月壬寅

谕内阁："甘、凉、肃等处兵丁本年应支粮料草束（束），例应折给银两，自行采买。朕因甘省年来办理军需，食物昂贵，兵丁所领银两恐不敷用，特令加倍增给以示格外之恩。提镇大员，自应体朕轸恤兵丁至意，悉心料理，加意爱养。近闻弁员中尚有营私瞻徇，凡于过往应酬及一切杂费，俱于各兵摊派，即如甘提马厂每年尚有余利，若尽归公用，于兵丁不无小补。前任提督宋可进只知网利，不恤兵艰，克扣饷银，滥用公帑，各镇将弁未必不仿效而行。著署督刘于义、侍郎杭奕禄严饬陕甘提镇，将营中所有除各官俸薪及亲丁名粮外，凡有余利俱归公用，接济兵丁，不得丝毫干没入己，亦不得借公费等项名色摊派，署提督刘世明受恩深重，尤当实力奉行，毋得仍蹈故辙，自取罪戾。嗣后弁员有私派侵蚀等弊，该署督等即行参奏，并将该管提镇一并参处。"

（卷127　667页）

雍正十一年（1733年）正月丁未

户部议复左副都御史二格奏称："自肃州以至哈密计程一千五百余里，其间沙州、安西等处向属肃州道管辖，但该道驻扎肃州，事务甚繁，于口外地方，鞭长莫及。且现在安西开垦屯种，又有吐鲁番回民于瓜州安插，须有大员就近弹压，抚绥教导，尤属有益。应如所奏，添设安西兵备道一员，其原设之安西同知一员移驻瓜州，办理水利、屯田，与原设之靖逆通判以至四卫一所俱令该道统辖。"从之。

（卷127　668页）

雍正十一年（1733年）二月庚申

谕内阁："古云，兵可百年不用，不可一日不备。所谓备者，非徒操练技勇、演习行阵而已，如马匹、军装、炮火、器械，军行必需之物一一预备于平时，及有事调拨便可刻期起行，不至拮据延缓，此乃设兵之本意也。我国家承平日久，武备渐弛，年来朕屡降谕旨，谆谆训饬。虽该管大臣等稍知以训练为务，然马力不足，资装器具不周，每闻派遣之信，勉强周章，迁延时日。所谓预备者，但有虚名而无实际，此则该大臣所当深知痛改，加意整理者。又如营中有必需之匠役不得不酌量给与兵粮数名，以资养赡，而将弁等每多借此名目，将水火夫役等人，多占名粮。又每将粮壮兵丁多派为亲随，不令当差，及遇头目把总缺出，即于此内拔补，以致荷戈持戟者差使繁多，而不得上进之路。朕向知此弊，已屡降谕旨，切加申饬。近闻此风仍未全改，亦著该管大臣严行查察，毋得姑容。又闻各营中间有公中余利，如甘州提标马厂之类，原系存公备用，而该管将弁往往据为己有，收入私橐。遇有过往应酬及营中杂费，仍摊派兵丁，而不恤其艰苦，此弊尤当禁革。今再行晓谕，倘敢视为具文，仍蹈前辙，勿谓罚不加众，希冀苟免。其情罪轻者照例处分，情罪重者，必在本地正法。"

（卷128　671页）

雍正十一年（1733年）三月庚戌

以通政使司左参议徐杞署陕西甘肃布政使司布政使，仍办理噶斯军需事务。

（卷129　685页）

雍正十一年（1733年）四月壬戌

谕王大臣等："朕前闻武格在巴尔库尔军营，捏造撤兵之说。口称将吐鲁番回民搬至内地安插，即将巴尔库尔之兵全行搬至布隆吉尔一带驻扎，以致军营弁兵各怀退撤之心，不思黾勉效力。又武格在营诸事怠忽，凡遇操演，从未亲加查阅，朕所闻如此。武格身膺领兵之任，乃以讹言惑众，重违军纪，若留在军营，恐滋事端。是以特降谕旨将武格革职，拿解来京，严加讯问。嗣据署大将军查郎阿奏称，武格向张广泗云，署大将军曾具奏，欲派兵袭击，旨意不允。已授仓场侍郎岳尔岱为大将军，来营料理。张广泗以为必无之事，而武格犹坚称系参赞大臣顾鲁告知，亲见朱批奏折等语。朕随即降旨，令查郎阿询问顾鲁。据查郎阿奏，顾鲁呈称，顾鲁在营最久，军令捏造谣言，罪在不赦，岂敢以毫无影响之事，凭空捏造，告知武格等语。武格受朕深恩，由侍卫参领之职擢用至侍郎、巡抚，前因西路领兵满洲大员甚少，武格平素似尚有勇略，是以召令进京，畀以将军重任。乃伊一到京师，神气改常，朕即面加训饬。伊又奏称马尔泰不胜巡抚之任，此乃希冀复为陕抚之意，因朕未遂其愿，心怀怨望，勉强前赴军营。朕犹冀其感恩宣力，特升为工部尚书。乃伊全无人心，视军机重务如同膜外，且时存退缩之念，奏报俱属子虚。又将赏赉兵丁皮衣、皮帽等项，止量行散给，其余俱留贮军营，以致恩不下逮。今竟敢捏造全无影响之事，矢口传述，冀以扰乱军务，煽惑人心。从来造言生事者，律有不赦之条，按以军法，决不待时。况假称朕旨，其罪更甚。著王大臣等一一严讯确供具奏。"

（卷130　690页）

雍正十一年（1733年）四月丙寅

甘肃巡抚许容奏言："甘省军需效力人员遇有差遣，例动用公项钱粮，给与往回盘费脚力，若无差委之时，则系自备食用。自雍正七年起至今四载有余，未经委署人员，闲住之日，资斧拮据，嗣后请将效力已过三年者，无论差遣闲住，各给本身并跟役口粮、银两，遇有差遣再照例加给往回脚力，则饔飧有赖，劳员愈觉踊跃矣。"得旨："甘省办差效力人员，著照该抚许容所请，给与日费银两，其未过三年者亦著照例给与。"

（卷130　692页）

雍正十一年（1733年）五月辛卯

刑部等衙门议奏："武格居心狡诈，蓄志奸邪，捏造毫无影响之事，假称谕旨，惑乱士卒之心，贻误军机重务，负恩误国，情殊可恶。应拟斩立决。"得旨："武格著改为应斩监候，秋后处决。"

（卷131　701页）

雍正十一年（1733年）五月丙申

予故凉庄道殷邦翰按察使衔，以其随征宣力也。

（卷131　702页）

雍正十一年（1733年）五月丁未

谕内阁："西路用兵以来，甘肃等处百姓，效力为多，是以屡年地丁钱粮朕皆降旨蠲免。上年并将米谷、草豆等项悉令免征，以示朕逾格施恩之至意。近闻该省雨泽应时，二麦丰稔，此即秦民忠义淳良，荷天福佑之明验。朕心欣慰。著将甘肃所属本年应征地丁银二十七万余两仍行蠲免，以足民用，以广国恩。该督抚务饬有司，敬谨奉行，俾百姓均沾实惠。"

（卷131　703页）

雍正十一年（1733年）八月戊午

甘肃巡抚许容疏言："本年甘属应征地丁银两奉旨全行蠲免。丰年被泽，阖省欢呼。但查雍正十年甘省先经蠲免，所有民间已完银十四万六千余两准抵今年正赋。今年未奉恩旨以前，又有已完银两。再，甘省有新经入额钱粮一千一百余两，尚未报部，相应一并奏闻。"得旨："朕因加惠甘肃民人，是以将本年额赋再行蠲免。其上年及今年春夏间已完之项，著该督抚董率有司，详细确查，记明档册，准抵甲寅年应征正课，至新经入额之一千一百余两一体蠲免。"

（卷134　727页）

雍正十一年（1733年）八月戊辰

谕办理军机大臣等："据署陕西总督刘于义等奏称，吐鲁番等处回民已移至安西，男妇大小共八千一十三名口。朕查从前回民自吐鲁番移至塔尔那沁时，共九千二百七十三名口。今其中既有病故，例应扣除口粮，但伊等甫到安西，宁使之食用宽裕，著仍照原数支给，以示朕格外之恩。至总管额敏和卓及伊亲丁著照官员例，支给粳米，以示优异。"

（卷134　729页）

雍正十一年（1733年）八月庚午

办理军机大臣等议复署陕西总督刘于义奏言："肃镇兵丁除出征拨防外，现在驻防之兵甚觉单弱。查凉州现驻河南满兵五百名，直隶河南绿旗兵一千名，请将河南满兵五百名、直隶绿旗兵五百名仍留凉州、以备调遣。其河南绿旗兵五百名，于十月初旬移驻肃州。应如所请。"从之。

（卷134　729页）

雍正十一年（1733年）九月癸未

办理军机大臣等议复署陕西总督刘于义奏言："回民头目奉旨赏给职衔，请照伊等从前有功等次定品级之大小。将一等头目给与正千户职衔，二等头目给与副千户职衔，三等头目给与正百户职衔，四等头目给与副百户职衔，照例颁给号纸。应如所请。"从之。

（卷135　733页）

雍正十一年（1733年）九月甲申

甘肃巡抚许容疏报："新宝等四县开垦雍正七年、八年、九年、十年、十一年田地九千四百顷有奇。"下部知之。

（卷135　733页）

雍正十一年（1733年）十二月庚申

升四川巡抚宪德为工部尚书。转礼部右侍郎留保为左侍郎。升湖北布政使钟保为礼部右侍郎，仍署湖南巡抚。江西巡抚谢旻为工部右侍郎。贵州布政使常安为江西巡抚。陕西西安布政使硕色为陕西西安巡抚。陕西甘肃布政使鄂昌为四川巡抚。陕西甘肃按察使李世倬为湖北布政使司布政使。陕西西安按察使杨馝为西安布政使司布政使。云南按察使冯光裕为贵州布政使司布政使。陕西西安驿传道何师俭为陕西西安按察使司按察使。陕西肃州道齐式为陕西甘肃按察使司按察使。广西苍梧道徐嘉宾为云南按察使司按察使。实授刘章为浙江按察使司按察使。

（卷138　758页）

雍正十二年（1734年）五月丙子

以原任甘肃布政使诺穆图协同驻扎哈尔海图都统觉罗伊礼布，办理军务。

（卷143　792页）

雍正十二年（1734年）五月辛卯

旌表甘肃保安县烈妇张文彩妻萧氏，拒奸不辱，被刃完贞。给银建坊，入祠致祭如例。

（卷143　795页）

雍正十二年（1734年）五月己亥

以陕西西宁道杨应琚署陕西甘肃布政使司布政使。

（卷143　797页）

雍正十二年（1734年）十月丁未

谕内阁："数年以来甘肃等处地方办理军需，民人等挽输效力，朕心深为轸念，已屡加恩泽，以示嘉奖。前据督抚等奏报，今年禾麦收成俱好，朕心甚慰。今闻秋间有雨少之州县，如阶州、靖远、环县数处，收成不足，民食稍艰，或他处有似此者，亦未可定。著刘于义、许容确加访查，所有歉收之处，或应蠲免，或应停征。其乏食之民如何抚恤，一面定议奏闻，一面即行办理。若西安所属有秋田歉薄之州县，著史贻直、硕色亦即确查奏闻，照此办理。"

（卷148　834页）

雍正十二年（1734年）十月壬子

议叙西路库尔墨图地方官兵擒剿准噶尔逆贼功。陕西凉州镇标中营游击郎建业等加衔有差，兵丁等赏赉如例。

（卷148　837页）

雍正十二年（1734年）十一月甲午

谕内阁："今岁春、夏之间，陕西地方禾麦颇好，及至仲秋，闻有雨少之州县，如甘肃所属则有阶州、靖远、环县等处，西安所属则有临潼、渭南、高陵、泾阳、三原、醴泉、富平、同州、郃阳、澄城、韩城、朝邑、华州、华阴、蒲城、潼关以及榆、葭二府州所属等处，朕心深为轸念。特谕该督抚速筹蠲免赈恤，并转运接济之策，务使贫民不致失所。兹据刘于义、许容奏称，阶州、靖远、环县新旧钱粮已概行停征，至乏食之民已照例借给口粮，统俟夏收征还。其他州县有一村一堡被旱薄收者，亦照阶州等处之例办理等语。据史贻直、硕色奏称，西安所属州县秋间雨泽愆期，嗣于九月内大沛甘霖，所种之麦，滋润畅茂，明岁夏收可望。现在粮价有减无增，约计本地存贮谷石足以接济明春之用。至本地钱粮，百姓感戴皇仁，且值连年丰稔，已经完纳十之八九，亦无庸加恩蠲免。惟从前借粜之谷粮应于秋后还仓者，今西安、同、华、榆、葭等府州既有薄收之属，请暂缓征买，统俟明秋还项，则民力可纾等语。刘于义、史贻直等所奏地方情形已悉。阶州等三州县乏食民人所借之口粮俱著赏给，明年夏收时不必征还。所有本年未完之钱粮亦著蠲免，明年不必补征，其应征旧欠著概行停止。仍令刘于义、许容督率有司加意抚绥，务令小民得所。至西安、同、华、榆、葭等府州属百姓所借之仓粮，亦著赏给，明年不必交还。其粜出之谷著史贻直等酌量于明年买补还项。"

又谕："朕闻凉州府镇番县属柳林湖地方屯种地亩，经加衔侍郎蒋洞估计开垦，修筑渠坝，置备农具等项，共银七万八千余两，而办理此事率多营私作毙。蒋洞委用原任知县潘治、州判石廷栋二人所修渠工岸坝，在在草率，俱经冬水冲塌。而蒋洞视同膜外，不问不究。又今春下种之时，种少报多，隐匿籽种一千余石。又平地工价一项共该银七千八百两，委官领去分发屯民，而潘治、石廷栋等朋比分肥，短发工价银四千余两，又蒋洞将屯田下剩应存银八千二百余两亏空无存。朕所访闻如此，蒋洞受朕深恩，何以负恩溺职至于此极。非派员确查，难定虚实。著副都御史孙国玺前往凉州将以上情节详确查勘，无得丝毫瞻徇。"

（卷149　851页）

甘肃巡抚许容疏报："宁夏大清渠闸工告成。"下部知之。

（卷149　852页）

雍正十二年（1734年）十一月辛丑

谕兵部："陕西西大通总兵官杜森年老患病，难以胜任，著休致。"

（卷149　854页）

雍正十二年（1734年）十二月己未

谕内阁："朕闻得甘州地方于上年正月内有提标兵丁张宏印等六人行劫张掖县民陈进孝家，伤害事主陈训一案，现在审拟。又本年九月内张掖县民李福家一连两夜被劫，十月内有张掖县民王建文家被盗二案及拿获盗犯张雷等九人，俱系甘提标兵现在食粮者。从来甘肃一带民风醇（淳）朴，素无大盗劫夺之事。况今岁河西各属俱获有秋粮，价亦较往年平减。其凉、肃二镇兵丁亦各安静守法，而甘提标兵辄敢数十成群，公然盗劫。该管弁员平日所司何事，如何训练约束，竟至如此肆行无忌。署提督刘世明由侍卫微员，朕加恩用至提督、总督。伊在总督任内毫无善绩可称，其弟刘锡瑗竟牵连于山西叛案之内，朕犹格外开恩赦宥。嗣因西路领兵需人，念伊熟悉边地情形，特召来京，授以副将军之重任。岂料伊一到军营，诸事委靡退缩，全无奋勇宣力之意，西陲弁兵无不耻笑之，其罪与武格等。朕犹念其久历戎行，不忍遽令废弃，仍令署理甘州提督印务，以为赎罪自新之路。岂料伊在任二年，一味苟且因循，视国家之事如同膜外。朕屡次训饬，毫不悛改。今伊所辖兵丁目无国法，劫夺横行，扰害良善，闻之令人发指。不识刘世明具何心胸，而负恩溺职至此也。刘世明著革职，拿交署总督刘于义会同巡抚许容将兵丁行劫各案及纵兵为盗、负恩溺职情由一一严审定拟具奏。甘州提督印务著副都御史二格前往署理。内阁学士岱奇现差宁夏有办理事件，俟办理后前往肃州，协助刘于义办理军需事务。"

（卷150　859页）

雍正十二年（1734年）十二月壬戌

兵部以进剿桌子山、棋子山、青海及南、北、西三川等处军功，奏请议叙。得旨："军功议叙乃国家赏功之大典，必至公至确，始足以表彰劳绩，鼓励军心。从前桌子山、棋子山征剿一案乃年羹尧、岳钟琪张大其事，有意捏成者。即在事效力官弁亦不过以伊等私心，任意开入册内，冀邀议叙，并无功绩可纪，应不准议叙。从前有已经议叙者，著该部查明注销，其南、北、西三川，青海效力人员仍准其议叙。"

（卷150　861页）

雍正十三年（1735年）二月癸卯

谕内阁："定例文、武生员不准入伍食粮。闻陕甘兵丁内有文、武生员现充营伍，而延绥一镇竟至六十余名之多。在文、武生员名列胶庠，各应专心举业，娴习技艺，以图上进，岂可又挂名营伍？其已经入伍之兵，粗知文义，愿应考试者，原有准入武场一体乡试之例，不必又附名学校。若以一身而兼顾两途，必且互相牵制，转致两误。著通行陕甘各提镇，将各兵内之文、武生员查明革粮，令其归学，如有情愿革去生员当兵食粮者，即行知该学政除名，准留营差操，并饬行各营将弁，嗣后文、武生员一概不许滥收入伍。将此通行各省知之。"

（卷152　870页）

雍正十三年（1735年）二月丁未

兵部议复署陕西总督刘于义疏言："西宁一郡僻处边隅，接壤番夷，防范宜密。请于南山后迤东之什扎巴地方建立土城，拨西宁镇游击一员，兵二百名驻扎。其皂思观林地方应驻扎把总一员，兵四十名。下郭密之亦杂石庄驻扎守备一员，兵一百名。千户庄驻扎把总一员，兵四十名，并移徐家堡守备一员驻申中。河州协千总一员，兵六十名驻康家寨。应如所请。"从之。

（卷152　871页）

雍正十三年（1735年）二月辛亥

兵部议复署陕西总督刘于义疏言："西大通镇旧设兵三千六百名，弁兵过多，应加裁汰。请裁大通镇总兵一员，游击、守备、千总各二员，把总四员，兵一千二百名，改设副将一员，都司一员，留千总二员，把总四员，兵八百名。镇南之白塔营裁参将、守备、千总各一员，把总二员，兵四百名，改设都司一员，留千总一员，把总二员，兵四百名。镇西之永安营，裁千总、把总各一员，兵二百名，留游击一员，守备一员，千总一员，把总三员，兵六百名。至河州地近极边，原设副将一员，都司一员，千总二员，把总四员，兵一千一百八名，不足以资弹压。请改副将为总兵官，添设游击二员，分为左、右营，改都司为守备，添设守备一员，把总四员，兵八百九十二名，以资分拨防汛。应如所请。"从之。

（卷152　872页）

雍正十三年（1735年）二月壬戌

办理军机大臣等遵旨议奏："现今准噶尔逆贼败遁，又经使臣前往宣谕，谅贼夷输款非遥，我军班师在即，应预行酌定边境驻防事宜。除汉中一府地居腹里，不必添驻外，查凉州为甘肃咽喉，通省关键，请驻兵二千名。西宁地处边隅，逼近青海，请驻兵一千名，此添驻兵丁俱于西安驻防满洲、蒙古兵内挑选。西安兵缺，俟现驻凉州西宁兵丁撤回时，于养育兵暨余丁内挑补。其新驻兵丁请设将军一员统领，驻扎凉州。所有应设协领、佐领、防御、骁骑校、笔帖式等官，令将军秦布酌议具奏。理事同知、通判等官暨一切修理城垣营署军装等项，令总督刘于义等详议具奏，预行办理，俟撤兵后再行派拨驻扎。"从之。

（卷152　874页）

雍正十三年（1735年）二月丁卯

办理军机大臣等议复署陕西总督刘于义奏言："沙州协标出征兵丁现经撤回沙州，足资防范。所有原拨沙州之凉镇兵五百名，安西兵六百名，请俱撤回本镇。每年于夏、秋二季派沙州兵四十名前往巴颜布拉克看守墩台，冬、春二季派安西兵三百名前往推莫尔图等处驻防。应如所请。"从之。

（卷152　875页）

雍正十三年（1735年）三月壬午

升浙江杭州副将雷逢春为浙江衢州总兵官。调陕西延绥总兵官张豹为陕西河州总兵官。实授米国正为陕西延绥总兵官。

（卷153　879页）

雍正十三年（1735年）三月丙戌

礼部议复陕西学政王兰生疏言："西安府原辖之耀州、同州、华州、乾州，延安府原辖之鄜州，巩昌府原辖之秦州，俱经改为直隶州。请于西安府学原进文童额内酌减五名，以三名分归耀州、同州、华州属，二名归乾州属。武童额内酌减一名拨归乾州属之武功县。延安府学原进文、武童生额内各酌减三各，拨归鄜州属。巩昌府学原进文、武童生额内各酌减三名，拨归秦州属。应如所请。"从之。

（卷153　880页）

雍正十三年（1735年）三月甲午

青海扎萨克亲王戴青和硕齐察罕丹津故，遣官致祭。

（卷153　884页）

雍正十三年（1735年）四月甲寅

谕办理军机大臣等："现今内地估拨军粮有已经出口运送在途者，著即于哈密、桥湾、布隆吉尔等处就近收贮，不必再运巴尔库尔。其未经出口粮石亦著暂停运送，可传谕署陕西总督刘于义知之。"

（卷154　889页）

雍正十三年（1735年）五月辛丑

户部议复甘肃巡抚许容疏言："阶州属之成县所辖上店、汪川等里，向经督臣岳钟琪题准，改隶秦州。查上店、汪川一带地方离秦州一百余里，未为近便，请仍改隶成县管辖。应如所请。"从之。

（卷156　904页）

雍正十三年（1735年）五月甲辰

谕内阁："西陲用兵以来，一应军需皆取资于公帑，丝毫不以累民，惟是甘肃等处运送粮饷，不能不借民力之挽输，朕心轸念，屡沛恩膏，即当丰稔之年亦下蠲租之诏，所以赏百姓之急公，示朕心之体恤也。兹闻甘省所属地方入夏以来，有雨泽愆期之州县，或恐收成稍薄，纳课艰难，著将雍正十三年甘肃通省所属应征地丁钱粮全行蠲免，俾催科不扰，民力宽舒。该督抚可董率有司，实力奉行，以副朕加惠秦民之至意。"

（卷156　906页）

雍正十三年（1735年）五月乙巳

办理军机大臣等议复西安将军秦布奏言："前经办理军机大臣议准，挑选西安八旗满洲、蒙古兵三千名，以二千名分驻凉州，一千名分驻西宁。查西安汉军兵丁向与满洲、蒙古一同效力行走，比来生齿日繁。此项挑选兵丁请将汉军一并派入。凉州添设城守步兵六百名，两旗合设防御一员。西宁添设步兵四百名，每翼各设防御一员管辖。均应如所请。至该将军所奏分驻西宁兵丁，改驻庄浪。凉州兵丁改驻凉州城外大七巴地方。应行令查郎阿、马尔泰详加定议具奏。"从之。

（卷156　906页）

雍正十三年（1735年）五月甲寅

青海扎萨克郡王盆苏克汪扎尔故，遣官致祭。

（卷156　908页）

雍正十三年（1735年）五月丙寅

署宁远大将军查郎阿等折奏："噶尔丹策零现今遣使赍表求和。军营满洲、蒙古官兵应行撤回者，俟准噶使臣回后，请按程挨次，分队行走。第一队，贝勒特古斯管领科尔沁兵一千名，由喀尔喀河索纳尔济山前，赴原驻牧处。其索伦兵一百名，应令夸兰大冀本、参领萨都拜等带领，同科尔沁兵行走，至喀尔喀河分路，前赴齐齐哈尔。第二队，内大臣顾鲁带领原管察哈尔兵一千名，由奈曼等路赴驻牧处所。其巴尔虎兵一百名，应令侍卫噶扎尔图管领一同前往。第三队，副都统达什带领东四旗察哈尔兵一千名，从翁机河前赴驻牧处所。其奉天船厂兵一百名，应令原管副都统乌察拉带领同行，行至八沟，分路各回伊等本处。第四队，副都统班第管领西四旗察哈尔兵一千名，行至归化城，前赴本游牧处。第五队，副都统喀拉带领巴图鲁兵一百五十名，应令前往肃州，酌量派员分领。第六队，散秩大臣安楚护管领土默特兵四百名，由塔尔那沁进嘉峪关，会同都统艮敦，沿边前赴归化城。第七队，一等台吉定匝拉锡带领鄂尔多斯兵五百名，行至肃州，会同副都统班第等由宁夏出口，回至原游牧处。第八队，协理台吉罗布藏带领和托辉特兵一百名，由奈曼明安一带前往驻牧处所。第九队，贝子衮布管领厄鲁特兵五百名，由镇番前赴驻牧处所。其内地行走之满洲官兵内，江宁满兵一千名为第一队，荆州满兵一千名为第二队。西安兵三千名分作三队，与宁夏满兵并依次起行。俱令原管之将军、副都统等管领，进嘉峪关抵肃州，各回该处。至绿旗兵丁现在军营共二万四千七十余名，内有勇健兵丁到营日浅，应行留驻。再于西安督标及固原、宁夏、延绥、兴汉等处兵丁，共挑留一万一千名。内将一万名驻扎巴尔库尔一千名，添防哈密外，其余俟满洲、蒙古兵丁起行之后，亦挨次撤回。令各营原管之大员带领进口，以备训练。"奏入报闻。

（卷156　913页）

雍正十三年（1735年）五月戊辰

办理军机大臣等议复西安将军秦布奏称："凉州、西宁议准设兵驻防，以弹压蒙古、番人。今凉州驻兵二千名内，请选汉仗好者二百名为前锋，满洲八旗、两翼各设协领一员，蒙古八旗、两翼合设协领一员。满洲每旗设佐领二员，蒙古每旗设佐领一员，每佐领各设防御一员，骁骑校一员，领催五名，其行文事件，设笔帖式三员。西宁驻兵一千名内请选汉仗好者一百名为前锋，满洲八旗、两翼各设协领一员，蒙古八旗、两翼合设协领一员。满洲每旗各设佐领一员，防御一员，骁骑校一员，领催五名。蒙古、两旗合设佐领一员，防御各一员，骁骑校各一员。每旗设领催二名，其行文事件，设笔帖式二员。西宁止议设副都统一员，恐事务繁多，应于协领内拣选一员，令其协办。凉州将军衙门照依西安之例设立二司，其将军、副都统印信，二司关防，协领条记请交部铸给。至官兵俸饷、口粮、草豆等项照西安之例支领。俱应如所请。"从之。

（卷156　915页）

雍正十三年（1735年）六月丙子

办理军机大臣等议复署宁远大将军查郎阿等折奏："西路驻兵事宜：一、边地定界之后，廷议酌定巴尔库尔留兵二千名，哈密留兵二千名，轮班驻防在案。查巴尔库尔隘口一至下雪之后处处可行，若留兵二千，即全数派防，实不敷用。至哈密留兵二千名，屯田既属不敷，巡防更难分办。且巴尔库尔之与哈密，中隔南山大坂，声息不能骤通，若秋冬下雪之后，更难通信。臣等酌议，与其分驻于两处，不若合驻于山南，应将留驻巴尔库尔之二千兵俱驻哈密。其哈密原议二千名应再添一千，共计五千名，则兵力不分，巡查易遍，即屯田经牧均可办理。此五千兵丁应驻哈密三千名，其西之三堡、沙枣泉，东北之塔尔那沁俱现有城堡，应各驻一千名。三处分驻，声势联络，呼吸相通，方得严密。一、军营马驼，附近哈密一带夏天炎热，可牧之处甚少，应于播种之后，山北草肥，拨哈密兵一千。塔尔那沁、沙枣泉兵各五百，合共二千名，令统领大员带领至山北招莫多、胡吉尔太、沙山子、鹿心山等处经牧。至深秋仍回山南过冬。其过夏牧马之时，须添设斥堠。应于吴尔图哈达、伊克恩度尔、敖什希三处地方，各设斥堠，周围望远，防守牧厂。俟交冬过山，将斥堠全行撤回。一、哈密等处既分驻兵丁，则西北一带俱应安设斥堠，瞭望四远，乃有备无患。查南山大坂为哈密北面屏藩，应于驻兵内拨二百名分驻于南山大坂盘道上小堡。于鹿心山、松树塘、乌阑特尔木斯、毕留大坂等四处各设斥堠，派兵瞭望。至于无克克岭为三堡、沙枣泉要隘，应于驻兵内派拨二百名，安设无克克岭上小堡。于搜大坂、白杨沟、羊卜纳锡喇脑儿等三处各设斥堠，派兵瞭望。其塔尔那沁河源为塔尔那沁要口，应于驻兵内拨二百名，安设河源小堡。于莫艾、舒鲁孙大坂等二处各设斥堠，派兵瞭望。一、大兵撤后。哈密存贮之粮甚属充裕，又有蔡巴什湖屯种地亩，可以供支三处兵丁口粮，无庸挽运。一、留驻巴尔库尔兵丁。塞外勤劳已历七载，边界定议之后应令全数撤回。查安西镇标及瓜州兵共七千余名，除现在哈密驻防一千名外，存营尚有六千余名，应即于安西兵内挑派四千名预备，俟巴尔库尔官兵应撤之时，即令大员统领前赴哈密驻防，以均劳逸。俱应如所请。"从之。

（卷157　919页）

雍正十三年（1735年）六月己丑

办理军机大臣等议复署宁远大将军查郎阿等折奏："西路驻防事宜：一、巴尔库尔兵丁全撤之时，廷议于安西等处添设一提一镇，兵一万名，各令搬移家口，前往驻扎，以弹压边陲，声援哈密。在案查添兵万名需粮料十万余石，安西屯地不过三千余石，甚属不敷。况兵丁搬移家口，更多糜费，即城堡营房等事俱费周章。不若更番迭戍，既可省费，亦可以经久远。请将驻防哈密兵五千名就近于肃镇、甘提、凉镇、西宁镇、安西镇各派拨一千，合足五千名，令在哈密驻防，其安西地方不必添设提镇兵丁。一、于陕西督标派拨一千名，固原提标并各协属派拨一千五百名，延绥派拨一千名。宁夏派拨一千名，河州派拨五百名，共五千名在赤金、靖逆、柳沟、布隆吉尔、桥湾五处驻防。彼地附近俱有牧场，可以牧放马驼。一、赤靖五处之兵二年期满，应全行更换。其哈密兵丁应每年更换一半，则一半熟手，即可教习一半新兵。一、哈密、赤靖等处各有五千兵丁驻防，其统领将弁须派总兵二员，副将二员带领，游、守、千、把分管，驻防赤靖等处之总兵，副将于兵丁换班，亦俱更替。驻防哈密之总兵，副将须一年更替换班。庶屯田斥堠诸事有新旧大员相间管领，诸事熟练。一、军营应支口粮。查驻防哈密之兵屯种收获，尽足供支。至驻防安西之兵五千名，连领兵将弁，岁需口粮一万五千余石。其各卫所官屯地亩，应全交与安西镇标营兵丁承领屯种，为伊等恒产。即以收获籽粒供兵丁口粮，如尚不敷，照例折给银两。一、肃镇为临边重地，请添城守一营，设都司一员，千总一员，把总二员，于标营兵内派步兵二百名，专司城守汛防之事。查肃镇标合计新旧兵共二千九百余名，应添足三千之数，将新募之守兵即拨入城守营。俱应如所请。但哈密及赤靖等处驻防兵丁，虽各派总兵统领，大兵甫撤，两总兵分驻两处，必得一总统大臣弹压，请再派提督一员驻扎哈密，节制两处驻防之总兵，居中调度，更为有益。"从之。

（卷157　923页）

雍正十三年（1735年）六月壬辰

办理军机大臣等议复署陕西总督刘于义奏称："肃州军兴以来，运粮车夫，采割草束夫役，俱系陕甘无业贫民，流寓佣作，以为度日之计，不下万人。目今大兵凯旋，此辈穷民一无事事，难以自给。日则散在市廛，夜则居宿古庙。日复一日，恐至流入匪类，应否令沿途地方官给与口粮，派佐杂千把外委解送回籍安插。应如所请。"从之。

（卷157　925页）

雍正十三年（1735年）六月丁酉

办理军机大臣等议复总理青海番子事务德龄等奏称："哈尔垓图驻扎西宁大通绿旗兵二千名，现遵旨议令撤回，但噶斯一路设卡探信，防护青海蒙古游牧地方，甚属紧要，应于青海扎萨克兵派二千名预备策应。在内挑精兵二百名并选绿旗兵一百名，派员统领，在得布特里伊克柴旦木等紧要地方安设台站卡伦，按年换班，以资防护。应如所请。"从之。

（卷157　929页）

雍正十三年（1735年）七月丙午

总理青海番子事务湖北巡抚德龄等折奏："驻防哈尔垓图之西宁、大通绿旗官兵，前经廷议，令伊礼布等带领撤回。今两处官兵已各回本汛，并据伊礼布等咨缴原领钦差大臣关防一颗。谨奏。"报闻。

（卷158　934页）

雍正十三年（1735年）七月己酉

刑部议复革职署甘州提督刘世明纵兵为盗，冒饷侵帑各案："据署陕督刘于义等，将刘世明请拟斩立决。盗犯陈金、冯得朝、孙贤佐、吴珍、周绍唐、孙贤禄均依律不分首从皆斩立决。查刘世明由侍卫微员，不次超擢，毫无感激图报之心。在军营则委靡退缩，署提督则苟且因循，以致兵丁劫夺横行，将弁侵挪任意。又私行索借，擅用公银，核其情罪无可宽贷。为盗之兵丁陈金等亦应照例正法。"得旨："刘世明、陈金、冯得朝、孙贤佐、吴珍、周绍唐、孙贤禄俱著即处斩。"

雍正十三年（1735年）七月庚申

谕办理军机大臣等："西陲用兵以来，甘肃等处民人，急公效力，甚属可嘉。是以朕屡沛恩膏，免其正赋，今年又将地丁钱粮全行蠲免，所以优恤民力，令其宽裕也。今据巡抚许容奏称，五月接奉谕旨之时，已据各属详报完纳银一十二万余两。查定例已完者充饷，未完者免征。此项应照例充饷等语，朕因嘉奖秦民奉公趋事，是以特加格外之恩，而其中争先完课者尤为良善之民，著将已完若干准其作来年正赋。许容可传旨速谕，俾闾阎咸知朕意，并督率有司实力奉行，毋使胥吏土棍作弊中饱。"

又谕："朕轸念行间将士，从前曾降谕旨，令将陕西等省现出各缺于十缺之中分出三缺，以升补出征弁员。数年以内，随征将弁，各按出力等次，俱得递行擢用。现今西路官兵次第撤回，凡弁员之升补他省者，俱应各赴新任。今据署大将军查郎阿等奏称，将弁中有陕甘人员升补直隶、山西、山东、河南、四川五省之千把，伊等随征年久，俱从兵丁拔补。今甫回本籍，又远赴新任，或有无力携带家属者。若只身远去，则家中又恐无人养赡，可否将现在西路军营之陕甘人员内升补直隶等五省之千把仍留在陕甘各营，食俸办事，遇缺挨补等语。查郎阿等奏请之处甚是，但伊等效力有年，撤回之后留于本省候缺，未免多需时日，尚未允协。著陕甘督抚、提镇将现任各千把之未经出征者分别查明，如内有食俸年浅及未曾出力之人，令其出缺候补，其所出之缺即将军营撤回之留陕千把悉行补用。至该千把等既留陕甘补用，则所遗直隶等五省原缺应行拔补。查直隶等五省亦有自军前撤回应补千把之人，著该督抚等即将伊等补授此缺，倘撤回各弁，人多缺少，亦照陕省将俸浅未经出征之千把内暂行出缺补用伊等，以示朕体恤从征弁员之至意。"

雍正十三年（1735年）八月己卯

实授徐杞为甘肃布政使司布政使。